|제 3 판|

전|략|경|영

박 상 범

STRATEGIC MANAGEMENT

탑북스

머 리 말

전략이라는 개념이 기업경영에 본격적으로 도입되기 시작한 지는 얼마되지 않았지만 기업경영뿐만 아니라 우리의 삶 전반에 걸쳐 널리 활용되고 있다. 특히 최근의 급변하는 경영환경에서 전략이 없는 기업은 미래도 없다고 할 만큼 기업의 생존과 직결되는 중요한 영역이 되었으며, 경영학의 다른 연구 분야보다 기업의 경쟁력에 미치는 영향이 절대적일 만큼 커지고 있어 학계의 관련 연구는 빠르게 발전하고 있고 적용 및 활용범위도 확산되고 있다.

따라서 전략적 패러다임에 대한 이해와 전략적 기법의 실천은 곧 기업이나 조직의 경쟁력이 되고 있어, 다양한 분야에서 전략경영에 대한 중요성은 더욱 커지고 있다.

본서는 이러한 취지에 맞게 전략을 이해하고 다양한 전략적 기법들을 배우고 활용할 수 있는 내용을 중심으로 서술하였으며, 전략경영에 대한 흐름과 전반적인 내용의 이해를 돕기 위해 크게 4부로 나누어 다음과 같은 내용과 체제로 구성하였다.

제 I 부 전략의 이해는 전략의 개념을 이해하고 전략경영 전반에 관한 이론과 기초지식을 소개하고 전략이 경영에 본격적으로 도입・활용된 시대별 발전 과정을 기본적인 전략분석 모델과 연계해 전략적 패러다임의 변화를 소개하였다.

제II부 전략적 경영환경 분석은 전략수립에 필요한 기초 자료를 확보하기 위한 방법으로서, 기업의 방향을 가늠하는 경영이념과 목표수립의 기본개념, 최고경영자의 역할과 윤리경영 등에 대해 소개하고, 외부와 내부환경 분석을 통해 한정된 경영자원으로 조직능력을 극대화하고, 강점과 약점을 외부요인에 잘 대응하도록 관리하는 방법을 소개하였다.

제III부 전략의 선택에서는 외부환경요인(기회와 위협)과 내부자원(강점과 약점)을 적절하게 적합시켜 경쟁에서 우위를 차지할 수 있는 전략적 선택(원가우위전략, 차별화 전략, 집중화 전략)에 대한 내용을 소개하였다.

제IV부 성장전략에서는 기업이 이윤을 창출하고 성장·발전할 수 있는 방법으로서, 수직적 통합전략, 다각화 전략, 전략적 제휴, M&A에 대해 소개하였으며, 세계화 전략에 대한 내용을 살펴보았다.

이 책은 전략경영에 대한 기본개념과 전략의 기본 틀을 누구나 쉽게 이해하고 활용할 수 있는 내용을 중심으로 비전공자도 전략적 마인드를 구축하고 현장에 적용하기 쉽도록 설명하였다. 제3판의 개정과정에서는 문장을 가급적 쉬운 표현으로 바꾸었으며, 전편에서 발견한 오류나 미흡한 부분을 수정하고 보완하였다. 또한 디지털 혁명(Digital Revolution)을 주도하는 최근의 기술과 정보통신기술(ICT)을 사례에 삽입하는 노력을 하였다. 그러나 부족한 부분들이 많다는 점을 잘 알고 있으며, 앞으로 부족한 내용들은 꾸준히 수정해 나가도록 하겠다.

끝으로 이 책의 출간을 위해 도움을 주신 탑북스의 김광식 사장님과 이신정 주간님께 감사드린다.

2019년 6월 24일
저자 씀

차 례

제 I 부 전략의 이해

제1장 경영전략의 기초

제Ⅱ부 전략적 경영환경 분석

제3장 경영이념과 경영자의 역할

제4장 외부환경 분석

제5장 내부환경 분석

제 Ⅲ 부 전략의 선택

제6장 원가우위 전략

제Ⅳ부 성장 전략

제8장 수직적 통합과 다각화 전략

제10장 세계화 전략

제 I 부 전략의 이해

제1장 경영전략의 기초
제2장 경영전략사

전략경영 2020

제 I 부 전략의 이해

제1장 경영전략의 기초

1) 전략의 기초 개념
2) 경영전략의 수준과 유형
3) 경영전략의 수립절차 이해

제2장 경영전략사

1) 전략적 사고의 변화
2) 경영전략의 학문적 발전 과정

제 II 부 전략적 경영환경 분석

제3장 경영이념과 경영자의 역할

1) 경영이념과 경영목표
2) 기업의 사회적 책임 및 윤리경영
3) 이사회와 기업지배구조

제4장 외부환경 분석

1) 외부환경 분석과 산업분석
2) 산업환경 분석
3) 거시환경 분석

제5장 내부환경 분석

1) 내부상황의 분석요소
2) 자원기반 관점의 VRIO 모형
3) 가치사슬 분석
4) SWOT 분석
5) 7-S 모델 분석

제 III 부 전략의 선택

제6장 원가우위 전략

1) 경쟁우위와 경쟁전략
2) 원가우위 전략

제7장 차별화 전략

1) 차별화 전략의 이해
2) 집중화 전략

제 IV 부 성장 전략

제8장 수직적 통합과 다각화 전략

1) 수직적 통합 전략
2) 다각화 전략

제9장 전략적 제휴와 인수·합병

1) 전략적 제휴
2) 인수 · 합병

제10장 세계화 전략

1) 세계화 전략의 이해
2) 세계화 진입방법과 단계 결정
3) 세계화 전략 모델

전략경영 2020 전략의 이해 및 프로세스

전략이해

제Ⅰ부 전략의 이해

1장 경영전략의 기초
1. 전략의 기초 개념
2. 경영전략의 수준과 유형
3. 경영전략의 수립절차 이해

2장 경영전략사
1. 전략적 사고의 변화
2. 경영전략의 학문적 발전 과정

제Ⅱ부 전략적 경영환경 분석

3장 경영이념과 경영자의 역할
1. 경영이념과 경영목표
2. 기업의 사회적 책임 및 윤리경영
3. 이사회와 기업지배구조

4장 외부환경 분석
1. 외부환경 분석과 산업분석
2. 산업환경 분석
3. 거시환경 분석

5장 내부환경 분석
1. 내부상황의 분석요소
2. 자원기반 관점의 VRIO 모형
3. 가치사슬 분석
4. SWOT 분석
5. 7-S 모델 분석

제Ⅲ부 전략의 선택

6장 원가우위 전략
1. 경쟁우위와 경쟁전략
2. 원가우위 전략

7장 차별화 전략
1. 차별화 전략의 이해
2. 집중화 전략

제Ⅳ부 성장 전략

8장 수직적 통합과 다각화 전략
1. 수직적 통합 전략
2. 다각화 전략

9장 전략적 제휴와 인수·합병
1. 전략적 제휴
2. 인수 · 합병

10장 세계화 전략
1. 세계화 전략 이해
2. 세계화 진입방법과 단계 결정
3. 세계화 전략 모델

전략기법

전략기법	시기	학파
▪ 앤소프 다각화 경영 ▪ 챈들러 전략과 조직 ▪ SWOT 분석 ▪ TOWS 전략	1950년대 ~1960년대	전략의 태동
▪ BCG 경험곡선 ▪ BCG Matrix (PPM) ▪ GE Matrix	1970년대	포지셔닝파
▪ 5 Forces 모델 ▪ 본원적 경쟁전략 (원가우위 & 차별화) ▪ 가치사슬(Value Chain)	1980년대	포지셔닝파
▪ 맥킨지 7-S 모델 ▪ Reengineering ▪ 핵심역량 ▪ SECI Model ▪ VRIO 모형 (Resource Based View)	1990년대	케이퍼빌러티파
▪ Configuration 전략 ▪ Blue Ocean 전략 ▪ Balanced Scorecard	2000년대	컨피규레이션파
▪ 파괴적 이노베이션 ▪ 리버스 이노베이션 ▪ 적응전략 ▪ Long Tail Theory ▪ Platform Strategy	2010년대	혁신과 네트워크

프로세스

1. **경영이념과 목표** – 미션·비전·핵심가치, 경영 목표 수립
2. **경영환경 분석** – 외부환경 분석, 내부환경 분석
3. **전략의 선택** – 원가우위 전략, 차별화 전략
4. **성장 전략** – 수직적 통합·다각화, 전략적 제휴·인수합병
5. **전략의 실행-통제** – 전략의 실행, 통제 및 평가

제 I 부 경영전략의 이해

제1장 경영전략의 기초
제2장 경영전략사

20세기 후반부터 거세게 불어온 세계화의 바람과 최근의 디지털혁명(Digital Revolution)시대를 맞이하면서 기업을 둘러싸고 있는 국내 · 외 환경변화는 불확실성, 위험성, 불연속성 등이 갈수록 높아지고 있으며, 변화의 속도도 매우 빠르다. 특히 정보통신기술(ICT)의 발전과 함께 첨단화를 지향하는 기술혁신, 노동과 생활의 균형을 강조하는 가치관, 경계가 무너진 시장 그리고 다양하게 변하는 소비자들의 욕구 등은 기업의 패러다임을 모두 변화시키고 있다.

이러한 내 · 외부의 경영환경변화는 기업에게 새로운 경영 패러다임을 위한 전략적 사고를 요구하고 있다.

제 I 부 '전략의 이해'는 전략의 개념을 이해하고 전략경영 전반에 관한 이론과 기초지식을 소개한다. 먼저 제1장 '경영전략의 기초'에서는 현대 기업(조직) 경영에서 전략이 왜 중요시 되고 있고 기업생존의 중요한 의사결정 수단이 되는지, 그리고 전략적 사고의 중요성을 이해하는데 도움이 되는 전략의 개념, 경영전략의 수준과 유형 그리고 경영전략 수립절차 등 전략수립과 관련된 기초지식을 소개한다.

그리고 제2장 '경영전략사'에서는 기업경영에 전략적 사고가 대두된 배경을 시작으로 전략이 경영에 본격적으로 도입 · 활용된 시대별 발전과정을 기본적인 전략분석 모델과 연계해 전략적 패러다임의 변화를 간단히 소개한다.

제1장 경영전략의 기초

급변하는 경영환경에서 기업이 경쟁우위를 확보하기 위해서는 목표를 구체화하고 환경에 유연하고 신속하게 대응할 전략적 의사결정이 절실하며, 합리적인 전략적 의사결정을 위해서는 전략에 대한 올바른 이해가 필요하다. '전략'(戰略 : strategy)은 "미래에 어떤 회사가 될 것인가" 그리고 목표하는 회사가 되기 위해 기업의 모든 경영환경과 기업이 보유한 자원의 최적안배(우선순위의 선택)'를 통하여 기업의 나아갈 방향을 설정하는 것이다.

제1장 '경영전략의 기초'에서는 기업경영에서 전략적 사고의 확립과 실천의 중요성을 이해하는데 도움이 되는 기초지식을 다룬다. 먼저 전략의 어원 및 개념 그리고 경영전략의 개념을 소개하고, 조직구조와 계층에 따라 전략을 수립하고 분석하는 방법을 기술하며, 기업의 실정을 고려한 전략수립 과정을 소개한다.

제1절 전략의 기초 개념

전략이라는 용어는 1970년대까지 기업에서 자주 사용되지 않았던 개념이었으나, 최근 기업에서 뿐만 아니라 일반인들의 일상생활 속에서도 이미 깊숙이 자리 잡을 만큼 보편화되었다. 특히 기업에서는 규모, 업종, 형태에 관계없이 생존을 위해 반드시 요구되는 중요한 개념으로 자리 잡았고 비영리단체나 국가 혹은 개인에 이르기까지 전략의 중요성이 빠르게 확산되고 있다.

1 경영전략의 의의

1) 전략의 어원

전략(戰略)이라는 의미의 'strategy'란 단어는 기원전 550년경 고대 그리스 부족 및 군대를 지휘하는 장군을 의미하는 희랍어 'strategós'[1]에서 유래했으며, 이 단어는 전반적 지배라는 의미의 'stratos'(군대나 민중 집단)와 'agein'(이끌다, 몰아가다 혹은 움직이게 하다)이라는 두 개의 단어가 합해져서 형성되었다.[2]

전략의 개념이 군사적 용어로 쓰이기 시작한 것은 1799년 프랑스 군사사상가 기베르(Guibert) 백작에 의해서이고, 프로이센의 군사전략가인 카를 폰 클라우제비츠(Carl von Clausewitz)는 그의 저서 『전쟁론(Von Kriege)』에서 전략, 전술, 작전술 등의 용어 정의를 명확히 하였으며, 그 후 전략이라는 용어는 주로 군사용어로 사용되었다. 군사용어로서의 전략은 전쟁에서 승리하기 위한 전투의 계획 · 조직 및 실행방법을 의미한다.

"전략은 병력의 절약이다"라는 말을 남긴 클라우제비츠[3]는 최초의 전략가로 알려져

---

1) 'strategós'(영리한 전략가) : 자신의 자원을 목적에 맞게 가장 적절하게 이용하는 군사 역할만이 아니라, 군대를 격려하고 열광하게 만들어 목표를 향해 전진하게 이끄는 사람을 의미한다. 안성철 역, 『전략사전』(세계 최고 이론가들의 220가지 생각도구), 옥당, 2010, p.23.

2) 'strat'의 straight(직선)는 군사들이 행과 열로 줄을 선 것을 의미하고, 'egy'의 부분은 행동이나 집행한다는 행동(act)의 의미이다. 즉, 전쟁에서 승리하기 위한 군사들의 행동법칙을 뜻한다. 고대 그리스 전투에서는 군사들을 빈틈없고 결속력있는 '팔랑크스'(Phalanx)라 불리는 밀집대형을 유지하면서 적의 대형을 무너뜨림으로써 전투에서 승리하는 방식이었기 때문에 군사들의 행과 열은 매우 중요하다.

3) 카를 폰 클라우제비츠(Carl von Clausewitz : 1780~1831) : 전쟁 수행에 관한 최고의 고전으로 평가받는 그의 저서 『전쟁론(Vom Kriege)』에서 전략의 본질, 특히 전략의 역동성과 불확실성에 대하여 설명하였다. 전쟁의 철학적 · 사상적 측면을 폭넓게 탐구한 그의 저서는 그가 죽은 뒤 1년 여만인 1832년 미완의 대작으로 발간되었다. 『전쟁론』은 아이젠하워, 키신저, 레닌 그리고 다른 수많은 인물들에 의해서 심도있게 연구되고 반복해서 인용되었다. 미국의 하버드 대학에서도 경영학과 학생들의 전략적 사고를 훈련

있지만, 클라우제비츠 이전에도 카이사르, 손자, 마키아벨리 등이 전략의 기법이나 내용을 체계화시켰다. 이들의 내용 중에는 오늘날 기업경영에 적용해도 여전히 유효한 것들이 많다.[4)]

초기에 군사적인 용어로서의 전략은 전쟁에서 목표를 달성하기 위한 행동계획으로 각기 다른 교전을 수행하는 전술을 어떻게 연결시키는가의 의미를 가지고 있었다. 즉 전략이 전쟁에서 승리하기 위한 계략을 의미한다면, 전술은 소규모의 전투에서 승리하기 위한 작전으로서 전략에 비해 구체적이고 상세한 계획을 의미하며 실제 운영방향을 나타내는 개념이다.

이러한 전략의 개념은 제2차 세계대전 종료 후 1950~60년대에 군사적인 개념에서 벗어나 기업을 위한 경영전략으로 확장되기 시작했다.

전략에 대한 경영학적인 개념을 정확히 이해하기 위해서는 전략과 전술의 차이를 구분해야 할 필요가 있는데,[5)] 전략(strategy)이 기업이나 국가가 경쟁우위(competitive advantage)를 갖기 위하여 경영자원을 배분하는 장기적인 계획이라고 한다면, 전술(tactic)은 특정한 행동을 위한 계획을 뜻한다.

전략과 전술의 차이점을 비교해 보면 〈표 1-1〉과 같다.

표 1-1. 전략과 전술의 비교

구 분	전략(strategy)	전술(tactic)
수행 방법	• 계획(plan)	• 실행(do)
활용 범위 및 구체성	• 넓고 포괄적 방향 제시	• 작고 구체적
활용 빈도	• 일회성 또는 단발적	• 지속적
모방이나 습득 정도	• 어렵다	• 비교적 쉽다
준비 시간 및 적용기간	• 길다(장기적)	• 짧다(단기적)

시키기 위해 『전쟁론』을 교과과정에서 다루고 있다.

4) 방영호 역, 『필립 코틀러 전략 3.0』, 청림출판, 2011, p.15.

5) 군대에서 전략과 전술의 개념 : 전략은 가장 유리한 조건에서 부대가 교전할 수 있도록 만드는 포괄적인 방책이다. 전술은 전략의 교전방책을 실행하기 위해 아군과 적군의 상황을 고려해 지형조건에 적합한 여러 병과의 전투수단 가동과 조직의 운용을 도모하는 것이다. 그러므로 전략을 군사작전 지도학으로, 전술은 부대 지휘학으로 부른다.

전략이 전략경영(strategic management)이라는 개념으로 학문적 영역에 본격적으로 도입되기 시작한 시기는 1970년대 후반부터라는 것이 일반적인 견해인데, 초기에는 '경영정책'(business policy)이나 '경영전략'(business strategy)이라는 용어를 혼용해서 사용하기도 하였다. 최근에는 기업내부의 강점과 약점을 바탕으로 환경의 기회와 위협에 효과적으로 대처하는 기업의 환경적응과정을 중요시하면서 전략경영이라는 용어가 일반화되고 있다.

2) 경영전략의 정의

기업의 성공은 경영환경에 최적화된 전략으로부터 시작된다고 할 수 있을 만큼 그 중요성이 강조되고 있다. 그러나 그렇게 중요한 경영전략에 대한 정의는 일치된 견해가 없고 오히려 너무나 많고 다양하게 존재한다. 왜냐하면 전략을 수행하는 기업의 경영환경 및 현상과 특성이 서로 다르기 때문에 어느 한 전략만을 제시하거나 강조하는 것은 바람직하지 않기 때문이다.

경영전략에 대한 다양한 견해가 있음에도 불구하고 이들의 내용과 주장은 전혀 상반된 입장에서 정의를 내리기 보다는 〈표 1-2〉의 정의에서 보는 바와 같이 상호 보완적임을 알 수 있다.

〈표 1-2〉의 내용을 참고하여 경영전략의 정의를 살펴보면, 경영전략(business strategy)이란 기업의 경영목적을 달성하기 위한 포괄적인 수단으로서, 기업의 외부・내부 환경에서 경영활동을 수행하는데 가장 중요하고 핵심적인 요소를 발견하고 이 요소를 경쟁력으로 발전시킬 수 있는 방법을 찾는 것이라고 할 수 있다.

이고르 앤소프(H. I. Ansoff)는 『기업전략(*Corporate Strategy*)』(1965)에서 "경영전략이란 경영목적을 달성하기 위한 의사결정의 룰(decision rule)"[6]이라고 하였으며, 챈들러(A. D. Chandler)는 『경영전략과 조직(*strategy and structure*)』(1962)에서 경영전략이란 "기업의 기본적인 장기목표 및 목적을 결정하고, 이들의 목표를 달성하는데 필요한 활동방향과 여러 자원을 배분하는 것"[7]이라고 하였다. 챈들러는 전략이란 용어를 경영학에서 받아들인 최초의 연구가이고, 앤소프는 전략의 개념을 경영학에 본격적으로 확산시킨 사람으로 평가받고 있다.

---

6) H. I. Ansoff, 『*Corporate Strategy : An Analytic Approach to Business Policy for Growth and Expansion*』, McGraw-Hill Book Co., 1965, p.165.

7) A.D. Chandler, 『*Strategy and Structure : Chapters in the History of the Industrial Enterprise*』, Cambridge : The MIT Press, 1962, p.13.

표 1-2 경영전략의 정의

전문가	전략과 경영전략의 정의
손무 (손자병법)	• 전략이란 생존에 중요한 역할을 하는 것으로서 삶과 죽음의 문제이기도 하며, 안전과 존망에 영향을 미치는 것이다. 어떠한 경우라도 전략을 소홀히 여겨서는 안 된다(BC 515)
카를 폰 클라우제비츠 (Carl von Clausewitz)	• 전략이란 전쟁에서 승리하기 위한 목적을 달성하기 위해 전투(전술)들을 조화시키는 것(전술의 운용에 관한 지도:1832)
케네스 앤드류스 (Kenneth Andrews)	• 전략이란 기업의 목표를 달성하기 위하여 수립하는 여러 가지 계획이나 정책(1971)
그룩 (Glueck)	• 전략은 기업의 기본적인 목적달성을 위한 통일되고, 포괄적이며, 통합된 계획(1980)
쉔델과 하텐 (Schendel & Hatten)	• 경영전략이란 조직의 목표에 따라 조직과 환경과의 관계를 결정하고, 조직과 하위부서가 효과적이고 효율적인 행동을 할 수 있도록 자원을 할당하여 이들 간에 바람직한 관계가 달성되도록 노력하는 과정(1972)
마이클 포터 (M.E. Porter)	• 경영전략은 기업의 경쟁우위를 구축하고 구체적인 경영방식을 선택하는 의사결정 과정(1980)
톰슨과 스트릭랜드 (Thompson & Strickland)	• 경영전략은 경영자들이 조직의 장기적인 방향을 설정하고, 구체적인 성과목표를 수립하며, 내부와 외부의 환경을 고려하여 목표달성을 위한 선택된 행동계획을 실행하는 과정(1987)
오마이 겐이치 (Kenichi Ohmae)	• 경영전략은 효율적인 방법으로 경쟁자에 비해 그 기업의 경쟁우위를 향상시키기 위한 일련의 노력(2003)

따라서 경영전략이란 기업이 장기적인 목표를 달성하기 위해서, 사업의 방향을 결정하고, 어떻게 하면 경쟁자에 비해서 경쟁우위를 차지할 수 있을 것인가에 대한 효율적인 방법을 찾고, 실행하는 것이라고 정의할 수 있다.

2 경영전략의 특징과 필요성

오늘날과 같이 기업을 둘러싸고 있는 국내·외 경영환경의 변화속도가 빠르고 주변환경이 매우 복잡하고 다양한 상황에서는 경영전략의 역할은 더욱 커지기 마련이다.

더구나 현실적으로 주어진 자원은 한정되어 있고, 산업 간 경계가 무너졌으며, 경쟁이 치열한 상황에서 경영전략은 경쟁우위를 확보할 수 있는 다양한 방법을 제시해 줄 수 있다. 그렇기 때문에 기업의 입장에서 경영전략의 필요성은 더욱 절실해지고 있으며, 기업의 운명을 좌우할 만큼 그 영향력이 커지고 있기 때문에 전략의 특성과 필요성에 대해 잘 이해할 필요가 있다.

1) 경영전략의 특성

경영전략이란 기업의 경영목적을 달성하기 위한 포괄적인 수단으로서, 경영활동을 기업의 외부 및 내부 환경변화에 적응시키기 위한 계획적·능동적인 접근방법이다. 기업의 장기적 목표달성에 중요한 영향을 미치는 경영전략은 다음과 같은 특징을 갖는다.

첫째, 기업의 존재이유와 나아갈 방향을 제시한다. 즉 기업은 경영자의 경영철학과 이념을 바탕으로 어떠한 사업을 할 것인가를 결정하고 선택된 사업이 경쟁에서 이기기 위해서 어떠한 방법을 적용해 나갈 것인가를 구체화시켜 준다.

둘째, 기업의 장기적인 목표와 단기적인 세부계획의 근간이다. 기업이 지속적으로 성장·발전해 나가기 위한 장기적인 사업계획과 목표를 구체화하고 달성할 수 있도록 실천방법을 제시해 준다.

셋째, 기업이 처한 환경에 유연하게 대응하는 방법을 제시해 준다. 즉 전략은 급변하는 외부환경의 기회와 위협요인을 기업 내부자원과 적절히 조화시킬 수 있는 방법을 찾아준다.

넷째, 기업이 보유한 내·외부 자원의 효율적인 배분과 우선순위를 정해 준다. 즉 기업이 보유한 가치사슬 내의 다양한 자원(유형, 무형, 인적자원)을 합리적으로 조직하여 핵심역량과 경쟁력으로 발휘하게 할 뿐만 아니라 취약한 자원에 대해서는 외부와의 제휴나 협력을 통해 극복하도록 돕는다.

다섯째, 기업이 추진하는 전략적인 목표와 의사결정이 순조롭게 달성되도록 모든 구성원들의 인식전환과 전사적인 참여를 가능하게 해준다. 이를 위해서는 최고경영층의 적극적 참여와 꾸준한 지원이 있어야 한다.[8)]

---

8) Rowland T. Moriatory and Ursula Moran, "Managing Hybrid Marketing Systems," 『*Harvard Business Review*, November-December』, 1990, pp.145~155 ; 신철우, 『경영학원론』, 삼영사, 2006, pp.232~233.

2) 경영전략의 필요성

기업이 기업의 목표달성을 위하여 전략이 필요한 이유는 시장에서 경쟁이 불가피하기 때문이며 자원과 시장(소비자)이 한정되어 있고 그것을 취하려는 경쟁자는 많기 때문이다. 치열한 시장에서 경쟁우위를 발휘하기 위해서는 자원을 최적으로 조합할 수 있는 경영전략이 필요하다. 특히 경영전략이 성공적으로 실행되기 위해서는 최고경영층의 강력한 의지와 모든 구성원의 전사적 참여가 필수적이다.

경영전략은 다음과 같은 점에서 기업경영에 매우 의미가 있다.

첫째, 경영전략은 모든 구성원이 미래의 비전과 목표달성을 위해 지금 해야 할 일이 무엇인가를 명확하게 해주기 때문에 기업의 비전과 목표달성을 위해 경영자원을 집중시킬 수 있다.

둘째, 경영목표를 공유하게 됨으로써 공통의 목표를 갖게 해준다.

셋째, 경쟁우위요소는 무엇이고, 고객은 누구이며, 경쟁자는 누구이며, 경쟁자와 차별화할 수 있는 요소가 무엇인지를 알 수 있게 해준다.

사례 1-1. 세기의 라이벌 코카콜라와 펩시콜라

기업이 전략을 수립하고 실행하는 목적은 경쟁에서 이기기 위함이다. 그리고 우리는 경쟁하는 관계를 라이벌(rival)이라 한다. 그런데 이 단어의 기원은 '강'(river)이며, 'river'의 라틴어 어원은 '강'을 뜻하는 '리부스'(rivus)에서 파생되었다. 이는 "같은 강을 둘러싸고 싸우는 부족민들"을 말하는 '라발리스'(rivalis)에서 "하나 밖에 없는 물건을 두고 싸우는 사람들"의 의미로 발전하고, 프랑스어를 통해 '라이벌'(rival)이라는 단어가 나왔다. 즉 강물을 함께 사용하는 부족(주민)을 말하며, 강물이 풍부할 때에는 좋은 관계를 유지하며 살지만 강물이 부족할 때는 두 부족의 관계가 치열한 경쟁관계에 돌입하게 된다.

결국 라이벌 관계에 놓인 두 주체는 때로는 협력관계이면서 때로는 경쟁에서 살아남는 법을 터득하도록 동기를 부여하는 미묘한 관계이기도 하다. 기업 역시 시장 내에서 경쟁관계에 놓인 기업과 필요에 따라서 전략적 제휴 관계를 맺기도 하고, 시장 점유율을 높이고 경쟁우위를 차지하기 위해 치열하게 경쟁을 한다.

기업 역사상 가장 오랜 기간 동안 라이벌 관계에서 경쟁하면서 서로를 견제하고 벤치마킹하면서 성장 발전해 온 기업을 꼽으라면 코카콜라(Coca-Cola, 1886년 설립)와 펩시콜라(Pepsi Co, 1898년 설립)를 들 수 있다. 더구나 두 회사는 라이벌의 어원인 '강물', 즉 '물'을 이용해 만든 제품을 판매하는 경쟁관계에 있다.

두 회사의 라이벌 관계는 콜라에만 국한된 것이 아니다. 코카콜라가 환타를 출시하면 펩시콜라는 미린다로 응수했고, 펩시콜라가 7-Up을 출시하면 코카콜라는 스프라이트로 대응했다. 더구나 과즙음료, 스포츠음료 그리고 생수 시장에서는 펩시콜라가 시장을 선점할 만큼 두 회사의 경쟁은 치열하다. 코카콜라는 주로 탄산음료시장에 집중해 있는 반면, 펩시콜라는 음료 외에 스낵과 식품 등에 진출해 전체 매출에서는 2010년 기준 310억 달러를 달성한 코카콜라를 훨씬 앞선 432억 달러이다. 그러나 같은 해 기준 브랜드 가치에서는 코카콜라가 1위이고 펩시가 26위이에 그쳤다.

두 회사의 경쟁관계는 제품구조, 브랜드 전략, 광고전략, 유통전략 등 다양한 측면에서 비교가 되지만, 콜라 시장에서 제품의 맛을 놓고 코카콜라와 정면 승부를 벌였던 펩시콜라가 음료사업과 관련된 사업 군으로 다각화하며 매출뿐만 아니라 탄산음료 시장에서도 코카콜라를 여전히 위협하는 존재가 되고 있다.

이 밖에도 세계적인 라이벌 관계에 있는 회사들의 전략을 비교하는 방법은 매우 흥미있으며, 전략을 이해하는데 많은 도움을 준다. 예를 들면 Benz와 BMW, GM와 Ford, Canon과 Nikon, Amazon과 Walmart, Amazon과 SPACE X(우주산업), Amazon과 Alibaba, Samsung과 Apple 등이다.

제2절 경영전략의 수준과 유형

1 수준별 경영전략의 이해

1) 수준별 경영전략의 구분과 상호관계

경영전략은 기업의 목표를 달성하기 위한 계획으로서, 기업활동의 영역이나 범위를 기준으로 [그림 1-1]과 같이 '기업전략(전사전략)', '사업전략(경쟁전략)', '기능별 전략'의 세 가지로 나눌 수 있다.

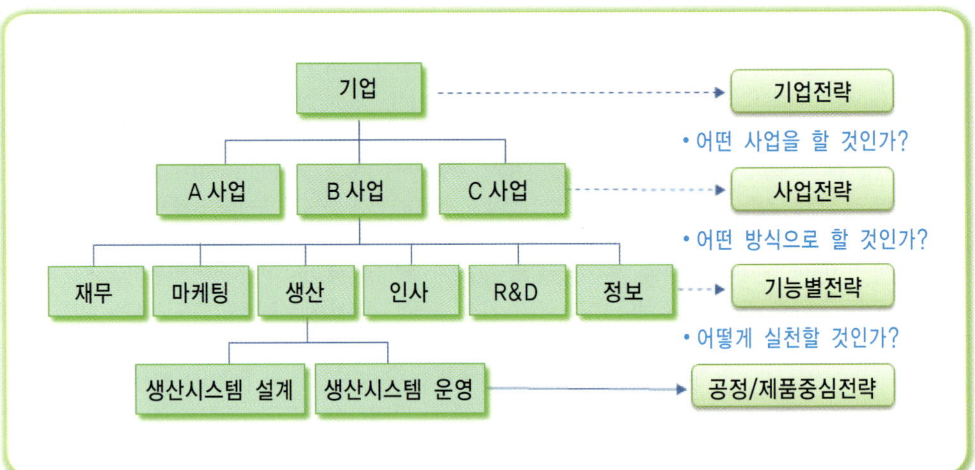

그림 1-1 수준별 경영전략

이러한 분류는 전통적인 경영조직의 위계단계에 따른 구분으로, 톰프슨(A. A. Thompson)과 스트릭랜드(A. J. Strickland)의 구분이다.[9]

9) 박상범 · 박지연, 『경영학원론』, 탑북스, 2014, pp.224~225.

첫째, '기업전략'은 주로 최고경영층에 의해서 수립되는데, 각 사업의 이해와 활동을 전반적인 관점에서 파악하고 정의하는 전략을 말한다. 예를 들면 "회사는 어떠한 영역(업종)에서 사업을 할 것인가?", "그들 각 사업분야에서 회사의 자원을 어떻게 배분할 것인가?" 등과 같이 기업이 나아가야 할 방향의 결정과 하위조직이 수행해야 할 역할을 결정하는 전사적인 전략이다.

둘째, '사업전략'은 "선택된 특정 사업영역에서 어떠한 방법으로 경쟁할 것인가?", "어떠한 제품을 판매할 것인가?" 혹은 "각 경영기능(생산, 마케팅, 인사, 재무 등)은 어떻게 관리되어야 하는가?"와 같이 각 사업단위 차원에서 추진하는 전략이다.

셋째, '기능전략'은 "상위의 사업전략목표를 어떻게 달성할 것인가?"를 위해 사업부별 각 부문(생산, 마케팅, 인사, 재무 등)에서 추진하는 전략이다.

기업이 차별적인 경쟁우위로 목표를 달성하기 위해서는 수준별 각 전략의 방향과 전략요소 등의 상호관계를 이해하고, 조직구조와 기능에 따라서 경영의 방향을 설정해야 하는데, 수준별 각 전략의 방향과 요소의 결정 및 실행범위와 역할은 조직의 계층에 따라 그리고 수행하는 의사결정에 따라 달라진다.

수준별 경영전략의 상호관계를 간략히 소개하면 〈표 1-3〉과 같다.

표 1-3. 수준별 경영전략의 상호관계

구분		전략 방향	전략요소
기업전략	사명과 목표	미션과 비전 ▸ 기업의 존재이유와 나아갈 방향은? ▸ 기업은 어디로 가야 하는가? 목표 ▸ 장기적으로 기업이 달성하여야 하는 계량적 목표의 수립	• 기업의 경영이념 • 기업의 핵심가치 • 목표 / 내용 / 수준 • 계획기간 • 외부환경분석(산업 및 거시환경) • 내부환경분석(자원과 능력) • SWOT 분석(강점/약점/기회/위협)
	전사 전략	전략의 방향 ▸ 사명과 목표에 어떻게 도달할 것인가? ▸ 어떤 사업(산업)을 선택해야 하는가? 포트폴리오전략 ▸ 자원의 최적배분의 방향과 방법	• 사업영역의 설정 • 포트폴리오분석(성장/안정/축소/혼합전략) • 수직적 통합(전방 · 후방통합)전략 • 다각화 전략 • 전략적 제휴와 M&A
사업전략	경쟁 전략	목표시장에서 설정 목표 : 경쟁우위의 달성수준 전략의 방향 : 상대적인 경쟁우위 획득방법	• 시장의 선택과 경쟁요소 정의 • 시장점유율/매출/이윤/브랜드가치 • 원가우위/차별화/집중화 전략
기능전략	실천 전략	가치사슬의 구성 및 자원의 활용 주요기능 : 생산전략, 마케팅전략 보조기능 : 재무전략, 인사전략, 기술개발 전략, 정보관리전략 등	• 기능별 전략목표 설정 및 실행 (생산/마케팅/인사/재무 등) • 기능별 상호 연관성을 고려 • 사업전략의 방침과 연계 및 일관성

2) 사업별 계층 간 전략의 유형과 역할

전략과 전술의 범위나 역할은 [그림 1-2]와 같다. 최고경영층은 기업의 미션이나 비전과 같은 장기전략에 대한 의사결정을 수행하고, 중간관리층은 부서별 중기전술을, 그리고 하부감독층은 현장에서 실제 운영을 담당하는 단기계획을 수행한다.

사업별 계층 간 전략의 범위나 역할을 앤소프(H. I. Ansoff)가 분류한 조직계층의 수준에 따른 의사결정 내용을 참고로 정리하면 다음과 같다.[10)]

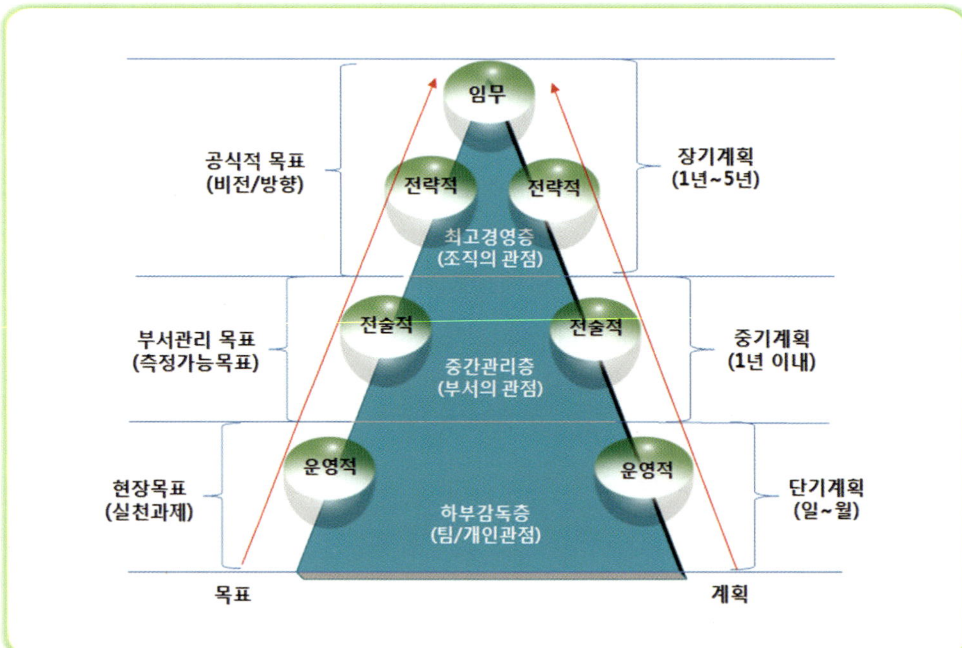

그림 1-2 계층별 전략과 전술의 범위와 역할

(1) 최고경영층의 전략의 범위와 역할

최고경영층은 주로 기업의 장기적인 목표와 방향의 기업전략과 사업전략의 업무를 수행하는 전략적 의사결정(strategic decisions)을 수행한다. 예를 들면 기업의 목표설정, 기업의 성장전략, 다각화 전략 및 신제품과 신 시장 개발전략 등이 포함된다.

---

10) H.I. Ansoff, 『*Corporate Strategy: An Analytic Approach to Business Policy for Growth and Expansion*』, McGraw-Hill Book Co., 1965, p.165; 박상범 · 박지연, 앞의 책, pp.146~147.

(2) 중간관리층의 전술의 범위나 역할

중간관리층은 최고경영층이 결정한 전략적 의사결정을 체계적으로 계획하고 구체적으로 실행하는 업무를 수행하는 관리적 의사결정(administrative decisions)을 담당한다. 즉 전략적 의사결정을 구체화하기 위하여 효율을 최적화하는 의사결정이다. 예를 들면 조직구조의 변경, 정보의 수집과 분석, 유통경로의 개선 등이 이에 속하며, 이 밖에도 필요한 자본・자재・설비의 조달과 획득, 인력관리와 개발에 관한 것들이 포함된다.

(3) 하부감독층의 운영범위와 역할

하부감독층은 중간관리층의 관리・통제 하에 전략적 및 관리적 의사결정을 구체적으로 실천하는 업무적 의사결정(operating decisions)이다. 업무적 의사결정은 자원변환과정의 능률을 극대화하는 의사결정으로서 주로 기능부문의 자원배분, 일정계획, 업무의 감독 및 통제활동 등을 포함하고, 가격결정, 생산일정, 마케팅활동, 재고수준 등이 포함된다.

2 수준별 경영전략의 특징

전략의 수준에 따라 기업전략, 사업전략, 기능전략으로 구분하게 되는데, 각 전략의 수준별 목표를 달성하기 위해 수행되는 경영전략의 특징을 살펴보면 다음과 같다.

1) 기업전략

기업전략(corporate strategy)은 한 개 이상의 사업부문을 포함하는 가장 상위의 경영전략으로서, 기업내부의 자원배분을 최적화하여 기업 전체의 사업방향을 설정하게 된다. 기업이 참여하고자 하는 사업의 종류나 자원배분 문제 및 관리방법 등과 같은 문제를 해결하기 위하여 최고경영자인 경영전략 입안자는 다음과 같은 일련의 문제에 관한 해답을 순차적으로 결정하여야 한다.

즉 신규진출 및 철수사업의 결정, 목표시장의 설정, 기술 환경변화에 따른 기업의 대응방안, 경영활동 범위의 조정, 경영활동에 소요되는 인적・물적자원을 어떻게 조달하고 배분할 것인가? 등이다.

이 같은 기업전략은 기업 전체의 관점에서 어떤 사업에 어느 정도의 투자가 필요한지에 대한 의사결정이며, 현재의 사업 및 신규사업에 대한 투자계획이나 철수와 같이 모든 상황을 고려하게 된다. 기업전략은 기업 전체의 관점에서 미션(mission)과 비전(vision) 그리고 목표(goal)를 잘 반영하여 설계되어야 하고, 이는 하위 전략의 수립에 지침이 된다.

그룩(W. F. Glueck)은 기업전략을 성장전략, 안정전략, 축소전략, 복합전략의 네 가지 유형으로 분류하였다.[11)]

(1) 성장전략

성장전략(growth strategy)은 장기적으로 생존을 위해 기업의 규모나 자원 및 사업영역과 능력을 확대해 나가는 공격적 전략(aggressive strategy)을 의미한다. 성장전략은 기업이 보유한 내부자원(유형 · 무형 · 인적자원)을 활용해 제품개발이나 시장개척 등으로 성장해 나가는 내부성장전략(internal growth strategy)과 기업이 외부자원을 활용해 성장하는 외부성장전략(external growth strategy)이 있다.

내부성장전략은 자사의 내부자원으로 신제품 개발, 신시장 개척, 유통경로와 생산시설 확장 등의 다각화를 추진해 나가는 것이다. 그러므로 내부성장전략은 직접확장전략 또는 내부개발전략(internal development)으로도 불린다.

이러한 내부성장전략은 기업이 가치사슬 내에 보유한 기술과 자원에 의존하기 때문에 새로운 기술과 노하우가 기업 내부에 축적되고 성장과정에서 조직 내부의 사기진작과 동기부여의 응집력을 높일 수 있다는 장점이 있지만 다양해지는 소비자의 욕구와 급변하는 시장 환경에 신속하고 유연하게 대처하지 못할 경우에는 시간과 자원의 낭비뿐만 아니라 경쟁에서 뒤처질 수 있다는 점에 유의해야 한다.

외부성장전략은 타사와의 기술제휴, 수직적 결합(vertical integration : 수직적 통합), 조인트벤처(joint venture) 등의 전략적 제휴 또는 인수 · 합병(Mergers and Acquisition : M&A) 등의 방법을 통해 성장을 추구해 나가는 전략을 말한다.

외부성장전략은 환경변화에 신속하고 유연하게 대응해 신규사업과 시장개척을 위한 시간을 단축하고, 고객과 시장점유율을 짧은 시간에 높일 수 있다는 장점을 가지고 있다. 뿐만 아니라 이미 검증된 기술과 역량을 흡수함으로서 제품 개발에 따른 실패위험을 줄일 수 있고, 외부의 역량을 내부에 적용해 시너지효과(synergy effect)를 얻을 수 있다. 그러나 외부의 자원에 지나치게 의존하거나 기업의 자원이 통합될 경우 이질적 기업문화나 가치관이 복잡하게 얽혀 관리의 효율성과 조직원의 사기와 의욕이 저하될 수 있다.

---

11) William F. Glueck, 『*Business Policy*: *Strategy Formation and Executive Action* (4th edition)』, McGraw-Hill, NY, 1980; 유필화 외 4인, 『디지털시대의 경영학』, 박영사, 2008, pp.339~341 참고.

기업은 이러한 각각의 특징을 고려하여 성장전략의 방법을 선택하여야 한다. 예를 들면 성장은 매출이 증대되고 시장점유율이 확대됨으로써 경쟁력이 강화되지만 조직의 규모가 커지면서 관리와 운영 그리고 의사결정 체계가 복잡해진다는 점을 고려해야 한다. 그러나 신제품이나 신시장 개척을 위한 기술과 기동력이 필요할 때, 부족한 내부자원의 역량을 신속하게 보강해야 할 때, 내부의 자원을 이용하는 것보다 외부자원을 활용하는 것이 비용을 절약할 수 있을 때는 과감하게 외부성장의 방법을 선택하여야 한다.

(2) 안정전략

안정전략(stability strategy)은 경영활동에 큰 변화를 추구하지 않고 현상유지를 꾀하는 전략이다. 즉 다른 사업을 확장하는데 따르는 위험부담보다는 현재의 제품 · 서비스를 활용하는 경영활동으로 현재의 시장점유율을 유지하려는 전략이다.

안정전략은 기업이 현존사업에 만족하거나 환경변화의 폭이 크지 않는 경우에 선호되며, 변화를 추구하는데 따르는 불확실성과 위험을 회피하고자 할 때 자주 사용된다.

예를 들어 제품 · 서비스의 성장속도가 점차 둔화되고 있지만 시장점유율이 높아 일정기간 지속적인 매출과 수익률이 기대될 경우 변화를 추구하기보다 현상을 유지해 나가려고 하며, 안정전략을 통해 얻어지는 수익을 기존과 유사한 경영활동영역에 투자하는 전략을 모색한다.

기업이 안정전략을 추구하더라도 외부환경의 기회와 위협요인을 철저히 분석해야 한다.

(3) 축소전략

축소전략(retrenchment strategy)은 방어적 전략(defensive strategy)이라고도 하는데, 경제 및 경영환경이 불확실하고 침체가 예상되는 경우에 자본축소, 시장축소 그리고 철수 등의 방법으로 경영의 규모나 다양성을 축소하여 능률과 성과를 높이고자 하는 전략이다.

축소전략은 여러 가지 형태가 있는데, 비용을 절감하기 위한 다운사이징(downsizing)과 조직의 효율을 높이기 위해 구조조정(restructuring)을 행하는 우회전략(turnaround), 핵심능력(core competence)에 전념하기 위하여 비핵심사업의 일부분을 매각하는 영업양도전략(divestiture), 사업의 전부를 매각하고 사업에서 완전히 손을 떼는 청산전략(liquidation) 등이다.

(4) 복합전략

복합전략(combination strategy)이란 이상에서 설명한 여러 가지 전략 중에서 두 개 이상의 전략을 동시에 추구하는 것을 말한다. 예를 들면 한 사업단위는 성장전략을 추구하고 다른 사업단위는 축소전략을 추구하는 경우이다.

기업의 규모가 크고 불확실성이 높으며 경쟁이 치열한 경영환경에서는 한 가지 전략만을 추구하기보다 복합전략을 많이 활용한다. 왜냐하면 한 가지 전략을 추구하였을 때의 위험(인적 · 물적 및 경제적 피해)을 분산시킬 수 있기 때문이다.

2) 사업전략

사업전략(business strategy)은 기업전략의 하위전략으로서 특정 사업에 관한 전략을 말한다. 사업전략은 기업전략과 밀접한 관계를 가지면서 동시에 기업전략과 일관성을 유지하여야 하며, 한 기업 내에서 비슷한 속성의 제품이나 서비스를 생산하는 각각의 경영활동이 독립성을 가지고 경영하되 기업 전체의 경영목표와 일치하는 전략이 되어야 한다.

사업전략은 크게 원가우위 전략, 차별화 전략, 집중화 전략의 세 가지 유형으로 구분할 수 있는데, 어떤 시장에서, 어떤 경쟁우위요소로 경쟁할 것인가를 기준으로 구분한다.

포터(M. E. Porter)[12]는 현재 기업이 참여하고 있는 시장에서 경쟁자들에 비해 어떻게 경쟁우위를 확보할 것인가를 나타내는 사업전략을 세 가지 유형(원가우위 · 차별화 · 집중화 전략)으로 분류하고, 본원적 경쟁전략(generic competitive strategy)이라고 하였다.

예를 들면 기업이 경쟁기업에 비해 훨씬 싼 가격에 공급하거나, 경쟁기업의 제품과 비교하여 차별화할 수 있는 방법을 동원하는 두 가지 방법 중 하나이다. 이러한 방법들은 기업이 경쟁우위를 발휘하기 위한 전략적 선택방법으로 널리 활용되고 있다.

(1) 원가우위 전략

원가우위 전략(costleadership strategy)이란 낮은 가격으로 시장에 진출하여 경쟁하고자 하는 전략으로서, 원가절감을 통해 경쟁기업보다 더 유리한 원가우위를 달성하고자 하는 전략이다. 이 전략은 경쟁기업들에 비해 상대적으로 낮은 원가로 생산할 수 있느냐 하는 것에 초점을 맞춘다.[13] 물론 경영자들은 품질이나 서비스, 그 밖의 요소에 대해서도 관

---

12) 포터(M. Porter)는 이 세 가지 전략을 본원적 경쟁전략(generic competitive strategy)이라고 하면서, 본원적 경쟁전략을 수립하기 위해서는 먼저 해당 산업의 경쟁강도와 장기적인 이윤잠재력을 결정하는 다섯 가지 산업구조요인(5 Forces) 즉 기존의 경쟁자, 공급자, 구매자, 대체재의 출현, 잠재적 진출기업에 대한 분석이 선행되어야 한다고 주장하였다.

13) 최근에는 전략적 원가통제기법으로서 활동기준 원가계산(ABC : Activity-Based Costing)방식이 도입되고 있다. 이것은 공장자동화 등 최근의 생산활동과정에서 제조간접비의 비중이 증가함에 따라, 제품원가계산에 있어서 제조간접비를 인위적이고 일률적으로 제품에 배분하여 제품원가를 왜곡시키는 전통

심을 가지기는 하지만 일차적으로 관심을 가져야 하는 것은 원가를 낮추는 것이다.

원가우위를 확실하게 가지고 있는 기업들은 시장에서 강력한 경쟁자가 있다 할지라도 산업평균 이상의 수익을 얻을 수 있다. 왜냐하면 경쟁과정에서 이윤이 다소 희생되더라도 대량생산과 판매로 원가우위를 확보할 수 있기 때문이다.

원가우위전략을 성공적으로 수행하기 위해서는 대량거래를 통한 원가인하, 생산성 높은 설비투자, 안정적이고 낮은 가격으로 공급받을 수 있는 자원의 확보, 생산공정의 합리적 관리, 생산성을 고려하는 제품설계, 합리적인 유통시스템을 통한 비용절감, 간접비를 줄이기 위한 각종 방법의 도입, 체계적인 조직화와 책임소재의 명확화, 목표생산량 달성을 자극하는 인센티브제도 등이 조직 내부적으로 확립되어야 한다.

(2) 차별화 전략

차별화 전략(differentiation strategy)이란 경쟁사보다 우월한 차별적인 요소로 시장에 진출하여 경쟁하고자 하는 전략으로서 자사만의 독특한 능력(품질, 서비스, 디자인, 납기 등)으로 고객의 요구를 충족시켜 주고자 하는 전략이다.

차별화 전략의 장기적인 효율성은 경쟁자들이 얼마나 쉽게 기업이 제공하는 독특한 가치를 모방할 수 있느냐에 달려 있다. 만약 경쟁자들이 가치를 짧은 시간에 쉽게 모방한다면 그것은 더 이상 효과적인 차별화 수단이 아니다.

자동차산업에서의 차별화의 예는 혁신적인 디자인의 BMW, 탁월한 품질의 토요타(Toyota), 독특한 브랜드 이미지의 벤츠(Mercedes- Benz), 기술의 혼다(Honda) 및 전기 · 자율자동차를 생산하는 최근의 회사들이다.

(3) 집중화 전략

집중화 전략(focus strategy)은 특정 구매자집단이나 지역적으로 한정된 특정 시장만을 대상으로 원가우위나 차별화 요소로 공략하는 전략을 말한다. 원가우위 전략이나 차별화 전략이 전체 시장을 대상으로 하는데 반해 집중화 전략은 특정한 부분시장을 공략하는 전략이다. 즉 집중화 전략은 전체시장에서 경쟁을 벌이는 기업들과는 달리 한정되고 세분화된 특정 시장(niche)을 집중적으로 공략함으로써 경쟁우위를 확보하고자 하는 전략이다.

따라서 집중화 전략은 독특한 욕구를 원하는 세분화된 소비자가 존재할 때 가능한 전

적인 원가계산방식의 문제점을 개선하기 위해 원가계산지표로서 활동(activity)을 분석하고 이를 기준으로 제품원가를 계산하는 방식이다.

략이다.

이상에서 제시한 세 가지의 본원적 경쟁전략 중에서 기업의 실정에 맞는 전략을 선택하여 집중하는 것이 중요하다. 만약 어느 전략도 명확히 선택하지 못하거나 혹은 어느 하나를 선택하더라도 기업 내부의 자원과 능력이 이를 제대로 실행하지 못한다면 경쟁우위를 확보하기 어려운 어중간한 위치(stuck in the middle)에 처하여 실패할 가능성이 높다.

3) 기능별 전략

기능별 전략(functional strategy)은 기업전략과 사업전략의 목표를 달성하기 위하여 수립하는 하위전략으로 생산, 마케팅, 재무, 인사조직, 연구개발 등 경영관리의 여러 활동의 내용을 규정하며, 기업전략과 사업전략을 추진하는데 필요한 자금과 인력 등 내부자원의 배분과 활동을 조정하는 중요한 역할을 한다.

예를 들면 신제품을 개발하는 사업전략이 수립되면 연구개발부서는 그 신제품을 개발하기 위한 구체적인 계획과 방법을 수립하는 경우로서 기능별 전략은 전략이라는 개념보다 전술의 성격을 갖는다고 볼 수 있다.

기능별 전략은 기업의 목표달성을 위해서 상위의 전략적 선택과 일관성을 유지하면서 각 기능(생산, 마케팅, 재무, 인사 그리고 연구개발 등)별로 수행하여야 할 전략들이다.

[그림 1-3]은 생산전략이 상위 사업전략과 일관성을 유지하면서 경쟁우위를 달성하는 관계를 나타내고 있다.

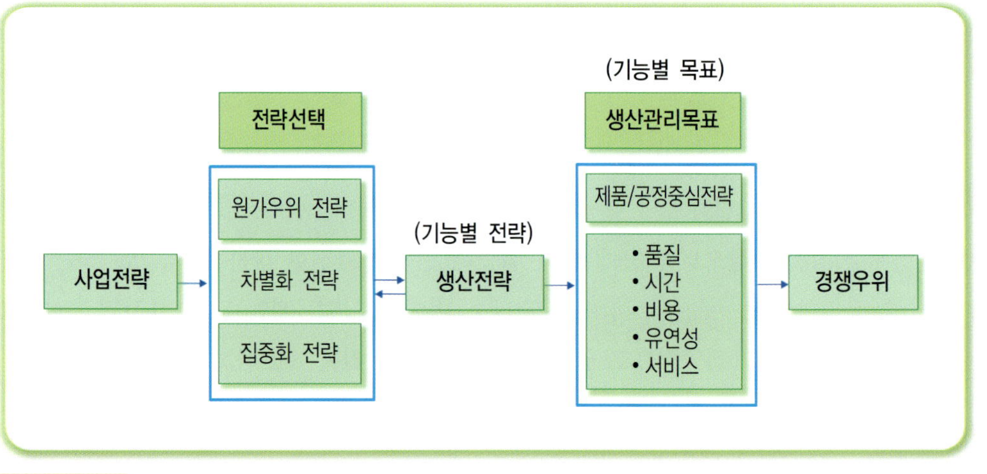

그림 1-3 각 전략의 상호관계

(1) 생산전략

사업전략에서 설정한 경쟁우위를 확보하기 위하여 생산활동에서 무엇을 어떻게 해야 하는가를 규정하는 것으로서, 생산전략(production strategy)의 목표는 양질(良質 : quality)의 제품과 서비스를, 적가(適價 : cost)로, 적시(適時 : timing)에 소비자에게 공급하는 것이기 때문에 이를 달성하기 위한 구체적인 계획을 세우고 실천하게 된다.

최근에는 생산전략을 수립할 때 사물인터넷(IoT), 인공지능(AI), 자동화 · 로봇화(robotics), 3D 등의 영향력이 생산활동에 어떤 영향을 미치는지를 중요하게 고려해야 한다. 특히 해외에서 생산활동을 하는 경우에는 생산활동과 직접적으로 관련있는 요소와 함께 원자재의 장기 확보 가능성, 노동력의 공급능력, 임금상승률, 현지의 문화 및 관습 등을 고려하여야 한다. 또한 경험곡선, 규모의 경제, 물류, 신제품개발, 연구개발 인력, 연구개발 투자 및 투자효율 등 까지도 광범위하게 고려하여야 한다.

(2) 마케팅전략

마케팅전략은 회사의 전략적 목표를 달성하기 위한 판매촉진 강화, 적정한 가격결정, 유통경로 개선 등으로 고객만족을 꾀하여 궁극적으로 매출극대화를 꾀하고자 하는 전략이다. 이 밖에도 경쟁기업이나 경쟁제품의 마케팅전략, 시장점유율의 추이분석, 소비자의 가치관 변화, 제품다양성, 시장개척 및 현지적응, 유통경로, 판촉활동, 브랜드충성도, 고객서비스, 가격정책 등에 관한 계획을 수립하고 실행한다. 마케팅전략이 성공하기 위해서는 생산전략은 물론 다른 부문 활동들과 밀접하게 정보공유를 하는 것이 중요하다.

(3) 인적자원전략

기업의 경영이념과 목표를 달성하기 위해 동원되는 여러 가지 요소 중에서 가장 핵심적인 요소가 인적자원이다. 높은 수준의 인적자원은 기업이 보유한 자원의 최적결합을 가능하게 할 뿐만 아니라 기업의 가치 및 경쟁력을 높이는데 가장 중요한 역할을 한다.

인적자원전략의 내용에 포함되는 요소는 인적자원의 채용 · 훈련과 능력개발, 배치, 투명하고 공정한 평가와 보상 등과 함께 경영자의 양성계획, 노동력의 질과 숙련도, 임금 및 복리후생, 노사관계, 사기 및 조직충성심, 전문 인력 보유정도, 조직구조, 조직문화, 인사정책 등도 중요하다.

(4) 재무전략

재무전략은 건전한 재무구조를 결정하고 투자수익을 극대화하는데 초점을 맞추면서 건전하고 균형 잡힌 자본구조를 결정하기 위해 필요한 자본을 저렴한 비용으로 어디에서 조달할 것인가를 결정하고, 조달된 자본의 최적운영 방법 및 배당과 내부유보의 비중은 어떤 수준에서 결정할 것인가를 결정해야 한다. 구체적으로 적정한 자본조달방법, 재무위험성의 축소, 재무구조 및 유동성, 자본비용, 자금운용능력 등을 다룬다.

기능별 전략의 모든 의사결정은 자금을 필요로 하는데, 재무활동의 전략적 성과는 정량적으로 평가하는 것이 유리하다.

(5) 연구개발 전략

연구개발이란 기업 및 생산활동에 필요한 새로운 기술 및 생산방법 등을 개발하기 위한 장기적인 활동을 말한다. 연구개발 전략은 크게 다음과 같은 몇 가지 방법이 있다. ① 혁신적인 연구개발 전략, ② 기존 제품이나 기술을 개선하는 방어적 연구개발 전략, ③ 경쟁기업이나 제품의 모방으로 신기술을 확장하는 모방연구개발 전략 등이다.

제 3 절 경영전략의 수립절차 이해

1 경영전략의 수립절차

경영전략의 수립과정은 기업의 상황에 따라 다소 차이는 있으나 대체로 경영이념(미션과 비전)과 목표결정, 기업의 외부 및 내부환경 분석을 통하여 전략적 대안을 선택하고, 최종 전략의 선택·실행·평가의 절차를 거친다.

[그림 1-4]는 경영전략의 수립절차를 보여주고 있다.

첫째, 전략수립은 기업의 근본적인 존재 이유와 목적을 나타내는 미션(mission, 사명)을 명확하게 규정하는 것에서 시작된다. 이 단계에서는 전략이 구체적으로 계량화되지는 않지만 도달하고자 하는 미래상을 제시한다. 즉 장기적으로 추구할 기업의 비전을 제시한다.

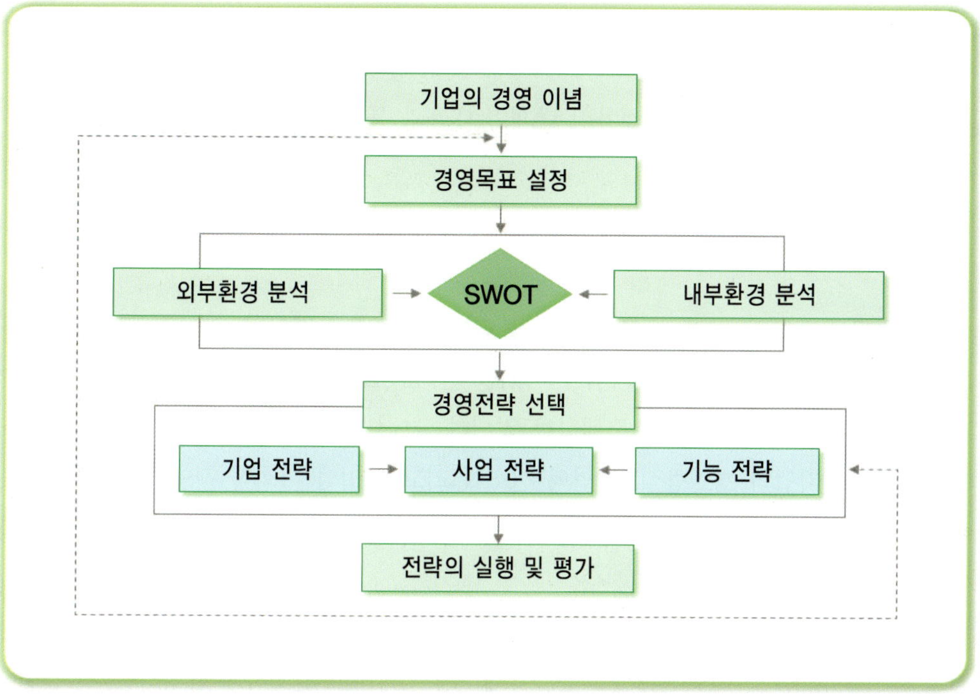

그림 1-4 경영전략의 수립 절차

둘째, 기업이 달성할 장기적인 목표를 수립한다. 예를 들면 기업이 어떤 사업을 어떻게 전개해 나갈지에 대한 계획을 구체화해야 하며, "우리기업이 현재 보유하고 있는 능력과 역량은 어느 수준인가?"를 파악하여 달성할 목표의 구체적인 시기를 명확하게 산정한다.

셋째, "기업이 어디로 가야 하는가?"를 명확히 밝히는 단계로서, 외부환경 요인을 철저히 분석하고 객관적으로 평가하여야 한다.

넷째, 내부환경을 분석한다. 우리기업이 경쟁사에 비해 어느 영역의 경쟁력이 더 강한지를 파악하기 위해 기업이 보유한 유형・무형의 자원, 내부의 핵심역량과 경쟁사의 역량을 비교한 후 강점・약점을 파악한다.

다섯째, 전략적 대안을 선택한다. 수집된 자료와 정보를 통합하고, 각 사업부별 전략을 선택하고, 각 기능별 전략과 조화가 이루어질 수 있는 전략적 대안을 선택한다.

여섯째, 가장 우수한 전략을 선택하고, 전략의 실행 및 평가과정을 거친다. 특히 실행과정에서는 경영환경의 변화에 따른 전략의 변경가능성과 유연성을 가질 수 있도록 해야 한다.

2 경영전략수립 단계별 내용

[그림 1-4]의 경영전략 수립절차의 단계별 내용과 특징을 구체적으로 살펴보면 다음과 같다.

1) 기업의 경영이념 규정

기업철학(corporate philosophy)이라고도 불리는 기업의 경영이념(management philosophy)은 경영자 또는 의사결정자가 기업을 어떠한 방식으로 경영을 해나갈 것인지에 대한 기본신념이나 가치관, 철학 등을 구체화한 것이다. 그러므로 기업의 목적달성을 위해 기업의 존재이유, 기업의 경영방식, 기업의 신조 그리고 기업의 사회적 책임 및 윤리경영 등에 대한 기업 나름대로의 문화와 핵심가치를 담고 있는 경영이념을 가장 먼저 설정하고 이를 토대로 목표를 설정해야 한다.

특히 기업의 경영이념은 기업문화의 형성에도 영향을 미치고 경영활동에 있어서 구성원의 사기와 행동지침에도 영향을 미치기 때문에 명확하고 간결하게 규정하는 것이 좋다.

2) 경영목표 설정

경영목표는 기업의 경영이념에서 제시한 가치를 달성하기 위한 구체적인 목표를 정하는 것이다. 경영이념이 기업의 목적과 가치에 대한 폭 넓은 표현이라면 경영목표는 기업이 장차 달성하고자 하는 미래의 상태나 결과에 대한 의사결정의 지침이다.

경영목표는 정당한 이윤창출, 소비자의 욕구를 충족시키는 가치창출, 도덕·윤리경영의 실천, 사회에의 공헌과 기업의 사회적 책임 등 다양하지만 우선순위를 부여하여 체계적으로 수행할 수 있도록 하는 것이 필요하다.

경영목표를 구체화하는 방법은 크게 재무적 목표와 전략적 목표로 나눌 수 있는데, 재무적 목표는 달성하고자 하는 목표를 정량화(수치화)하여 수치로 측정할 수 있는 것이며 전략적 목표는 정성적인 기업의 미래모습이다.

3) 외부환경 분석

기업이 환경을 분석하는 이유는 외부의 경영환경으로부터 성장을 위한 기회를 포착하거나 성장을 저해하는 위협요소를 정확히 규명할 객관적인 자료를 얻기 위함이다. 외부환경 분석을 토대로 얻어지는 자료는 어떤 사업(산업)이 매력적인지를 파악할 수 있는 산업환경 분석자료와 기업이 속한 산업에 영향을 미치는 요소인 일반환경 분석(거시환경)자료로 나누어진다.

외부환경을 분석할 때는 우선 산업환경에 대한 분석을 하는 것이 일반적인데, 시장 내에서의 경쟁상황, 시장의 규모, 성장 가능성, 수익성 등을 파악하고 신규진입자의 경쟁력과 핵심역량의 파악, 대체재의 출현 가능성, 공급자와의 교섭력 그리고 소비자의 구매력 등을 파악한다. 이어서 기업을 둘러싼 국내・외 정치 및 법률환경, 경제환경, 사회환경, 문화환경, 그리고 기술환경 등 거시적 환경요인을 분석한다.

4) 내부환경 분석

내부환경 분석은 기업의 현재 및 미래의 경쟁우위능력을 파악하여 경쟁력을 확보하기 위함이다. 외부환경 분석으로 위협요인과 기회요인을 찾고, 기업이 보유하고 있는 내부경영자원의 능력과 역량을 분석하여 핵심역량을 파악한다. 즉 기업내부의 강점과 약점을 도출하고 외부환경 요인에 대한 대응방안을 모색함으로써 종합적인 전략선택의 기초자료로 활용한다.

5) 경영전략 선택

외부환경과 내부환경을 분석한 자료를 토대로 가능한 전략적 대안을 개발하고 최적안을 선택해야 한다. 특히 최적안을 선택할 때는 기본적으로 기업의 경영이념(사명과 비전) 및 경영목표와 일관성을 유지하여야 하는데, 각각의 전략은 다음과 같다.

기업전략은 기업이 여러 시장이나 산업에서 다양한 사업을 동시에 추진하면서 어떤 사업을 어떻게 전개해 나갈지에 대한 방향을 세우는 전략이다.

사업전략은 하나의 시장이나 산업에서 기업이 경쟁사와 경쟁할 때, 경쟁사를 이길 수 있는 방법이 무엇인지 선택하는 것이다.

기능전략은 상위 사업전략 수준에서 요구하는 방향에 맞추어 전략적 대안을 실천하기 위한 가장 효과적・효율적[14)]인 업무수행 방법이 무엇인가를 선택하는 것이다.

---

14) 경영목표가 성공적으로 달성되었는지 여부를 판단하는 기준(지표)으로 이용되는 개념에는 효율성(능률성)과 효과성(유효성)이 있다. 효율성(efficiency)은 투입(input)과 산출(output)을 대비시킨 것으로 최소한의 투입으로 최대한의 산출을 얻는 것에 관한 것인 반면 효과성(effectiveness)은 올바른 목표의 선택과 달성 여부에 관한 것이다. 전자가 자원의 사용을 최소화하는 능력, 즉 '일을 바르게 함'(do things right)이라면 후자는 조직의 목표달성에 도움이 되는 활동을 하는 능력, 즉 '올바른 일을 함'(do right things)을 의미한다.

경영전략은 미래지향적인 특성을 지니고 있기 때문에 기업이 목표로 하는 미래의 상황과 현재의 상황과의 차이를 극복할 수 있는 전략대안에 대한 평가와 선택이 면밀히 이루어져야 한다. 그러기 위해서는 선택한 전략의 성공 가능성과 효과, 기업이 보유한 자원의 최적안배, 위험을 극소화시킬 수 있는 안정성, 효율적으로 수행할 수 있는 방법 등을 종합적으로 평가하는 것이 중요하다.

6) 전략의 실행 및 평가

경영전략의 수립이 완료되면 구체적인 전략수행단계에 들어가게 된다. 선택된 전략이 실행되지 않는다면 그 동안 경쟁우위를 위해 노력한 과정은 의미가 없다. 기업이 선택한 전략이 일관성 있게 실천되기 위해서는 최적안으로 선택된 전략을 '왜', '언제', '어디서', '누가' 그리고 '어떤 방법'으로 실행할 것인지의 계획을 세워야 한다.

선택한 전략과 실행이 일관성을 유지하기 위해서는 다음과 같은 몇 가지를 확인하여야 한다.

첫째, 상위의 전략목적과 하위전략이 일관성을 유지하고 있는지의 여부를 점검하고 전략의 실행과정에서 경영진의 의도가 중간관리자와 하위관리자들에게 정확히 전달되고 공감대를 형성하고 있는지를 파악해야 한다.

둘째, 경영자는 기업이 보유한 자원(인적자원과 물적자원 등)을 고려하여 목적달성을 위한 조직구조 및 관리체계가 만족스럽게 설계되었는지 살펴야 하고 전략수행단계에 들어간 후에도 대외환경의 변화를 점검하면서 그 상황에 맞게 실행 및 평가에 유연성을 발휘해야 한다. 특히 구성원들에게 적절한 보상과 동기부여를 할 수 있는 리더십을 발휘해야 한다.

셋째, 실행에 대한 평가를 계량화시켜야 한다. 목표치와 실행 후 얻어진 결과치와의 정확한 비교를 위해 기준을 정하고 목표와 성과를 비교·분석하고, 차이(gap)가 발생할 경우 그 차이가 수용할 수 있는 범위에 있는지 아니면 기준에 문제가 있는지 등을 분석해야 한다.

일반적으로 목표와 결과의 차이분석을 위한 자료로는 대차대조표에 나타난 매출과 영업이익 외에도 생산실적 및 시장점유율, 브랜드가치 상승 등을 비롯한 기업운영상 가시적으로 나타나는 여러 자료를 이용한다.

③ 전략수립 시 유의사항

1) 유의사항

전략을 수립할 때는 다음과 같은 점에 유의해야 한다.

① 현실과 목표와의 차이를 극복할 수 있는 합리적이고, 실현가능한 전략을 개발하도록 해야 한다.

② 성장·안정·축소·복합전략 중에서 가장 적합한 전략을 선택한 후 그 전략에 맞는 경쟁전략과 기능별 전략을 수립하여야 한다.

③ 경쟁기업의 전략과 경영환경을 분석하여 우리 기업의 차별화된 경쟁우위요소를 찾아야 한다.

④ 경영활동에 필요한 모든 경영자원의 획득 가능성을 검토하여야 한다.

⑤ 성공적인 전략수립을 위해서는 전략이 기업의 모든 구성원에게 명확하고 쉽게 전달되도록 해야 하며, 단계별·기능별로 통합과 조화가 이루어지도록 하여야 한다.

루멜트(R. P. Rumelt) 교수는 "나쁜 전략은 조직을 몰락시킨다"고 하면서, 나쁜 전략은 단지 좋은 전략이 아니어서가 아니라 상황을 제대로 판단하지 못하거나 리더십을 발휘하지 못하는 경우이며, 반면에 좋은 전략은 다음과 같은 나쁜 전략의 속성을 피하는 것이라고 하였다.[15)]

- **미사여구 :** 핵심내용이 없는 전략일수록 어렵고 추상적이면서 고차원적인 사고의 결과물인 듯한 착각을 하게 한다. 예를 들어 "우리의 핵심전략은 고객중심 중개활동이다"라는 은행의 전략은 은행 본연의 업무인 예금을 받아서 대출해주는 중개활동에 대한 표현이지만 차별적인 정책이 없는 미사여구(美辭麗句)에 불과하다.
- **문제회피 :** 나쁜 전략은 문제를 명확하게 정의하지 못 한다. 문제를 정확하게 정의하지 않으면 전략을 객관적으로 실행하거나 평가할 수 없다. 왜냐하면 전략은 환경

---

15) 김태훈 역, 『전략의 적은 전략이다(*Good Strategy Bad Strategy*)』, 생각연구소, 2011, pp.45~70. 리처드 루멜트(Richard P. Rumelt)는 1974년 발표한 『*Strategy, Structure and Economic Performance* (전략, 구조, 그리고 경제 성과)』에서 "미국의 거대산업기업에서의 다각화, 조직구조 그리고 경제성과의 상호관련성"에 대해 소개했다. 연구 결과의 일부는 미국 이외의 나라에서 정당성이 입증되지 않았고, 미국이라는 지역적 한계를 갖고 있었지만, 이 책은 특별한 전략조치의 경제적 정당성에 의문을 제기한 첫 번째 연구서였다. 잭 무어(J.I. Moore), 윤규상 역, 『전략과 전략경영 대가들』, 비즈니스맵, 2010, pp.247~248.

변화에 대한 대응방법, 장애물을 극복하는 방법, 어려움을 극복할 수 있는 방법을 포함해야 하기 때문이다.

- **목표와 전략의 부재 :** 나쁜 전략은 구체적인 내용이 없고 막연한 희망사항만 열거한다. 전략적 목표는 구체적인 절차나 성과 및 기대효과를 분명하게 제시해야 한다. 또한 비현실적이고 거창한 비전보다는 당면한 목표에 역량을 집중할 수 있는 실질적인 전략수립이 필요하다.

2) 고려사항

경영전략이 성공하기 위해서는 경영이념과 목표를 달성할 수 있는 요소를 외부와 내부환경에서 찾아내는 것이 중요하다. 특히 고객의 가치관변화 · 경쟁사의 전략 · 기술변화 추세 등의 외부 환경요인과 기업의 내부자원 및 능력 그리고 조직구조의 내부요인이 최적의 경쟁력을 유발하여 기업의 목표를 달성하도록 해야 한다. 만약 이러한 요인들 중 어느 하나가 결여되어도 전략의 성공을 기대하기 어렵다.

따라서 전략을 성공적으로 실행하기 위해서는 다음과 같은 요소를 체계적으로 고려하여야 한다([그림 1-5] 참조).

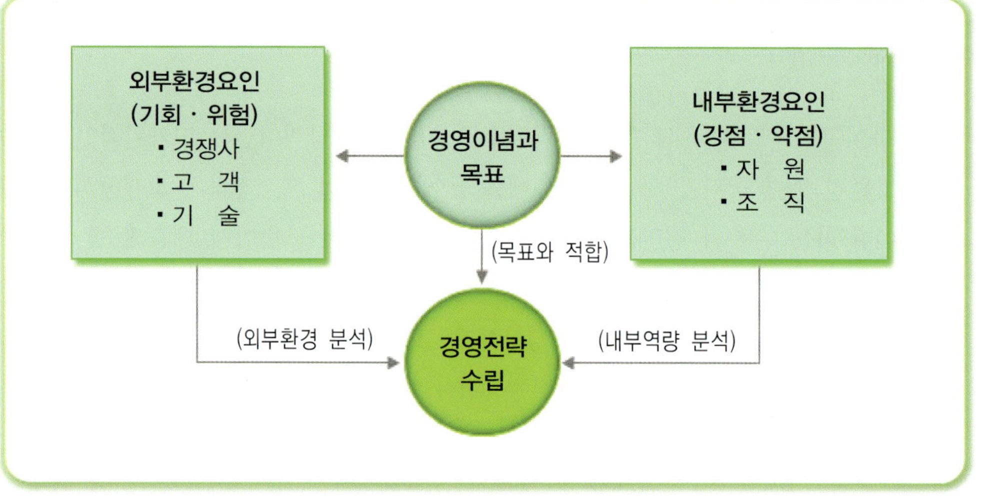

그림 1-5 경영전략의 수립

(1) 환경분석

① 외부환경분석

외부환경요인의 분석으로 기업의 목표를 달성하기 위한 기회를 찾거나 혹은 수익성 있고 매력적인 사업이 무엇인지를 찾아내기 위해서 고객·경쟁사·기술요소 등을 중점적으로 살펴보아야 한다. 이러한 요소들의 분석은 경영전략을 수립하기 위한 중요한 정보로서, 외부의 기회와 위협요인을 찾고 내부자원과의 결합 가능성도 제시해 준다.

- **고객 :** 고객이 어디에 가치를 두고 있는지 그리고 기업이 그 가치를 창출하기 위해 어떻게 대응해야 할 것인지를 살펴야 한다. 즉 고객이 요구하는 가치를 창출하기 위해서 고객의 요구(needs)에 맞는 제품의 기능·품질·가격·서비스 등을 적절하게 제공해야 하고 소비자의 요구변화에 대한 대응방법을 가지도록 해야 한다.
- **경쟁사 :** 경쟁사는 자사와 경쟁관계에 있지만 협력관계를 유지하면서 더 많은 가치를 창출할 수 있는 동반자로서 기존의 경쟁기업뿐만 아니라 잠재적 경쟁자를 포함한다. 외부환경분석을 통하여 기존 및 잠재적 경쟁자가 누구인가를 파악하고, 경쟁사가 지닌 강점과 약점을 분석하며, 기업이 경쟁우위를 확보하기 위해 어떻게 대응하는 것이 유리한지, 협력관계를 유지하기 위해 전략적 제휴 관계를 맺을지 혹은 인수·합병(M&A) 등을 활용해야 할지를 결정해야 한다.
- **기술 :** 기술변화의 속도가 빨라지고 기술의 불확실성과 상호의존성 및 연결성이 갈수록 강조되고 있는 환경이 되었다. 특히 사물인터넷, 인공지능, 3D, 5G 기술 등의 융·복합기술이 경쟁력을 좌우하는 시대가 되었다. 그러나 기술변화에 대한 대응도 중요하지만 더 중요한 것은 기술이 산업 구조에 영향을 미치는 영향력을 분석하는 능력이다. 예를 들면 고급기술(high technology)이 수익성을 보장하는 것은 아니며, 경우에 따라서는 저급기술(low technology)이 보다 더 많은 이익을 창출할 수도 있다고 점이다.

② 내부환경분석

내부환경분석은 내부의 자원을 분석하는 것은 물론 외부환경의 분석결과와 결합시키는 과정까지 포함하는데, 크게 자원의 능력 및 조직구조로 나누어 볼 수 있다. 자원의 능력이란 기업이 가지고 있는 강점과 약점을 분석하는 것이 중요하며, 내부자원을 외부의 기회와 결합시켜 경쟁력으로 발전시키기 위해서는 조직의 역량이 중요하다.

(2) 경영이념과의 일관성

전략은 경영이념을 달성하기 위해서 자원을 한 곳으로 모으는 방법을 제시해 주며 특히 시너지효과를 창출하는 원동력이 되기 때문에 매우 중요하다.

따라서 경영이념과 전략은 일관성을 가져야 하며, 특히 전략은 외부환경과 내부환경을 분석한 결과를 바탕으로 구체화되었을 때 성공 가능성을 높여준다.

사례 1-2. 환경변화에 적응한 IBM

지금의 IBM은 CTR(Computing, Tabulating, Recording, 1911 창업)이라는 사무기기 성격의 제품을 제조・판매하는 조그마한 회사로 출발하였다. 제1차 세계대전 등의 특수에 힘입어 1920년대에는 사무기기 회사로서 확고한 위치를 차지하게 되었으며, 컴퓨터 시장에 본격적으로 뛰어든 후에는 풍부한 자금력과 판매력을 바탕으로 기술력의 약점을 극복하면서 다른 경쟁회사를 물리치고 승승장구하였다.

IBM은 시스템360을 출시한 후 1970년대 말까지 컴퓨터 시장을 주도해 나갔으나 소형컴퓨터 제조업체 DEC의 새로운 기종 VAX가 IBM의 가장 강력한 경쟁자로 부상하면서 위기도 있었지만, 결국 퍼스널 컴퓨터 시장에서도 성공을 거두었다. 그런데 저가의 성능 좋은 경쟁사 제품들이 출시되고 PC의 가장 중요한 부분인 마이크로프로세서와 운영체계의 아키텍처를 Intel과 MS에 넘겨주면서 다시 위기를 맞기 시작하였다. 더구나 1980년대 이후 정보산업은 반도체 산업의 급속한 발전, 컴퓨터통신, 하드웨어에서 소프트웨어 중심의 서비스로 전환해야 하는 등 다양한 변화가 일어났다. IBM은 이러한 시장변화에 대응하지 못하고, 과잉투자로 인한 유휴설비 증가 등의 문제로, 1987년부터는 증가율이 둔화되었으며 급기야 1991년부터는 매출액이 감소되고 말았다. 세계 컴퓨터시장에서의 IBM 시장점유율도 1985년도에 30%에서 1991년에는 19%로 하락하는 등 IBM은 심각한 위기에 놓여있었다.

IBM은 위기를 벗어나기 위해 1993년 루이스 거스너를 외부에서 영입하고, 과감한 구조조정, 의사소통 채널 확대, 브랜드 이미지 통합 및 보상체계 재정립 등 내부의 변화를 추진하는 전략을 추진하며서 "IBM은 더 이상 컴퓨터회사가 아니다"라고 선언하였다.

이러한 전략의 변화를 통하여 기술혁신과 더불어 사업부문을 소프트웨어와 네트워크 부문에 집중하였고, 마침내 IBM은 컴퓨터 회사가 아닌 세계최대의 IT서비스, 컨설팅, 소프트웨어 및 하드웨어 통합 솔루션 회사로 성장하였으며, 2000년대 이후에는 서비스・컨설팅 분야의 매출이 가장 큰 비중을 점하고 있다. 특히 최근의 디지털 혁명(Digital Revolution)시대에 적응하기 위하여 빅 데이터와 인공지능 왓슨(Watson)의 결합으로 다양한 영역에서 새로운 성장동력을 구축하고 있다.

제2장 경영전략사

전략이라는 개념이 기업경영에 도입되기 시작한 것은 불과 50여년정도에 지나지 않지만 짧은 역사에 비해 전략이 기업의 경쟁에 미치는 영향이 절대적인 만큼 그 학문적 발전과 연구도 매우 다양하게 발전하고 있다. 특히 예측이 불가능할 정도로 빠르게 변하는 기술의 발전과 불확실성이 높아지는 경영환경의 변화에 따라 전략에 대한 중요성과 관점도 달라지고 있다.

그러므로 전략경영에 대한 학문적 발전과정(경영전략 모델의 변화과정)을 이해한다는 것은 전략적 사고를 확립하는 데 매우 중요하다. 왜냐하면 전략적 사고를 통해 기업이 경쟁력을 강화하고 시장에서 우위를 점하기 위해 어떤 전략적 선택을 해야 하는지를 파악할 수 있고, 경영환경변화에도 대응할 수 있기 때문이다.

제2장 '경영전략사'에서는 경영전략 수립 시 가장 널리 활용되고 있는 전략적 패러다임, 즉 포지셔닝학파(SWOT, BCG 매트릭스, 5 Forces 모델 등)와 케이퍼빌러티학파(7-S 모델, 핵심역량, VRIO 모형 등)를 토대로 전략적 사고의 정립을 위한 경영전략의 학문적 발전과정을 개괄적으로 소개하고, 각각의 특성을 살펴보고자 한다.

제 1 절 전략적 사고의 변화

전략의 개념은 군사용어에서 비롯된 것이지만 이 용어가 본격적으로 기업경영에 활용되기 시작한 것은 생각보다 오래되지 않았다. 일반적으로 기업에서 전략이라는 용어를 본격적으로 사용한 시점은 1970년대 이후로 보는 것이 일반적이다.

그렇지만 이제 전략은 기업경영의 중심에 서 있고 생존을 위한 핵심적인 사고의 틀로 자리매김을 하고 있다. 더구나 전략은 기업의 경계를 벗어나 개인의 삶과 여러 가지 다양한 분야에서 그 영향력을 행사하고 있다.

1 전략적 패러다임의 변화

1) 전략적 사고의 의미

오늘날 기업에게 전략의 중요성을 이해하고 전략적 사고를 도입・활용하도록 요구하는 것은 급변하는 대내・외 환경에서 기업이 생존할 수 있는 방법을 전략이 제공해 왔으며, 앞으로도 그러할 것이라 믿기 때문이다.

그러므로 경영환경변화를 이해하고 그에 맞추어 선택된 전략적 방법을 파악하는 것은 향후 전개될 예측불허의 시대에 슬기롭게 대처할 수 있는 방법을 찾기 위함이다.

더구나 지난 50여년간의 기업환경은 기업에게 매우 위협적이었다. 세계화와 자유화는 과거의 경쟁구도를 새롭게 바꿔 놓았고, 탈규제화가 가속화되고 동시에 국가 간 경제 블럭이 무너졌으며, 특히 컴퓨터를 비롯한 신기술의 발전과 이어서 출현한 정보기술(IT)을 바탕으로 한 사물인터넷(IoT), 인공지능(AI), 빅데이터(Big Data), 5G 등의 기술이 융・복합되는 디지털 혁명(Digital Revolution)의 위력은 매우 대단한 것이었다. 이렇게 급변하는 경영환경에도 불구하고 시장과 경쟁에서 살아남는 기업들은 모두 탁월한 전략적 선택을 했기 때문이다.

따라서 치열한 경영환경의 변화에서 기업이 생존하기 위해서는 전략적 패러다임의 변화를 정확히 이해하는 노력이 필요하며, 전략적 패러다임을 이해한다는 것은 바로 전략적 사고를 향상시키는 가장 유용한 방법이다.

2) 전략적 패러다임의 변화

전략적 패러다임의 변화는 곧 경영전략의 학문적 발전과정을 의미한다고 볼 수 있으나 경영전략의 발전과정을 체계화시키거나 지금까지 진행된 전략에 대한 다양한 연구의 경계를 명확히 구분하기란 쉬운 일이 아니다.

그 동안 소개된 여러 학자들의 경영전략 관련 연구나 경영전략 논쟁을 중심으로 몇 가지 소개하면 다음과 같다.

(1) 민츠버그의 전략 사파리

경영전략에 대한 학파를 체계적으로 분류한 대표적인 학자는 민츠버그(Henry Mintzberg)이다. 그는 기업이 처한 상황에 따라 가장 적절한 전략을 선택하는 것이 중요하다는 '컨피규레이션'(configuration) 학파를 대표하는데, 1998년에 출간한 저서 『전략 사파리(*Strategy Safari*)』에서 지금까지 진행된 경영전략의 주류를 이루고 있는 연구를 다음과 같이 10개 학파로 분류[1)]하면서, 각각의 전략 학파들의 활용도와 한계를 지적했다(제2절 경영전략의 학문적 발전과정 참조).

① **디자인학파** : 케네스 앤드루스(Kenneth Andrews, 1965), 전략적 모델과 실행 체크리스트를 활용한 의식적이고 이론적인 개념화(conception) 프로세스로서의 전략

② **플래닝학파** : 앤소프(H. I. Ansoff, 1965), 공식화(공식 ; formal)된 계획으로서의 프로세스 전략

③ **포지셔닝학파** : 하텐(K. J. Hatten, 1970년대 중반), 마이클 포터(M. E. Porter, 1980년대), 시장 지향적인 포지셔닝으로서의 분석(analytical) 프로세스 전략

④ **기업가학파** : 슘페터(Joseph Schumpeter, 1950), 콜(A. H. Cole, 1959), 강력한 리더의 비전이 기업 발전과 경쟁력의 방향성과 힘을 제공하는 비전창조(visionary) 프로세스로서의 전략

⑤ **인지적학파** : 마치와 사이먼(J. G. March & Herbert Simon, 1950년대), 경영자의 정보처리 및 전략적 질문에 대한 해결책을 찾은 사고로서의 정신(mental) 프로세스 전략

⑥ **학습학파** : 린드블롬(Charles Lindblom, 1959), 웨익(K. E. Weick, 1969), 하멜과 프라할라드(C. K. Prahalad & G. Hamel, 1990년대 초반), 기업의 발전을 장기적인 관점에서 수립

---

1) 민츠버그, 알스트랜드(Ahlstrand) 그리고 람펠(Lampel)이 제시한 전략이론에 관한 10개 학파에 대한 개략적인 설명은 다음 자료를 참고했다 ; 안성철(역), 『전략사전』, 옥당, 2010, pp.45~52.

하는 학습 과정으로서의 창발적(emergent) 프로세스 전략

⑦ **권력학파** : 엘리슨(Graham Allison, 1971), 페퍼(J. Pfeffer, 1978), 애슬리(W. G. Astley, 1984), 협상과 추진과정에 집중하는 추진력으로서의 협상(negotiation) 프로세스 전략

⑧ **문화학파** : 레만과 노만(E. Rhenman & R. Norman, 1960년대 말), 전략형성을 사회에 침투하는 과정으로 접근하는 집단적(collective) 프로세스로서의 전략

⑨ **환경학파** : 해넌과 프리먼(M. T. Hannan & R. E. Freeman, 1977), 환경변화에 대한 관심과 변화의 영향을 고려한 반응(reactive)으로서의 프로세스 전략

⑩ **구성**(형태)**학파** : 챈들러(Alfred Chandler, 1962), 맥길 그룹(McGill Group, 1970), 마일즈와 스노우(R. E. Miles & Snow, 1978), 기업이 처한 상황에 맞추어 시장동향과 경쟁상황의 적합도를 고려하는 패턴으로서의 변신(transformation) 프로세스 전략

민츠버그의 분류는 경영전략사에 대한 이해보다는 기업경영에서 필수적인 요소가 된 전략이라는 개념을 처음부터 다시 검토하도록 요구하였는데, 그 이유는 서로 다른 전략에 대한 이론 모두 나름대로 설득력과 타당성이 있는 반면, 다른 학자들이 강조한 관점을 놓치는 경우가 있기 때문이다. 또한 그는 '전략은 기업의 흥망을 결정짓는 중요한 수단인 만큼 여러 학파에 의해 제기된 전략의 개념과 관점을 올바로 이해하고 자신들의 상황에 맞는 전략적 선택'을 하도록 조언하면서 한때 미국을 대표했던 초우량기업 코닥[2)]의 전철을 밟지 말 것을 당부하였다.

그리고 그는 이들 10개 학파 중 포터(M. E. Porter)를 중심으로 한 '포지셔닝학파'가 가장 영향력을 발휘하고 있고, 시카고대학을 중심으로 한 '문화학파'도 많은 지지자들을 확보하고 있다고 설명하였다.

(2) 배리 존슨의 3단계 전략 아이디어

기업경영 컨설팅회사 BCG(Boston Consulting Group)에서 근무한 배리 존슨(Barry Johnson)은 전략의 역사를 포지셔닝, 프로세스 그리고 인간중심 전략의 3단계로 나누었다.[3)]

첫 번째 단계는 1960년대에 시작해 1980년대 중반까지 계속되었던 포지셔닝(positioning)

2) 1880년에 설립된 초우량기업 이스트먼 코닥(Eastman Kodak Company)은 디지털카메라 기술을 가장 먼저 개발(1975년)하고도 아날로그 필름에만 집착한 결과 시장에서 도태되었다. 코닥은 중국과 인도 등 신흥시장에서 필름의 수요가 꾸준히 늘어날 것이라는 전망과 수치에만 집착한 전략으로 기업을 망친 대표적인 사례다. 단순히 보여지는 한 가지 전략에만 집중해 상황에 맞는 전략을 수립하지 못하였으며, 시장의 흐름에 따르지 못 한 결과이다.

3) 차백만 역, 『전략의 제왕(*The Lords Of Strategy*)』, 21세기북스, 2010, pp.25~28.

학파이다. 포지셔닝학파는 기업이 활동하는 모든 사업 군에서 특정 사업이 차지하고 있는 위치는 어디이며, 그 사업을 더욱 강화할 것인가 아니면 포기할 것인가를 결정하는 것이 중요하다고 보았다.

두 번째 단계는 1980년대 후반에 시작해 지금까지 이어지고 있는 전략개념으로, 주로 프로세스(process)에 초점을 맞추고 있다. 즉 기업의 일 처리 절차와 일상적인 반복 업무에 집중한 것이다. BCG가 고안한 시간기반 경쟁(Time-Based Competition)이 프로세스 중심 전략에서 유용한 역할을 한다고 주장하였다. 시간기반 경쟁이란 제품의 설계와 생산을 경쟁자보다 더 빨리할 수 있다면 경쟁우위를 확보할 수 있다는 것이다.

세 번째 단계는 최근에 등장한 인간(people)중심 전략이다. 이 전략은 앞의 두 전략에 비해 개념이 모호하다. 인간에 집중한다는 의미가 사람마다 다르기 때문이기도 하지만, BCG의 필립 에반스는 전략가들이 고려해야 할 가장 기초적이면서 핵심적인 요소는 더 이상 회사가 아니라 '직원'이라고 주장하였다. 그의 주장에 의하면, 회사는 결코 회사를 구성하는 최소단위인 직원들로부터 최고역량을 끌어내지 않고서는 경쟁에서 이길 수 없다고 보고 있다. 결국 인간중심 전략의 의미는 인간이 혁신의 핵심이며, 혁신이야말로 경쟁의 필수조건이라는 것을 강조하고 있다.

(3) 미타니 고지의 경영전략 논쟁사

미타니 고지(Koji Mitani)는 그의 저서 『경영전략전사(經營戰略全史)』(2013)에서 전략에 대한 초기 아이디어에서 최근이론까지 체계적으로 이해할 수 있도록 정리했다.[4] 그는 1960년대에 시작된 포지셔닝학파(positioning)가 1980년대까지 포터(M.E. Porter, 1947~)를 중심으로 전략을 지배해 왔고, 이후 바니(Jay B. Barney)가 중심이 된 케이퍼빌러티학파(capability : 조직, 인간, 프로세스)의 등장과 민츠버그(Henry Mintzberg, 1939~)가 주장하는 '시행착오 접근법'(포지셔닝학파와 케이퍼빌러티학파의 통합과 적용), 즉 컨피규레이션학파(configuration)가 등장하였다고 체계화시켰다.

포지셔닝학파는 "이익이 발생하는 시장에서 이익이 나는 위치를 차지하면 경쟁에서 이길 수 있다"며 외부환경을 중시하는 학파이다. 케이퍼빌러티학파는 "자사가 강점을 가지고 있는 영역에서 경쟁하면 승리할 수 있다"며 내부환경의 중요성을 강조하며, 컨피규레이션학파는 전략의 선택은 그때그때의 상황에 따라 가장 적합한 전략이 필요하다고

4) 김정환 역, 『경영전략 논쟁사』, 엔트리, 2013 ; 본서에서 소개하는 경영전략의 학문적 발전 과정사는 미타니 고지(三谷宏治, Koji Mitani)의 저서 『경영전략전사(經營戰略全史)』에서 소개한 경영전략 논쟁사를 토대로 하였다.

보면서, 어느 한 쪽만을 고집할 필요가 없는 유연성을 강조한다.

그러나 21세기는 경제 · 경영환경의 변화와 기술발전의 속도가 비약적으로 빨라지고, 갈수록 불확실성이 높아지면서 기존의 전략개념은 진부한 이론으로 간주되기도 하며, 전략을 고려할 때 가장 중요한 개념은 혁신(innovation)이 되어야 함을 강조하는 혁신의 시대가 되고 있다.

2 전략적 패러다임 모델

앞서 소개한 여러 가지 전략연구의 발전과정에 나타난 내용을 시대별로 구분하면 3가지로 요약할 수 있다. 즉 포터(Michael E. Porter)를 중심으로 한 '포지셔닝학파', 바니(Jay B. Barney)가 주축이 되는 '케이퍼빌러티학파' 그리고 민츠버그(Henry Mintzberg) 중심의 '컨피규레이션학파'[5)]이다.

이러한 내용을 토대로 앞에서 설명한 세 학파의 주요 개념과 전략적 모델 및 특징을 요약해서 설명하면 〈표 2-1〉과 같고, 시대별 경영전략의 학문적 발전과정은 제2절에서 구체적으로 설명하고자 한다.

전략에 대한 학문적 연구는 하나의 전략적 패러다임 모델을 만들었고, 이러한 전략모델은 기업에서 다양하게 활용되고 있다. 경영전략의 학문적 발전과 함께 전략적 패러다임 모델을 시대별로 나타내면 [그림 2-1][6)]과 같다.

---

5) 마이클 포터를 중심으로 한 초기 전략의 체계를 '포지셔닝학파'로 명명하고 있다. 그리고 제이 바니를 비롯해 내부자원 중심으로 경쟁우위를 주장한 전략가들을 '케이퍼빌러티학파'로 부른다. 그러나 상황에 맞추어 포지셔닝과 케어퍼빌러티를 통합하라는 민츠버그의 새로운 주장은 뚜렷하게 '~파', '~학파' 등과 같이 명확히 붙여진 이름이 없다. 미타니 고지 역시 그의 저서 『경영전략 논쟁사』에서도 이를 '포지셔닝과 케이퍼빌러티의 통합과 적용' 또는 새로운 제3의 방법으로 '시행착오 접근법'으로 부르고 있다. 그러나 민츠버그가 "전략은 패턴화할 수 없다", "상황에 따라 조합(컨피규레이션)하라"고 주장한 것을 보면 결국 포지셔닝과 케이퍼빌러티를 상황에 맞추어 조합하는 '컨피규레이션(학)파'로 부르는 것이 가장 적절하다는 생각을 하고 포지셔닝학파와 케이퍼빌러티학파 이후를 컨피규레이션학파로 정리한다.
물론 미타니 고지도 그의 저서 후반부(p.404)에 '컨피규레이션파'란 용어를 사용한 적이 있지만, 본서의 저자 의도가 더 많이 반영되었음을 미리 밝혀 둔다.
그리고 포지셔닝과 케이퍼빌러티처럼 다른 이론을 통합하는 하나의 파(학파)이기 보다는 민츠버그가 주장한 개념으로 '컨피규레이션 경영전략'으로 더 많이 소개되고 있다.

6) '최승호, 『차별화된 전략수립을 위한 전략기획 에센스』, 새로운 제안, 2011, p.25.'와 '이기화 역, 『성공기업의 전략케이스46』, 한스미디어, 2012'를 인용 재구성.

표 2-1. 경영전략의 주요 흐름

구분	포지셔닝학파 1960년~1980년대	케이퍼빌러티학파 1980년~1990년대	컨피규레이션학파 1990년~2000년대
주요 개념	외부상황(시장) 중시 산업구조, 경쟁분석	내부상황(핵심역량) 중시 기업 내 자원능력중심	시행착오 접근법 상황에 적합한 방법의 선택
조직상의 특징	이익을 내는 시장의 선택 수익성이 낮은 사업 철수 정량적 분석과 정형적 계획	내부강점이 있는 분야 핵심역량의 배양 조직/인간/프로세스의 강조 정성적 분석	내부 및 외부환경 조합 시장 및 기술 변화에 신속한 대응 전략적 제휴를 강조 창의력 증대, 기업가 정신
대표 학자 및 기법	앤소프(다각화 전략) 앤드류스(SWOT 분석) BCG(경험곡선, PPM) GE 매트릭스 포터(5 Forces 모델, 본원적 경쟁전략, Value Chain)	맥킨지(7-S 모델) 피터스(초우량기업의 조건) 하멜&프라할라드(핵심역량) 해머(리엔지니어링 혁명) 스토크(타임베이스 전략) 노나카(SECI 모델) 바니(자원기반관점의 VRIO)	민츠버그(컨피규레이션) 카플란과 노턴 (Balanced Scorecard : BSC) 김위찬과 마보안(Blue Ocean)

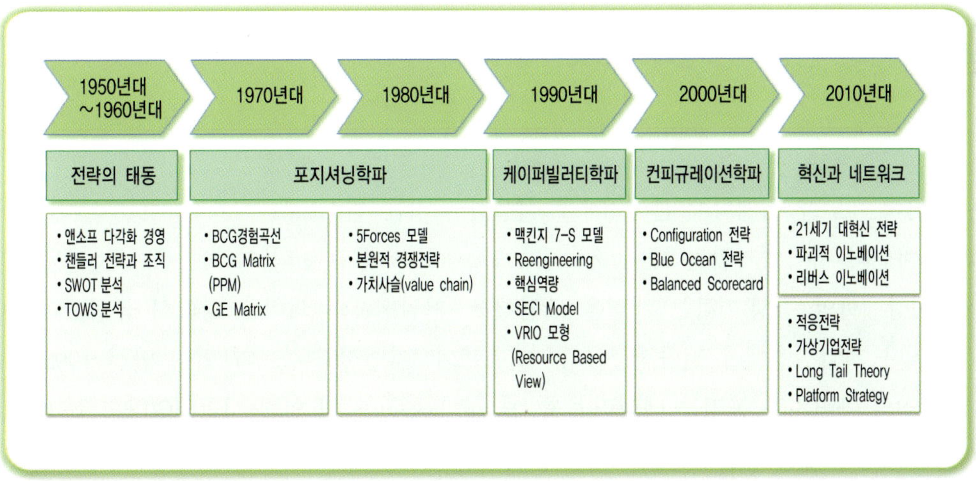

그림 2-1 전략경영 분석 모델의 발전단계

[그림 2-1]에서 소개하는 전략적 모델들은 경영전략사의 핵심이론인 포지셔닝학파와 케이퍼빌러티학파 그리고 컨피규레이션학파를 시대별로 구분하여 나타낸 것이며, 21세기에 들어서서 주목받고 있는 전략적 패러다임 모델의 핵심은 혁신(innovation)임을 알 수 있다.

제 2 절 경영전략의 학문적 발전 과정

전략은 앞서 밝힌 바와 같이 1960년대 이후 기업경영에 본격적으로 도입되어 활용되기 시작하였으며, 시대변화와 함께 지금까지 매우 다양하게 진화해 오고 있다. 그러나 경영전략의 학문적 발전과정을 이해하기 위해서는 1890년대 테일러의 과학적 관리법으로 거슬러 올라간다.

경영전략을 이해하기 위해 테일러의 과학적 관리법과 메이요의 인간관계론 등으로 거슬러 올라가는 것은 경영전략 학문발전의 이해와 무관하듯 보이지만 경영전략 이론으로 가장 영향력 있는 포지셔닝학파는 "경영전략은 정량적 분석이나 정형적인 프로세스를 통해 이해할 수 있으며 해결이 가능하다"라고 믿는 테일러주의를 확장한 이론이라고 볼 수 있다.

그리고 포지셔닝학파에 반론을 제기한 케이퍼빌러티학파의 대부분은 "기업 활동은 인간적인 측면이 크기 때문에 오직 정성적인 논의가 중요하다"라고 보았다. 이것은 메이요(E. Mayo)의 인간관계론에서 시작된 개념이라고 볼 수 있다.

1 경영의 원류(1890년대~1930년대)

1) 테일러의 과학적 관리법

전략의 개념을 경영학에 본격적으로 사용한 학자는 앤소프(H. I. Ansoff, 1918~2002)이다. 그는 자신의 저서 『기업전략론(*Corporate Strategy*)』(1965)에서 '전략'이라는 용어를 사용하면서 '시장에서의 경쟁'이라는 개념을 도입했고, 기업전략의 의미를 명확히 규정했다.

그러나 기업경영에서 전략적 사고는 앤소프의 '기업전략론'보다 훨씬 앞선 1900년대 초 경영의 아버지라 불리는 테일러(F. W. Taylor, 1856~1915)에 의해 시작되었다고 볼 수 있다. 왜냐하면 테일러가 개발한 『과학적 관리법(*The Principles of Scientific Management*)』(1911)은 당시 생산현장을 혼란에 빠트렸던 방임관리(放任管理 : drifting management), 임률인하(賃率引下 : wage rate cutting), 조직적 태업(systematic soldiering) 등의 문제를 해결하고 효율적으로 생산성 향상을 달성하였기 때문이다.

테일러의 과학적 관리법은 노동조건의 개선을 통한 고임금을 실천함으로써 기업의 성장과 노동자들의 임금을 향상시키는데 지대한 공헌을 한 테일러리즘(고임금 저노무비 :

high wage and low labor cost)을 실현시켰다. 뿐만 아니라 ① 과업관리(task management), ② 작업연구(work study), ③ 작업 지도표 제도(instruction card system), ④ 차별적 성과급제도(differential piece rate system), ⑤ 직능별 조직(functional organization) 등과 같은 다섯 가지 내용을 담은 '과학적 관리법'은 효율적인 대량생산 시스템 구축을 통해 '고임금 저가격'을 실천한 포드 시스템에 많은 영향을 미쳤고 나아가 오늘날 기업의 전략적 사고의 확립과 경영학의 토대를 마련하는 원류가 되었다.

2) 포드의 대량생산시스템

과학적 관리법의 뒤를 이어 헨리 포드(Henry Ford : 1863~1947)는 포드시스템(Ford system)을 개발하였다. 테일러의 과학적 관리법과 마찬가지로 '작업시간과 동작연구'를 통해 작업을 보다 단순화(simplification), 전문화(specialization), 표준화(standardization)하는 '3S'의 실천 매뉴얼을 만들었으며, 컨베이어 벨트를 활용한 이동조립법(moving assembly line, 1913)으로 대량생산 시스템(mass production system)을 구축했다.

포드시스템의 핵심은 1913년에 포드자동차에서 개발된 이동조립법이며, 이는 생산의 표준화를 전제로 하여 작업을 단순작업으로 분할하고 모든 공정을 컨베이어 벨트로 연결하는 동시관리(management by synchronization)의 생산방식이다. 포드시스템은 '고임금 저가격' 실현을 통해서 근로자에게 높은 임금, 소비자에게는 낮은 가격의 자동차를 공급하면서 인간의 풍요로운 삶을 제공하는데 공헌했다.

테일러는 개별적인 과업의 개선에 주력한데 반해 포드는 전체적인 작업시스템의 합리화를 추구하였다.

3) 페이욜의 경영관리 프로세스

과학적 관리운동이 1910년대 미국을 중심으로 활발히 전개되고 있는 거의 같은 시기에 유럽에서도 이에 버금가는 경영관리론이 앙리 페이욜(Henry Fayol : 1841~1925)이라는 프랑스 사람에 의해서 전개되었다.

페이욜은 그의 저서 『산업 및 일반관리(*Adminstration industrielle et générale*)』(1917)에서 경영을 포괄적으로 해석하면서, 경영활동에는 ① 기술적 활동 : 개발, 생산, 성형, 가공〈개발, 생산〉, ② 상업적 활동 : 구매, 판매, 교환〈구매, 판매〉, ③ 재무적 활동 : 자본의 조달과 운용〈재무〉, ④ 보전적 활동 : 자산과 종업원의 보호〈인사, 총무〉, ⑤ 회계적 활동 : 재산목록, 대차대조표, 원가, 통계〈경리〉, ⑥ 관리적 활동 : 계획, 조직화, 명령, 조정, 통

제〈경영 기획, 관리〉 등 여섯 가지 종류의 활동(또는 기능)이 있다고 하였다.[7)]

그리고 그는 앞에서의 여섯 가지 활동 중에서 가장 중요한 경영활동은 계획 · 조직 · 명령 · 조정 · 통제의 과정으로 이루어지는 관리활동[8)]이라고 하였으며, 경영문제를 조직의 상위계층에 집중하고 건전한 경영의 원칙과 경영기법을 전 조직에 적용할 것을 강조하였다. 또한 페이욜은 경영자들이 지켜야 할 14개의 일반관리원칙을 경험에서 도출하여 제시했다.

그가 주장한 일반관리 원칙은 능률, 질서, 안정성, 공평성을 강조한 것으로 요약할 수 있는데, 이들 원칙은 관리과정론의 기반을 이루면서 오늘날의 경영학에서는 물론 실무부서에서도 통용될 수 있는 보편적인 것으로 인정받고 있다.

페이욜은 데일러와 함께 오늘날 경영이론과 경영사상의 선구자로서 많은 공헌을 하였다.

4) 메이요의 인간관계론

과학적 관리법과 포드시스템은 생산활동을 조직화하여 생산성을 크게 향상시켰다. 그러나 이들은 인간을 하나의 생산요소로 보고 작업능률의 향상에만 관심을 갖는다는 비판을 받았고, 결국 인간을 기계화함으로써 인간소외의 문제가 대두되었다. 그러던 중 1930년대부터 조직 내의 인간소외의 문제가 사람들의 관심을 끌게 되었다. 이 무렵에 엘튼 메이요(George Elton Mayo, 1880~1949)와 뢰슬리스버거(Fritz. J. Roethlisberger, 1898~1974)는 호손공장(Hawthorne Plant)을 대상으로 한 일련의 실험[9)]을 통하여 '사회적 존재로서의 인간'을 밝혀 낸 인간관계론을 주장하게 되었다.

호손공장 실험결과 노동환경과 생산성은 아무런 관계가 없으며 노동조건보다 근로자들 간의 인간관계가 노동의욕을 좌우한다는 사실을 밝혀냈다. 즉 조직은 단순한 기능의

---

7) 박상범 · 박지연, 『경영학원론』(제3판), 탑북스, 2018, pp.48~49.
페이욜이 분류한 기업에 반드시 필요한 활동 6가지는 현대 기업경영에서 각각 대응하는 활동이며, 이는 마이클 포터가 1985년 제시한 가치사슬과 똑같다. 특히 ⑥ 관리적 활동(administration : POCCC) : 계획(plan), 조직화(organizing), 명령(commanding), 조정(coordinating) 그리고 통제(controlling)는 사업의 방향이나 방침을 정하고 각 활동 간의 조정 등을 담당하며, 기업의 규모가 커질수록 관리적 활동의 비율이 높아짐을 간파한 그의 통찰력은 높이 평가받고 있다.

8) 페이욜의 ⑥ 관리적 활동은 오늘날 기업 경영 · 관리의 획기적이고 표준화된 프로세스를 구축하게 하였다. 즉 관리적 활동의 5가지 세부활동 POCCC 사이클은 오늘날 PDS 사이클(Plan, Do, See), PDCA 사이클(Plan, Do, Check, Action) 또는 PODC 사이클(Plan, Organizing, Directing, Controlling)의 형태로 널리 소개되고 있다.

9) 호손실험(Howthorn Experiment ; 1927~1932)은 미국의 웨스턴 일렉트릭사(Western Electric Co.)의 호손공장에서 6년간 4차에 걸쳐 실시된 실험이다. 이 연구는 조명실험, 계전기조립실험, 배선조립실험, 면접실험 등의 4가지 실험을 통해서 근로자의 동기유발과 노동생산성에 미치는 영향을 분석한 것이다.

집합체나 공식적인 구조 이상의 것으로서 작업자를 하나의 사회적 존재로 보고 작업능률은 조직 내의 인간관계와 사회적 욕구의 충족여하에 의하여 영향을 받는다고 하였다. 그러므로 경영자는 인간성의 본질을 이해하여야 하며 조직의 문제를 해결하기 위해서 비공식적 조직(informal organization)의 인간관계를 고려해야 하고, 생산성은 임금이나 작업 조건 개선 보다 사회적, 심리적 접근이 더 중요하다는 것을 인식해야 한다.

인간관계론에 의하여 제기된 조직의 인간문제는 그 후에 행동과학, 심리학, 인류학 등과 결합되어 조직행동이론, 동기이론으로 발전하였다. 오늘날 생산관리의 한 부분인 직무설계와 작업조직의 문제에는 행동과학이론이 적지 않게 반영되고 있다. 더구나 인간관계론의 시조(始祖)인 메이요의 주장은 경영전략의 학문적 발전에 있어서도 인간과 조직 그리고 프로세스를 중요시하는 케이퍼빌러티학파에 많은 영향을 미쳤다.

2 근대경영의 출현(1930년대~1950년대)

1) 버나드의 경영자의 역할[10]

테일러의 과학적 관리론과 페이욜의 관리활동은 모두 공식조직을 토대로 하였고 이후 메이요의 인간관계론에서는 공식적 조직을 비판한 가운데 비공식조직이 그 기반이 되었다. 이러한 양자의 이론을 통합한 것이 버나드(C. I. Barnard, 1886~1961)에 의해 창시되고, 마치(J. G. March)와 사이몬(H. A. Simon)에 의해 계승 발전된 근대적 조직이론이다.

조직론적 관리론의 시작은 1938년에 출판된 버나드(C. I. Barnard)의 『경영자의 역할(*The Functions of the Executive*)』에서 비롯되었는데, 이 책의 출간은 경영학에 있어서 버나드 혁명으로까지 불리어질 정도로 미국 경영학계에 커다란 파문을 던졌다. 왜냐하면 이제까지의 과학적 관리론이나 그 보완책으로서의 인간관계론이 주로 대내적・부분적・정태적인 시각으로 다루어졌다면, 버나드의 이론은 대외적・전체적・동태적이라는 전혀 새로운 시각에서 다루어졌기 때문이다. 특히 당시 세계공항으로 혼돈에 빠진 경영자들에게 '외부환경 변화에 조직을 시스템으로 대응'하고, 이를 위해 '경영자의 역할이 매우 중요하다'며 경영자에게 용기를 준 것이다.[11] 그리고 경영자들도 비로소 '외부환경'이라는 존

10) 박상범・박지연, 앞의 책, pp.60~61.

11) 1929년 10월24일(검은 금요일) : 세계공황이 발생하면서 미국 주식시장이 폭락하였고, 제1차 세계대전 이후 장시간 호경기의 버블 상태인 미국의 경제가 붕괴되었다. 이 여파는 전 세계로 확대되면서 유럽을 비롯한 세계 각국은 암흑기에 빠졌다. 미국의 당시 1인당 GDP는 세계 1위로 그 총액은 영국, 독일, 이탈리아, 프랑스, 일본의 GDP를 전부 합친 수준에 달했으므로 미국 경제위기가 세계경제에 끼친 영

재의 위력을 깨닫기 시작했다.

미국의 고전이론(과학적 관리법, 포드시스템)이 인간성을 경시한 이론(organization without people)인데 반해, 인간관계론은 공식조직을 경시한 이론(people without organization)이다. 그러나 버나드 이론은 이 양자를 통합한 데에서 그 의의를 찾아볼 수가 있기 때문에 버나드를 오늘날 '근대조직론의 아버지'로 평가하며 현대 조직관리론의 시조라고 부른다.

2) 드러커의 매니지먼트[12)]

1950년대와 1960년대 그리고 1970년대에 걸쳐 근대관리론의 주류를 이룬 학자로 드러커(Peter F. Drucker, 1909~2005)[13)]가 있다. 그는 이제까지 부분적이며 주관적인 관점에서의 관리론적인 견해와는 달리, 전체적이며 객관적인 관점에서 20세기 기업경영이 택해야 할 미래상과 그러한 기업경영의 주체가 되는 경영자의 철학을 알기 쉽게 설명하였다

우선 드러커가 주장한 매니지먼트(management)의 개념은 기업경영과 경영학의 관계를 이해하는데 도움이 된다. 그는 매니지먼트라는 용어의 이른바 '의미학상의 혼란'(semantic jungle)이 빚어지고 있는 것을 시인하면서도 그 용어를 다음과 같이 한정시켰다.

첫째, 매니지먼트는 하나의 학문(a discipline)이며, 적어도 학문이 될 수 있다. 그것은 상식이나 경험의 기호화도 아니며, 적어도 잠재적으로는 하나의 '조직적으로 체계화된 지식'(an organized body of knowledge)이라는 것이다. 요컨대 드러커에 의하면 매니지먼트는 '매니지먼트의 학'이라는 뜻이며, 그것이 곧 우리가 말하는 경영학이나 다름없다는 의미이다.

둘째, 매니지먼트는 경영학의 과제이며(management is tasks), 과제란 수행되려고 부과된 임무를 의미하고, 그것은 경영자가 수행해야 하는 일을 뜻한다.

셋째, 매니지먼트는 책임(management is responsibilities)을 수반해야 하며, 경영이 대규모의 사회적 존재가 될 수록 그 책임은 커진다는 것이다.

넷째, 매니지먼트는 실천이다. 즉 매니지먼트의 본질은 아는 것이 아니라, 실천하는

향이 얼마나 큰지 짐작할 수 있다(미타니 고지, 앞의 책, pp.66~67).

12) 박상범 · 박지연, 앞의 책, pp.65~66.

13) 피터 드러커(P. F. Drucker)는 오스트리아 빈에서 태어나 성장했으며, 22세에 공법(公法) · 국제법 박사학위를 받은 뒤 신문사에서 일했다. 28세에 미국으로 건너가 여러 대학에서 학생들을 가르쳤고, 2005년 95세의 나이로 세상을 떠나기 전까지 22년간 뉴욕대학 경영대학원에서 교수로 재직했다. '매니지먼트'의 아버지로 불리며 기업의 개념을 정리한 『기업의 개념(*Concept of the Corporation*)』(1946), 기업과 관리자의 존재와 의미를 밝힌 『경영의 실제(*The Practice of Management*)』(1954) 등 그는 평생 33권의 저서가 있다.

것이기 때문에 논리가 아니라 성과이다. 따라서 그 유일한 권위는 바로 성과(performance)라고 하며, 다음과 같이 주장하였다.

"학문으로서의 매니지먼트는 특히 경영자들이 실천하는 것을 의미한다. 그러나 매니지먼트의 기초(이론)를 이해하지 않고 기술(응용)만을 아는 사람은 매니저(manager)가 아니라 테크니션(technician)일 뿐이다."

결국 그의 주장은 이론과 실제, 실천과 기초의 통일을 의미한다고 볼 수 있어, 미국 경영학사상 새로운 관점에서의 통일이론과 다름없는 것이다. 비록 드러커가 경영이론의 통일이라는 말을 사용하지는 않았으나 매니지먼트를 경영 전체로 보면서 전개한 그의 이론은 실질적으로 통일이론이라고 해도 과언이 아니다. 또 그의 경영이론은 미국 경영학의 방향을 제시하였으며, 더 나아가서는 21세기를 위한 경영철학이라고도 할 만하다.

③ 전략적 사고의 태동(1950년대~1960년대)

'경영전략'이 1950년대와 1960년대를 통해서 관심을 갖기 시작한 것은 미국과 유럽의 경제가 발전하고 각종 규제가 완화되면서 많은 기업들이 인수·합병을 통해 다각화되고 거대해진 기업을 어떻게 효율적으로 운영할 것인가 하는 현실적인 문제에 직면하면서부터이다.[14)]

특히 거대기업들이 가졌던 근본적인 문제는 제2차 세계대전 당시 풍부한 물자의 조달을 통해 다각화를 시도하면서 "어떻게 하면 대기업이 거느리고 있는 각각의 사업단위를 최고경영자가 효과적으로 운영·통제할 수 있는가?" 하는 실질적인 문제에 직면하게 되었고 그에 대한 해결방안으로 '전략의 개념'이 도입되었다. 왜냐하면 그때까지만 하더라도 기업은 다른 기업과의 치열한 경쟁에서 승리하기 위한 경쟁전략보다 다각화로 인한 효율성에 관심을 갖고 있었기 때문이다.

그러나 1950년대에서 1960년대는 기업이 장기적인 목표와 함께 전략계획이 선행되어야 한다는 인식하에 사업부별 장기전략 계획을 수립하기 시작했다.

14) 로마조약(1957년)으로 유럽공동시장(ECM, European Common Market)이 창설되면서 유럽이라는 거대한 시장이 탄생되었다.

1) 앤소프의 기업전략과 다각화

기업(corporation)과 경영(management)의 개념을 군사학의 영역에서 확장하여 경영전략의 의미로 명확히 규정한 사람은 앤소프(H. I. Ansoff, 1918~2002)[15)]이다.

물론 앤소프는 『기업전략(*Corporate Strategy*)』(1965)을 발표하였으나 그 전에 챈들러(Alfred Chandler, 1918~2007)와 『조직과 전략(*Strategy and Structure*)』(1962)을 출판했다.[16)] 챈들러가 전략의 개념을 경영학에 최초 도입한 사람으로 평가받고 있지만, 앤소프는 '시장에서의 경쟁'이라는 개념을 도입한 '경영전략'의 아버지로 불린다.

앤소프는 기업의 의사결정을 3가지 유형으로 나누면서 그것을 '3S 모델'로 소개하였다. 즉 의사결정 대상을 '전략'(strategy), '조직'(structure), '시스템'(system)의 관점에서 접근하는 것이며, 이 모델은 후에 피터스(Tom Perters, 1942~)와 워터맨(Robert H. Waterman Jr.)이 1978년 제기한 '7-S 모델' 구축에 영향을 미쳤다.

앤소프는 당시 기업들이 다각화를 통한 복수사업을 추진하는 경우가 많아 경영전략을 각 사업의 방침에 따라 결정하는 '사업전략'과 사업부 전체를 관리하고 통합하는 '기업전략'으로 구분하였으며, 사업포트폴리오를 관리하고 기업의 다각화 방침을 결정하기 위한 전략적 도구로 '앤소프 매트릭스'(제8장 수직적 통합과 다각화 전략 참고)를 제시했다. 앤소프의 전략적 도구는 보스톤 컨설팅 그룹(BCG)이 개발한 '성장·점유율 매트릭스'(BCG Matrix, 1969)로 발전하였다.

뿐만 아니라 앤소프는 "경쟁에서 승리하려면 핵심이 되는 강점이 있어야 한다"라는 경쟁의 기본적 개념을 제시했다. 이것은 훗날 하멜(Gary Hamel, 1954~)과 프라할라드(C. K. Prahalad, 1941~2010)가 제창한 핵심역량 이론(1994)과 유사하고, 바니(Jay B. Barney)가 확산시킨 RBV(Resource-Based View : 자원기반 관점론, 1991)의 발단이 된 개념이다.[17)]

2) 케네스 앤드류스의 SWOT 분석

앤소프가 체계화시킨 경영과 전략의 개념을 더 정리하여 새로운 경영전략 모델을 제

---

15) 앤소프는 러시아에서 태어나 1936년 가족과 함께 미국으로 이주했다. 그는 수학, 물리학을 공부하고 응용수학 박사학위를 취득한 후 1950년부터 미국 육군 산하 랜드 연구소에서 6년간 근무했다. 그가 '전략'의 개념을 기업경영에 도입한 것은 이때의 인연 때문이라 생각된다. 그는 시장과 사업의 다양화 속에서 비즈니스 전략과 계획을 수립하는 방법을 『기업 전략론(*Corporate Strategy*)』(1965)이라는 책에서 소개하였고, 기업경영에 있어서 전략을 좀 더 종합적으로 접근해야 한다는 내용을 토대로 『전략경영(*Strategy Management*)』(1979)을 출간했다.

16) 김정환 역, 『경영전략 논쟁사』, 엔트리, 2013, p.89.

17) 위의 책, p.81.

시한 사람은 케네스 앤드류스(Kenneth Andrews, 1916~2005)[18]이다. 그는 오늘날 기업에서 환경분석 모델로 가장 널리 활용되고 있는 'SWOT 분석'을 보급한 장본인이다. 물론 SWOT 분석모델은 스탠퍼드대학 스탠퍼드 연구소(SRI, Stanford Research Institute)의 앨버트 험프리(Albert Humphrey, 1926~2005)가 기업의 중장기계획 실패원인 분석을 위해 개발한 'SOFT 분석[19]'을 응용한 것이다([그림 2-2] 참조).

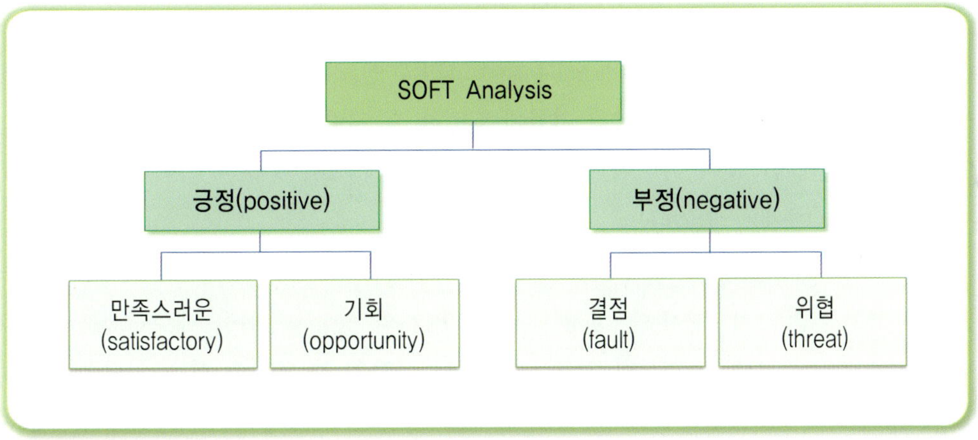

그림 2-2 SOFT Analysis

앤드류스는 그의 저서 『기업정책(*Business Policy*)』을 통해 기업의 사명이나 목표 등 기본적인 방향을 제시했고, 기업전략 수준에서의 전략계획 수법을 명확히 제시하였는데, 외부환경분석, 내부환경분석, 전략구축, 실행계획 등을 최고경영층이 실천할 수 있도록 단계별 작업을 상세하게 구체화했다.

그러나 SWOT 분석기법은 상황을 정리한 비교적 단순한 도구일 뿐 기업의 전략적 대안을 명확하게 제시하지는 못한다는 단점을 가지고 있었음에도 불구하고 최근까지도 기업에서 가장 널리 이용하는 전략적 분석도구이다.

---

18) 하바드 비즈니스 스쿨(HBS)의 교수였던 그는 34세 부터 HBS에서 기업 전략론을 중심으로 한 '비즈니스 정책'(Business Policy)강의를 하였으며, 수업내용을 토대로 저술한 『기업정책 : 텍스트와 사례집(*Business Policy : Text and Cases*)』(1965)은 미국의 많은 경영대학원에서 경영전략 교과서로 사용된 명저이다.

19) SOFT 분석은 가로축이 목적달성에 '이로운'(helpful)과 '해로운'(harmful)이었다. 그리고 SWOT의 '약점'(weakness)은 원래 '단점'(fault)으로 표기하여 사용했다. [그림 2-2]에서 '현재의 만족스러움'은 '미래의 기회'이며, '현재의 잘못(결점)'은 '미래의 위협'을 의미한다. 그리고 1964년 fault의 'F'는 Weakness의 'W'로 변경되었다.

이 기법은 경쟁사와의 비교를 통해 기업내부의 자원을 강점(Strengths)과 약점(Weakness)으로 분류하고, 사업의 외부환경을 기회(Opportunities)와 위협(Threats) 요인으로 구분하며, 네 단어의 앞 글자를 따서 SWOT 분석이라 한다. SWOT 분석에 대한 자세한 설명은 본서 제5장에서 자세히 다룬다.

4 시장과 환경 중심 전략(1960년대~1980년대)

앤소프(앤소프 매트릭스)와 챈들러(조직과 전략) 그리고 앤드류스(SWOT 분석) 등은 1950년대와 1960년대에 걸쳐 전략의 개념을 기업에 도입한 후 전략적 패러다임 모델을 제시하였으나 대부분 완선한 것이 아니어서 전략의 선택과 관련해서 충분한 아이디어를 제시하지 못하였다는 한계가 있었다.

그러나 BCG의 경험곡선(experience curve, 1964년 하바드 비즈니스 리뷰에 소개된 학습곡선 논문을 토대로 BCG의 핸더슨이 주축이 되어 탄생된 이론)과 BCG의 성장 · 점유율 매트릭스를 필두로 포터의 '5 Forces 모델'은 외부환경 즉 '시장에서 이익을 창출할 수 있는 위치를 차지하는 것'을 명확히 제시한 경영전략이었으며, '포지셔닝학파(외부환경과 시장중심)'라는 새 지평을 열었다.

포지셔닝학파가 활동하는 1970년대에 기업들은 5년이라는 중장기전략계획을 세우고, 자신들이 성취해야 할 목표를 설정하는 등 전략의 개념을 하나의 장기적인 계획으로 발전시켰다. 이때 'BCG 매트릭스'나 'GE 매트릭스'와 같은 '제품 포트폴리오 매트릭스'(product portfolio matrix)가 전략분석의 가장 중요한 분석도구로 사용되었다. 이러한 모델은 기본적으로 '제품수명주기'(PLC : product life cycle)에 기반한 모델로서 SWOT 분석과 함께 주요 환경분석 모델로 활용되었다.

그 당시 다각화된 대기업이 직면한 가장 큰 문제점은 경영자원 특히 "투자자금을 각각의 사업부에 어떻게 할당할 것인가?"였다. 이와 같이 전략을 하나의 장기적인 계획(planning)으로 이해하고자 하는 경향은 1970년대 당시의 다른 학문분야에서도 볼 수 있는 공통적인 흐름이었다.

그러나 ① 1970년대 후반에 들어서부터는 복잡한 경영환경을 '시장성장률'과 '시장점유율'이라는 2가지 변수로만 파악하는 '제품포트폴리오분석 모델'의 문제점이 제기되었다. ② 사업단위의 관계를 재무적인 측면에서만 파악하는 한계점 때문에 '핵심역량'을 보유한 사업을 포기하는 등의 문제점들이 발생했다. ③ 이 모델들은 제품수명주기에 기반

한 이론인데 이 시기에 제품수명주기의 기본규칙이 깨지기 시작했다.[20]

이렇게 경영환경이 바뀌기 시작하면서, 장기전략계획에 대한 회의가 나타나기 시작하였다.[21] 특히 두 차례의 오일쇼크(1973, 1979)는 경기순환을 예측하는 것 자체를 불가능하게 하였으며, 5년 또는 그 이상의 중장기전략계획 역시 세계경제의 기복이 심해짐에 따라서 그 유용성이 의심받기 시작하였다.

따라서 최고경영자들은 유용성이 없어진 중장기전략계획보다는 전략적인 분석과 사고능력을 키워주는 경영전략에 더 큰 매력을 느끼게 되었다. 즉 장기전략계획은 정형화되어 있고 순발력이 떨어진다는 한계 때문에 서서히 쇠퇴하기 시작하였으며, 순발력을 강조하고 경쟁우위를 창출・유지할 수 있도록 분석능력을 키워주는 경영전략의 사고체계로 바뀌어 가기 시작했다.

1) 경험곡선

(1) 학습곡선의 개념과 의의

경험곡선(experience curve)과 경험효과(experience effect)를 이해하기 위해서는 먼저 학습곡선을 이해하는 것이 필요하다.

학습곡선(learning curve)이란 기업의 제조원가가 변하는 과정을 나타내는 곡선으로서, 제품의 제조원가는 누적생산량이 배(倍)가 될 때마다 그 제품을 생산하는데 소요되는 시간은 일정 비율로 감소된다는 것을 의미한다([그림 2-3] 참조). 즉 누적생산량이 큰 기업일수록 원가가 낮아지기 때문에 수익성은 높아질 수 있다는 것이다.

20) 당시 운동화 시장은 이미 포화상태(성숙기)에 접어들었지만 '나이키'가 기능성 스포츠화를 개발하자 시장이 다시 성장기를 맞이했고, 성숙기에 접어든 '자전거' 시장이 '산악자전거'의 등장 덕분에 성장기 시장으로 재편되는 등 제품수명주기(PLC)의 규칙을 깨뜨리는 사례들이 나타났다(최승호, 앞의 책, pp.22~23).

21) 핸리 민츠버그(Henry Mintzberg)는 장기 전략계획을 기업들이 포기한 이유를 ① 장기 전략계획이 예측력이 없어졌고, ② 1960년대 대부분의 미국 기업이 장기 전략계획은 통상적으로 전략기획실 또는 종합기획실에서 수립하고 이를 하부의 사업부단위에서 이행하도록 되어 있었고, 전략이란 계속적으로 진화하는 것이지 어느 순간에 전략계획을 세우고 남은 기간 동안 전략을 수행하는 것처럼 시간적으로 이분화될 수 있는 것이 아니며, ③ 정형화된 장기전략계획은 변화하는 상황에 따라 순발력 있게 대응하는 능력을 오히려 떨어뜨린다고 보았다.

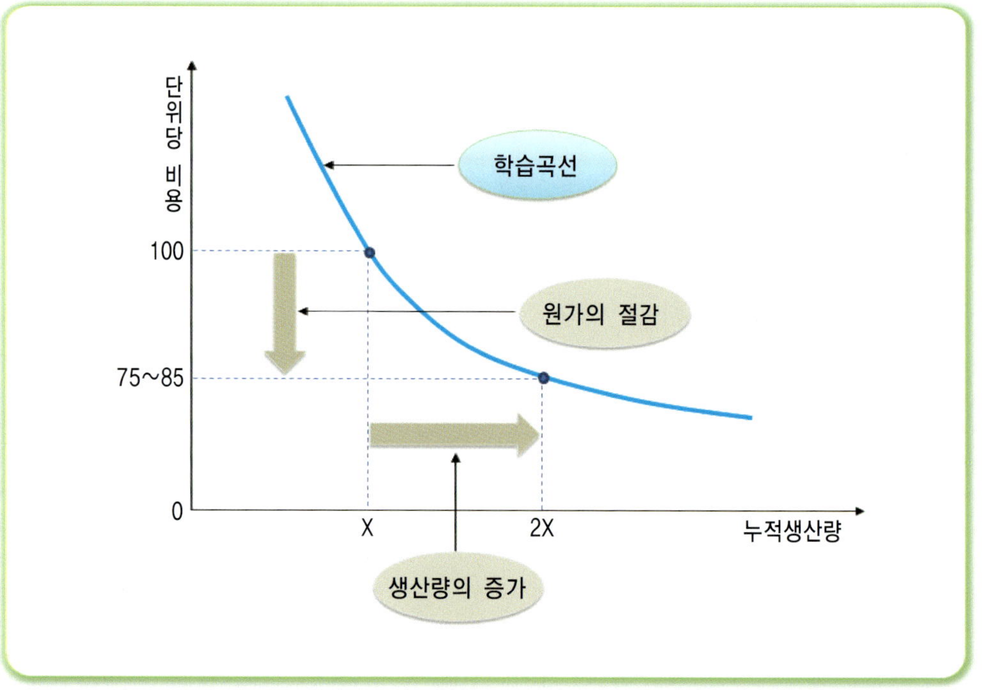

그림 2-3 학습곡선

(2) 누적생산량과 비용의 상관관계

누적생산량과 비용의 상관관계에 대한 이론은 기업들의 전략에 큰 영향을 미쳤다. 특정 기업이 경쟁사보다 누적생산량을 더 많이 늘리면 결과적으로 '비용우위'를 획득할 수 있기 때문이다. 즉 경쟁사 제품과 가격이 동일하다면 원가절감 효과로 보다 높은 수익을 올릴 수 있으며, 경쟁사 제품보다 낮은 가격으로 판매할 수 있기 때문에 높은 시장점유율을 확보할 수 있다.

인간의 모든 반복적인 행동에는 학습효과(learning effect)의 개념이 적용된다는 개념이 경험효과(experience effect)이다.

1980년대 반도체시장에서 일본기업이 미국기업을 곤경에 빠뜨린 것도 이러한 전략에 따른 것이다. 학습곡선의 발견으로 하나의 합리적인 전략 패턴이 확립되었다고 볼 수 있다.

그러나 이 전략을 따르다보면 참여기업 대부분 저가경쟁에 시달려 세계적으로 소수의 기업만 살아남는 치열한 시장이 될 수도 있다. 이때 성공여부는 가격을 내림으로써 수요가 얼마만큼 증가할 것인가 하는 '수요의 가격탄력성'에 의존한다. 왜냐하면 가격을 내려도 수요가 늘어나지 않으면 의미가 없기 때문이다.

2) 성장 · 점유율 매트릭스

(1) 성장 · 점유율 매트릭스의 이해

'성장-점유율 매트릭스'(Growth-Share Matrix)는 1969년 미국의 보스톤 컨설팅 그룹(Boston Consulting Group)의 핸더슨(Bruce Doolin Henderson : 1915~1992)에 의해 개발되었다. '사업 포트폴리오 분석'(Business Portfolio Matrix : BPM), '제품 포트폴리오 분석'(Product Portfolio Matrix : PPM) 또는 'BCG 매트릭스'라고도 불리는 BCG의 성장-점유율 매트릭스는 기업수준에서 각 사업단위가 속해 있는 시장의 성장률과 각 사업단위가 그 시장 내에서 차지하는 상대적 시장점유율을 기준으로 사업 포트폴리오를 평가하는 분석기법이다.

이 기법은 기업(특히 대기업)을 어떻게 관리할 것인가를 고민하던 1970년대에 미국을 중심으로 많은 인기를 얻었다.

(2) BCG 매트릭스

BCG 매트릭스는 [그림 2-4]와 같이 기업수준에서 각 사업단위가 속해 있는 시장의

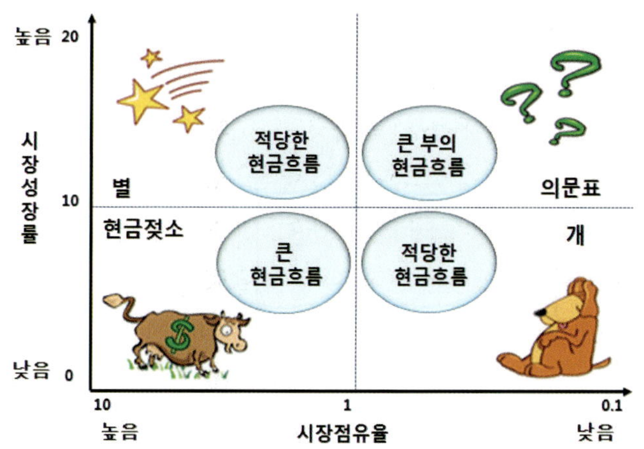

- 시장성장률 : 제품의 수명주기와 관련된 것으로 통제가 어려운 외부환경요인
- 시장점유율 : 경쟁사와의 상대적 시장점유율을 나타낸 것으로 경험곡선을 기반으로 경쟁사 대비 어느 정도 원가우위에 있는지 내부강점을 표현
- 기업의 수가 아무리 많아도 사분면(매트릭스) 안에 모두 표현이 가능

출처 : Henderson, B. D., "The Experience Curve - Reviewed IV. The Growth Share Matrix of The Product Portfolio", 『*The Boston Consulting Group, Inc.*』, 1973.

그림 2-4 BCG 매트릭스

성장률과 각 사업단위가 그 시장 내에서 차지하는 상대적 시장점유율을 가로축과 세로축에 놓고 사업이나 제품의 포지션 및 매출을 기준으로 사업 포트폴리오를 평가하는 분석기법이다.

BCG 매트릭스에서 시장성장률은 시장의 전반적인 수익기회를 나타내며, 과거 시장의 크기(산업의 총매출액 혹은 판매량)에 대한 현시장의 성장비율로 측정되고, 상대적 시장점유율은 산업 내 지배적 경쟁자의 매출액에 대한 현사업단위의 매출액의 비율로 측정되며, 기업이 경쟁자에 비해 어느 정도의 강·약점을 보유하고 있는지를 반영하여 전체시장 내에서 기업의 지위(경쟁적 지위)를 파악할 수 있게 해준다.

이 매트릭스는 두 가지 의미에서 획기적이었다. ① 단순한 도표이기 때문에 이해하기 쉬우며, ② 실제로 사업이 어느 위치에 있는지를 수치로 분석할 수 있는 최초의 '기업전략'(business strategy)도구였다.

BCG 매트릭스로 사업을 계속 유지할 것인지 혹은 포기할 것인지를 전략적으로 결정할 때, 다음의 [그림 2-5] (a), (b)와 같이 별(Star), 현금젖소(Cash Cow), 의문표(Question Marks), 개(Dog)로 나누어 사업을 평가하는데, 네 가지 유형의 사업단위의 특징을 살펴보면 다음과 같다.[22]

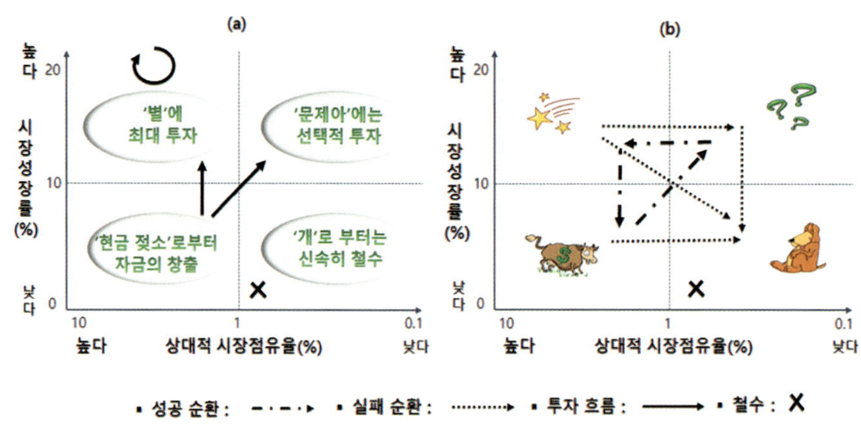

그림 2-5 BCG 매트릭스의 자금흐름과 관리순환

22) Gerry Johnson & Kevan Scholes, 『*Exploring Corporate Strateg, (2nd ed)*』, Prentice Hall, 1988, p.105.

① 별

별(Star)사업이란 상대적으로 높은 시장점유율을 가지면서 현재 높은 이익을 내고 있고, 시장성장률과 미래의 성장기회가 높은 사업이다.

별 사업에 속하는 제품이나 사업은 전체 포트폴리오의 성과를 높이는데 핵심적 역할을 한다. 이 사업의 성장기회를 활용하기 위해 생산시설을 확충하는데 필요한 자본 때문에 현금흐름은 일시적으로 적자일 수도 있지만, 장기적으로는 현금젖소(Cash Cow) 사업으로 이동하게 된다.

② 현금젖소

현금젖소(Cash Cow)사업이란 시장의 리더로서 안정적인 지위를 확보하고 있어 많은 이익을 발생시키면서 새로운 투자를 많이 요구하지 않는 사업단위이지만 시장점유율이 점차 낮아지는 사업이기도하다.

이 사업은 마치 우유를 짜내는 젖소와 같이 현금수익을 많이 낼 수 있기 때문에 현금젖소(Cash Cow)라고 불린다. 또한 자금확보의 주 원천으로서 배당금이나 새로운 기업인수자금 그리고 별(Star)과 의문표(Question Marks) 사업들이 요구하는 자금을 제공하는 역할을 한다.

따라서 이 사업은 다른 사업들의 자금공급원이 될 수 있도록 현 시장지위를 유지하고 강화하는데 전략의 초점을 맞추어야 한다. 만약 시장지위가 약화되어 현금흐름이 원활하지 못하게 되면 개(Dog)사업단위로 전락하게 된다.

③ 의문표 혹은 문제아

의문표(Question Marks)에 해당하는 사업이란 시장은 대단히 매력적이지만 상대적으로 시장점유율이 낮기 때문에 시장성장에 따른 잠재이익이 현실적으로 실현될 수 있을지에 대한 의문이 제기되는 사업단위이다. 따라서 이를 의문표(Question Marks) 혹은 문제아(Problem Child)라고 부른다. 이 사업은 높은 시장성장에 따른 이익기회를 포착하기 위해 새로운 제품개발 등 많은 투자가 요구되는데 비해, 아직 확실한 경쟁우위를 확보하지 못했기 때문에 이익폭이 크지 않다.

따라서 시장에서 경쟁력을 확보하려면 상당한 자금이 투입되어야 한다. 즉 공격적인 투자전략을 추진했을 때 이 사업을 별(Star)로 육성할 수 있다. 그러나 만약 별(Star)로 육성하는데 많은 불확실성과 위험이 존재한다고 판단되면 과감히 사업을 포기하는 것이 좋다.

④ 개

개(Dog)의 사업이란 시장성장률이 낮아 산업의 성장기회가 거의 없기 때문에 별다른 투자도 필요하지 않으며, 기업의 시장지위도 낮고, 이익도 별로 나지 않는 사업이다. 이 사업은 일반적으로 이익을 내지 못하는 사업이거나 손해를 끼치고 있는 사업이기 때문에 가능하면 빨리 철수하는 것이 좋다.

따라서 [그림 2-5] (a)와 같이 BCG 매트릭스가 자금의 획득과 사용면에서 균형있는 포트폴리오를 유지하기 위해서는 각각의 사업에 대한 다양한 전략을 설계해야 한다. 즉 수익성 높은 사업으로부터 획득한 자금을 높은 성장과 이익잠재력을 가진 다른 사업에 투자해야 한다.

예를 들어 현금젖소 사업에서 창출한 자금을 별사업에 투자하거나 별사업으로 발전할 수 있는 가능성이 높은 문제아사업에 중점적으로 투입한다. 개사업은 저성장・저점유율이므로 신속히 매각 또는 철수해야 한다.

자금의 흐름과 시장성장률 및 점유율을 고려할 때 사업별로 포트폴리오를 유지・관리하고 있는가 여부는 [그림 2-5]의 (b)에서 나타난 바와 같다. 즉 현금젖소사업이 안정적으로 이익을 창출하고, 의문표사업에 적절히 투자된다면 의문표사업은 별사업으로 성장하는 순환과정을 거치지만, 만약 현금젖소사업이 개로 전락하거나 별사업이 의문표사업으로 그리고 의문표사업이 개사업으로 순환하는 것은 포트폴리오 관리가 실패했다는 뜻이다.

[그림 2-5] (a), (b)[23]와 같이 BCG매트릭스는 기업 전체의 투자자금의 흐름을 명확히 제시한다는 장점 때문에 많은 기업들이 이 매트릭스를 적극 활용하지만 일부 전문가들은 '시장성장률'과 '시장점유율'만으로 예측하기 때문에 정확성이 떨어질 수 있다는 한계점을 지적했다.

(3) GE 매트릭스

'GE 비즈니스 스크린'(GE business screen)이라고도 불리는 'GE 매트릭스'(GE matrix)는 미국 경영자문회사 맥킨지(Mckinsey & Company)의 도움 하에 1971년 GE사가 개발한 기법으로서, BCG의 성장・점유율 매트릭스 원리와 같다.

---

23) 김정환 역, 앞의 책, p.138.

그러나 GE매트릭스는 2개의 변수만을 사용하는 BCG 매트릭스와 달리 [그림 2-6]과 같이 더 많은 변수를 활용하였다. 즉 '기업의 장기산업 매력도'를 세로축(Y)의 3단계로 구분하고, '비즈니스 경쟁력'을 가로축(X)의 3단계로 구분하여 사업위치를 결정하는 방식이다.

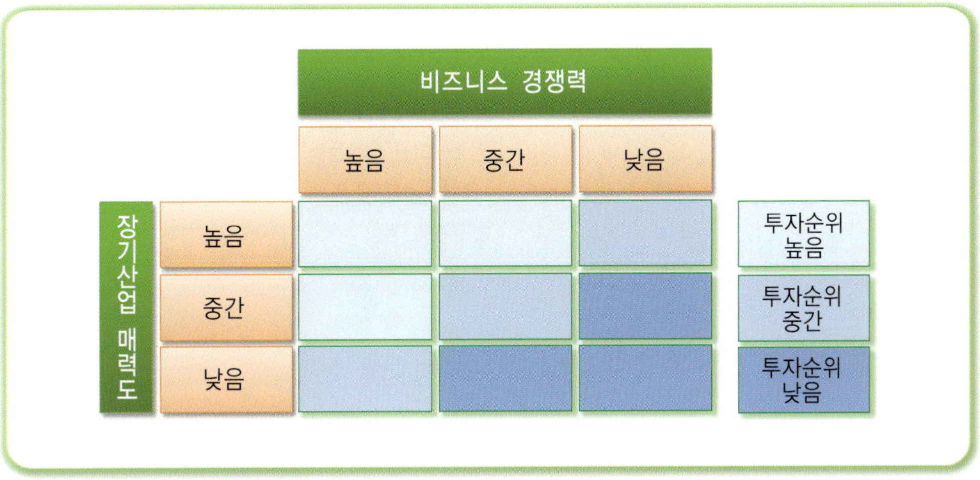

출처 : Thamson, A.A. & Stricland, A.J. 『*Strategic Management : Concept and Cases* (6th ed)』, Irwin, Homewood Ill, 1992, p.201.

그림 2-6 GE 매트릭스

GE 매트릭스로 사업전략을 수립할 때 영향을 미치는 핵심요인의 예는 다음과 같다. '장기산업 매력도'에 영향을 미치는 요인들로는 전체 시장규모, 연간 시장성장률, 과거의 이익추세, 경쟁강도, 핵심기술의 요건, 인플레이션 대응능력, 에너지 소요 요건, 환경에의 영향 등이며, '비즈니스의 경쟁력 변수'는 상대적 시장점유율, 점유율 성장추세, 제품의 품질, 브랜드 파워, 유통망, 촉진의 효율성, 생산능력, 단위당 원가, 연구개발 성과, 관리인력 등이다.[24)]

또한 해당 사업의 사업성 평가를 위해서는 다음 두 단계를 거친다. 첫째, 영향을 미치는 요인들에 대한 평가를 〈표 2-2〉와 같이 한다. 즉 비즈니스 경쟁력과 장기산업 매력도에 영향을 미치는 요인을 정리한 후 각 요인별 평가 점수를 매긴 후 가중치와 평가 점수를 곱한 값의 합계를 산출한다. 둘째, 〈표 2-2〉의 결과 값을 토대로 [그림 2-7]과 같이 GE 매트릭스를 그려 사업성을 평가한다.

---

24) 송인식, 『MBB/BB를 위한 Six Sigma Bible』, 이담, 2011, pp.118~122.

표 2-2. GE 매트릭스 분석 표

비즈니스 경쟁력	가중치	평가	점수	장기산업 매력도	가중치	평가	점수
상대적 시장점유율	0.20	10	2	전체 시장규모	0.20	9	1.8
점유율 성장추세	0.15	7	1.05	연간 시장성장률	0.10	8	0.8
제품의 품질	0.10	6	0.6	과거의 이익추세	0.10	8	0.8
브랜드 파워	0.10	7	0.7	경쟁강도	0.10	7	0.7
유통망	0.05	6	0.3	핵심기술의 요건	0.05	6	0.3
촉진의 효율성	0.05	6	0.3	인플레이션 대응능력	0.15	9	1.35
생산 능력	0.10	8	0.8	에너지 소요 요건	0.20	10	2
단위당 원가	0.10	10	1	환경에의 영향	0.10	10	1
연구개발 성과	0.05	8	0.4				
관리인력	0.10	6	0.6				
합계	1.00	7.40	7.75		1.00	8.38	8.75

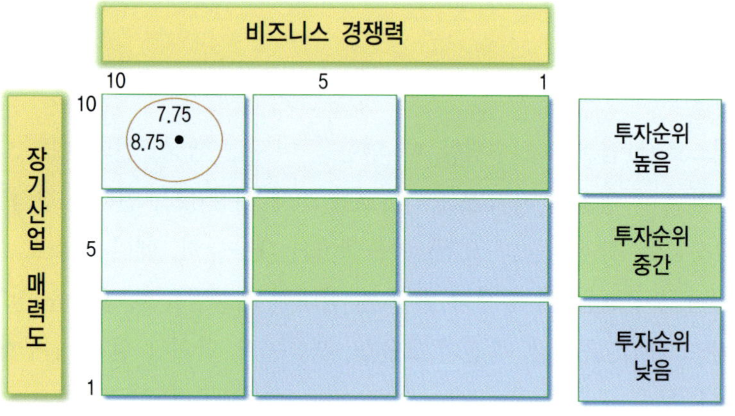

그림 2-7 GE 매트릭스 작성 예시

GE 매트릭스는 BCG 매트릭스 보다 재무적인 면을 강조하기 때문에 마케팅이나 커뮤니케이션 전략을 수립할 때에는 GE 매트릭스보다 BCG 매트릭스를 활용하는 것이 유리하다. 그러나 지나치게 복잡하기 때문에 활용도 면에서는 BCG 매트릭스에 미치지 못한다.

3) 포터의 경영전략 모델

경영전략의 발전에 큰 공헌을 한 포터(Michael E. Porter, 1947~)는 산업경제학의 기법을 경영전략의 영역으로 응용·전환시켰다. 5 Forces 모델, 본원적 경쟁전략(원가우위 전략, 차별화 전략, 집중화 전략) 그리고 가치사슬(value chain)과 같은 전략을 통해 산업에서 시장의 선택과 경쟁자를 상대로 경쟁우위를 차지하도록 하는 포지셔닝학파의 이론을 구축하였다.

포터가 주장한 모델의 특징을 간단히 살펴보면 다음과 같다.

첫째, 다섯 가지의 요인(산업 내 기존 경쟁자의 위협, 잠재적 신규진입자의 위협, 대체재의 출현, 구매자의 교섭력, 공급자의 교섭력)이 특정 산업의 경쟁강도와 수익성을 결정한다고 보았다.

둘째, 다섯 가지의 환경요인분석이 끝난 후에는 전략을 선택해야 하는데, 원가우위 전략, 차별화 전략, 집중화 전략 중 하나를 택하여야 한다.

셋째, 본원적 경쟁전략을 성공시키기 위해서는 기업 내의 가치활동의 조화를 꾀하여야 한다.

포터의 저서인 『경쟁전략(*Competitive Strategy*)』(1980)의 핵심내용은 어떤 산업(시장)이 매력적인지 판단할 수 있는 기법인 '5 Forces 모델'이었다. 포터는 50개 항목이나 되는 분석목록을 통해 구체적으로 분석할 수 있는 틀을 통해 어떻게 하면 기업이 처해 있는 외부환경을 이해하고 전략적 사고를 배양할 것인가를 분석하였으며, 기업이 경쟁우위를 갖기 위해서는 각 산업특성에 따라 원가상의 우위나 차별적인 우위를 가져야 한다고 주장하였다. 이 기법은 외부환경의 기회요인과 위협요인을 막연하게 분석한 앤드류스의 SWOT분석 보다는 기업의 외부환경에서 성장을 위한 여러 가지 방법을 명확히 제시하였다.

그러나 1980년대 말부터 포터가 제시한 '산업구조분석 모델'은 전략수립의 한계가 있다는 비판이 제기되었다. 왜냐하면 이 모델은 외부환경 분석 기법일 뿐, 구체적인 환경에 대한 대응방안이 없다는 이유 때문이었다. 결국 이 기법만으로는 경쟁우위의 원천을 파악하기 어렵다는 비판을 받게 되었다.

그럼에도 불구하고 포터의 이론은 기업이 경쟁사보다 '경쟁우위'에 서기 위해선 어떤 전략이 필요한지를 제시해 준 기법으로 그 공헌을 인정받고 있다.[25)]

---

25) 포터는 포지셔닝학파의 대표학자이며, 그의 이론은 전략수립에 절대적인 영향을 미쳤다. 그렇기 때문에 많은 전략가들에게 도전과 비판을 받아왔다. 결국 1980년대 이후 경영전략의 흐름을 주도한 바니 중심의 케이퍼빌러티학파의 비판에 직면하였다. 그러나 비슷한 시기에 포터는 『경쟁 우위(*Competitive*

⑤ 자원과 능력(핵심역량)중심 전략(1980년대~1990년대)

BCG 매트릭스나 포터의 산업구조분석기법은 1970년대 말부터 1980년대에 이르기까지 매우 큰 영향을 미쳤음에도 불구하고 1980년대 말부터 많은 학자들로부터 도전을 받았다.

즉 기업의 경쟁우위는 포터가 말하는 것처럼 수익성이 높은 산업(시장) 내의 자리 잡기(positioning)보다는 오히려 그 기업이 보유하고 있는 경영자원이나 핵심역량(내부 자원의 역량)에서 비롯된다는 사고가 확산되기 시작한 것이다. 그리고 이러한 사고를 기반으로 형성된 학파가 '케이퍼빌러티학파'(capability)이다.

이 같이 여러 가지 관점에서 전략을 이해하고자 하는 학파는 다음과 같다.[26)]

① 피터스(Tomas J. Peters : 1942~)와 워터맨(Robert H. Waterman Jr.)의 『초우량 기업의 조건(*In Search of Excellence : Lessons from America's Best-Run Companies*)』(1982)

② 맥킨지(McKinsey)의 7-S 모델

③ BCG의 스토커(Geroge Stalk Jr., 1951~) 등이 주장한 『타임베이스 경쟁 전략(*Competing Against Time*)』(1990)

④ MIT의 해머(Michael Hammer, 1948~2008)의 『리엔지니어링(*Reengineering the Corporation*)』(1993)[27)]

⑤ 하멜(Gary Hamel, 1954~)과 프라할라드(C. K. Prahalad, 1942~2010)의 『핵심역량(*Core Competence*)』(1994)

⑥ 노나카 이쿠지로(Nonaka Ikujiro, 1935~)의 『지식창조기업(*The Knowledge - Creating Company*)』(1955)에서 SECI모델

⑦ '케이퍼빌러티학파'를 대표하는 바니(Jay B. Barney)의 『전략경영과 경쟁우위(*Gaining Advantage*)』(1985)를 출간하고 이를 통해 '가치사슬'을 소개하였다. 가치사슬은 포터가 '포지셔닝'에서 '기업의 내부'에도 관심을 갖게 되는 중요한 대목이다(보다 자세한 내용은 본서의 제5장 제4절 가치사슬분석의 내용을 참조하기 바란다. 그리고 5 Forces 모델은 제4장에서, 원가우위 전략은 제6장에서 그리고 차별화 전략은 제7장에서 자세히 다룬다).

---

26) 컬럼비아대 교수인 리타 군터 맥그래스(Rita Gunther McGrath)는 『경쟁우위의 종말(*The End Competitive Advantage*)』(2013)에서 책의 제목처럼 포터의 주장을 반박하였다(제4장 외부환경 분석, 사례연구 자료 참조).

27) 해머(Michael Hammer) 등은 분업 자체가 현인류가 낳은 최대의 발명임에도 '전통적'인 비즈니스 시스템을 전면 부정하고 "기존의 프로세스를 파괴하여야 한다"고 하였다. 해머가 주장한 내용은 ① QC적 개선이 아니라 근본적 개혁을 목표로 삼아라, ② 사내를 지향하지 말고 철저히 고객을 지향하라, ③ 중앙집권적 관리를 지향하지 말고 현장에 권한을 위양하라, ④ 정보 시스템을 활용해 조직을 일체화하라 등이다.

And Sustaining Competitive Advantage)』(1996)에서 RBV(Resource Based View : 자원기반의 전략론)에 근거한 VRIO 모형[28] 등이다.

노나카 이쿠지로(野中 郁次郎, Nonaka Ikujiro)의 SECI모델

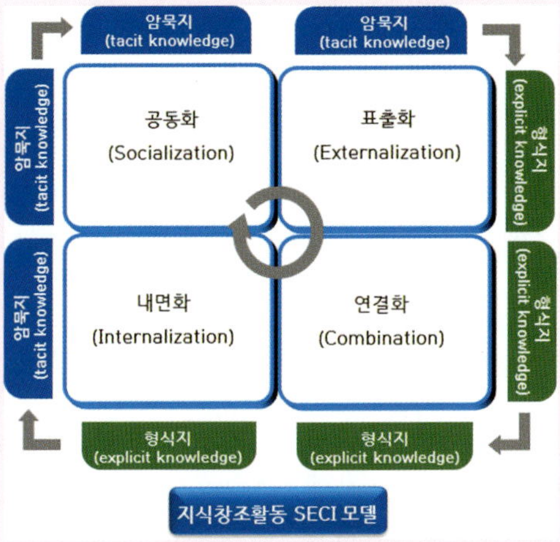

지식경영(Knowledge Management)의 권위자 노나카 이쿠지로(野中 郁次郎, Nonaka Ikujiro : 1935~)는 그의 저서 『*The Knowledge-Creating Company*』(1995)에서 "지식창조가 기업의 경쟁력을 판가름하는 결정적 요소"라고 하였다. 즉 조직의 지적 능력과 이를 통해 창조되는 지력(知力 : intellectualizing capability)은 기업의 운명을 좌우할 핵심 요소이며, 지력은 조직구조와 비즈니스 프로세스를 바꾸는 지식창조과정을 통해 도출된다는 것이다. 그리고 제품과 서비스의 가치는 지식을 바탕으로 하는 보이지 않는 자원(기술, 노하우, 제품설계, 마케팅기법, 고객이해, 창조성, 조직의 혁신성 등)에 좌우된다고 보았다.

지식창조과정을 '나선형프로세스'(spiral process)라고 설명하며 개인과 기업이 이익을 창출하기 위해서 더 많은 지식을 만들어 내야 하는데, 이는 '암묵지'(暗默知, tacit knowledge : 학습과 체험을 통해 개인에게 습득돼 있지만 언어나 문장 등으로 표현이 어려운 주관적이고 개인적인 지식이다. 세계관, 신념, 관점 등)와 '형식지'(形式知, explicit knowledge : 암묵지가 문서나 매뉴얼처럼 외부로 표출돼 여러 사람이 공유할 수 있는 지식을 말한다. 교과서, 데이터베이스, 신문, 비디오와 같은 형태로 형상화된 지식)라는 두 지식이 복합상승 작용함으로써 가능하다고 보았다.

이 과정은 '공동화'(Socialization : 암묵지가 또 다른 암묵지로 변환하는 과정), '표출화'(Externalization : 암묵지가 형식지로 변환하는 과정), '연결화'(Combination : 형식지가 또 다른 형식지로 변환하는 과정), 그리고 내면화(Internalization : 형식지가 암묵지로 변환하는 과정)의 4가지로 인간의 지적창조활동 모델인 'SECI 모델'을 제시했다.

따라서 노나카의 지식기반 전략적 사고 역시 바니를 비롯한 다른 자원기반관점의 케이퍼빌러티학파와 마찬가지로 사람, 철학, 자원 등을 토대로 한 창조적 전략사고에 기반한다. 그러나 그들과 다른 점은 내부자원이 경쟁의 우위를 결정(포지셔닝학파는 시장구조가 경쟁우위를 결정)하는 것이 아니라 지식창조를 바탕으로 고객과의 공동창조를 기본적인 전략으로 한다는 점이다.

그리고 스위스의 상트갈렌(Sankt Gallen)대학의 쿠노 퓜핀(Cuno Puempin)은 이미 1980년대부터 전략적 도약을 위한 핵심역량의 중요성을 강조하는 전략적 성공 포지션이론을 주장해 왔다. 전략적 성공 포지션은 경쟁사와 비교해서 장기간 동안 평균 이상의 결과를

28) 바니(Jay B. Barney)는 기업이 가질 수 있는 모든 것을 자원이라 불렀으며, 그 자원은 유형자원(입지, 설비 등)+무형자원(브랜드, 특허 등)+케이퍼빌러티(공급능력이나 경영 판단력 등)으로 설명하고 있다. 그리고 그 자원의 효과적 사용을 바로 경쟁의 원천으로 본 것이다.

창출해 내는 특별한 역량을 뜻한다. 이는 기업의 성공을 이뤄내는 핵심원천일 뿐만 아니라 기업을 이끌어가는 중요한 수단이다.[29)]

1) 맥킨지의 7-S 모델

1980년대 초 맥킨지 컨설팅그룹에서 조직의 효율성을 분석하는 '7-S 모델'을 발표했다. 이 모델의 틀은 피터스와 워터맨의 저서 『초우량 기업의 조건(*In Search of Excellence*)』(1982)에서 소개한 초우량기업들의 8가지 특징[30)]과 피터스, 워터맨 그리고 필립스(Uulien R. Phillips)가 공동연구해 Business Horizons에 발표한 논문 "Structure Is Not Organization"(1980)에서 도출된 것으로서 조직을 성공으로 이끄는 7가지 핵심 요소를 개발한 것이다.

맥킨지는 간단하면서도 매우 유용한 이 이론을 컨설팅에 접목시켰고, 그때부터 '맥킨지 7-S 모델' 또는 '행복한 원자'(happy atom)라는 이름으로 소개되었다. 즉 기업의 성공은 하드 요소(3S)인 전략(Strategy), 구조(Structure), 프로세스 제도(System)와 소프트 요소(4S)인 인적자원(Staff), 경영스타일(Style), 기술(Skill), 공유가치(Shared Value)에 따라 결정된다는 것이다.

물론 7-S 모델은 기존의 BCG 매트릭스와 포터의 5 Forces 모델과 달리 무엇인가를 명확히 분석하기는 어려웠지만, 기존의 '포지셔닝 중시 경영전략론'에서 새로운 '케이퍼빌러티'를 중시하는 경영전략론의 가능성을 제시하였다.

7-S 모델은 기업과 조직의 전략, 개발을 위한 내부환경 분석에 유용하고 특히 조직구조(구조 조정), 조직개발(새로운 프로세스의 정렬), 조직의 인수·합병, 새로운 시스템, 실적개선, 리더십의 변화, 경영전략분석 등에 활용된다. (보다 자세한 내용은 본서 제5장 '제5절 맥킨지의 7-S 모델분석'을 참고하기 바란다.)

2) 리엔지니어링

리엔지니어링(Business Process Reengineering : BPR)이란 "비용·품질·서비스·속도 등의 기업 핵심요소를 극적으로 향상시키기 위하여 업무 프로세스(process)를 근본적으로 다시 재설계하는 기법"으로서, 조직의 핵심 프로세스를 파악하여 가능한 한 효율적으로 업무

---

29) 안성철 역, 앞의 책, p.239.

30) ① 행동의 중시와 신속한 의사결정 ② 고객과의 밀착, 고객에게서 학습 ③ 이노베이션을 위한 자주성과 기업가 정신 ④ 사람이 중심이 되는 생산성과 품질의 향상 ⑤ 가치관에 바탕을 둔 실천 ⑥ 기축사업에서 탈이탈 ⑦ 단순한 조직, 작은 본사 ⑧ 자율적 현장과 가치공유.

를 수행해야 한다는 것이다.

리엔지니어링 기법은 미국에서 자동차・반도체・제조업은 물론이고, 백화점을 위시한 유통업과 신용카드회사 등의 서비스 업종에도 도입되어 큰 효과를 본 새로운 경영방식으로 큰 반향을 불러일으켰다.

더구나 '기업의 재창조'라고도 할 수 있는 리엔지니어링은 종래의 인원삭감이나 부서 또는 부문 폐쇄 등에 의존해 온 '리스트럭처링'과는 달리 무(無)의 개념에서 출발하여 사업의 모든 프로세스를 기업전략에 맞추어 재설계하는 것을 주안점으로 하고 있다.[31)]

따라서 리엔지니어링은 기존의 기업경영패러다임은 물론 모든 경영원칙을 타파하고 업무를 혁신적으로 재구성하여 보다 적은 인원, 노력, 투자로 생산성과 품질, 서비스, 속도에 혁신을 가져오는 기업의 재창조기법이라고 할 수 있다.

1990년대 중반에는 포천 500사 가운데 60퍼센트에 달하는 기업이 리엔지니어링 기법을 도입하였으며, 해머의 『리엔지니어링(*Reengineering the Corporation*)』(1993)은 300만부 이상 팔렸고, 〈뉴욕타임스〉의 베스트셀러에 1년 넘게 머무를 정도였다. 그러나 지나치게 높은 난이도와 오용으로 도입기업의 70% 정도는 실패했고, 리엔지니어링의 열풍은 금방 식어 버렸다. 더구나 리엔지니어링이 경쟁에서 이기기 위해 필요한 프로세스가 무엇인지 정확히 밝혀내지 못했기 때문에 더 큰 한계에 부딪쳤다.

3) 하멜과 프라할라드의 핵심역량

영국 런던 비즈니스 스쿨의 하멜(Gary Hamel)과 그의 은사인 미국 미시간 대학의 프라할라드(C.K. Prahalad)는 『시대를 앞서는 미래 경쟁 전략(*Competing For The Future*)』(1994)에서 기존의 사업을 유지・확장하여 성장하는데 중요한 요소로 핵심역량(core competence)을 제시했다. 그들은 기존의 전략적 모형(BCG 매트릭스, 5 Forces 모델, 리엔지니어링 등)에 의문을 제기하면서 그 의문의 해답을 경영환경에서 찾았으며, 아울러 핵심역량을 이해하지 못했기 때문이라고 하였다.[32)]

특히 하멜은 "혁명으로서의 전략(Strategy as Revolution)"(1996)이란 논문을 하버드 비지니스리뷰에 발표하였는데, 회사가 수립하는 대부분의 전략기획이 "소수 엘리트만의 전유물로서 겉치레가 심하고 지나치게 시각이 좁으며 특수한 사례를 일반화하고 너무 단순하며 오로지 포지셔닝에만 집착한다"[33)]면서 포지셔닝학파를 비판하였다.

---

31) 박상범・박지연, 앞의 책, pp.347~348.
32) 김정환 역, 앞의 책, pp.212~213.
33) 차백만 역, 앞의 책, p.382.

하멜에 의하면 수익의 원천은 사업의 포지셔닝과 업무효율성이 아니고, 역량(competence)이며, 그 중에서도 경쟁력의 원천이 되는 핵심역량(core competence)이 가장 중요하다고 하였다.

그가 주장하는 핵심역량은 앤드류스 등이 개발한 SWOT 분석 중에서 SW(강점과 약점) 분석의 확장에 해당되는 것으로, 기업의 개별적인 포트폴리오는 기업 내부에 보유하고 있는 '핵심기술'과 '핵심역량'을 중심으로 구성되어야 하고, 이 핵심역량을 강화시킬 수 있는 조직구조와 프로세스를 개발해야 한다는 것이다. 특히 핵심역량은 첨단기술일 수도 있고, 유통채널의 차별화일 수도 있으며, 고급인력이어도 상관없으며, 경쟁사가 모방하기 어렵고, 고객이 원하는 가치를 창출할 수 있고, 급변하는 새로운 경영환경에 적응할 수 있는 능력이라면 무엇이든 무방하다고 보았다.

그러나 핵심역량을 분석하는 모델은 비관련적 다각화 기업들의 성공을 이론적으로 설명하지 못한다는 한계가 제기되면서 이를 보완하는 '기업양육론'(corporate parenting)이라는 모델이 출현하였다. 기업양육론은 기업이 추구하는 다각화의 전략적 초점을 사업단위 간의 관계가 아닌 상위의 모기업역량에 맞추는 개념으로, 모기업의 기술과 자원 그리고 사업단위와의 적합성(fit)이 있으면 기업 전체의 가치창출이 가능하여 경쟁력이 높아지지만 만약 그렇지 못할 경우 사업다각화가 오히려 가치의 파괴로 이어진다는 이론이다.

4) 자원기반의 전략론

자원기반의 전략론(Resource Based View : RBV, 일명 자원기반 관점)은 바니(Jay B. Barney)[34]가 포터의 경쟁전략에 대한 비판적인 관점에서 제시한 전략이론이다.

포터는 경쟁우위의 원천이 기업외부에 있다고 보았지만(포터 역시 1985년에 출간한 그의 저서 『경쟁우위(*Competitive Advantage*)』를 통해 내부자원의 중요성으로 가치사슬을 제시하였다), RBV 개념은 기업의 내부자원(resource)이야말로 경쟁우위의 원천이라고 주장하면서 상품과 서비스를 경쟁사보다 낮은 가격으로 공급하는 경쟁우위를 확보하기 위해서는 부품, 원료 공급업자와의 관계나 숙련공 채용 등 외부자원을 활용하면서, 동시에 설비, 인력, 시스템 등 회사의 내부 자원을 활용해야 한다고 보았다.

포터의 5 Forces 모델은 경제학의 S-C-P 모델(Structure-Conduct-Performance Model)[35]을

34) 하버드 비즈니스 스쿨(HBS)의 루멜트(Richard Rumelt, 1942~)와 함께 RBV를 이론화한 바니(미국 UCLA 교수)의 명저『전략 경영과 경쟁 우위(*Gaining And Sustaining Competitive Advantage*)』(1996)에서는 열악한 환경에서도 성공을 거둔(1990년대) 모델을 가치사슬에 따라 VRIO 프레임워크로 분석했다.

이용하여 경쟁력에 미치는 위협을 분석하였다.

바니(Jay B. Barney) 역시 개별기업의 수익성의 차이, 즉 이익을 내는 조직을 파악하기 위해 경제이론(자원기반 관점 : RBV)[36]을 사용했다. 즉 자원기반 관점은 기업의 성과는 그 기업이 통제하는 자원과 능력 특성의 함수라고 설명하는 경제학의 이론이다. 자원은 기업이 전략을 인식하고 실행하기 위해 이용하는 유형 또는 무형의 자산이다. 능력은 자원의 일종으로서 기업이 자원을 더 효율적으로 이용할 수 있도록 해준다. 자원과 능력은 재무자원, 실물자원, 인적자원, 조직자원으로 나눌 수 있다(4가지 자원은 제5장 1절에서 다루고 있다).[37]

RBV(Resource Based View) 관점에 기초한 VRIO 모형은 하멜과 프라할라드가 제시한 강점을 명확히 설정하고, 그 강점을 구성하는 경영자원을 강화하거나 확장하는 전략이다.

바니는 기업내부의 강점과 약점의 기준을 가치(Value), 희소성(Rarity), 모방가능성(Imitability), 조직구조(Organization)에 근거해 평가하였는데, 기업의 자원이 4가지 항목을 충족할 때 비로소 핵심역량(Core Competence) 즉 케이퍼빌러티(기업능력)가 될 수 있다고 하였다.

그러나 기업의 수익을 낳는 원천은 사업의 포지셔닝(시장에서의 경쟁 우위)도 업무효율성도 아니라고 반박한 '핵심역량'(Core Competence : Capability)도 한계점이 나타났는데, 20세기 후반 일본기업의 실적부진과 함께 JIT(Just In Time : 적시생산시스템) 방식과 타임 베이스 경쟁전략(Time Based Strategy)[38]을 강조한 일본기업이 시간의 효율을 꾀하고 제품의 품종을 크게 늘리면서 동시에 가격을 크게 하락시켰으나 오히려 기업의 이익이 축소되는 '고효율 저수익' 함정에 빠지는 상황이 지속되면서 핵심역량 전략은 위축되기도 하였다.

---

35) 산업매력도 분석(5 Forces 모델)은 미시경제학의 응용분야인 산업조직론의 실증연구인 SCP 패러다임에 입각하고 있다. 기업의 수익성과 관련하여 환경요인인 시장구조와 기업의 전략적 행동이 어떤 관계를 맺고 있는지에 대해 연구하는 모델이다. 1930년대 미국의 경제학자 모임이 기업의 환경, 행동, 성과 사이의 관계를 이해하기 위한 접근법을 개발하기 시작했다. 이 활동을 통해 개발된 이론적 모델이 '구조·행동·성과 모델'(structure-conduct-performance model : S-C-P Model)이다. 구조(S)는 산업구조(산업 성숙도, 정부참여, 경쟁기업의 수, 제품의 유사성, 진입과 철수비용 등)를 말하며, 행위(C)는 산업 내에서 기업들의 행동(경쟁우위를 획득하기 위한 기업의 전략, 가격전략, 제품전략, 연구 및 혁신 등) 그리고 성과(P)는 개별기업의 성과(기업수준 : 경쟁열위, 경쟁등위, 임시적 또는 지속적 경쟁우위)와 전체 사회적 경제적 성과(사회수준 : 생산과 분배의 효율성, 고용, 수준, 진보)를 말한다.

36) '자원기반 관점'이라는 용어를 바니가 처음 사용한 것은 아니다. 버거 워너펠트(B. Wernerfelt)의 논문("A Resource-Based View of Firm", 「*Strategic Management Journal*」, *1984*. 5, pp.171~180)에서 제시된 이론을, 바니가 1986년 처음 연구한 후 1991년 본격적으로 활용하기 시작하였다.

37) 신형덕 역, 『전략경영과 경쟁우위(제4판)』, PERASON, 2013, p.120.

38) 스토커(George Stalk)는 『*Competing Against Time : How-Based Competition Reshaping Global Markets*(타임 베이스 경쟁전략)』(1990)에서 일류 기업들의 생산과 제품개발, 판매와 유통 등에서 보여주는 '시간자원'의 활용방식이 경쟁우위를 지속시키는 경쟁수단으로 보았다. 즉 '규모의 경제' 대신 '속도의 경제'의 중요성을 강조하였다.

6 시장과 자원의 통합 및 선택전략(1990년대~2000년대)

핵심역량 전략의 토대가 크게 흔들리면서 포터의 포지셔닝(시장) 전략이 다시 주목을 받게 되었다. 포터는 『전략이란 무엇인가?(*What is Strategy?*)』(1996)에서 기업전략에서 포지셔닝(시장)의 중요성을 다시 강조했다. 기업이 보유하고 있는 독창적인 핵심역량이 경쟁력을 높이기는 하지만 그것을 어디에서 어떤 방법으로 수행할 것인가를 결정하는 포지셔닝을 더 강조한 것이다.

포터는 『경쟁우위(*Competitive Advantage*)』(1985)에서 제시한 3가지 본원적 경쟁전략(원가우위, 차별화, 집중화)에 이어 ① 상품・서비스의 압축, ② 고객 니즈, ③ 고객의 접근 편이성 등 포지셔닝의 기반을 제안했다.

그러나 21세기에 접어들면서 경영환경은 어느 때 보다 더욱 빠르고 다양하게 변하고 있어 기업이 처한 상황과 대외환경에 맞추어 두 가지 전략, 즉 포지셔닝(시장)과 핵심역량(자원)을 통합하도록 요구하는 전략적 선택을 제시하게 되었다.

상황에 맞추어 두 전략의 통합 또는 새로운 형태의 전략적 방향을 제시한 제3의 방법으로 컨피규레이션학파(configuration)가 등장하게 된 것이다. 대표적인 학자와 모델은 민츠버그(Henry Mintzberg)의 컨피규레이션 경영전략(1998)[39]과 김위찬과 마보안(W. Chan Kim & Renée Mauborgne)의 『블루오션전략(*Blue Ocean Strategy*)』(2005) 등이 있다.

1) 컨피규레이션 경영전략

민츠버그(Henry Mintzberg)가 주장한 '컨피규레이션'은 기업이 성장하는 단계(창업 및 발전→안정→적응→모색→혁명)에 맞추어 전략과 조직의 형태가 달라져야 한다는 것이다. 즉 기업이 창업하여 발전하는 단계에서는 포지셔닝을 중요시하고, 안정기에는 케이퍼빌러티를 강화하며, 모색기에는 학습론으로 방향성을 모색하고, 경영환경이 급격하게 변하며 불확실성이 높은 변혁기에는 앙트레프레너론[40]으로 혁신을 지향하는 방법이다. 민츠버그는 학자이지만 실무와 사실(fact)을 중시했고, 전략은 패턴화할 수 없다면서 "상황에 따라 조합(컨피규레이션)"할 것을 강조했다.

---

39) 위의 책, p.258. 민츠버그는 그의 저서 『전략 사파리(*Strategy Safari*)』(1998)에서 경쟁우위를 위해서 선택할 전략은 포지셔닝도 케이퍼빌러티(자원, 핵심역량)도 아니라 "상황에 따라 다르다"라고 주장했다. 그는 이것을 '컨피규레이션'이라 불렀다.

40) 앙트레프레너(entrepreneur : 기업가 정신 또는 기업가적 사고방식)는 아무것도 없는 상황에서 고부가가치를 창출하는 사람을 의미하는 프랑스어.

2) 블루오션 전략

프랑스 유럽경영대학원 인시아드(INSEAD)의 김위찬 교수와 마보안(Renee Mauborgne) 교수에 의해 제시된 『블루오션전략(*Blue Ocean Strategy*)』은 포지셔닝(시장)과 케이퍼빌러티(자원)를 융합한 경영전략이다. 수많은 경쟁자들과 치열하게 경쟁하는 '레드 오션'(red ocean)에서 벗어나 새로운 가치와 비용을 바탕으로 한 경쟁이 없는 '블루 오션'을 창출하는 것이 중요하다고 보았다. 이 전략은 포터가 주장한 '부가가치냐 비용이냐의 트레이드오프'[41]를 부정하는 것이기도 하였다.

블루오션 전략은 산업혁명 이래로 기업들이 끊임없이 거듭해온 경쟁의 원리에서 벗어나, 발상의 전환을 통해 고객이 모르던 전혀 새로운 시장을 창출해야 한다는 전략이다. 이 새로운 시장은 차별화와 저비용을 동시에 추구함으로써 기업과 고객에게 가치의 비약적 증진을 제공하는 시장으로, 다른 기업과 경쟁할 필요가 없는 시장이다. 쉽게 말해 기존의 치열한 경쟁시장 속에서 시장점유율을 확보하기 위해 애쓰는 것이 아니라 매력적인 제품과 서비스를 통해 자신만의 독특한 시장 즉 경쟁하지 않고 이길 수 있는 시장을 만들어내는 전략을 말한다.

블루오션 전략이 성공하기 위해서는 특히 '가치혁신'이 강조되어야 하는데, 새로운 가치를 제공하지 못하면 새로운 시장을 만들 수 없기 때문이다.

이 밖에도 미국 놀런 노턴(Nolan Norton) 연구소의 노턴(David Norton)과 카플란(Robert S. Kaplan)은 『균형성과표(*The Balanced Scorecard : BSC*)』(1996)[42]에서 과거 재무제표 일변도의 기업경영 평가를 재무의 시점(과거), 고객의 시점(외부), 내부업무 프로세스의 시점(내부), 이노베이션과 학습의 시점(미래)이라는 관점에서 접근하는 프레임워크[43]를 제시해 높은 평가를 받았다.

---

41) 시장에서 경쟁우위 전략은 "고부가가치를 추구하느냐, 저비용을 추구하느냐의 트레이드오프다"라고 주장한 포터의 견해에 김위찬과 마보안은 정면으로 반론을 제기하였다. "좋은 전략이란 적이 없는 새로운 시장을 만들어 내는 것이다"며, 고부가가치와 저비용 중 하나만 선택해야 할 것이 아니라 양립할 수 있다고 보았다. 예를 들어 만약 고객이 빠른 배송을 가치로 여길 때, 아마존은 오프라인보다 수십배나 많은 상품의 종류와 낮은 가격 그리고 빠른 배송을 하여 시장에서 경쟁상대가 없었다. 이것은 블루오션 창출이며 포터의 트레이드오프에 반론을 제기하는 사례가 된다. 물론 그러한 반론은 그들이 처음은 아니다. 케이퍼빌러티학파의 대표격인 바니(Jay B. Barney)도 포터의 주장을 반박했다.

42) The Balanced Scorecard(BSC, 균형성과표) : 기업이 목표를 설정하고, 목표를 추적하기 위한 측정지표의 확인, 목표와 전략 달성을 위한 방법에 이르기 위해 4가지 과제를 비전과 전략적 계획의 모형으로 제시했다. 즉 기업의 성과 개선이 단지 재무상의 수치만이 아니라 ① 고객관계(customer), ② 내부업무프로세스(internal business process), ③ 혁신과 학습시점(learing and growth), ④ 재무성과(financial)이다.

43) 포지셔닝(고객의 시점)과 케이퍼빌러티(업무, 학습시점)를 연결하고 나아가 재무제표까지 연결을 시도함.

⑦ 혁신과 네트워크 중심 전략(2000년대~2010년대)

과거에 등장하였던 전략적 기법은 기업의 외부환경과 내부자원을 어떻게 조화시켜 적응해 나갈 것인가에 전략적 관점을 두고 발전해왔다. 그러나 기술의 발달로 기업환경은 너무 빨리 변화하고 있으며 예측을 할 수 없는 상황이 되었기 때문에 과거의 방법을 고집한다면 시장에서 도태될 가능성이 더욱 커질 수밖에 없다는 인식이 확산되었다.

더욱이 21세기에 접어들면서 불확실성과 복잡화 및 연결성 등이 강조되는 경영환경의 가장 큰 변화는 모든 정보기술(IT)의 융복합화와 더불어 혁신(innovation)을 강조하고 있다. 혁신의 개념은 이미 20세기 초 슘페터(J. A. Schumpeter)가 "이노베이션은 경제발전의 원동력"이라고 주장했고, 드러커(P. F. Drucker) 역시 1970년대에 혁신을 경영학에 도입해 널리 알린 바 있다.

이노베이션 전략의 중요성을 소개하는 대표적인 학자인 클레이튼 크리스텐슨(C. M. Christensen, 1952~)은 『혁신 기업의 딜레마(*The Innovator's Dilemma*)』(1997)에서 조직이 아니라 리더십으로 파괴적인 혁신(disruptive innovation)을 주도해야 한다고 하였으며, 다트머스 대학 더크 비즈니스스쿨의 고빈다라잔(Vijay Govindarajan)은 '신흥국'과 '중간층'의 확장에서 보이는 '세계화'와 '혁신'을 조합하여 신흥국을 기점으로 한 『리버스 혁신(*Reverse Innovation*)』(2012)[44]을 제창하였다.

결국 최근 경영전략에서 가장 강조되는 화두는 혁신(innovation)이 되고 있다. 특히 디지털 혁명(Digital Revolution)시대의 각종 정보통신기술(ICT)의 융·복합을 통한 혁신이 경쟁력의 원천이 되고 있다. 이러한 첨단 정보통신기술을 바탕으로 경영의 패러다임을 바꿔 나가는 대표적인 기업인 마이크로 소프트, 구글, 아마존, 페이스북 등은 기존의 굴뚝 산업에서 볼 수 없었던 전략적 패러다임(산업·기업·기능의 융합과 재편에 따른 경계의 붕괴)으로 시장을 확장·장악해 나가고 있으며 기업 간 모든 경쟁의 패러다임을 변화시키고 있다.

이 밖에도 기존의 전략으로는 설명이 어려운 크리스 앤더슨(Chris Anderson)의 '롱테일 법칙'(Long Tail Theory)[45]과 기존의 3C나 5 Forces 모델로 설명하기 어려운 '플랫폼 전략'

---

44) 이노베이션은 전통적으로 선진국에서 발생해 그 다운그레이드버전이 신흥국과 개발도상국으로 전파되는 것이 상식이지만 현재는 개발도상국에서 탄생한 이노베이션이 선진국을 비롯한 전 세계로 확산되고 있다는 것을 의미한다. 예를 들어 GE가 중국시장을 타깃으로 개발한 초음파진단장치(기존 가격의 1/3)는 2002년 첫 출시 이후 2007년 성능이 15% 정도에 불과한 저가판을 출시해 농촌지역 진료소를 중심으로 보급했다. 그런데 휴대가 간편하다는 점이 높이 평가되어 미국의 응급의료센터에서도 이 제품을 준비하기 시작했다(김정환 역, 앞의 책, pp.318-319).

45) 롱테일 법칙은 파레토 법칙과 반대되는 이론으로 하위 80%에 해당하는 다수가 상위 20%보다 더 뛰어난

(Platform Strategy)[46] 등이 현재 전략경영의 새로운 방향을 제시하고 있다.

사례 2-1. 게임 체인저 테슬라 전기자동차

테슬라 모터스(Tesla Motors)는 2003년 엘런 머스크(Elon Musk)가 창업한 100% 전기자동차 회사이다. 전기자동차의 부상과 더불어서 전기차를 상용화하는 것에 대해서 기업들의 관심이 높았지만, 전기차는 아직 기술과 인프라 등 해결해야 할 부분이 많아 수익성이 떨어져 테슬라의 출현에 대해 어느 기업도 관심을 갖지 않았다. 더구나 GM은 '쉐보레 볼트'로 전기차 시장을 선도해 왔고, 닛산은 세계 최초의 양산형 전기차 '리프(LEAF)'로 시장 점유율을 넓혀 가고 있는 상황이었다.

그러나 지난 2011년 테슬라의 '모델 S'가 소비자들의 극찬을 받으며, BMW, 포르셰 등 유명 자동차를 제치고 '올해의 차'로 선정되었다. 그 후 기존자동차 회사들이 테슬라를 위협적인 존재로 보게 되었는데, 그 이유는 테슬라가 기존 전기자동차 생산방식의 상식을 뛰어 넘는 혁신적인 전략으로 자동차 산업의 게임 체인저(Game Changer)[47]이기 때문이다.

창업자 머스크는 항공 우주 공학 엔지니어, 기업가, 영화 프로듀서, 기술자, 발명가, 사업가, 디자이너, 투자가로 활동하고 있으며, 영화 《아이언맨》의 주인공 토니 스타크의 실제 모델이다. 그는 온라인 결제시스템 페이팔을 창업해 eBay에 매각했고, 로켓 제조회사 스페이스X(Space X)를 창업·경영하고 있다.

그리고 테슬라는 머스크의 천재적인 능력을 바탕으로 기존 자동차시장에 새로운 패러다임을 제기하면서 혁신적인 전기자동차 개발과 마케팅 전략을 구사하며 성장해 나가고 있다. 테슬라의 성공전략을 간단히 요약하면 다음과 같다.

- 역발상 : 기존 전기자동차 회사는 경제성과 친환경성에 집중하느라 가격은 비싸면서 주행거리가 짧은 배터리 문제를 해결하지 못했다. 그러나 테슬라는 다른 전기차가 경제성과 실용성에 관심을 가질 때 또 다른 특성에 주목하면서 주행감과 자기표현에 집중했다. 문을 여는 순간 손잡이가 보이지 않다가 리모컨을 작동하면 손잡이가 튀어나오는 디자인, 대형 선루프 그리고 고급스러운 인테리어 등 다양한 즐거움을 제공하고 있다.
- 차별화 : 소비자에게 신제품에 대한 거부감을 최대한 줄이기 위해 차별화를 추구했다. 차체를 알루미늄으로 제작해 무게를 줄였고, 기존 엔진 룸에 트렁크 공간 확보, 배터리와 모터를 최대한 아래쪽에 배치해 주행 안정성을 극대화하고, 뒷 트렁크에 어린이 2명이 앉을 수 있는 보조 의자의 장착도 가능하도록 하였다.
- 캐즘의 극복 : 하이테크 제품은 캐즘(chasm)[48]을 극복하기 어렵다는 것이 정설이다. 신제품이 나오면 혁신적 소비자들의 호기심으로 판매가 이루어지지만 실용성을 중시하는 소비자가 구매하기까지 오랜 시간이 소요된다.

가치를 창출한다는 법칙이다. 즉 매출의 80%에 해당하는 비주류 상품들이 나머지 20%의 주류 상품 못지 않은 경제성을 지니고 있다는 이론이다. 예를 들어 아마존은 기존 시장에서 상상하기 어려운 5,000만개가 넘는 품목을 취급하고 있다.

46) 플랫폼은 '핵심가치를 담은 틀을 제공하고, 내부와 외부, 외부와 외부간에 상호 연결을 가능케 해주는 그 무엇'이다. 플랫폼은 주로 소비와 공급의 중간에 위치하며, 미리 만들어진 것이 아닌, 연결을 통해서 가치를 창출하고, 진화해 가는 과정을 추구한다고 볼 수 있다(조용호, 『플랫폼 전쟁』, 21세기북스, 2012, p.36).

47) 게임 체인저(Game Changer) : 어떤 일에서 결과나 흐름의 판도를 뒤바꿔 놓을 만한 중요한 역할을 한 인물이나 사건을 말한다. 경영에서는 기존의 시장에 엄청난 충격을 가할 정도로 혁신적인 아이디어를 가진 사람을 가르치는 용어로 사용하고 있다. 즉 특출나고 독창적인 아이디어로 새로운 분야를 개척하며 나아가 업계와 사회 전반에 큰 지각변동을 일으킨다는 의미이다.

48) 캐즘(Chasm, 균열) : 첨단기술관련 분야에서 성공과 실패의 역학관계를 제기해 캐즘이론을 최초로 사용한 사람은 제프리 무어(Geoffrey A. Moore) 박사이다. 캐즘은 혁신성을 중시하는 소비자가 중심이 되는 초기 시장과 실용성을 중시하는 소비자가 중심이 되는 주류시장 사이에 일시적으로 수요가 하락하거나 정체되는 현상을 뜻한다.

그러나 테슬라의 모델 S는 6만 달러가 넘는 고가임에도 불구하고 고급 스포츠 세단과 동등한 수준의 디자인과 한 번 충전에 400km 이상 주행이 가능한 성능을 보여줌으로써 돌풍을 일으켰다.

- 브랜드 가치 : 엘런 머스크의 혁신성은 테슬라 브랜드 가치에도 영향을 미치고 있다. 뿐만 아니라 조직 구성원들의 전문적이고 친절한 고객 응대 역시 브랜드 가치를 높이는 데 일조하고 있다.

예를 들어 2000년부터 주목받기 시작한 전자책(e-book)시장은 다양한 효용성을 제공하기 때문에 활성화될 것으로 예상하고, 아마존, MS, 랜덤하우스 등 많은 기업이 사업에 뛰어 들었으나, 어느 순간 수요가 갑자기 정체하면서 현재 발전이 이루어지지 못하고 있다. 반면 MP3 플레이어나 디지털 카메라의 경우는 캐즘을 극복한 사례이다.

제 II 부 전략적 경영환경 분석

제 3 장 경영이념과 경영자의 역할
제 4 장 외부환경 분석
제 5 장 내부환경 분석

전략경영 2020

제 I 부 전략의 이해

제1장 경영전략의 기초

1) 전략의 기초 개념
2) 경영전략의 수준과 유형
3) 경영전략의 수립절차 이해

제2장 경영전략사

1) 전략적 사고의 변화
2) 경영전략의 학문적 발전 과정

제 II 부 전략적 경영환경 분석

제3장 경영이념과 경영자의 역할

1) 경영이념과 경영목표
2) 기업의 사회적 책임 및 윤리경영
3) 이사회와 기업지배구조

제4장 외부환경 분석

1) 외부환경 분석과 산업분석
2) 산업환경 분석
3) 거시환경 분석

제5장 내부환경 분석

1) 내부상황의 분석요소
2) 자원기반 관점의 VRIO 모형
3) 가치사슬 분석
4) SWOT 분석
5) 7-S 모델 분석

제 III 부 전략의 선택

제6장 원가우위 전략

1) 경쟁우위와 경쟁전략
2) 원가우위 전략

제7장 차별화 전략

1) 차별화 전략의 이해
2) 집중화 전략

제 IV 부 성장 전략

제8장 수직적 통합과 다각화 전략

1) 수직적 통합 전략
2) 다각화 전략

제9장 전략적 제휴와 인수·합병

1) 전략적 제휴
2) 인수 · 합병

제10장 세계화 전략

1) 세계화 전략의 이해
2) 세계화 진입방법과 단계 결정
3) 세계화 전략 모델

전략경영 2020 전략의 이해 및 프로세스

전략이해

제 I 부 전략의 이해

1장 경영전략의 기초
1. 전략의 기초 개념
2. 경영전략의 수준과 유형
3. 경영전략의 수립절차 이해

2장 경영전략사
1. 전략적 사고의 변화
2. 경영전략의 학문적 발전 과정

제 II 부 전략적 경영환경 분석

3장 경영이념과 경영자의 역할
1. **경영이념과 경영목표**
2. 기업의 사회적 책임 및 윤리경영
3. 이사회와 기업지배구조

4장 외부환경 분석
1. 외부환경 분석과 산업분석
2. **산업환경 분석**
3. **거시환경 분석**

5장 내부환경 분석
1. **내부상황의 분석요소**
2. **자원기반 관점의 VRIO 모형**
3. **가치사슬 분석**
4. **SWOT 분석**
5. **7-S 모델 분석**

제 III 부 전략의 선택

6장 원가우위 전략
1. 경쟁우위와 경쟁전략
2. 원가우위 전략

7장 차별화 전략
1. 차별화 전략의 이해
2. 집중화 전략

제 IV 부 성장 전략

8장 수직적 통합과 다각화 전략
1. 수직적 통합 전략
2. 다각화 전략

9장 전략적 제휴와 인수·합병
1. 전략적 제휴
2. 인수 · 합병

10장 세계화 전략
1. 세계화 전략 이해
2. 세계화 진입방법과 단계 결정
3. 세계화 전략 모델

전략기법

전략기법	시기	학파
▪ 앤소프 다각화 경영 ▪ 챈들러 전략과 조직 ▪ SWOT 분석 ▪ TOWS 전략	1950년대 ~1960년대	전략의 태동
▪ BCG 경험곡선 ▪ BCG Matrix (PPM) ▪ GE Matrix	1970년대	포지셔닝파
▪ 5 Forces 모델 ▪ 본원적 경쟁전략 (원가우위 & 차별화) ▪ 가치사슬(Value Chain)	1980년대	포지셔닝파
▪ 맥킨지 7-S 모델 ▪ Reengineering ▪ 핵심역량 ▪ SECI Model ▪ VRIO 모형 (Resource Based View)	1990년대	케이퍼빌러티파
▪ Configuration 전략 ▪ Blue Ocean 전략 ▪ Balanced Scorecard	2000년대	컨피규레이션파
▪ 파괴적 이노베이션 ▪ 리버스 이노베이션 ▪ 적응전략 ▪ Long Tail Theory ▪ Platform Strategy	2010년대	혁신과 네트워크

프로세스

1. **경영이념과 목표** – 미션·비전·핵심가치, 경영 목표 수립
2. **경영환경 분석** – 외부환경 분석, 내부환경 분석
3. **전략의 선택** – 원가우위 전략, 차별화 전략
4. **성장 전략** – 수직적 통합·다각화, 전략적 제휴·인수합병
5. **전략의 실행·통제** – 전략의 실행, 통제 및 평가

제 Ⅱ 부 전략적 경영환경 분석

제Ⅱ부 '전략적 경영환경 분석'은 기업이 전략수립을 위해 기업 내·외부 환경을 분석하는 과정을 소개한다. 먼저 기업이 존재하는 이유와 달성해야 할 목표를 규명하고, 기업활동에 제약이 되는 외부환경 요인을 분석한 후 내부의 핵심역량을 파악한다.

제3장 '경영이념과 경영자의 역할'에서는 기업이 추구하는 경영자의 철학과 기업문화 그리고 나아갈 방향에 대해 구체화하는 과정을 소개한 후 경영이념의 3가지 요소인 사명(mission), 비전(vision), 핵심가치(core value)에 대해 소개한다. 그리고 전략수립과 실천의 핵심주체인 최고경영자의 역할과 경영자의 업무를 지원하고 조율하는 이사회에 대해서도 살펴본다.[1)]

제4장 '외부환경 분석'에서는 기업의 전략적 기회와 위협요인을 규명하기 위해 전략사업이 어떤 산업에 경계하는지, 해당 사업이 산업 내에서 얼마만큼의 매력을 지녔는지 그리고 좀 더 넓은 상황에서 외부 환경요인을 얼마나 어떻게 이해해야 할지에 대해 소개한다.

제5장 '내부환경 분석'에서는 기업내부 자원의 능력을 분석하는 방법과 과정을 소개한다. 기업이 보유하고 있는 자원의 강점과 약점은 기업 외부환경으로부터의 기회와 위협과 어떻게 접목하여 활용되고 나아가 전략대안 개발에 중요한 근거를 제공할 수 있는 과정을 마련하는 것이다.

1) 기업의 경영이념과 목표는 외부와 내부의 환경분석에 앞서 수립되는 경우가 많지만, 환경분석 후 기업이 처한 상황에 따라 기업이 달성해야 할 목표가 수정되기도 하므로 기업이 처한 환경을 분석한 후에 외부의 기회와 위협에 대응할 수 있는 자신들의 능력과 비교해 목표를 수립하기도 한다.

제3장 경영이념과 경영자의 역할

"경영자가 기업활동을 수행할 때 궁극적으로 추구하고자 하는 목적과 그 목적을 달성하는 방식의 지침이 되는 것을 경영이념(management philosophy)"이라고 한다. 따라서 경영이념은 기업활동을 수행하는 가장 중요한 바탕이 되며, 최고경영자의 경영철학을 토대로 만들어진 미션과 비전 그리고 핵심가치를 의미한다. 또한 경영이념은 조직구성원들에게 기업의 전략적 목표를 실천하는데 필요한 동기부여, 책임감, 자부심, 사기에 중요한 역할을 한다.

제3장에서는 경영이념과 경영자 역할의 이해를 위해서 먼저 경영이념과 목표수립의 기본개념을 소개하고, 경영이념이 하나의 기업문화로 정착되는 의미도 소개한다. 또한 기업이 일류기업으로 성장하기 위해서 필요한 최고경영자의 윤리경영의 실천 및 기업의 사회적 책임을 설명한다. 이어서 최고경영자의 의사결정을 조언하고 견제하는 이사회의 의미, 구성 그리고 권한 및 책임의 중요성에 대해서 설명한다.

제1절 경영이념과 경영목표

1 경영자의 의미와 경영관리계층 이해

1) 기업가와 경영자

기업가(entrepreneur)란 새로운 사업아이디어를 구상하고 경영에 필요한 자원을 조달하여 기업을 직접 설립·운영하고 계속 성장시켜 나가는 사람으로서, 일반적으로 기업을 운영하는데 필요한 자본을 직접 조달하는 출자자이며 동시에 기업의 성장과 발전을 위한 경영관리자로서의 성격을 가진다. 따라서 기업가는 경영활동과 관련된 여러 가지 요소를 종합적인 관점에서 가장 합리적으로 조합시켜나가야 한다.

그러나 이와 같은 형태의 기업가는 소유와 경영이 분리되지 않는 고전적 의미의 개인기업가를 의미한다. 오늘날과 같이 많은 투자자들로부터 자본이 동원되고, 소유와 경영이 분리된 대기업의 형태에서는 보기 힘든 형태이다.

현대 기업의 대표적인 형태인 주식회사에서는 소유와 경영이 분리되어 있기 때문에 전문경영자의 역할이 중요하게 대두된다. 기업의 주인인 주주는 경영의 권한을 전문경영자에게 위임하고, 전문경영자는 주주에게 이익을 돌려주면서 국가와 사회에 봉사하는 기업이 되도록 운영하여야 한다. 따라서 현대적 의미의 경영자는 기업의 목표달성을 위한 전문지식을 바탕으로 기업을 운영하여 기업을 성장·발전시켜 나가는 역할을 하게 된다.

2) 경영관리 계층과 역할

오늘날 기업의 규모가 확대되고 경영활동의 내용이 복잡해짐에 따라 경영자가 혼자서 모든 경영관리기능을 수행하기가 어렵기 때문에 분야별 전문가들의 도움과 조언을 바탕으로 기업을 운영하는 경영기능의 분담이 불가피하게 되었다.

경영기능을 중심으로 한 전통적인 경영층의 분류는 [그림 3-1]과 같다. 즉 관리범위 또는 감독범위에 따라 최고경영층, 중간경영층, 하위경영층의 계층적인 경영자집단을 형성하게 되는데 이를 가리켜 경영관리계층(hierarchy of management)이라고 한다.

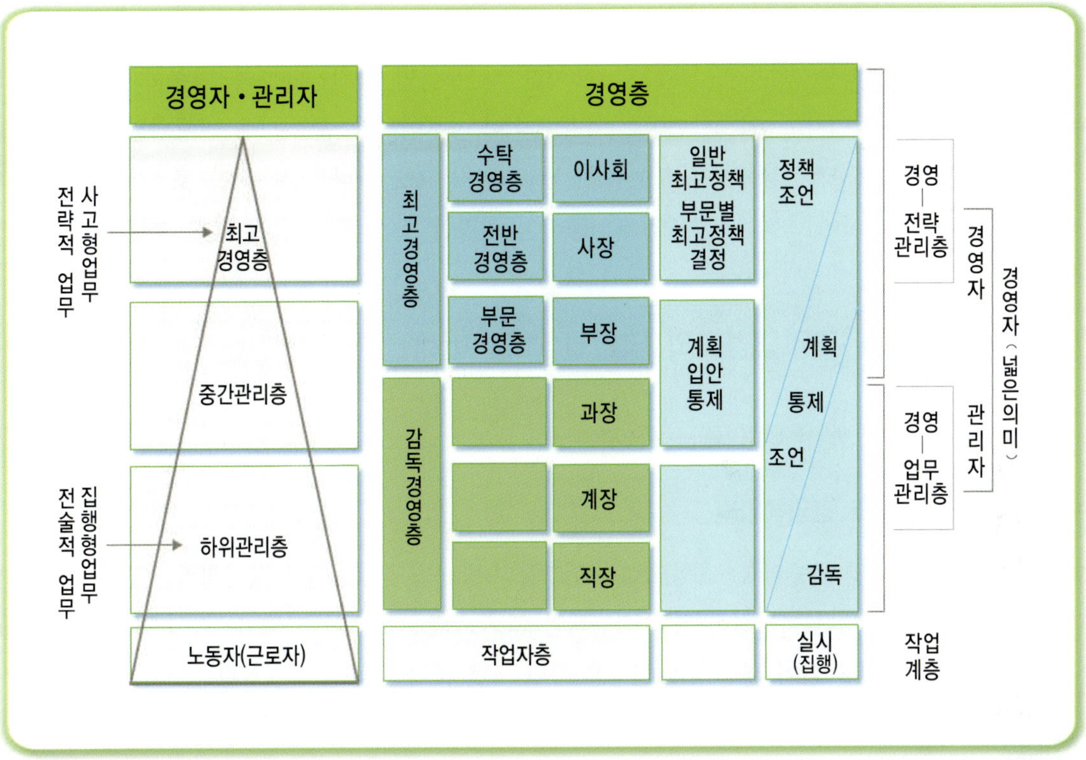

그림 3-1 전통적 조직에서의 경영관리 계층과 역할

(1) 최고경영층

최고경영층(top management zone)이란 기업조직 구조상 최상위에 있는 대표이사, 사장, 부사장, 전무이사, 상무이사 등으로 구성되는데, 이들의 주요 역할은 기업의 목표달성을 위한 전략수립, 장기적으로 기업이 나아가야 할 방향설정 등이다. 또한 기업의 모든 자원을 종합적인 관점에서 최적화시킬 수 있는 방향을 결정하며, 기업이 사회적으로 수행하여야 할 책임의 범위를 결정한다.

(2) 중간경영층

중간경영층(middle management zone)이란 최고경영층과 하위경영층의 중간에 위치해서 최고경영층이 설정한 경영방침, 전략, 경영계획에 따라 해당업무가 순조롭게 진행되도록 감독 • 관리하는 경영계층으로 구매부, 생산부, 판매부 등과 같이 각 부문의 책임을 지는 업무를 수행한다.

(3) 하위경영층

하위경영층(lower management zone)이란 각 부문별 중간경영층의 명령·지시 아래 직접 현장작업자나 일반사원들이 수행하여야 할 업무가 순조롭게 진행되는지를 감독하는 계층으로서, 감독자층 또는 현장관리층이라고도 한다. 전통적인 조직에서 계장, 직장 등이 이에 속하는데, 중간경영층과의 원만한 조정역할능력이 특히 요구된다.

2 최고 경영책임자의 역할과 스킬 이해

1) 최고 경영책임자와 경영자층

(1) 최고 경영책임자

최고경영자 중의 한 유형으로 기업그룹의 방침을 결정하거나 장기계획을 결정하는 등의 업무를 수행하는 기업의 최고 경영책임자(CEO : Chief Executive Officer)로서 각 부문별 전문가의 조언을 받아 최종 의사결정을 하며 또한 조직의 모든 경영성과에 책임을 지고 이사회 구성원이 된다.

우리나라의 대표이사와 비슷한 개념이지만, 과거 경영성과에 책임을 지지 않는 소유경영자 개념의 대기업의 회장과는 달리 전문경영자 개념으로 이사회에서 임명되는 최고 경영책임자이다.

미국에서는 포춘(Fortune)지 선정 500대 기업 가운데 15% 정도의 CEO가 이사회 의장과 회장직을 겸하고 있는데, 실적이 부진한 CEO는 이사회 및 주주총회에서 언제든지 경질을 할 수 있다.

(2) 최고 경영자층

국제화되고 디지털화되고 있는 현대의 기업환경은 급변하고 있으며, 기술의 발전 속도 또한 매우 빠르며 융·복합되고 있다. 기업은 이와 같이 다양한 경영환경에 적응하면서 그 목표를 달성해야 하는데, 경영자 한 사람이 모든 분야의 전문지식을 모두 갖추고 의사결정을 하기에는 한계가 있다. 이 같은 한계를 극복하기 위해서는 재무, 생산, 지식, 기술, e-비즈니스, 디자인, 정보 등의 부문별 전문가들로부터 조언을 바탕으로 최종 의사결정을 하여야 한다.

이 같이 최고경영책임자(CEO : Chief Executive Officer)는 부문별 전문가를 활용하여 더 합리적인 의사결정을 할 수 있다. 또한 경영환경이 점차로 다양하고 전문화되면서 부문별 전문가에게 전결권을 위임하는 '부문별 최고경영자 체제'가 계속하여 개발되고 있다(<표 3-1>은 부문별 최고 책임자를 의미하는 예를 나타낸 것이다).

표 3-1. 부문별 최고책임자의 예

영문약자	명 칭
COO	Chief Operation Officer(최고운영책임자)
CFO	Chief Finance Officer(최고재무책임자)
CTO	Chief Technology Officer(최고기술책임자)
CRO	Chief Risk-management Officer(최고위험관리책임자)
CMO	Chief Marketing Officer(최고마케팅책임자)
CPO	Chief Production Officer(최고생산책임자)
CIO	Chief Information Officer(최고정보책임자)
CKO	Chief Knowledge Officer(최고지식책임자)
CSO	Chief Sales Officer(최고판매책임자)
CeO	Chief e-biz Officer(최고이비즈니스책임자)
CBO	Chief Brand Officer(최고브랜드책임자)
CPO	Chief People Officer(최고인사책임자)
CBEO	Chief Business Ethics Officer(최고기업윤리책임자)
CInO	Chief Innovation Officer(최고혁신책임자)
CDO	Chief Design Officer(최고디자인책임자)
CCO	Chief Communication Officer(최고소통책임자)
CKO	Chief Knowledge Officer(최고지식책임자)
CDO	Chief Diversity Officer(최고다양성 책임자)

2) 최고경영자의 역할

(1) 최고경영자의 임무

최고경영자는 경영에 관한 전문적인 지식과 경험 그리고 능력에 의해 경영자로서의 지위에 선발된 경영의 전문가이다. 또한 최고경영자는 기업을 대표하는 역할뿐만 아니라 모든 주주의 권익과 이익을 위해 존재하여야 하며, 전문경영자로서의 책무를 다하는 경영의 주체가 되어야 한다. 왜냐하면 최고경영자의 철학과 능력에 따라 조직의 운명이 달라지기 때문이다.

전문경영자는 경영활동의 모든 과정이 객관적이고 합리적이어야 하며, 개인적인 이익의 추구가 아니라 기업의 사회적 책임과 역할을 강조하여야 한다.

(2) 최고경영자의 역할

기업에서 최고경영자가 수행하는 역할이란 직무에서 기대되는 일련의 활동 혹은 행위를 뜻하는 것으로서, 민츠버그(H. Mintzberg)는 최고경영자의 구체적인 역할을 다음과 같이 제시하였다.

① **대인관계 역할**

최고경영자는 기업을 원만히 운영해 나가기 위해 기업의 대표자 · 리더 · 연결자의 역할을 수행해야 한다. 대표자의 역할이란 대내 · 외적으로 기업을 대표하여 업무를 수행하는 것을 말하며, 리더의 역할이란 구성원들의 자발적인 동기를 유발시켜 조직의 생산성과 능률을 높일 수 있는 것을 말하고, 연결자의 역할이란 모든 이해관계자들과의 관계를 원만히 유지하여 전체 유효성을 높이는 역할을 말한다.

② **정보관리 역할**

경영자의 정보관리 역할이란 정보의 모니터, 전파자, 대변인의 역할을 포함한다. 정보의 모니터 역할이란 기업경영에 필요한 최신정보를 꾸준히 탐색하고, 수집하여 기업경영에 활용할 수 있는 능력을 말하며, 전파자의 역할이란 필요한 정보를 필요로 하는 부서나 구성원에게 투명하게 전달해 주는 것을 의미하며, 대변인의 역할이란 조직 내에서 수집 · 분석한 정보를 외부의 이해관계자에게도 전달해 주는 것을 말한다.

③ **의사결정 역할**

수집된 정보를 토대로 여러 가지 의사결정을 수행하는 역할로서, 기업가의 역할, 문제해결자의 역할, 자원배분자의 역할, 교섭자의 역할로 나누어진다. 기업가의 역할이란 장기적인 전략을 수립하고 새로운 분야를 개척하는 것이며, 문제해결자의 역할은 거래처 및 각종단체 등과의 관계에서 발생하는 문제를 합리적으로 해결하여야 한다. 자원배분자의 역할은 한정된 자원을 가장 합리적으로 배분하여 효용이나 가치를 극대화시키는 것을 말하며, 교섭자의 역할은 모든 단체교섭, 공급업자 등과의 협상에서 교섭력을 발휘하는 것을 말한다(〈표 3-2〉 참조).

표 3-2. 최고경영자의 역할 및 활동 내용

역 할		설 명	세 부 활 동
대인적 역할	대표자 (Figurehead)	▸ 기업의 상징적인 대표로서 모든 임무 수행	• 외부인사 접대 및 서류에 서명
	리더 (Leader)	▸ 구성원의 동기부여 및 행동과 관련된 의무와 책임	• 구성원의 사기와 관련된 모든 활동 수행
	연결자 (Liaison)	▸ 외부 이해관계자와의 정보 네트워크의 유지 및 관리	• 이해관계자와 원만하고 합리적인 관계유지와 관련된 활동 수행
정보적 역할	모니터 (Monitor)	▸ 기업에서 필요한 다양하고 광범위한 정보의 탐색 · 획득 · 활용	• 동일한 업종은 물론 이업종과의 융 · 복합적인 변화
	전파자 (Disseminator)	▸ 조직구성원 사이의 정보전달자로 다양한 정보에 대한 해석 · 통합 · 공유	• 정보와 관련된 모든 방법 특히 정보통신기술 활용
	대리인 (Spokesperson)	▸ 조직의 계획, 정책, 활동, 결과 등에 대한 정보를 외부로 전달	• 유형 및 무형의 기업이미지 향상을 위한 방법
의사 결정 역할	사업가 (Entrepreneur)	▸ 사업기회를 포착하고 변화를 위해 개선된 프로젝트 설계 및 수행	• 새로운 사업 아이디어개발을 위한 전략수립
	문제해결자 (Disturbance Handler)	▸ 기업활동에서 발생하는 모든 문제의 해결에 대한 책임	• 발생가능한 문제와 위기를 위한 전략 및 검토체계 확립
	자원배분자 (Resource Allocator)	▸ 자원의 최적배분과 할당으로 유효성을 극대화	• 모든 인적 · 물적 자원의 최적안배를 세부계획
	교섭자 (Negotiator)	▸ 기업을 대표하며 동시에 유리한 교섭능력 발휘	• 기업활동과 관련된 모든 단체와의 협상

출처 : 김명학, 『경영학의 이해』, 세학사, 2001, pp.56~59 ; 김언수, 『Top을 위한 전략경영 4.0』, 피앤씨미디어, 2013, pp.38~39. 수정보완.

크누슨(H. R. Knuson)은 경영자에게 필요한 능력을 관리적 기능, 인간적 기능 그리고 기술적 기능이라는 경영자의 스킬 믹스(skill mix)론을 주장했다.

① **관리적 기능** : 기업의 목적이나 전략을 설정하며, 기업활동을 보다 효과적으로 발휘할 수 있는 능력으로서, 경영조직을 총체적인 측면에서 파악하는 능력을 말한다.

② **인간적 기능** : 경영조직에서 인간관계를 원만하게 유지하는 능력을 말한다. 즉 조직의 모든 구성원들이 조직의 공동목적을 달성하기 위해 자발적으로 협력 · 공헌하도록 유도하는 능력을 뜻한다.

③ **기술적 기능** : 기업경영에 관련된 기술의 이해도 내지는 숙련도를 뜻한다.

이러한 경영자의 기능은 경영자에게 공통으로 요구되는 능력이지만 경영관리계층에 따라 기능의 비중이 다르게 나타난다. 최고경영층에게는 관리적 기능 또는 전략적 능력이 많이 요구되고, 중간관리층의 경우엔 인간적 기능의 비중이 크며, 하위감독층은 현장업무와 직접적인 연관성이 있기 때문에 기술적 기능을 발휘할 수 있는 능력이 중요하다.

3) 경영자의 리더십

(1) 리더십의 의의와 종류

① 리더십이란?

리더십(leadership)은 조직의 목표를 위하여 구성원이 자발적으로 노력하도록 영향력을 발휘하는 기술 또는 과정이라고 할 수 있다. 즉 기업에서 조직의 목표를 달성하기 위한 동기부여 및 사기향상을 높이는 능력을 말한다.

리더십의 핵심은 조직구성원을 지휘·감독하여 조직목표를 능률적으로 달성하고자 하는 것이다. 물론 이러한 과정에 자신이 가지고 있는 권한을 적절히 사용하여 구성원이 자신의 능력을 최대한 발휘할 수 있도록 비전을 제시하여야 한다.

리더십의 유형에 따라 구성원들의 행동이나 사기·능률이 달라지며, 그 밖에도 구성원의 가치관·태도·행동방침 및 기업문화에 많은 영향을 미친다.

② 리더십 유형

리더십 유형에 대한 연구는 다양하다. 리커트(R. Likert)는 많은 조직을 대상으로 행동과학적 연구를 분석한 결과 『경영 관리의 새로운 형태(행동과학)』(1961)라는 저서를 통해 관리시스템 이론을 제시하였으며, 리피트와 화이트(Lippitt & White, 1943)는 의사결정과정에서 나타나는 리더의 행동을 관찰하여 리더십의 유형을 전제형(authoritarian), 민주형(democratic), 자유방임형(laisser-faire)으로 구분했다.

또한 리더를 인간에 대한 관심적 측면과 생산에 대한 관심적 측면의 2차원적 접근법으로 소개한 블레이크와 머튼(Robort R. Blake & Jane S. Mouton)의 관리격자(managerial grid, 1964) 등이 있다.

리피트가 제시한 리더십 스타일의 의미와 특징은 다음과 같다.

- **전제(독재)형 리더십 :** 리더의 개인능력을 조직이나 구성원에게 강요하려고 하는 리더십으로서 조직목표와 그 운영방침 등에 관련된 의사결정을 리더가 독단으로 결정하는 리더십이다. 전제형 리더십은 부하들의 적극적 참여와 협동 및 창의적인 아이디

어를 발휘할 수 있는 기회가 박탈되기 때문에 구성원의 사기와 생산성은 낮아진다. 그러나 짧은 시간에 반드시 수행해야 할 목표를 달성하기 위해서는 긍정적인 면도 있으나, 이 경우에는 리더의 능력과 역량이 뛰어난 경우를 가정한다.

- **민주형 리더십 :** 조직의 계획과 운영방침 등의 의사결정을 할 때 구성원의 참여와 자율성을 존중하면서 의사결정을 하는 리더십을 말한다. 모든 구성원의 의견을 반영하여 의사결정을 하는 것이며, 의사결정의 모든 과정은 투명하고 객관적이다.
- **자유방임형 리더십 :** 리더로서 조직의 계획이나 운영방침의 결정에 관여하지 않고, 수동적으로 행동하며, 부하를 자유롭게 방임해 버리는 리더십 유형을 말한다. 자유방임형 리더십은 민주적 리더십과 혼돈되는 경우가 있는데, 자유방임형 리더십에서의 위임은 리더가 전문지식이 없고 무능하기 때문에 방임하는 경우가 많다.

타넨바움(R. Tannenbaum)과 슈미트(W. H. Schmidt)는 [그림 3-2]에서와 같이 리더십 유형을 전제형 리더십과 민주적 리더십으로 구분하여 그림의 양쪽 끝에 두고 이들 연속선상에 다양한 리더십 유형을 나열하였다. 어떠한 유형의 리더십이 선택되어야 하는지는 구체적으로 소개하지 않았지만 의사결정 과정에서 리더에게 주어진 권한영역과 부하의 재량영역이 어느 정도인가에 따라 리더십 유형을 세분화해서 나타냈다.

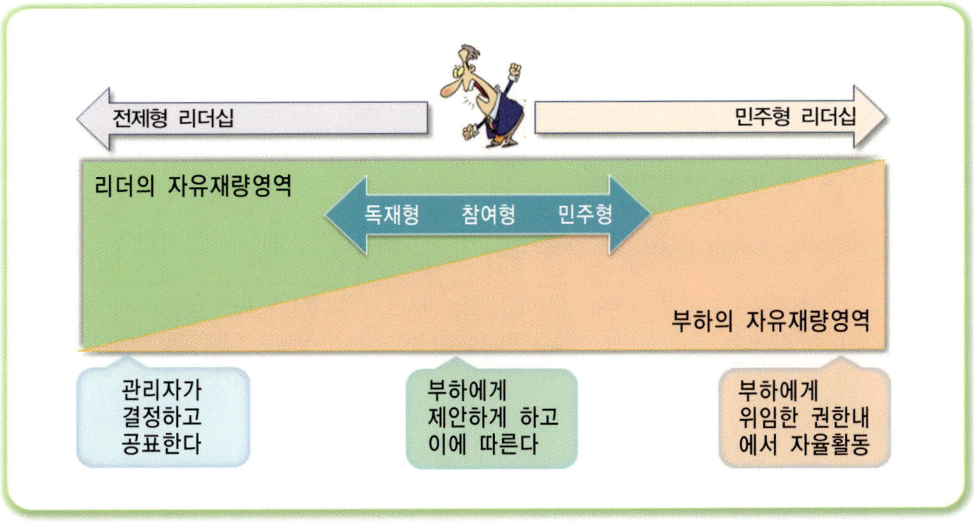

그림 3-2 리더십 스타일의 연속선

이상과 같은 세 가지 리더십 유형별 특성과 효과를 비교해 보면 〈표 3-3〉과 같이 요약된다.

표 3-3. 리더십 유형별 특성과 효과

구분 \ 리더십유형	전 제 형	민 주 형	자유방임형
방침결정	리더가 결정	집단토론으로 결정하며, 리더는 조언자 역할	리더는 결정에 불참, 집단 구성원에 의해 결정
권력과 책임 관계	권력이 리더에게 있음	권력의 힘을 부하와 함께 나눔	책임을 부하에게 전가시킴
리더와 구성원 관계	수동적	호의적	무관심
집단행위의 특성	응집력이 낮고, 공격적임	응집력이 높고, 안정적임	무관심과 초조
리더의 부재 시 구성원의 태도	좌절감 및 혼란	평소와 동일한 상태유지	혼란스러움
성과	높다(단기적)	높다(장기적)	최저의 상태

리더십 이론의 시대적 흐름

※ 경영학에서 리더십의 이론은 주로 특성이론, 행동이론, 상황이론 등 3가지 전통적 이론을 중심으로 발전해 왔다. 이들 전통적 이론은 통제·감독·복종을 중시하였으며, 현상유지를 위한 리더십이라는 특징이 있었다. 따라서 변화를 주도하거나 비전제시가 부족하다는 평가를 받았다. 리더십의 시대별 특성을 다음과 같이 구분할 수 있다.

① 20세기 이전의 유전적 형성이론(the genetic theory)
② 20세기 초반의 특성이론(trait theories)
③ 1940~60년대 행동이론(behavioral theories)
④ 1960~80년대 상황이론(contingency theories)
⑤ 1990년대~신조류이론(current theories)

※ 1990년대의 신조류 리더십이론은 다양한 이론이 등장하였는데, 카리스마 리더십, 변혁적 및 거래적 리더십, 섬김 리더십, 윤리적 리더십 등이다. 이들 신조류 리더십의 특징은 기본적으로 상황요인에 따라 리더십의 유형과 결과가 달라진다는 가정에서 출발하며, 상황이론의 맥락 속에서 정리되기도 한다.

※ 신조류 리더십의 유형 :

① 리더십 대체이론(substitutes for leadership model) : 과업이나 조직 여건상의 업무구조와 내용, 내재적 보상 등으로 전문성과 능력을 갖춘 구성원들의 자발적 참여로 리더십이 대체된다는 이론이다.

② 변혁적 및 거래적 리더십 :

변혁적 리더십(transformational leadership) : 부하에게 자긍심을 심어주고 부하를 존중한다는 것을 보여주며 창조적 사고를 할 수 있게 여건을 마련해 준다. 부하에게 결과의 중요성을 인식시켜 부하의 참여동기를 유발시킨다. 이러한 리더에게 부하는 신뢰, 충성심, 존경심을 갖게 되어 기대 이상의 성과를 낼 수 있다.

거래적 리더십(transactional leadership) : 리더가 부하의 욕구를 파악한 후 보상을 제시하고 이를 통해 행동을 유발시키는 방법이다. 이는 리더와 부하 간에 합리적인 교환관계에 기초하는 리더십으로 주로 현상유지에 중점을 두고 있다.

③ 카리스마 리더십(charisma leadership) : 인간적인 매력과 능력을 가진 리더가 탁월한 비전과 영향력을 행사하고 확산시키는 리더십을 말한다. 이러한 리더는 높은 성취 지향성, 창의성, 혁신성, 열정, 자신감, 사회적 욕구 등을 가지고 있으며, 위기, 격동, 변화가 요구되는 상황의 조직에서는 효과가 크다.

④ 섬김 리더십(servant leadership) : 리더 자신이 솔선수범과 헌신적인 봉사를 함으로서 조직 구성원에게 신뢰와 존경을 얻어 참여의식을 높이는 리더십이다. 청취, 설득, 협동, 비전제시, 격려, 겸손, 신뢰감, 개방적 참여유도, 정보공유 등을 중시하고, 조직구성원에게 창의성과 잠재력을 유발할 수 있는 기회를 제공한다. 전통적 리더십이 리더 관점이라면 섬김 리더십은 부하 혹은 타인 관점의 리더십이다.

⑤ 윤리적 리더십(ethical leadership) : 리더가 모든 관계에서 규범적으로 행동하고, 각종 커뮤니케이션 등을 통하여 구성원들에게 그러한 행동을 장려하는 리더십이다. 이 리더십은 리더의 비윤리적인 행동으로 비판을 받는 사례가 늘어나면서 리더의 새로운 조건으로 부상 하고 있다. 이러한 리더는 자신과 구성원뿐만 아니라 사회에도 기여할 수 있도록 윤리를 강조한다.

3 경영이념의 이해

1) 경영이념의 의의

경영이념(management philosophy)은 "경영자가 어떠한 목적과 방식으로 기업을 경영해 나갈 것인가에 대한 지침"으로서 경영신조 또는 경영철학(management philosophy)이라고도 한다. 따라서 경영이념은 기업의 존재이유 및 경영활동의 방향을 제시하는 기업의 신조(信條)인 동시에 경영자의 고유가치관이다. 또한 경영이념은 경영목표를 달성하기 위한 지침이 되는 것으로서, 기업의 나아갈 방향을 구체적으로 명시하는 사시(社是)·사훈(社訓) 등으로 기업의 내부 구성원이 공유하게 된다.

경영이념은 기업에 따라 미션(mission)과 비전(vision) 그리고 핵심가치(core value) 등으로 다시 구체화된다. 바람직한 경영이념이 되기 위해서는 일반적으로 다음과 같은 내용을 담고 있어야 한다.

① 회사의 존재이유와 경영활동의 방향을 제시해 준다.
② 의사결정의 판단기준을 제공해준다.
③ 기업문화, 경영체제, 경영전략, 노사관계, 모든 이해관계자와의 관계 및 제반 경영 시스템의 행동방향을 결정짓는 중요한 지침이 된다.

2) 경영이념의 중요성

경영이념이 중요시 되는 이유는 다음과 같다.

첫째, 경영이념은 기업이 나아갈 방향과 실천의지를 명확히 해 준다. 즉 경영이념을 바탕으로 기업이 이루고자 하는 목표를 구체적으로 수립하고 다시 그 목표를 달성하기 위해 전략을 수립하여 실행하게 된다.

둘째, 기업이 사회 및 이해관계자에 대한 영향력이 커짐에 따라 잘 설정된 경영이념은 그들과의 원활한 관계를 유지하는데 도움을 준다.

그 밖에도 급변하는 경영환경에 유연히 대처할 수 있게 도와주며, 기업경영이 점점 전문경영인 체제가 요구되는 상황에서 리더십 확립에도 도움이 된다.

"경영자가 가장 먼저 해야 할 일은 경영의 기본이념을 바르게 정하는 것이다"라고 말한 마쓰시타(松下)의 창업자 마쓰시타 고노스케(松下幸之助)[1]는 '회사는 무엇을 위해 존재하는가?', '어떤 목적을 가지고 있으며, 어떤 방법으로 경영할 것인가?'에 대한 내용이 '경영이념'이라고 설명하면서, "사업경험을 통해 경영이념이 얼마나 중요한지 깨달았다"고 강조하였다. 그는 올바른 경영이념이 바탕이 되었을 때 비로소 사람, 기술, 자본 등이 제대로 쓰인다고 강조하면서, 올바른 경영이념이 확립된 곳에 그들(사람, 기술, 자본)이 존재한다고 역설하였다.

마쓰시타 고노스케는 1965년 주 5일 근무제를 도입 · 실시하였으며, 직원들의 복지향상과 함께 적당한 휴식을 제공하는 방법 등으로 노동의욕을 높였다. 뿐만 아니라 고객과의 관계를 개선하거나 잠재고객의 편의까지도 항상 고려하는 마음가짐을 강조하였다.

3) 경영이념의 규정

경영이념은 기업의 특성에 따라 다양한 형태로 제시되지만 가장 중요한 것은 경영이념과 경영자의 철학이 전체 구성원에게 전달되고 공유되어 하나의 기업문화로 자리잡게 하는 것이다. 단순히 발표만 하거나 구성원이 공유하지 못 한다면 의미를 상실하게 된다.

앤드류 캠벨과 샐리 영(Andrew Campbell & Sally Yeung)은 『사명감(*A Sense of Mission*)』에서 한 조직의 사명은 정관에 쓰여진 내용이 아니라 사람들이 진정으로 믿고 그에 따라 행동

---

1) 마쓰시타 고노스케(松下幸之助 : 1894~1989, 마쓰시타 창업자) : '경영의 신'으로 불리며, 1918년 마쓰시타 전기제작소를 설립하여 사업을 시작하였으며, 내셔널, 파나소닉 등의 상표는 세계적으로 유명하다. 일본 정 · 재계 최고 인재를 길러내는 '마쓰시타 정경숙'을 1979년에 설립하여 인재양성에 이바지했으며, 기업의 사회적 책임을 중요시하여 수많은 학술단체와 사회복지재단에 재산을 기부하였다.

하는 신념 안에서 찾을 수 있다고 주장했다.[2)]

다시 말해서 경영이념의 구성이 어떻게 되어 있느냐 보다 구성원이 경영이념을 어떻게 공유하고 실천할 수 있느냐가 더 중요하다.

그러므로 학자들은 구성원이 경영이념을 쉽게 파악할 수 있게 해주는 몇 가지 유용한 도구를 제시하였다.

앤드류 캠벨(A. Campbell)은 애시리지 전략경영센터(Ashridge Strategic Management Centre)의 이사로 재직하면서 53개 대기업을 대상으로 수행한 연구를 토대로 애시리지 미션모델(The Ashridge Mission Model)을 제시했는데, 그는 기업이 강력하고 실행가능한 미션을 만들기 위해서는 [그림 3-3]과 같이 목적(purpose), 전략(strategy), 가치(value) 그리고 표준과 행동(standards & behaviors)의 4가지 요소가 상호 긴밀한 조화를 이루도록 하는 것이 중요하다고 하였다.[3)]

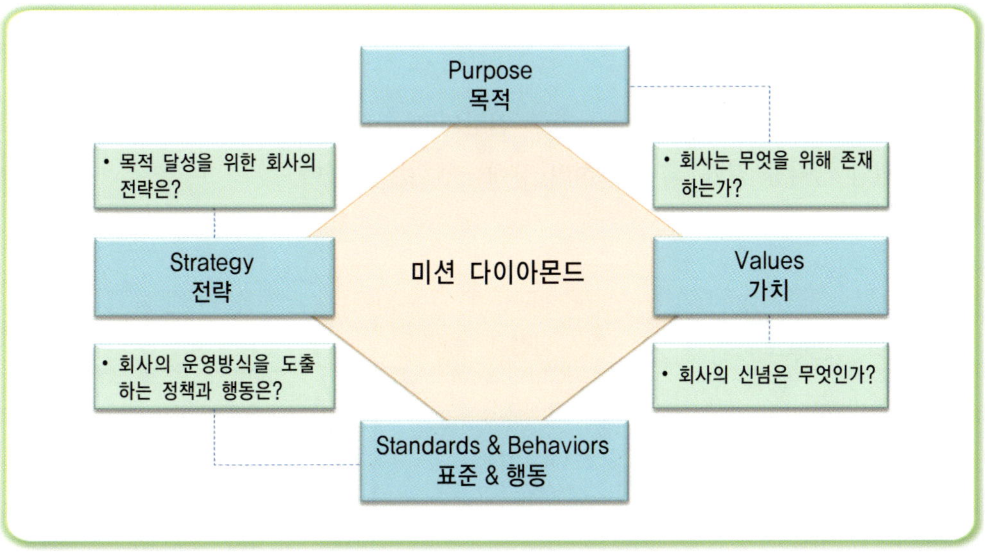

출처 : A. Campbell, "Mission and Management Commitment", Ashridge Strategic Management Center, 1996, p. 7.

그림 3-3 캠벨의 애시리지의 미션 모델

① **목적**(purpose) : '회사는 무엇을 위해 존재하는가?'에 대한 내용을 반영하는 것으로, 예를 들면 회사의 성장과 발전을 통하여 모든 이해관계자를 만족시키고 그들에

2) 박지니 역, 『전략에 대해 당신이 알아야 할 모든 것』, 다온북스, 2012, p.103.
3) A. Campbell, & S. Yeung, "Creating A Sense of Mission", 『Long Range Planning, Vol 24, No. 4, August 1991, p.13.

게 의미있는 가치를 제공하고자 하는 것이다.

② **전략**(strategy) : 회사의 존재이유를 달성할 수 있는 전략을 수립한다.

③ **가치**(value) : 회사의 신념과 규범 그리고 행동기준에 가치를 부여할 수 있어야 한다. 구성원들이 자신의 가치와 회사의 가치가 일치하면 사명감을 갖게 되고, 이러한 사명감은 건전한 기업문화를 정착시킨다.

④ **표준과 행동**(standards & behaviors) : 구성원들에게 회사의 목적과 운영방식을 제시해 주며, 일의 방식을 결정하는 가이드라인을 제시한다.

그리고 비전과 목표는 [그림 3-4]와 같이 일반적으로 최고경영자뿐만 아니라 이사회, 주주, 종업원, 생산 및 판매부문 등 내부 이해관계자의 생각 및 행동과 외부 이해관계자(고객과 경쟁자, 정부, 지역사회 등)들의 요구를 고려하여 설정되는데, 전략방향의 설정뿐만 아니라 실행에 영향을 미치게 된다. 즉 최고경영자의 가치관이 전체 방향을 제시하고 이사회나 주주 그리고 종업원들이 그 가치관에 동의하고 보완해 나가면서 틀을 만들게 되는 것이다.

특히 기업 내 미션과 공유가치가 자주 변경되고 조직원들이 필요성을 인식하지 못하고 부정적인 생각을 갖게 되면 오히려 장애물이 될 수 있다.

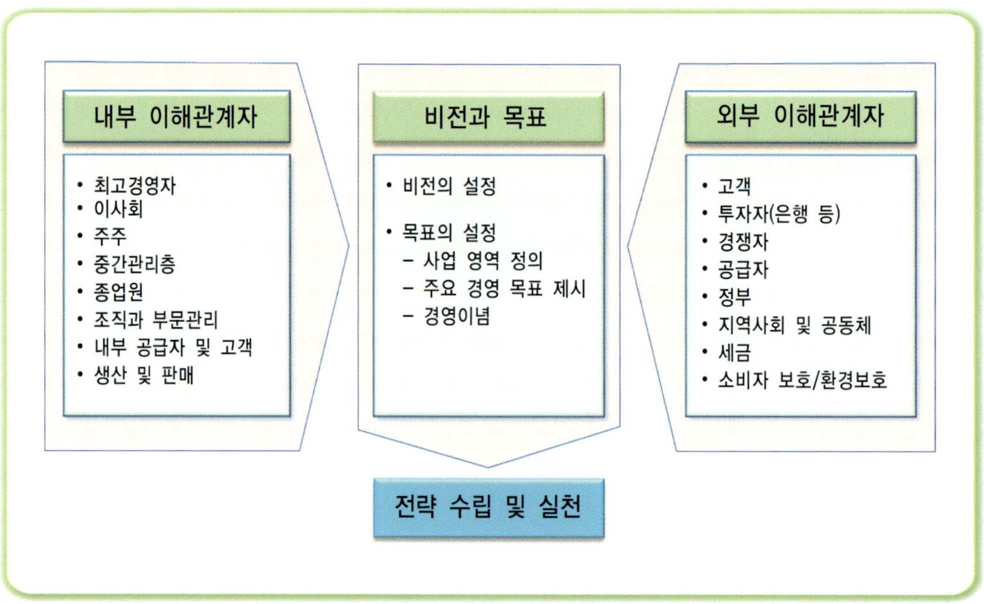

그림 3-4 이해관계자 분석 모델

이상의 내용에서 보면 비전이나 미션을 동일한 개념으로 사용하거나 비전은 상위의 요소로 보고 장기적이고 변하지 않는 내용으로 이해하는 경우도 있다. 그리고 경영목표의 요소로 경영이념을 규정하기도 하므로 일관된 체계나 규정이 명확하지 않다는 것을 알 수 있다.

본서에서는 기존에 소개된 다양한 내용을 종합해 일관된 체계를 제시하고자 한다. 즉 전략적 패러다임 구축을 위해 경영이념과 경영목표를 구분하고 경영이념을 크게 미션과 비전 그리고 핵심가치 세 가지를 기준으로 정하고 관련된 내용과 차이점을 설명하고자 한다. 그리고 경영이념이 규정되면 경영목표를 설정한 후 경영전략을 수립하고 실천하는 단계로 이어지도록 한다.

4 경영이념의 구성과 경영목표

경영이념은 [그림 3-5]와 같이 미션과 비전 그리고 핵심가치로 구성되며, 기업의 목표를 달성하기 위한 전략의 출발이다.

그림 3-5 경영 이념과 목표 그리고 전략의 관계

미션(mission)은 조직의 존재 이유와 목적을 의미하는 것이고, 비전(vision)은 기업이 추구해야 하는 바람직한 미래상이며, 비전과 미션을 실행하기 위해 조직원이 가져야 할 정신자세나 행동지침을 핵심가치(core value)라고 할 수 있다.

세 가지가 설정되고 나면 비로소 경영목표가 세워지는데, 경영목표는 불확실하고 급변하는 경영환경에 적응할 수 있는 가능성을 높인다.

미션과 비전의 가장 큰 차이점은 미션은 기업의 존재이유로 일반적으로 50년에서 100년 이상 미래를 바라보고 설정하는 회사의 변하지 않는 개념이며, 비전은 보통 5년에서 10년 정도의 기간을 두고 설정하는 것으로서 비전의 목표가 달성되면 새로운 비전을 다시 설정하게 되는 가변적인 성격을 띠고 있다. 또한 비전은 미션을 염두에 두고 설정되는 것이기 때문에 매우 밀접한 관계를 가지고 있다.

그러므로 기업이 전략수립을 위해서는 경영이념을 구성하는 세 가지 요소와 경영목표에 대한 개념과 특징을 체계적으로 이해할 필요가 있다.

1) 미션

(1) 미션의 의의

미션(mission)은 기업이 왜 존재하는가에 대한 답을 제시하기 위해 그 이유와 가치 또는 정체성(identity) 및 수행하고자 하는 사업의 개념을 정의하는 것으로서, '사명', '존재가치' 그리고 '조직이념' 등으로 표현되기도 한다.

보통 미션은 기업이 국가와 사회 그리고 고객에게 어떠한 형태와 원칙을 가지고 기여할 것인가를 규정하는 '미션 선언문'(mission statement)을 통해 구체적인 형태로 나타난다.

예를 들어 사우스 웨스트항공(Southwest Airlines, 미국)의 미션은 '사원제일주의'이다. 고객을 제일 먼저 생각해야 하는 기업이 사원(내부고객)을 먼저 생각하는 것은 사원의 만족을 통해 외부고객의 만족을 높이고자 하는 의도로 볼 수 있다.

코스트코(Costco Wholesale)는 첫째, 법을 준수하라. 둘째, 회원을 소중히 대하라. 셋째, 직원을 소중히 대하라. 넷째, 납품업자를 존중하라고 하는 코스트코의 미션을 매장 입구에 걸어 두고 있다. 이러한 미션을 전 구성원이 공유함으로서 고객들에게 가능한 최저의 가격으로 좋은 제품과 서비스를 제공하려 하고 있다.

(2) 미션 선언문

미션 선언문(mission statement)이란 기업의 존재이유와 목적을 기업의 대내·외에 알리는 지침으로서, 고객에 대한 책임과 조직원들이 자부심과 책임의식을 가지고 업무에 임하도록 방향성을 제시한다. 또한 다른 기업과는 차별화된 가치와 이상을 가지고 있다는 것을 강조할 수도 있다.

미션 선언문의 구성요소는 [그림 3-6]과 같이 정리할 수 있는데, 기업이 미션 선언문을 준비할 때, 사회적으로 의미 있고 기업과 조직원의 가치를 높일 수 있도록 간결하게 표현하는 것이 필요하다.

그림 3-6 미션 선언문(Mission Statement)의 구성

미션은 조직의 목적을 나타내는 것으로 페이스북(Facebook)의 미션은 "사람과 사람을 연결시키는 사회적 유틸리티"이며, 오스트레일리아의 국립심장재단의 미션은 "심장, 뇌졸중, 혈관계 질환으로부터의 고통과 사망을 줄이자"이다. 이들 표현은 자신의 존재 이유와 목적이 무엇인지를 간결하게 알리는 내용들이다.

데이비드(F. David)는 미션 선언문에 포함되어야 할 사항을 다음의 〈표 3-4〉와 같이 제시했다.[4)]

---

4) Stephen P. Robbins., David A. Decenzo & Mary Coulter, 『Fundamentals of Management Essential Concepts and Applications (7th ed)』, Pearson, 2011.
양동훈·임효창·조영복 역, 『경영학원론』, 시그마프레스, 2011, p.103.

표 3-4. 미션 선언문에 포함되어야 할 사항

내 용
• 고객 : 누가 회사의 고객인가? • 시장 : 기업은 어디에서 경쟁하는가? • 생존성장·수익성에 대한 관심 : 기업은 성장과 재무적 안정성에 전념하고 있는가? • 철학 : 회사의 기본적인 신념, 가치, 윤리적 우선순위는 무엇인가? • 대중적 이미지에 대한 관심 : 기업은 사회적·환경적 문제에 대해 어떻게 대처하고 있는가? • 제품 또는 서비스 : 기업이 생산하는 주요 제품 또는 서비스는 무엇인가? • 기술 : 기업은 기술적으로 경쟁기업보다 앞서 있는가? • 자아개념 : 기업의 주요 경쟁우위와 핵심역량은 무엇인가? • 종업원에 대한 관심 : 종업원들은 기업의 가치 있는 자산인가?

출처 : F. David, 『*Strategic Management* (11th ed.)』, Prentice Hall, 2007, p.70.

(3) 미션이 갖추어야 할 요소

① 구성원들의 부문업무들이 최적화를 통하여 전체 유효성(Effectiveness)을 극대화할 수 있도록 명확한 가치를 제공할 수 있어야 한다.

② 기업의 미션은 기업이 활동할 사업영역(사업범위, 목표시장 등)을 명확하게 제시하여야 한다. 예를 들면 자신이 진출할 사업들의 범위와 공략해야 할 시장범위를 명확히 정의해야 한다.

③ 구성원들이 행하는 일들이 의미 있고 나아가 사회에 공헌하고 있다는 자부심을 통하여 동기를 유발시킬 수 있어야 한다.

④ 미션은 수시로 변경되어서는 안 된다. 기업의 미션이 자주 변경되면 구성원들에게 혼란을 야기시킬 수 있기 때문이다.

2) 비전

(1) 비전의 의의

비전(vision)이란 기업이 진정 무엇을 원하는지를 규정하는 것으로, 기업의 미래 기대모습이며, 조직의 목표(objective)이다. 보통 5년에서 10년 이상의 조직모습(미래상)을 표현하는데, 추상적이지 않고 실현 가능성이 있어야 한다. 또한 비전은 상위의 미션과 하위의 목표와 전략이 상호 긴밀하게 조화될 수 있어야 한다.

(2) 미션과 비전의 관계

미션과 비전의 관계에 관해서는 다양한 의견이 있는데, 둘의 개념을 동일하게 보거나 미션을 비전의 상위개념으로 보는 경우이다. 그러나 일반적으로 미션은 기업의 존재이유를 말하는 궁극적인 목적으로서 잘 변하지 않는다는 특징이 있는 반면 비전은 상황과 시기에 따라서 변할 수 있는 가변적인 것이다. 이 두 가지 개념을 엄격하게 구분하면 각기 다른 의미와 역할이 있겠지만 모두 기업이 존재하고 성장・발전해 나가기 위한 공통된 목표이다.

(3) 비전의 효과

잘 설정된 비전은 의사결정을 내리는 기준을 제공하며, 구성원들의 열정을 유도할 수 있고, 구성원들의 자부심과 팀웍을 유도할 수 있는 기대효과가 있다.

비전이 더 효과를 발휘하기 위해서는 방향성(기업이 궁극적으로 나아가고자 하는 방향), 차별성(경쟁사와 차별화할 수 있는 기업문화나 경쟁우위요소) 그리고 가치(구성원들이 느낄 수 있는 자부심)를 지녀야 한다. 또한 기업이 나아갈 방향을 제시하고, 실현 가능성도 가지고 있어야 한다. 아무리 훌륭한 비전이라도 실현이 불가능하면 의미가 없기 때문이다.

(4) 비전 설정 시 고려해야 할 사항

기업의 목표를 달성하기 위한 효과적인 비전을 설정하기 위해서는 다음과 같은 점을 유의해야 한다.

① 터널비전적 사고(思考)보다는 레이더 스크린적 사고를 해야 한다.

터널비전(tunnel vision)이란 제한된 좁은 시야나 동종업계에서 미래의 경쟁자를 예측하는 제한되고 편협된 시각을 말한다. 이러한 시각은 최근과 같이 모든 것이 융・복합되어가는 경영환경에서는 매우 위험하다. 터널비전적 사고는 다른 사람의 의견을 배제・무시하거나 독단적인 판단을 하는 경우에 많이 나타난다. 터널비전과 반대의 개념은 레이더 스크린(radar screen)적 사고인데, 레이더 스크린적 사고란 미래의 경영환경 예측이나 경쟁자의 출현을 예측할 때 그 대상을 모든 영역으로 확장하여 예측하는 것이다([그림 4-5] 참조).

② 현실적인 비전이 되도록 해야 한다.

현실적으로 실현 불가능한 비전을 무리하게 설정하거나 기업의 능력과 역량으로 해결할 수 없는 비전은 의미가 없다. 또한 기업이 보유하고 있는 인적 · 물적 · 자본적 자원의 최적결합으로 실현가능성이 있는 비전이 되어야 한다.

③ 미래지향적이고 장기적인 비전이 되어야 한다.

만약 비전이 단기적이고 근시안적이며 미래 지향적이지 못하고, 현재에 안주하는 내용이라면 기업의 지속 가능한 발전을 저해한다. 특히 최근과 같이 경영환경이 급변하고 불확실한 경우일수록 장기적이고 미래지향적인 비전이 되도록 해야 한다.

④ 모든 구성원이 공유할 수 있는 비전을 제시해야 한다.

모든 구성원이 비전을 공유하였을 때 높은 사기와 팀웍을 기대할 수 있다.구성원이 공감할 수 없는 비전을 일방적으로 제시하는 것 보다는 비전공유를 통하여 모든 구성원의 자발적인 참여와 동기부여를 유도하여야 한다.

3) 핵심가치

(1) 핵심가치의 의의

핵심가치(core value)란 조직이 어떤 방식으로 일을 해야 하는가에 대한 행동이나 일의 우선순위를 판단하는 기준을 말한다. 즉 무엇이 옳고 그른지 혹은 바람직한지 아닌지를 판단해 주는 의사결정의 기준을 의미한다. 핵심가치는 기업이 중시하는 가치[5]와 신념을 표현하고, 구성원들에게 일의 보람과 자긍심을 부여해 주기도 하며, 조직과 개인이 의사결정을 내릴 때 기준과 원칙(행동규범이나 윤리관)을 제공해 주는 역할을 한다.

따라서 핵심가치란 구성원들이 공유하고 실천하는 자율성의 척도가 될 수 있으며, 외부 환경변화와 무관하게 조직이 지켜 나가야 하는 본질적이고 지속적인 요소를 말한다.

핵심가치의 중요성은 다음과 같다.

첫째, 미션과 비전의 영역 내에서 만들어지는 행동지침으로서, 그 기업의 문화를 구성하고 대표하는 가장 본질적인 신조이며 경영원칙이다.

둘째, 조직을 이끄는 바람직한 행동을 제시하는 기본적인 윤리적 규범을 말한다. 회사구성원들이 공유하고 있는 가치관(shared value)이자 신념이기 때문에 구성원에게 조직에 대한 자부심을 갖게 한다.

셋째, 대외적으로는 기업의 이미지에 커다란 영향을 미치고 내부적으로는 모든 의사결

---

5) 여기서 의미하는 가치(value)란 조직 내에서 어떤 방식으로 일이 진행되어야 하는가에 대한 기준을 제공하는 것을 말한다.

정에서 가장 중요한 기준이 된다. 핵심가치가 장기간 기업내부에 뿌리 내렸을 때 자연스럽게 형성되는 것이 기업문화이며, 이는 기업의 경쟁력 향상에도 많은 영향을 미친다.

(2) 핵심가치의 요건 및 역할

핵심가치는 미션과 비전을 토대로 최고경영자를 포함한 경영진의 철학을 바탕으로 설정되는 것으로 경영진이 솔선하여 행동하는 의지를 보여줄 때 전사적으로 공감대가 형성되고, 오랜 기간 지속적으로 실천될 때 기업문화로 자리 잡게 된다.

핵심가치의 요건과 역할을 보다 구체적으로 정리하면 다음과 같다.

① 핵심가치의 요건

㉠ **가치** : 최고경영자의 철학이 생생하게 반영되어 있어야 함은 물론 기업의 정체성과 미래방향을 제시하는 가치를 포함하고 있어야 한다.

㉡ **명료성** : 모든 구성원이 이해하기 쉽고, 간단 · 명료해야 하며 누구나 동일한 행동을 할 수 있도록 해야 한다.

㉢ **균형과 행동기준의 원칙** : 기업과 관련 있는 모든 이해당사자들의 관점과 이익이 균형 있게 반영되어야 하며, 구성원이 납득할 수 있어야 하고, 판단기준과 원칙이 분명해야 한다.

② 핵심가치의 역할

핵심가치는 급변하는 경영환경 하에서 회사의 정체성과 신념을 제시해 주며, 다음과 같은 역할을 한다. 먼저 기업의 정체성(identity), 일체감과 소속감을 부여하고 목표한 방향으로 나아갈 수 있는 구심점 역할을 하며, 다양한 의견을 하나로 응집시키는 지주역할을 한다.

특히 오늘날과 같이 기업의 글로벌화가 촉진되고 다양한 구성원들이 회사를 구성하는 경우의 핵심가치는 다양한 가치관을 하나로 뭉치게 하는 역할을 하게 되는 것이다. 또한 핵심가치는 기업이 중시하는 가치와 신념을 표현하며, 종업원들에게 자긍심을 부여해 주기도 하고, 조직과 개인의 의사결정에 있어 기준과 원칙을 제공해 주는 역할을 한다.

4) 경영목표의 수립

기업의 경영이념이나 미션과 비전은 기업이 추구하는 목적과 가치에 대한 폭넓은 표현이며, 경영목표는 미션과 비전을 달성하기 위한 현실적이고 구체적인 방향이다. 그러므로 경영목표는 미션 · 비전에 근거하여 설정되어야 하며, 측정이 가능하도록 설정되어야 한다.

(1) 목표의 설정

경영목표는 기업의 미래상을 보여주는 비전과 핵심가치의 내용을 토대로 장기적으로 실행해야 하는 구체적인(때로는 계량화된 수치의 목표) 방향이다. 이는 전략적 의사결정에 영향을 미치기 때문에 매우 중요하다.

기업의 목표를 설정할 때는 먼저 사업영역을 정의하고 달성해야 할 기본목표를 제시하는 것이 일반적이다. 이러한 최고경영층의 경영목표에 따라 중간관리층과 하부감독층에 단계적으로 목표가 정해지며, 아래로 내려갈수록 목표의 내용은 더욱 구체화되어지고, 설정한 목표가 달성되면 새로운 사업에 진출하거나 시장을 공략할 때마다 새로운 목표를 수립하고 구체화시켜 나간다.

예를 들어 3M의 경영목표 중 일부를 살펴보면 "지속적인 성장을 통해 투자자들에게 매력적인 수익 돌려주기"란 목표를 달성하기 위해 다음과 같은 목표를 설정하였다. 즉 매년 10% 이상 성장하는 주당 순이익, 27% 이상의 자본수익률, 20~25%의 자기자본수익률, 적어도 30%의 매출을 최근 4년 동안 새로 출시된 제품에서 달성하는 것을 목표로 설정한 적이 있다.

3M의 이러한 경영목표는 혁신적인 상품을 개발하는 노력과 주주의 가치를 창출하는 것의 중요성을 강조한 미션과 연관되어 있음을 알 수 있다. 뿐만 아니라 경영목표는 다소 추상적인 미션과 달리 매우 구체적으로 계량화되어야 한다는 것을 알 수 있다.

(2) 목표설정 시 유의사항

① 사업영역의 정의와 목표

기업이 사업의 정의와 목표를 설정할 때는 일반적으로 복수의 경영목표를 가지는 경우가 대부분인데, 그 이유는 성공이 단 하나의 목표만을 달성했다고 가능해지는 것이 아니기 때문이다. 3M의 경우와 같이 여러 개의 목표 중 하나인 주주와 관련된 목표조차도 다시 여러 개의 세부목표를 가진다. 또한 시장점유율이나 매출을 향상시키거나 기술을 개발하는 것과 같이 다양한 목표를 동시에 수립하게 된다.

기업이 복수의 목표를 갖기 때문에 경영목표를 수립할 때 더 신중함과 철저함이 요구되며, 목표를 수립할 때는 먼저 사업영역을 정의한 후 그에 맞는 목표를 수립하여야 한다. 사업영역을 정의할 때는 대체로 다음과 같이 세 가지 질문에 대한 대답을 할 수 있어야 한다.

첫째, 기업이 영위하고자 하는 사업은 무엇인가? 즉 사업의 본질이 무엇인가?

둘째, 앞으로 우리 사업은 어떻게 변화될 것인가?

셋째, 우리 사업이 지향하는 목표는 무엇인가?

② 목표의 유형

사업영역을 토대로 수립하는 목표는 일반적으로 재무적 목표와 전략적 목표로 나눌 수 있는데, 목표가 계량화된 것이냐 혹은 정성화된 것이냐가 기준이 된다. 먼저 달성해야 할 목표를 수치로 명확히 제시한 것을 '재무적 목표'라 하며 이는 정량화한 목표이다. 반면 수치로 나타내지는 못하지만 정성화하여 조직원이 달성할 수 있도록 수립하는 유형이 '전략적 목표'이다. 예를 들어 '자사 제품의 특정 성능을 경쟁사의 것보다 더 뛰어나게 만들겠다'고 하는 목표는 계량화하지는 않았지만 명확한 목표로 구체화된 것들이다.

③ 잘된 목표와 잘못 설정된 목표

전통적인 방법에서는 최고경영자가 설정한 목표를 일방적 · 수직적으로 하부조직원에게 지시하였으며 그 목표에 근거해 하위목표를 수립하게 하였다. 그렇기 때문에 목표를 달성하기 위한 동기부여가 이루어지지 않거나 현실적이지 못하여 불만을 야기하는 경우가 많았다. 이러한 전통적인 목표수립 방식의 문제점을 극복하기 위해 개발된 기법이 목표관리(MBO : Management By Objectives)이다. 목표관리는 상호협의를 통해 스스로 목표를 설정하여 실천해 나가는 방법으로서, 자발적으로 달성하고자 하는 목표를 설정하도록 함으로서 동기부여는 물론 성과를 극대화하고자 하는 방법이다.

우수한 전략목표를 세우기 위해서는 다음의 잘못된 목표설정 내용을 고려하는 것이 필요하다.

첫째, 최고경영자가 단독으로 설정한 목표이다. 이러한 목표는 구성원들이(중간관리자나 관련 부서) 공감대를 형성하지 못하기 때문에 각자 달성해야 할 목표를 구체화시키지 못하는 경우가 많다.

둘째, 목표를 지나치게 추상적으로 설정하는 경우이다. 조직이 달성해야 할 목표가 지나치게 추상적이고 범위가 넓은 경우는 모든 구성원에게 혼란을 가져다준다.

셋째, 여러 가지 너무 많은 내용을 포함하거나 핵심이 불분명한 목표를 설정해서는 안 된다. 목표가 불분명하면 내부의 자원과 역량이 분산되기 때문에 다른 목표도 달성할 수 없게 된다. 소수의 중요한 목표에 초점을 맞추는 것이 중요하다.

넷째, 비현실적인 목표를 설정해서는 안 된다. 전략목표가 비현실적이면 구성원들의 사기가 낮아지기 때문에 목표를 달성하기가 어렵다. 따라서 실현가능하고 구체적인 목표를 제시하여야 한다.

5 기업문화

기업문화(corporate culture)란 기업이나 조직의 전통, 관습, 가치관을 의미하는 것으로 다른 조직과 구별되게 하는 행동기준의 집합을 의미한다. 이러한 기업문화는 경영자의 경영철학·가치관에 의해 영향을 받으며 기업을 운영하는 기본틀(operational framework)로서, 조직구성원의 행동이나 의사결정 등에 영향을 미치게 된다.

그러므로 기업문화는 기업이 지속적으로 발전해 나가는 데 매우 중요한 요소이며, 시간이 흘러가면서 조직 내에서 서서히 축적되어 발전한다. 또한 기업문화는 구성원들의 자발적 참여를 유도하는 동기부여 역할과 사기진작 및 자긍심을 높이는데 매우 중요하며, 모든 구성원에게 암묵적으로 스며있는 무형의 자산이다. 따라서 기업이 지속적으로 발전하려면 안정되고 훌륭한 기업문화가 모든 구성원에게 공유되어야 한다.

콜린스와 포라스(James C. Collins & Jerry Porras)는 『성공하는 기업들의 8가지 습관(*Built to Last : Successful Habits of Visionary*)』(1996)에서 시대를 초월해 돋보이는 기업 18개사를 선정해 탁월한 기업의 조건에 대해 밝혔다. 그 후 콜린스는 2002년 『좋은 기업을 넘어 위대한 기업으로(*Good To Great*)』에서 평범한 우량기업이 위대한 초우량기업으로 비약하고 유지해 나가는 과정에 대해 조사한 내용을 소개하였는데, '성공에는 카리스마 있는 경영자가 필요하지 않다'는 결론을 제시하면서 경영자가 바뀌어도 그 힘을 잃지 않고 존속해 나갈 수 있는 조직을 만드는 것이 중요하다고 했다. 이를 위해서는 경영자가 설정한 경영철학과 가치관 그리고 목표를 조직 전체가 공유할 수 있도록 체계를 구축해 나가야 하며,[6] 이러한 체계가 하나의 '기업문화'로 자리 잡게 된다는 것을 강조하였다.

---

6) 우치다 마나부(서기만 역), 앞의 책, pp.32~34.

기업문화는 하루아침에 만들어 지는 것은 아니다. 그렇다고 성공한 기업의 기업문화를 모방하거나 자사에 적용하는 것도 쉬운 일이 아니기 때문에 자신만의 고유하고 명확한 기업문화를 조직 깊숙이 뿌리 내리도록 노력해야 한다.

기업문화는 오랜 시간을 거쳐 서서히 구성원들에게 스며드는 행동양식으로서, 구성원의 사기 향상, 생산 및 업무효율의 증대, 기업의 이미지 향상 등에 많은 영향을 미친다. 또한 기업의 경쟁력이 무형의 가치를 강조하는 추세에서 갈수록 강조되고 있다.

포천지가 선정한 일하기 좋은 기업의 명단에 오른 스머커(SMUCKER, 미국)[7)]의 기업문화는 구성원들이 가족적이라는 것이다. 이 회사는 창립 이래 지극히 단순한 경영사규(社規)를 지켜왔다. 가족적이라는 기업문화를 연출한 원칙은 "주의 깊게 들으면서 다른 사람들의 좋은 점을 찾아라. 유머감각을 가져라. 업무를 잘 처리한 사람에게 고맙다고 말하라"이다.

사례 3-1 일류기업의 문화(IBM)

토마스 왓슨 1세가 1914년 IBM(International Business Machines)을 창업할 때 회사의 경제적 성공과 자신의 가치관을 반영한 회사를 만들기 위해 제일 먼저 한 일이 종업원의 행동규범을 설정하는 일이었다. 그 행동규범을 설정한 후 그의 가치관은 IBM의 기초가 되었고, IBM에서 종사하는 모든 종업원은 왓슨 1세가 바랐던 "IBM이 어떤 회사이어야 하는가?"에 대하여 정확하게 이해하게 되었다.

왓슨 1세의 신조는 1956년 아들인 왓슨 2세가 최고책임자의 지위를 물려받았을 때 그대로 계승되었으며, 현재까지 꾸준히 자리 잡고 있다. 왓슨 1세가 설정한 기업신조란 ① 개인을 존중해야 한다. ② 고객에겐 가능한 최고의 서비스를 제공해야 한다. ③ 탁월성과 뛰어난 업적을 추구해야 한다 등이다.

- **개인존중 : IBM의 구성원 각 개인은 각자가 중요하다는 것을 강조하는 캠페인을 계속 벌여왔으며 기업도 그러한 분위기를 조성하려고 노력하고 있다.**

카리스마(charisma) : 그리스어 'kharisma'(신의 특별한 은총)에서 유래했다. 카리스마의 개념은 1947년 독일 사회학자 Max Weber가 처음 소개한 후 다양한 분야에서 카리스마 리더십에 대해 연구하기 시작하였다. 지금까지 카리스마 리더십은 강한 권력욕구와 자신감 그리고 과시욕이나 강압적인 지배력 등의 의미로 한정하는 경우가 많았지만, 다양한 형태의 카리스마가 있다. 예를 들면 크라이슬러의 최고경영자였던 리 아이어코카(Lee Iacocca)처럼 강력(독선)하고 추진력이 강한 카리스마, 애플의 스티브잡스나 테슬라의 엘런 머스크와 같이 존재감과 권력은 상대적으로 강하지만 '선견지명형 카리스마', 기업이윤의 사회 환원에 적극적인 워런 버핏과 빌 게이츠, 그리고 스타벅스 주식을 종업원들에게 나눠주는 하워드 슐츠의 '부드러움과 따뜻한 카리스마', 존재감과 권력은 적지만 달라이 라마처럼 '친절 카리스마', 그리고 프란시스코 교황처럼 '외유내강과 청렴결백한 카리스마' 등이다.
그리고 카리스마가 비단 선천적으로 타고난다거나 특정집단의 지도자나 최고경영자에게서만 나타나는 것만은 아니다. 유명 브랜드나 제품에 대한 맹목적인 몰입을 보여주는 팬덤 현상(fandom)도 일종의 카리스마로 설명된다; 범상규, 『멍청한 소비자들』, 매경출판, 2015, 참고.

7) 1897년 스머커(J. M. Smucker)가 창업한 이래 미국에서 잼과 젤리를 가장 많이 생산하고 있으며, 크리스코(Crisco), 지프(Jif), 필스버리(Pillsubry) 제품을 생산하고 있다. 특히 이 회사는 동종업계의 평균이직율에 비해 월등히 낮은데, 그 이유는 수준 높은 건강보험혜택, 무한 유급휴가, 자선활동 등으로 종업원의 만족도가 매우 높기 때문이다.

- **고객서비스** : IBM은 고객 지향적이어야 한다는 신조로서, 회사의 모든 활동은 고객의 요구에 초점이 맞추어져야 한다는 것이다. 즉 고객에게 항상 기존제품이나 타사 제품보다 우수한 품질의 제품을 공급해야 한다는 방침을 강조함으로서 고객에게 뛰어난 제품과 서비스를 제공하려고 노력하고 있다.
- **탁월성 · 우수성** : IBM의 구성원들은 어느 누구보다 뛰어난 방법으로 일을 하여 목표를 달성하겠다는 생각을 갖고 주어진 임무를 수행한다.

제 2 절 기업의 사회적 책임 및 윤리경영

1 기업의 사회적 책임

1) 기업의 사회적 책임의 의의

기업의 사회적 책임(CSR : Corporate Social Responsibility)[8)]이란 기업이 이해관계자 집단의 기대에 대하여 반응(responsiveness)하는 것으로서, 기업의 내 · 외부에서 영향을 미치는 이해관계자에 대한 책임이라고 할 수 있다. 즉 기업의 활동과 이해관계자 집단을 연관시키는 기업의 능력을 의미한다.

기업의 사회적 책임은 1930년대 미국의 대공황 때부터 서서히 등장하였으며, 우리나라에서는 경제개발과 기업의 발전이 본격적으로 이루어지기 시작한 1960년대 부터였다.

기업은 독자적으로 활동할 수 있는 조직체가 아니라 사회를 구성하고 있는 하나의 구성요소로서 사회와의 상호관계를 맺고 있기 때문에 모든 이해관계자에게 어떤 형태로든 사회적 책임을 수행하여야 한다는 것이 일반적인 견해이다.[9)] 왜냐하면 기업의 의사결정은 이해관계자 집단에 미칠 영향력을 고려하여야 하고, 그 이해관계자 집단에게 최선의 결과가 주어질 수 있어야 하기 때문이다.

오늘날 기업의 규모가 거대화됨에 따라 과거보다 더 많은 이해관계자 집단과 더 복잡한 관계를 맺으면서 성장해 나가야 하고, 기업의 사회적 영향력도 커지기 때문에 갈수록 기업이 지켜야 할 책임도 커지고 있다. 특히 최근에는 이익추구만큼이나 기업의 사회적

---

8) 기업의 사회적 책임과 경영자의 사회적 책임을 구분하는 경우도 있으나 많은 경우 동의어로 본다. 그 이유는 기업의 사회적 책임을 수행하는 데 가장 큰 영향력을 발휘하는 계층이 경영자이기 때문이다. 이 책에서도 기업의 사회적 책임을 경영자의 사회적 책임과 동의어로 보고 설명하였다.

9) 기업은 사회적 책임을 이행하여야 한다는 '긍정론'이 있지만, 기업에게 사회적 책임을 강요해서는 안 된다는 '부정론'도 있다.

책임을 강조하는 가치관의 변화로 갈수록 그 비중과 방법을 다양화하고 있다.

그러므로 기업은 모든 이해관계자와 어떻게 조화를 꾀하면서 경영활동을 수행해야 할 것인가가 주요 과제가 된다.

2) 기업의 사회적 책임의 내용

경영자가 기업을 경영함에 있어서 종업원, 소비자, 환경보호, 후계자 양성 등에 이르기까지 책임의 범위가 넓고 다양해지면서 사회적 책임을 성실히 수행하는 경영자의 경영철학은 곧 기업의 경쟁력을 의미한다.

다음은 대표적인 경영자의 사회적 책임 내용들이다.

① **기업의 존속 · 발전에 대한 책임** : 경영자는 기업의 주인인 주주들로부터 위임받아 기업을 운영하는 것이기 때문에 기업을 존속 · 발전시켜야 하는 책임이 있다. 만일 기업이 존속 · 발전하지 못하고 파산된다면 주주는 물론 국민경제 전체의 손실은 엄청나게 크다.
따라서 경영자가 내리는 모든 의사결정은 기업의 존속과 발전을 최우선으로 하는 결정이 되어야 한다.

② **종업원에 대한 책임** : 경영에 필요한 유능한 인적자원을 확보하고 또 이들에게 적절한 리더십을 통해서 동기를 부여할 때 기업의 성과가 극대화될 수 있다. 이를 위해서는 노동력을 제공하는 종업원에게 정당한 노동의 대가를 지불해야 함은 물론 안전한 작업환경을 제공하여 재해의 발생 가능성을 줄여주어야 한다.
또한 종업원에게 복리 및 복지향상제도를 도입 · 활용하여 회사와 일체감을 형성하고 인간적 만족을 실현시켜 줄 때, 사기가 높아지고 결국 생산성이 높아지게 된다. 이러한 방법들은 종업원에게 사회적 · 심리적 · 경제적 만족감을 줄 수 있을 뿐만 아니라 사회의 안정화를 위해서도 필요하다.

③ **지역사회에 대한 책임** : 기업은 지역사회와 직 · 간접으로 많은 관계를 맺으면서 기업에게 필요한 요소를 취하게 된다. 예를 들면 지역에 도움(유휴노동력의 활용, 지역경제의 발전에 공헌 등)을 주면서 반대로 지역사회에 피해(공해 · 폐수의 발생, 도로정체 등)를 주는 경우도 있지만, 기업이 지역사회와의 우호적인 관계를 유지하면서 서로의 발전을 꾀하는 것은 기업의 지속성장에 매우 중요하다.

④ **공해방지와 환경보호에 대한 책임** : 기업활동을 하는 과정에서 공해를 유발하거

나 환경을 파괴해서는 안 된다는 책임이다. 이러한 책임을 수행하기 위해서는 설계과정에서부터 생산 · 유통 · 폐기의 모든 과정이 환경친화적으로 구성되어야 한다. 또한 공해가 발생될 우려가 있는 제품의 생산을 억제하고 만일 공해가 발생될 때는 원상복구를 위한 충분한 노력을 하여야 한다. 기업과 거래하는 모든 이해관계자들도 공해방지와 자연을 보호하고자 하는 노력을 하여야 한다.

⑤ **후계자양성의 책임** : 경영자의 사회적 책임에서 기업의 유지 · 발전에 대한 책임은 가장 중요한 책임 중 하나이다. 기업이 지속적으로 존속 · 발전하기 위해서는 후계자양성이 선행되어야 한다. 후계자양성이란 현재 기업을 이끌고 있는 경영자의 가장 중요한 역량의 평가요소 중 하나이다.
미래에 전개될 기업환경에 대처할 수 있는 능력, 전문성, 리더십, 인격, 도덕 · 윤리성 등을 고려하여 후계자를 양성하여 기업이 지속적으로 성장할 수 있도록 해야 한다.

제너럴 일렉트릭사(General Electric)의 코디너(J. Cordiner)사장은 1953년 하버드 경영대학원(Harvard Business School)에서 능률적인 조직구조(efficient organizational structure)에 관한 강연을 하였는데, 그는 그 당시 이미 후계자양성의 중요성을 다음과 같이 강조한 바 있다. 즉 "자기 직무를 충실히 이행하고 있는 최고경영자라면 임명된 후 적어도 3년 이내에 자기와 동등하거나 그 이상의 업적을 올릴 수 있는 후계자를 최소한 3명은 양성해야 한다"고 하였다. 이것은 후계자양성에 대한 경영자의 사회적 책임을 강조한 것이다.[10)]

⑥ **주주에 대한 책임** : 기업의 주인은 주주이기 때문에 경영자는 주주에 대한 책임을 성실히 수행해야 한다. 따라서 경영자가 내리는 기업경영과 관련된 모든 의사결정은 항상 주주의 이익을 먼저 고려해야 한다. 또한 주주에게는 경영의 결과로 생긴 이익을 적정한 수준으로 배당하여야 하며, 기업의 자산가치를 높이도록 해야 하고 기업과 관련된 정보를 투명하게 공개할 책임이 있다.

최고경영자의 부정행위나 비윤리적인 경영은 주가에도 많은 영향을 미친다. 경영진의 부도덕하고 비윤리적인 의사결정(횡령, 배임 혐의와 회계처리기준 위반 등)은 기업의 자산가치와 주가를 떨어뜨리게 되어 결국 주주나 투자자에게 막대한 손해를 끼치게 된다.

⑦ **소비자에 대한 책임** : 기업이 제공하는 제품이나 서비스는 소비자에게 진정한 믿음과 신용 및 가치를 줄 수 있어야 한다. 예를 들면 양질의 좋은 제품을 낮은 가격으로 소비자가 필요로 하는 시기에 제공하여야 하고, 판매 이후에도 철저한 서비스를 제공해야 함은 물론 소비자가 만족할 수 있는 지원활동을 수행해야 한다. 또

10) 박상범 · 박지연, 앞의 책, p.129.

한 소비자에게 제품이나 서비스에 관한 정확한 정보를 항상 투명하게 제공하여야 하며, 과대광고 등으로 소비자를 우롱·기만하여서는 안 된다.

⑧ **정부에 대한 책임** : 모든 기업은 국가로부터 보호를 받고 있다. 정부는 기업활동을 가능하도록 환경을 제공해 주며 국내·외에서 여러 가지 내용으로 기업을 지원하고 있다. 따라서 기업은 국가의 정책에 동반자로서의 역할을 해야 하며 성실한 조세의무를 다하여 국가발전에 기여하여야 한다.

지금까지 설명한 책임 이외에도 기업과 거래하는 모든 이해관계자에 대한 책임이 있다. 예를 들면 수많은 원료나 부품의 공급자 및 거래처에 대한 책임으로서 납품 및 거래처와 관련된 정확한 정보를 제공하는 것은 물론 정당한 가격지불이나 거래조건 등을 투명하게 하여야 한다.

사례 3-2 소비자에 대한 책임의 중요성

소비자의 불만을 무시하거나 지나쳐 낭패를 보는 사례는 종종 발생한다. 고급 승용차의 대명사였던 토요타의 렉서스(Lexus)가 대표적인 사례이다. 2009년 미국 샌디에이고에서 달리던 렉서스가 급가속해 일가족 4명이 사망하는 사고가 났을 때 토요타는 운전자 잘못이거나 자동차 내부의 카펫이 가속 페달을 눌렀기 때문이라고 주장했다. 차의 결함을 인정하지 않고 미국정부와 의회, 소비자에게 문제점을 감추기에 급급했다. 결국 토요타는 2009년과 2010년 급발진 문제로 1,200만 대를 리콜하고 배상하는데 40억 달러를 썼으며, 그 후 다시 벌금 12억달러(1조3,000억 원)를 납부하였다. 이 비용은 결국 소비자에게 거짓말을 한 죗값인 셈이다.

이러한 사회적 책임의 내용을 대내적 책임과 대외적 책임으로 정리하면 〈표 3-5〉와 같다. 대내적 책임은 경영자의 가장 기본적 책임으로 본원적 책임이라 하며, 대외적 책임은 사회구성원으로서 기업이 부담하야야 하는 책임으로 파생적 책임이라고 한다.

표 3-5. 경영자의 사회적 책임 내용

사회적 책임의 종류	사회적 책임의 내용
대내적 책임 (본원적 책임)	• 기업의 유지·발전에 대한 책임 • 종업원 복지향상에 대한 책임 • 주주에 대한 책임 • 후계자 양성에 대한 책임
대외적 책임 (파생적 책임)	• 이해자 집단에 대한 책임 • 지역사회에 대한 책임 • 소비자에 대한 책임 • 자연보호(공해방지)에 대한 책임 • 정부에 대한 책임

[그림 3-7]은 기업이 그들의 목표달성을 위하여 지속적으로 이해관계자 집단과 사회적 책임의 이행을 통하여 믿음과 신뢰를 쌓았을 때 궁극적으로 경쟁력 있는 일류 기업으로 성장할 수 있음을 보여주는 그림이다.

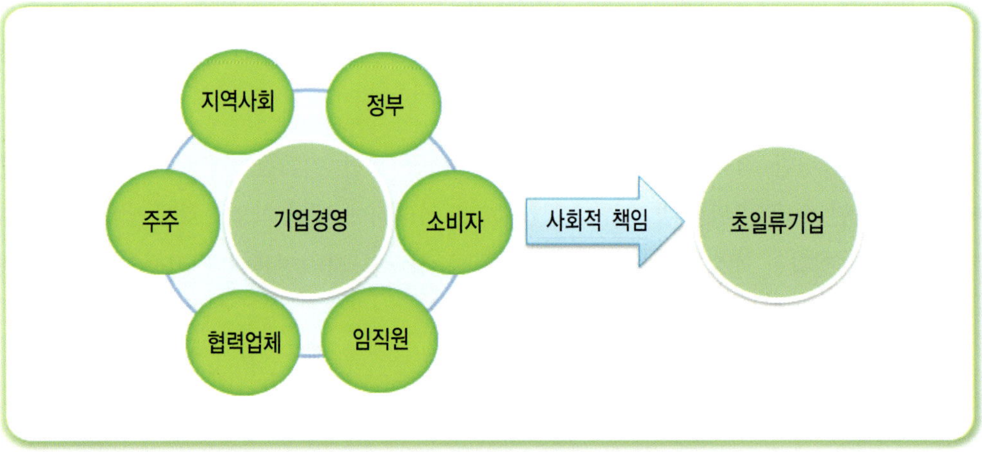

그림 3-7 초일류기업의 사회적 책임의 방향

❷ 윤리경영의 이해

1) 기업윤리와 윤리경영

(1) 기업윤리의 정의

기업윤리란 기업이 경영활동을 수행하는 과정에 지켜야 할 도덕적 규범이나 규칙을 말하는데, 그에 대한 정의는 매우 다양하다. 그 이유는 윤리·도덕의 기준이 주관적이고 서로 다르기 때문이다. 이와 같이 다양한 성격을 띠고 있는 기업윤리의 특징은 다음과 같은 성격을 띠고 있다.

① 객관적으로 규정할 수 있는 기준이 모호하다. 예를 들면 법적요건에는 문제가 없어도 사회통념을 기준으로 판단하는 모호함이 있다.
② 사회가 용납하고 기대하는 기준은 가치관의 차이에 따라 계속 변한다.
③ 명시적(explicit)이기 보다는 암묵적(implicit)인 경우도 많다.

이와 같은 이유 때문에 기업행동에 대해 판단할 수 있는 구체적인 윤리 기준 내지 지침을 제공하기가 어렵고 일반적인 기준·규칙·규범만을 제공할 뿐이다.

(2) 윤리경영의 의의

윤리경영(business ethics)이란 회사경영 및 기업활동에 있어 '윤리'를 최우선 가치로 생각하며, 모든 업무활동의 기준을 '기업의 윤리규범'에 두고 투명하고 공정하며 합리적인 업무수행을 추구하는 경영을 의미한다.

윤리수준이 높고 투명하고 공정한 경영을 하는 기업이 많은 이익을 기대할 수 있는 시대가 되었다. 따라서 기업의 경영을 책임지고 있는 경영자는 전략을 수립할 때 윤리경영을 그 내용에 포함시켜야 한다.

윤리경영을 철저히 이행하는 기업은 사회 및 소비자로부터 높은 믿음과 신뢰를 얻을 수 있기 때문에 지속성장이 가능하지만 그렇지 않으면 기업의 존속마저도 위태롭다. 특히 갈수록 도덕·윤리성을 강조하는 가치관의 확산은 기업활동의 모든 영역(생산, 광고, 환경보호, 공해배출, 전략의 내용 등)에서 윤리성을 강조하고 있다. 따라서 경영자는 모든 경영활동에 윤리성을 강조하는 전략을 포함시키는 철학이 요구된다. 예를 들어 스타벅스(Starbucks : 1971년 창업)는 환경적, 사회적, 경제적으로 윤리적 책임을 다하는 기업으로 평가받고 있는데, 스타벅스가 이와 같은 평가를 받을 수 있었던 것은 창업자이자 회장인 하워드 슐츠(Howard Schultz)의 경영철학에서 비롯되었다.

특히 스타벅스는 "지역사회와 환경에 긍정적으로 기여하는 것이야 말로 스타벅스의 덕목"이라면서 환경보호를 강조하는 동시에 커피를 재배하는 농부들에게도 도움을 주는 스타벅스의 윤리가이드라인을 제정하였다. 뿐만 아니라 파트타임 종사자에게도 의료보험 혜택과 스톡 옵션(stock option)을 제공할 만큼 종업원들에 대한 지원을 차별화하고, 각종 교육 프로그램의 운영을 통하여 종업원의 자발적 참여를 유도하는 등 다양한 사회적 책임을 수행하고 있다. 스타벅스는 이러한 사회적 책임의 수행으로 매출증대는 물론 기업의 이미지 향상으로 기업가치와 경쟁력을 높이고 있다.

2) 윤리경영의 실행

윤리경영을 실천하기 위해서는 윤리적 의사결정이 선행되어야 한다. 즉 기업이 윤리경영을 하기 위해서는 모든 의사결정이 철저한 윤리적 기준에 의해 이루어지도록 기업의 모든 제도나 문화가 체계를 갖추어야 한다. 윤리경영을 통해 기대할 수 있는 성과에 영향을 미치는 영향요소와 과정을 나타낸 것이 [그림 3-8]이다.

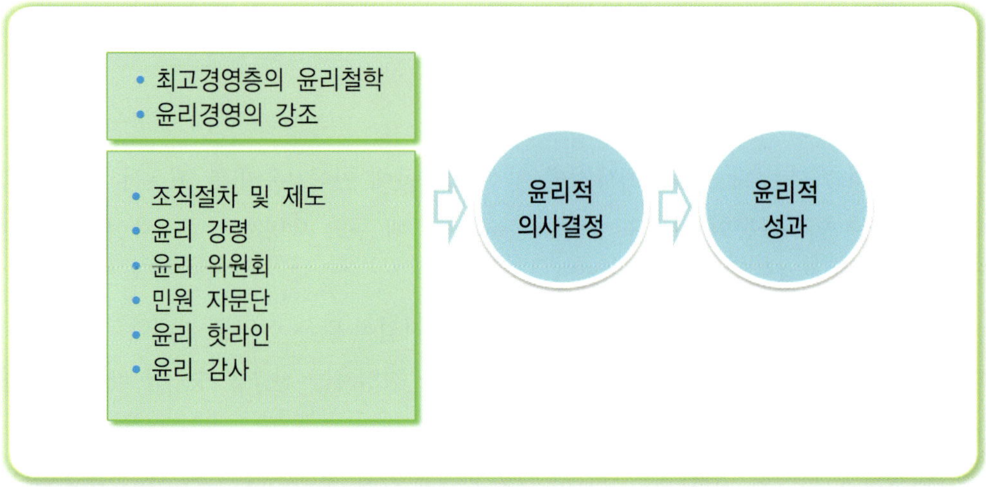

그림 3-8 윤리경영에 영향을 미치는 조직적 요소

기업이 윤리경영을 실천하기 위해서는 먼저 최고경영자의 윤리적 철학이 중요하며, 윤리경영을 실천할 수 있는 제도 및 절차가 체계적으로 운영되어야 한다.

(1) 최고경영자의 윤리적 철학

최고경영층(top management)은 개인적 행동사례 또는 정책을 통하여 이상적인 윤리적 모델을 구축하여야 하며, 전략적으로 모든 의사결정과정에 윤리문제를 고려하여야 한다. 이러한 최고경영자의 윤리경영에 대한 강력한 의지는 기업의 모든 경영활동에서 윤리적 성과를 높이는데 크게 작용한다. 특히 최고경영층은 윤리경영을 위한 정책수립뿐만 아니라 권한이 있으므로 기업의 윤리경영 수준을 크게 좌우할 수 있는데, 다음과 같은 내용으로 윤리경영을 강화할 수 있다.

㉠ 윤리경영에 대한 간결하고 명확한 기준과 정책
㉡ 윤리경영을 실천할 수 있는 기업문화
㉢ 윤리적 행동 및 신념에 따른 성과 평가
㉣ 윤리적 행동과 관련된 보고 의무

윤리경영을 기업문화로 정착하기 위해서는 경영자의 개인적인 노력만이 아니라 조직 구성원 전체의 노력이 필요하다.

(2) 도덕 · 윤리적 분위기 조성

구성원이 윤리경영에 대한 자부심을 갖지 않는다면 조직에서 윤리경영은 정착되기 어렵다. 또한 기업에서 권리, 정의, 정직, 진실, 공정성, 투명성이라는 용어가 생소하다면 윤리경영은 기대할 수 없다. 기업이 윤리경영을 수행하는데 어려움을 겪는 이유의 몇 가지 내용을 표로 나타낸 것이 〈표 3-6〉이다.

표 3-6. 윤리경영 실행이 어려운 이유

부정적 결과	원 인
· 화합력을 낮춤	· 윤리경영을 철저하게 실행하고 규정을 지키는 사람이 오히려 공격을 받을 수 있다.
· 능률의 저하	· 윤리경영의 기준과 수준이 지나치게 높으면 구성원들이 업무에 부담을 느낄 수 있다.
· 효과성 및 추진력의 상실	· 윤리경영이 중요하지만, 지나치게 추상적 · 이상적이면 윤리경영에 대한 열정과 추진력이 상실될 수 있다.

기업의 도덕 · 윤리적 분위기는 최고경영층의 의지와 역할에 의해서 크게 영향을 받는다. 전략에 윤리적 사고를 포함시키는 것, 최고경영자가 행동으로서 윤리적 모범을 보이는 것 등의 방식으로 최고경영층은 윤리경영의 중요성을 강조할 수 있다. 또한 기업경영에서 발생할 수 있는 윤리적 혼돈을 피하기 위해서 정기적으로 윤리교육 프로그램을 통하여 기업문화로 정착시키는 노력도 중요하다.

(3) 윤리강령

최고경영층은 모든 구성원에게 적용되는 윤리경영의 기준으로서 윤리강령(codes of ethics)을 제정하는 것이 중요한데, 이러한 강령은 구성원들이 윤리적 딜레마에 직면하였을 때 행동지침을 제공해 준다.

윤리강령에는 일반적으로 기업에 해를 끼치는 이해관계(예를 들어 공급자로부터 받을 수 있는 선물의 범위와 거절해야 하는 항목의 지침 및 신고의무, 경쟁회사에 부당하게 도움을 주는 비도덕적 행위 등)를 포함하며, 이외에도 다양한 법규, 즉 공정거래 · 환경 및 소비자보호 등과 관련되어 지켜야 할 내용을 포함한다.

(4) 윤리위원회

기업에서 윤리문제가 투명하고 객관적으로 해결되기 위해서 이사회(board of directors) 산하에 윤리위원회(ethics committee)를 설치하거나 윤리담당임원(ethics officer)을 두기도 한다. 윤리위원회를 둘 경우 의장은 최고경영진으로 구성하는 것이 효과가 크다. 윤리위원회는 구성원들의 윤리의식을 주기적으로 파악하고, 필요에 따라서는 윤리문제에 대한 조언을 하며, 윤리교육 프로그램을 감독하기도 한다.

(5) 민원자문관

기업은 윤리문제를 해결하는 방법으로 민원자문관(ombudsman)제도를 활용하는 경우도 많다. 민원자문관은 상급자에게 이야기하기를 꺼리는 구성원의 윤리적 불만을 비공식적으로 또는 사적으로 청취하여 문제를 해결하기도 한다.

(6) 윤리 핫라인

조직구성원이 비윤리적 행위를 은폐·두둔하는 것은 그들이 의심스러운 행위를 목격했을 때 어떻게 반응해야 할지를 모르기 때문이다. 이런 현상을 방지하기 위하여 기업은 윤리 핫라인(hot lines)을 설치할 수 있다.

윤리 핫라인은 내부고발(internal whistle-blowing)을 촉진시킬 수 있는데, 객관적이고 정교하게 운영되어 구성원 모두에게 신뢰를 줄 수 있도록 운영되어야 한다. 만약 신뢰를 주지 못하거나 보복의 두려움이 있으면 윤리 핫라인제도를 불신하게 된다.

(7) 윤리감사

윤리감사(ethical audits)는 기업의 윤리제도나 프로그램을 평가하는 메커니즘이다. 즉 윤리감사는 윤리프로그램, 윤리강령, 핫라인 그리고 윤리교육 프로그램 등이 제대로 작동되고 있는지를 검토한다. 또한 윤리프로그램 이외에 경영의 윤리문제에 대한 포괄적 노력이나 의사소통방법과 보상시스템 등을 전반적으로 검토한다.

이러한 윤리감사는 다양한 방법(서류분석, 종업원 면접 등)으로 실시할 수 있는데, 〈표 3-7〉은 미국의 윤리자원센터(ethics resource center)가 조직의 윤리 분위기를 개선하기 위하여 결론내린 것을 요약한 것이다. 〈표 3-7〉에 제시된 행위나 과정을 수용한다면 조직은 높은 수준의 윤리경영을 수행할 수 있다.

표 3-7. 조직의 윤리환경 개선안

윤리환경을 개선하고, 윤리경영을 효과적으로 실천하는 기업들은 다음과 같은 특성을 지니고 있다.

- 명문화된 윤리강령 및 정책
- 모든 구성원이 윤리경영의 중요성을 공유
- 윤리경영을 위한 각종 소통방법(워크숍, 교육 등) 개발
- 윤리경영을 위한 각종 프로그램 운영
- 윤리경영을 위한 각종 방법(민원자문관, 핫라인, 윤리위원회 등) 활용

☐ 12,000 달러의 자본금으로 Ben Cohen과 Jerry Greenfield가 1978년 미국 벌링톤(south Burlington, Vermont)에 설립한 벤앤제리(Ben & Jerry's)는 한 품목으로 회사의 매출이 1억5천만 달러(약 1,800억)가 넘는 아이스크림제조회사이다. 회사의 창업주이자 경영자인 벤 코헨은 '7배의 규칙'을 정하고 자신이 퇴임할 때 까지 회사에서 가장 적은 연봉을 받는 직원(19,000달러)보다 7배가 넘지 않는 연봉(133,000달러)을 받았다. 이 밖에도 벤앤제리는 아이스크림에 들어가는 우유를 전부 버몬트 주에서 생산하는 것만 사용해 지역 경제에 기여하고 있으며, 사회적 기업 '쥬마 벤처스(Juma Ventures)'를 설립해 저소득층 청년들의 자립을 전략적으로 지원하고 있다. 그리고 벤앤제리는 수익금의 일부를 지구 온난화, 산림보호, 물을 위한 단체 등에 기부하고 있을 뿐만 아니라 1980년대 중반이 윤리경영과 사회적 책임을 실천하는 사명서를 일반에게 공개하였고, 1988년에 사회적 감사를 시작으로 1990년대 중반까지 미국 내 유일한 사회적 감사를 실시하는 기업일 만큼 이익보다 사회를 먼저 생각하는 기업이다.

3 사회적 책임과 윤리경영의 효과

기업이 윤리경영을 실천하고 사회적 책임을 성실히 수행하는 것은 기업의 경쟁력에 절대적인 영향을 미친다. 갈수록 높아지는 가치관의 수준은 모든 기업에게 더 높은 수준의 도덕·윤리성과 사회적 책임을 요구하고, 이를 성실히 이행하는 기업에게 높은 신뢰로 보답한다. 즉 도덕·윤리성의 수준이 높고 사회적 책임을 강조하는 기업은 평판이나 이미지 향상으로 이어져 경쟁력을 높여준다.

결국 윤리경영과 사회적 책임을 성실하게 수행하는 기업은 그렇지 않는 기업에 비하여 더 높은 기업의 성과를 기대할 수 있게 된다. [그림 3-9]는 윤리경영과 사회적 책임의 이행이 기업의 이미지를 높여 더 많은 고객을 확보할 수 있다는 것을 나타낸다.

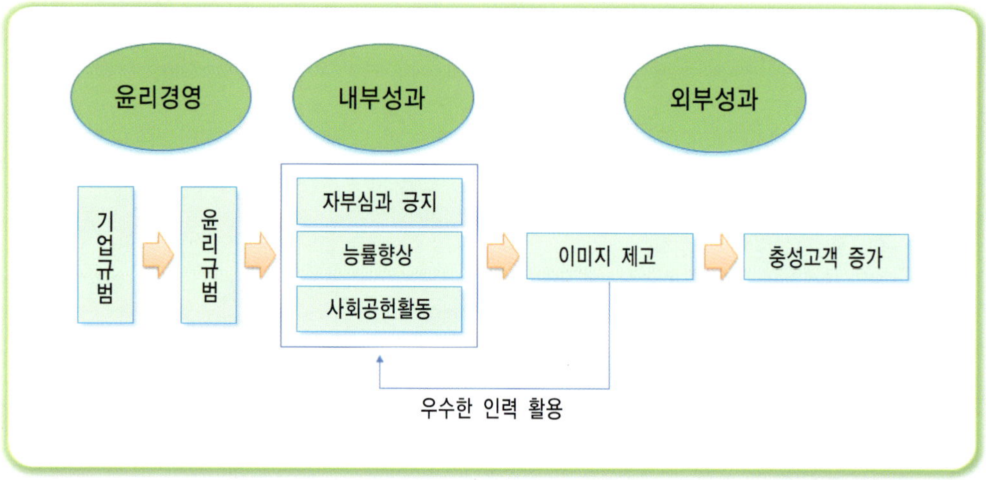

그림 3-9 윤리경영과 사회적 책임의 성과

- 2000년대 초 세계적인 회계법인인 아더 앤더슨(Arthur Anderson : 1913창업, 2001년 파산)이 엔론(Enron : 1985년 창업, 2001년 파산 : 1985년에 창업하여 짧은 시간에 미국과 유럽에서 거래되는 에너지의 20%를 담당하는 세계 최대의 에너지 회사였다)의 부채와 손실을 감추기 위해 관련 서류를 조작하고 증거서류를 파쇄한 사실이 밝혀져 많은 충격을 주었다. 이 사건으로 엔론은 물론 아더 앤더슨도 파산했다. 이 여파는 사회적 책임을 강조하는 시티그룹(Citigroup : 1812년 창업)에도 영향을 미쳤는데, 단순히 엔론의 주거래은행이었다는 이유만으로 명성과 이미지가 추락하여 2004년 포춘이 발표하는 존경받는 기업의 순위가 8위에서 26위로 하락하였었다.

제 3 절 이사회와 기업지배구조

1 이사회의 이해

1) 이사회의 역할

기업의 이사회(BOD : Board of Directors)는 기업의 업무집행에 관한 사항을 결정하는 기구로서, 주주를 위한 투명경영과 합리적인 의사결정을 하고 있는지를 살피는 역할을 한다. 즉 주주총회로부터 업무집행에 관한 일체의 권한을 위임받은 수탁층(trusteeship zone)으로서 최고경영자를 선임하거나 기업의 장기적인 목표설정 및 경영활동에 대한 평가 및 이익배분 등에 대한 권한을 가지는 기업지배구조의 핵심기구이다.

이사회를 구성하는 이사(director)는 주주총회에서 선임되며, 상근이사(full-time director)인

사내이사(inside director)와 비상근이사(part-time director)의 사외이사(outside director)로 구분된다.

특히 사외이사는 관련 분야의 전문적 · 객관인 지식을 가진 외부인이 의사결정에 참여하는 것으로, 전문경영자가 독단적으로 결정되는 폐단을 막기 위해 마련된 제도이다. 최근 기업경영의 합리성 · 투명성 · 전문성 등에 대한 사회적 기대와 압력이 높아지면서 사외이사의 중요성이 강조되고 있지만, 기업경영의 실제 권한을 최고경영자를 비롯한 소수집단이 장악하고 있는 경우라면 사외이사의 기능이 유명무실할 수 있다. 그 이유는 최고경영자가 자신과 성향이 비슷하거나 기호에 맞는 사람을 이사로 선임하기 때문에 실질적으로 상법에서 요구하는 견제역할 기능이 제대로 이루어질 수 없기 때문이다.

2) 이사회의 기능과 권한

이사회는 주주의 이익을 위해 경영진의 회사운영과 실적을 통제하고, 최고경영자(CEO) 선임, 경영전략의 승인 등 주요 의사결정을 하며, 주주의 이익을 위한 조언과 자문제공 등을 지원하는 기능과 역할을 한다.

이사회의 기능을 더욱 강화하게 된 계기는 2000년대 초 전 세계를 뒤흔든 엔론(Enron), 월드컴(Worldcom) 등의 분식회계사건이었다. 그러나 이사회의 강력한 견제기능은 경영자의 강력한 리더십을 약화시킬 수도 있다는 양면성을 가지고 있다.

다음은 이사회가 수행하여야 할 기능들이다.

(1) 이사회의 기능

① 경영진 감독 및 통제기능

이사회의 통제기능은 주주를 대신하여 경영자를 감시하는 기능을 말한다. 이는 최고경영자를 선임하고, 그들을 평가하여 보수를 결정하며, 주주의 이익에 반하는 행동을 감시하는 활동 등을 포함한다. 그러나 이사회를 경영진의 통제장치로만 보는 시각은 바람직하지 않다. 왜냐하면 이사회는 통제활동뿐만 아니라 사업운영에 관한 업무와 중요한 사항에 대한 의사결정업무도 있기 때문이다.

그러나 기업의 소유와 경영이 분리됨에 따라 경영자가 주주의 이익보다는 자기 자신의 이익을 추구할 가능성이 높아지고 있는 것이 사실이다. 예를 들면 최고경영자가 자신이 선호하는 이사를 선출하여 주주의 이익에 반하는 의사결정을 할 수도 있는데, 이러한 경우는 이사회가 제 역할을 하지 못하는 경우이다. 이와 같이 잘못된 이사회의 폐단을 막기 위하여 사외이사를 도입하게 되는 것이다.

② **조언기능**

최고경영자에게 조언을 하는 기능으로서, 예를 들면 관리적 또는 업무적 의사결정뿐만 아니라 전략적 의사결정이나 전략의 수립과정에 조언자의 역할을 하는 것이다. 이 같은 조언기능은 기술의 발전 방향, 제품과 시장의 추세변화, 경영자의 역할, 노동시장의 변화 등 외부환경이 급변하는 경우에 합리적이고 객관적인 의사결정을 하는데 도움이 된다. 특히 사외이사는 사내이사가 보유하지 못한 전문지식을 경영자에게 제공할 수 있으며, 경영자가 자원을 최적 안배할 수 있도록 조언을 할 수 있는데, 자원이란 자본 및 모든 물적·인적자원을 의미하며 최적안배를 통한 경쟁력 향상을 기대할 수 있다.

이사회의 기능

기업에서 최고경영자나 이사회는 기업의 정점에서 강력하고 막강한 권한과 함께 경제적으로도 상당한 부(富)를 누릴 수 있으며, 기업의 전략수립과 집행에 중요한 영향을 미치는 자리이다. 이사회의 시각은 기업과 주주를 위한 장기적인 안목을 가져야 하며 전략적이고 광범위한 지식으로 전략, 재무, 마케팅, 기술 등의 문제를 고민해 가며 기업의 미래를 준비해야 한다. 또한 경영진이 리더십을 발휘할 수 있도록 이끌고 이것이 안 되면 최고경영진을 교체하는 결단을 내려야 한다.

그러나 이사회가 근시안적인 사고의 내부통제에 지나치게 간섭하면, 불확실한 미래를 대비하는 장기전략을 능동적으로 수립할 수 없다. 이는 기업의 경쟁력을 약화시키고 결국 주주에게 피해를 주게 되는 것이다.

(2) 이사회의 권한

일반적으로 상법에서 규정하는 주요 이사회의 권한은 다음과 같다.

① 회사의 전략, 계획, 예산에 대한 승인 및 회사의 실적 감시
② 주요 자본지출 및 주요 사업부문의 매각 또는 인수에 대한 승인
③ 자본구조, 배당정책, 재무제표의 정확성 및 투명성에 대한 승인
④ 회사가 직면한 주요 기회와 위험요소의 파악
⑤ CEO의 임명과 평가, CEO 후임자 선정계획 수립
⑥ 고위임원의 보수에 대한 승인
⑦ 법과 공동체 규정의 내용과 윤리규정 결정

(3) 이사의 구분과 사외이사제도

2000년대 초 세계적으로 일련의 회계부정 사건들이 줄지어 일어났는데, 이러한 사건들이 일어나는 이유는 이사회가 경영진의 방만한 경영을 관리 감독해야 함에도 불구하

고 오히려 내부적으로 비호하고 주도했기 때문이었다. 이후 이러한 사건을 계기로 기업에게 사회적인 책임을 다하는 윤리경영과 책임경영을 강조하는 견제기구로서 기업지배구조(corporate governance system)의 역할이 다시 부각되기 시작하였다.[11)]

① 이사의 구분

이사는 역할과 기능에 따라 다음과 같이 분류할 수 있다.

- **사내이사**(inside director) : 사내이사는 회사의 정책을 입안하고 실행하는데 있어서 회사에 필요한 특수한 전문적 식견이나 정보 등을 제공할 수 있는 이사이다. 사내이사는 최고경영자의 지휘 하에서 경영활동을 하기 때문에 현실적으로 경영진의 잘못된 의사결정이나 직권남용 등 경영상의 문제점을 제기하기 어려운 경우가 많다.
- **사외이사**(outside director) : 경영활동에 필요한 전문적인 지식이나 풍부한 경험을 제공하는 외부의 비상근이사로서, 일반적으로 대학교수, 변호사, 전직 고위 기업인 등이 주로 사외이사가 된다. 사외이사의 역할은 크게 두 가지로 볼 수 있다. 경영진이 주주를 위하는 의사결정을 제대로 하고 있는지를 감시하는 역할과 경영에 필요한 객관적인 정보와 지식을 제공하는 역할이다.

② 사외이사제도의 장점과 문제점

사외이사제도의 효율성이 긍정적인가 아니면 부정적인가에 대한 단정을 내리기는 어렵지만, 선진국에서는 사외이사제도를 도입 · 정착시켜 기업을 안정적으로 운영하는 예가 많은 것을 보면 긍정적인 면이 있다고 볼 수 있다. 따라서 투자자나 주주를 보호하기 위한 사외이사의 역할이 더욱 중요하다.

사외이사제도를 택함으로써 얻을 수 있는 장점은 다음과 같다.

첫째, 사내이사가 갖지 못하는 전문지식과 경험으로 정책결정을 돕는다.
둘째, 경영자에게 객관적인 조언자가 된다.
셋째, 경영활동의 집행기관에 대한 비판과 견제역할을 한다.
넷째, 경영자의 독선을 시정하고 방지할 수 있다.
다섯째, 이사회에 대한 감사기능을 담당한다.

11) 사베인스-옥슬리법(Sarbanes-Oxley Act, SOx, 2002) : 엔론, 타이코 인터네서널, 아델피아, 월드콤 등 거대 기업들의 잇달은 회계부정파문에 대한 '기업지배구조개선'을 위해 발효된 '상장회사 회계 개선과 투자자 보호법'이다. 기업회계업무 감사에 대한 법인의 자율적 감리구조의 폐단을 막기 위해서 감리업무를 담당하는 회계감독위원회(CAOB)가 설립되면서 회계법인의 독립성강화, 재무정보 공시강화 등의 강력한 회계제도 개선방안이다 ; 위키백과(www.wikipedia.org) 참고.

일반적으로 사외이사들로부터 가장 크게 기대하는 부분은 사내이사들이 최고경영자를 비판하지 못하는 점에 대한 역할을 대신하는 부분이다. 그러나 사내이사의 실질적이고 강한 권한에 사외이사의 조언은 무력화되기 쉬우며, 경영의 대규모화나 전문화에 따르는 사내이사의 지위향상에 비해 외부이사의 기능은 형식에 그치는 경향이 있다. 또한 사외이사들도 자신의 역할 · 권한 · 책임에 대한 명확한 확신을 가지지 못하고 있기 때문에 사외이사의 발언이나 조언이 형식에 그치는 경우가 많다.

이러한 폐단을 개선하기 위해 객관적인 입장에서 조언할 수 있는 사외이사 선임을 의무화하고 사외이사의 자격이나 법적 책임에 대한 많은 변화를 요구하고 있다.

2 기업지배구조의 이해

기업은 경영자, 주주, 종업원, 채권자, 공급자, 고객 등 내부와 외부의 다양한 이해관계자 집단으로부터 제공되는 각종 유 · 무형의 자원을 결합하여 제품 및 서비스를 제공하고 가치를 창출하는 조직이다. 기업이 이러한 가치창출과정을 보다 합리적이고 능률적으로 수행하기 위해서는 최고경영자의 역할이 강조된다. 뿐만 아니라 최고경영자의 철학이 담긴 기업의 경영이념이나 목표도 이해관계자 집단의 영향을 고려하여 설정하여야 하며 동시에 기업이 추구하는 목적이 순조롭게 달성되도록 의사결정을 해야 한다.

이와 같이 기업의 경영자가 합리적 경영을 위해 지켜야 할 의무사항을 감독하고 통제하는 제도적 장치가 바로 기업지배구조(corporate governance system)[12)]이다. 더구나 오늘날과 같이 기업이 거대해지고 소유와 경영이 분리되어 있는 경우에 '기업의 지배구조'가 제대로 설계되고 작동되지 않으면 건전한 경영은 물론 지속적인 발전을 기대하기 어렵고 사회로부터 비판을 받게 되어 기업의 가치가 낮아질 수 있다.

따라서 갈수록 기업지배구조의 중요성은 강조되고 있는데, 그 이유는 기업지배구조가 올바르게 정착되면 궁극적으로 기업의 가치를 극대화시킬 수 있기 때문이다. 특히 주주들은 자신을 대신해 회사를 운영하고 이익을 창출해 주기를 바라면서 전문경영인을 고용하는 것인데, 경영인이 주주의 이익보다 개인의 이익을 추구하는 의사결정을 하게 되면 기업은 정상적으로 작동하지 않게 된다. 이러한 상황을 예방하고 회사경영이 효율적으로 작동할 수 있도록 감시하는 기업지배구조가 필요한 것이다.

---

12) 기업지배구조란 주주와 전문경영자간에 맺어진 계약으로서 전문경영자가 지켜야 할 의무사항이 제대로 지켜지고 있는지를 감독하는 시스템을 말한다. 예를 들어 한국의 외환위기 당시 도산하거나 해체된 대기업들의 몰락원인이 비합법적인 의사결정, 무리한 문어발식 확장 그리고 방만경영에서 비롯된 것이었지만, 더 큰 원인은 기업들을 견제하고 감시하는 기능의 기업지배구조가 약하였기 때문이다.

제4장 외부환경 분석

기업은 여러 가지 다양하고 개방된 시스템 속에서 존재하고 활동하는 조직으로서, 기업의 궁극적인 목표인 존속과 발전을 위해서는 기업에 영향을 미치는 내·외부환경을 철저히 분석하고 대처해야 한다. 특히 기업이 처한 외부환경은 갈수록 다양해지고 불확실성이 높으며 예측할 수 없는 부분이 많기 때문에 철저한 환경분석으로 많은 정보를 확보하고 철저히 분석해야만 성공확률이 높은 미래의 계획을 수립할 수 있다.

제4장 '외부환경 분석'에서는 외부환경요인을 분석하는 의미를 간략히 소개하고, 외부환경 분석을 위한 방법으로 산업세분화, 산업환경(산업매력도), 거시환경 등 세 가지 요인을 차례로 소개하고자 한다.

먼저 기업은 어떤 산업군에서 활동하고 있는지 세분화하고, 해당 산업의 매력도를 살핀 후 마지막으로 기업이 통제하기 어려운 일반적이고 넓은 의미의 거시적인 외부환경요인은 어떤 것들이 있고 그러한 요인에 어떻게 대응해야 하는가에 대해 설명하고자 한다.

제1절 외부환경 분석과 산업분석

1 외부환경 분석의 기본방향 및 요소

1) 외부환경 분석의 기본방향

기업이 성공확률이 높은 경영전략을 수립하여 목표를 달성하기 위해서는 외부환경 분석이 우선 이루어져야 한다. 외부환경 분석을 먼저 해야 하는 이유는 경쟁기업이 존재하는 시장과 경쟁환경에 영향을 미치는 변수들 대부분이 외부환경에 존재하기 때문이다. 따라서 어느 기업이든 경쟁에서 우위를 차지하고 그 우위를 지속적으로 유지하기 위해서는 우선 외부환경의 분석이 철저히 이루어져야 한다.

기업이 성장하기 위해서는 먼저 기업의 경영환경에 맞는 전략을 선택하여야 하는데, 이를 위해서는 먼저 외부환경을 철저히 분석하고, 이 외부환경의 정보를 기업의 내부 자원 및 능력과 결합시켜야 한다. 즉 우수한 전략이란 외부환경의 기회와 기업의 능력이 조화를 이룬 것이다.

그러나 기업의 외부환경은 예측을 불허할 만큼 빠르고 다양하게 변하며, 변화의 흐름 또한 불연속적이어서 기업은 자신을 둘러싼 외부환경의 변화에 대하여 항상 기동력 있게 대응하여야 한다. 왜냐하면 현재 선택하고 있는 전략은 현재의 상황에 적합한 것이기 때문에 변화하고 있는 경영환경에 기업이 적응하기 위해서는 현재의 전략을 항상 수정 · 보완하여야 한다.

그러므로 기업이 경쟁우위 확보를 위한 효과적인 전략을 전개하기 위해서는 기업 외부환경 분석과 함께 내부환경에 대한 분석이 필요하다. 기업이 환경을 분석할 때 내부환경보다 외부환경을 더 중시해야 하는 이유는 외부환경의 분석을 통해 새로운 사업기회를 포착할 수 있고 위협에 대한 대비를 할 수 있기 때문이다. 이러한 분석의 결과를 토대로 기업이 보유하고 있는 자원과 능력의 강점과 약점을 어떻게 조화시킬 것인가를 결정할 수 있다.

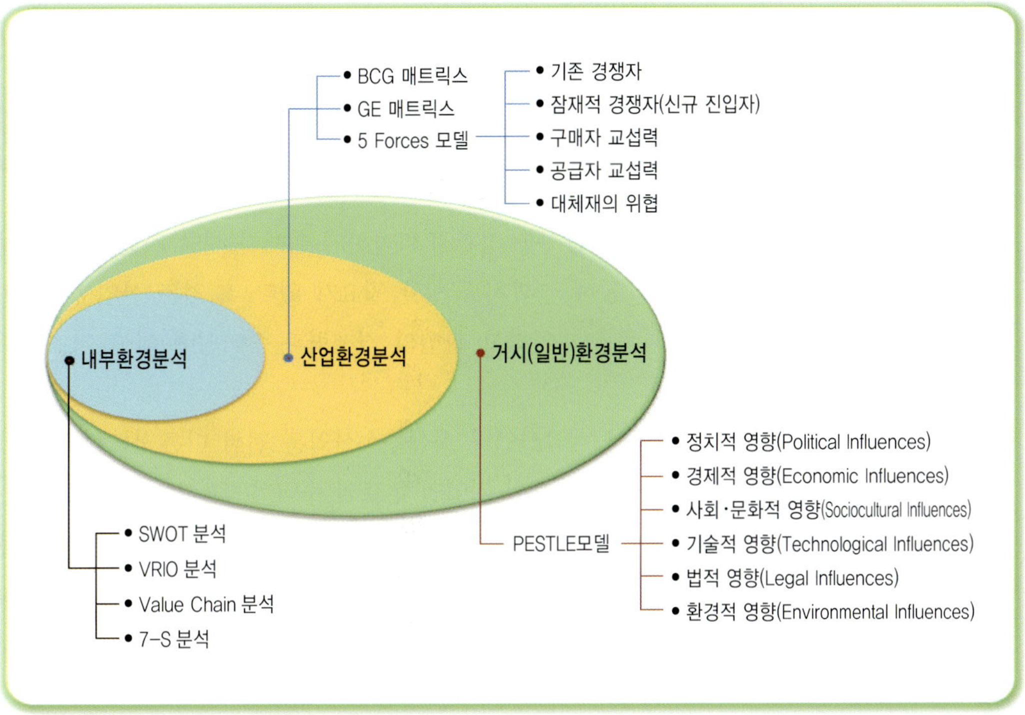

그림 4-1 기업의 경영환경 분석범위

2) 외부환경 분석의 의미

외부환경은 기업경영 시스템의 외부에 존재하면서 기업발전을 위한 성장의 기회를 제공함과 동시에 위협요인으로 작용하기도 한다. 그러므로 외부환경의 변화를 보다 정확하게 이해하고 적극적으로 대응하려는 자세가 필요하다.

외부환경 분석은 산업에 대한 구조를 폭 넓게 이해할 수 있는 정보를 제공해 주기 때문에 전략수립에 도움이 되며, 산업분석과 산업매력도에 대한 동향을 파악할 수가 있다. 또한 정치, 경제, 사회, 문화, 기술, 법률 등 거시적인 일반 환경요소를 분석할 수 있다.

본서에서는 산업분석과 외부의 산업환경을 분석하는 방법으로 포터(M. E. Porter)가 제시한 5 Forces 모델을 설명하고, 거시환경은 PEST모델을 중심으로 소개한다.

이러한 기법을 통하여 외부환경의 기회와 위협을 내부의 자원·능력과 결합시켜 경쟁력을 높이고, 궁극적으로 기업의 목표를 달성하도록 해야 한다.

② 산업분석의 이해

1) 산업분석의 의미와 경계규정

(1) 산업분석이란

기업은 그 회사가 속한 환경과의 관계를 정확히 파악하기 위해서 해당 기업이 어떤 업계에 속하고 있는지 산업분석을 통해 정확히 규정할 필요가 있다. 기업은 산업분석으로 보다 많은 수익을 창출하는 업종을 파악하고 산업의 경쟁력과 수익성에 대한 기초자료를 확보할 수 있다.

예를 들어 [그림 4-2]의 미국의 제약산업과 화물운송산업은 전혀 다른 사업환경에서 기업활동을 하고 있다. 화물운송산업의 1위 기업인 헌트의 수익성(평균 자본수익률 22.3%)은 제약산업에서 5위 정도(엘리 릴리의 평균 자본수익률 22.2%)에 그친다. 그리고 제약산업에서 7위 기업인 화이자의 수익성(18.3%)은 화물운송산업의 2위 기업인 아놀드의 수익성(20.5%)과 비슷하다. 그리고 업종 간 전체 수익률을 비교해 보면 제약산업의 평균수익률(24.2%)은 운송산업의 평균수익률(10.4%)보다 2배가 넘는다.

그렇기 때문에 '어떤 산업에서 경쟁할 것인가?'는 결국 수익률이 높은 산업을 선택하는 것이지만 항상 수익률이 높은 산업군 만을 택해야 하는 것은 아니다. 왜냐하면 어떤 경쟁전략을 선택하고 실천하느냐에 따라 수익률은 달라질 수 있으며, 미래의 성장 가능성이 높은 업종이 선택될 수 있기 때문이다. [그림 4-2]에서 보는 바와 같이 동일업종 내에서도 동종업계 평균수익률보다 2배가 넘는 수익률을 창출하는 기업이 있는 반면 마이너스(-) 수익률을 얻는 기업도 있는 것을 볼 수 있다.

그러므로 산업분석은 신규 사업진출이나 사업기회를 모색할 때도 유용하다.

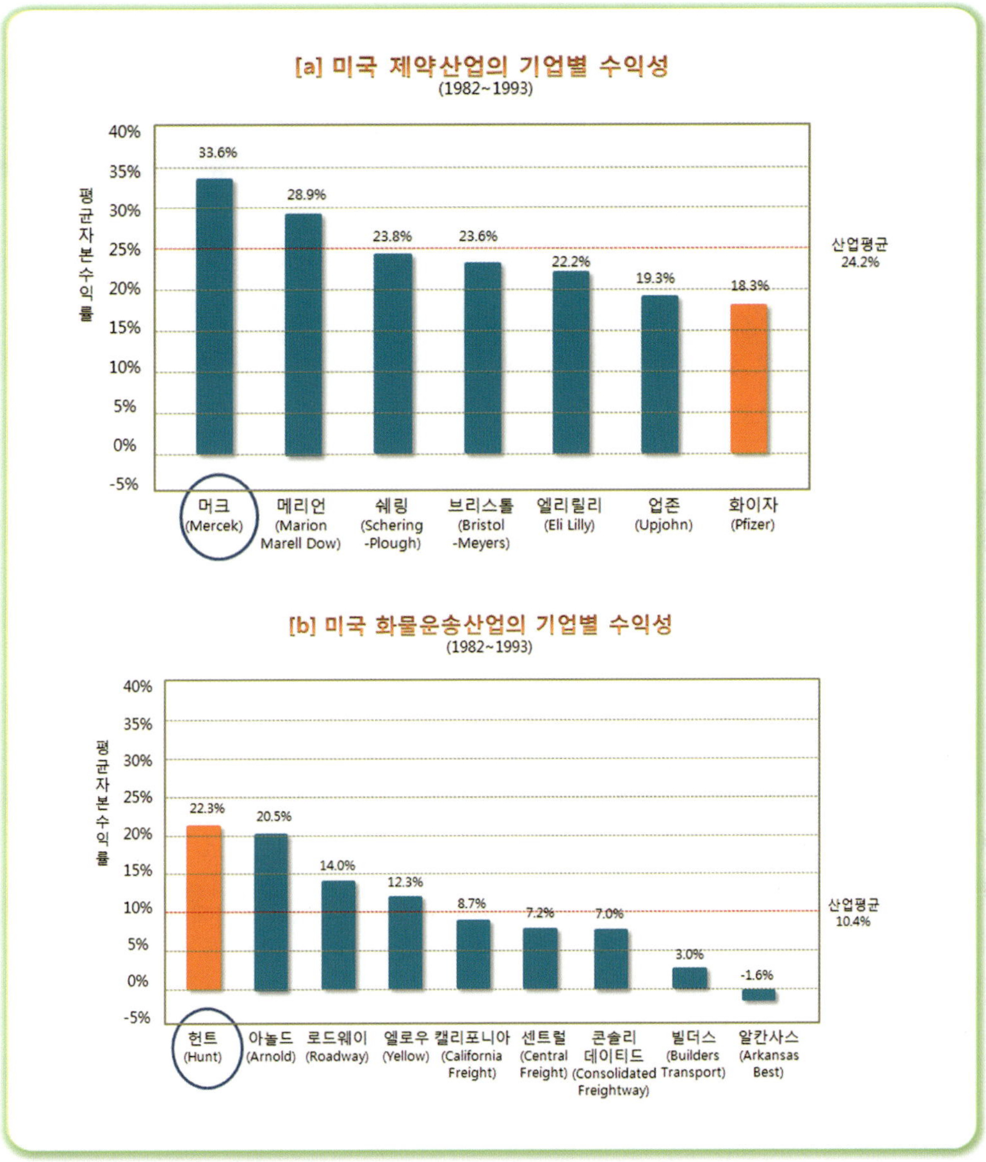

출처 : 마이클 포터, 서울대학교(colloquium) 강의안, 1997.6.5.

그림 4-2 미국 제약산업과 화물운송산업의 수익성 비교

(2) 산업분석의 경계규정

산업을 어떻게 정의할 것인가에 대해서 명확한 경계선이 없기 때문에 산업의 경계를 규정하는 것은 쉬운 일이 아니다. 산업을 분류하는 표준산업분류[1)]가 존재하지만, 이것은 통계청이 조사목적을 위해 정한 참고사항일 뿐 실제 시장에서 사업하는 기업의 산업을

세분화하는 데는 무리가 따를 수 있다.

그러나 경제학자들은 한 시장에서의 가격의 변화가 다른 시장에서의 가격이나 수량의 변화에 영향을 주지 않는, 즉 시장 간의 교차탄력성(cross-elasticity)이 제로(0)인 것을 다른 산업 또는 다른 시장이라고 정의한다. 그러나 현실적으로 교차탄력성이 '0'이 되는 경우는 거의 없다.[2)]

따라서 통일된 산업세분화 분류방법은 없지만, 기업의 상황에 맞추어 산업의 경계를 어디까지 정할 것인가를 고려해서 의사결정자가 탄력적으로 규정하는 것이 일반적이다.

자동차업계를 예로 살펴보면 넓은 의미에서 산업을 분석하는 경우에 자동차산업 전체가 하나의 산업 군으로 분류될 수 있지만, 좁은 의미에서 산업을 분석한다면 자동차 브랜드, 차종, 배기량, 용도에 따라 세분화를 할 수도 있다.

2) 산업분석의 특징

(1) 동종 및 이업종산업 분석

일반적으로 경쟁이란 동일한 산업 군에서만 이루어지는 것이 아니라 때로는 이(異)업종이 자신의 기업에 위협을 주는 경우도 있기 때문에 산업분석을 통해 경쟁관계에 있는 동종업종이나 이업종에 대한 정보를 파악하는 것이 중요하다.

산업분석은 산업을 시장규모, 성장률, 평균수익률과 같은 기준으로 구분할 수 있다.

① **시장의 규모** : 모든 조건이 동일하다면, 시장의 규모가 큰 영역에서 경쟁하는 것이 더 유리하다.

② **성장률** : 고성장사업은 시장규모가 팽창할 수 있다는 이점이 있으며, 시장점유율을 높이기 위해 치열하게 경쟁하는 정도가 낮을 수 있고 동시에 더 큰 수익을 창출할 수 있다.

---

1) 한국표준산업분류(KSIC : Korean Standard Industrial Classification) : 국내경제활동에서 사업체가 주로 수행하는 산업활동을 그 유사성에 따라 일정한 분류기준과 원칙에 따라 체계적으로 유형화(분류)한 것이다. 1963년부터 유엔 통계청이 작성한 국제표준산업분류방식을 기초로 제정하여 사용해 왔으며, 2006년부터 사용하고 있는 현행 산업분류(KSIC)는 A(농업 및 임업), B(어업), C(광업), D(제조업), E(전기, 가스 및 수도사업), F(건설업), G(도매 및 소매업), H(숙박 및 음식점업), I(운수업), J(통신업), K(금융 및 보험업), L(부동산 및 임대업), M(사업서비스업), N(공공행정, 국방 및 사회보장행정), O(교육 서비스업), P(보건 및 사회복지사업), Q(오락, 문화 및 운동관련 서비스업), R(기타 공공, 수리 및 개인 서비스업), S(가사 서비스업), T(국제 및 외국기관)이다.

2) 장세진, 『경영전략(제4판)』, 박영사, 2012, p.126.
교차탄력성 : 어떤 재화(X)의 가격변동이 다른 재화(Y)의 수요에 영향을 미치는 관계 정도를 측정한 값을 의미한다. 즉 X와 Y의 측정값(교차탄력성)이 높으면 두 재화는 서로 의존하고 있다고 본다.

③ **평균수익률** : 수익률을 분석할 때는 산업구조를 고려해 자사의 수익성과 여러 경쟁자들의 수익성을 영역별로 파악하고 비교할 필요가 있다.

④ **이업종의 진출** : 기술의 발전이 급변하고 특히 정보기술(IT)과 융·복합적인 기술(AI + IoT + 5G + Big Data 등)을 바탕으로 전혀 다른 영역에서 경쟁자가 나타날 수 있기 때문에 기술의 발전이 어떻게 영향을 미칠 것인가를 철저히 분석하여야 한다.

예를 들어 세 가지 요인(규모, 성장률, 평균수익률)을 고려해 자동차산업의 업계를 분석해 보면, 성장률이 낮고(경기순환의 영향을 받고 경쟁이 치열한 시장), 수익성 역시 낮을 경우는 글로벌 전략과 차별화(전기차, 수소차, 자율주행차 등) 전략으로 경쟁을 피하는 것도 고려해야 한다. 또한 SUV 차종으로 빠른 성장률과 높은 수익률을 보이고 있는 미국시장을 공략할 경우에는, 글로벌 기업전략 보다 미국 내에서 인지도를 쌓는 전략이 더 효과적일 수 있다. 더구나 산업분석을 통하여 미국자동차 빅3(GM, Ford, Chrysler)의 경쟁력을 분석하여 전략을 수립하는 것은 당연하다.

(2) 새로운 사업의 가능성과 기회포착

모든 기업은 수익률이 높은 산업 군에서 경쟁하고 싶어 한다. [그림 4-2]의 제약회사와 운송사업은 서로 다른 사업환경에서 경쟁을 펼치고 있으며 수익성도 다르다. 따라서 자신의 산업에서만 경쟁을 고집하기 보다 산업매력도가 높은 산업 군으로 옮겨 사업을 하고자 할 수도 있다.

그러므로 산업분석은 현재 산업 군에서 경쟁우위를 차지할 수 있도록 기존전략을 보완하여 새로운 전략적 패러다임을 제공하기도 하고 전혀 새로운 산업에 진출해 수익을 창출할 수 있는 방법을 마련해 주기도 한다.

예를 들어 보험업계의 경우, 좁은 의미로 산업을 분석하면 자동차보험과 가계보험 등 상품특성에 따라 나눌 수 있으며, 다시 상품을 판촉경로에 따라 영업사원 판촉, 대리점 판촉, 웹사이트 판촉 등으로 세분화할 수 있다. 이렇게 산업을 보다 구체적으로 세분화하다 보면 기존에 없던 새로운 사업영역과 전략을 발견할 수 있으며 결국 새로운 유형의 보험회사가 탄생하게 되는 것이다.

그 대표적인 예가 디렉트 라인(Direct Line : 영국에서 전화를 주요 소통 채널로 사용하기 시작한 최초의 보험회사)이다. 이 회사는 1985년 당시 직원 65명에서 출발하여 이제는 1만 명의 직원을 둔 업계 선두주자로 발돋음 했다.

폭스바겐은 1990년대 중반 중국시장에서 50%의 시장점유율 기록했을 만큼 중국진출로 선두를 점했던 기업이다. 그 후 경영진은 '제품을 기준으로 시장을 세분화'하여, 어떤 종류의 자동차를 판매할 것인가를 토대로 전략을 수립했다. 그러나 이러한 전략은 1990년대 후반 시장에서 일어난 중대한 변화로 무력해지고 말았다. 초창기 폭스바겐의 주요 고객은 합작투자 파트너인 '상하이자동차'가 확보한 국영기업을 대상으로 한 고객이었으나 시간이 지날수록 세분화 전략의 효력이 떨어졌는데, 그 이유는 중국경제의 폭발적인 성장으로 주요 고객이 소매고객들로 바뀌었기 때문이다. 결국 시장을 소비자가 아닌 제품에 따라 세분화했던 폭스바겐은 이 변화에 적응하지 못하고 경쟁력을 잃어 가게 되었다.[3)]

□ 국내에서는 2001년부터 글로벌에셋코리아, 리치앤코, 케이지에이에셋, 리더스금융판매, 우리라이프, 프라임에셋 등 법인보험대리점(General Agency, GA : 한 보험회사에 종속되지 않고 여러 보험사와의 제휴를 통해 다양한 보험상품을 파는 영업형태의 보험대리점으로 최근에는 금융상품까지 판매)이 설립・운영되고 있다.
2007년 설립된 에이플러스에셋(A Plus Asset Advisor Co., Ltd) 역시 보험상품을 직접 개발하여 자사의 상품만을 전속으로 판매하는 기존 보험회사와의 경쟁을 피하고 33개 생명보험・손해보험사와 제휴하여 보험상품을 판매하고 있다. 에이플러스에셋은 고객의 관점에서 맞춤형 종합자산관리컨설팅서비스를 통해 고객의 요구(복잡하고 다양한 보험, 펀드, 부동산, 세무 등을 합리적인 최적의 금융서비스로 제공)를 충족시켜 나감으로써 성장하고 있는 선진국형 독립판매법인 IFA(Independent Financial Advisor)이다.
국내 보험시장 연평균 성장률이 3~4% 안팎인 것을 감안할 때, 이러한 대형 GA들의 2015년 매출 성장률은 30~40%선을 상회하면서 폭발적인 성장세를 보이고 있다. 이들 중 연 매출 1,000억원을 넘긴 회사가 글로벌금융판매(2,304억원)와 에이플러스에셋(1,860억원)을 비롯해 11개가 넘고, 특히 GA코리아(4,820억원)는 생보업계에서 규모가 가장 작은 에이스생명(3884억원)을 뛰어넘는 수준이다.
(디지털타임스, 2016.5.9. 자료)

(3) 위협이 되는 잠재산업에 대비

기업 간 경쟁은 단순히 자신이 속한 산업 내에서 만의 경쟁을 고려해서는 안 된다. 예를 들어 원가우위 전략을 추구하며 'Every Day Low Price', 'Always Low Price'를 전략 방침으로 정했던 월마트는 더 이상 그 전략을 기업의 전략으로 내세울 수가 없게 되었다. 왜냐하면 인터넷에서 온라인 쇼핑몰의 가격경쟁이 갈수록 치열해 지고 있어 더 이상 최저가를 보장한다는 월마트의 전략은 무의미해졌기 때문이다. 그로 인해 월마트의 경쟁상대는 더욱 많아지고 복잡해졌다. 즉 오프라인 업체와의 경쟁도 고려해야 하고 더 많은 품목을 확보하고 저가로 공급하는 아마존(Amazon)이나 알리바바(Alibaba)와 같은 온라인 업체와의 경쟁에도 신경을 써야 하기 때문이다.

그리고 부동의 세계 1위 스포츠용품 업체인 나이키(Nike)의 직접적인 경쟁상대는 아디다스, 퓨마, 리복 등이지만, 실제 나이키가 전략적인 경쟁상대로 삼는 회사는 게임산업의

3) 위의 책, P.58.

닌텐도(Nintendo)와 스타크래프트나 디아블로로 잘 알려진 블리자드(Blizzard)이다. 스포츠 산업과 게임산업은 연관성이 전혀 없어 보이지만 게임을 즐기는 소비자는 실외활동보다 실내활동을 더 좋아하는 경향이 있기 때문이다. 이러한 소비자들은 나이키 상품구매에 영향을 미쳤고, 결국 게임을 즐기는 고객을 어떻게 나이키 고객으로 다시 끌어 들일 수 있느냐가 전략적 관심사이다.

그러므로 산업분석은 해당 기업의 업종 외에도 다른 업종에까지 관심을 갖고 전략을 수립하도록 도와줄 뿐만 아니라 경쟁자들을 제치고 승자가 될 수 있는 방법 또한 업계마다 다르다는 사실도 알려준다.

제 2 절 산업환경 분석

1 5 Forces 모델 이해

1) 5 Forces 모델의 개념과 분석요소

포터(M. E. Porter)가 주장한 '5 Forces 모델'은 [그림 4-3]과 같이 '5가지 경쟁요인'의

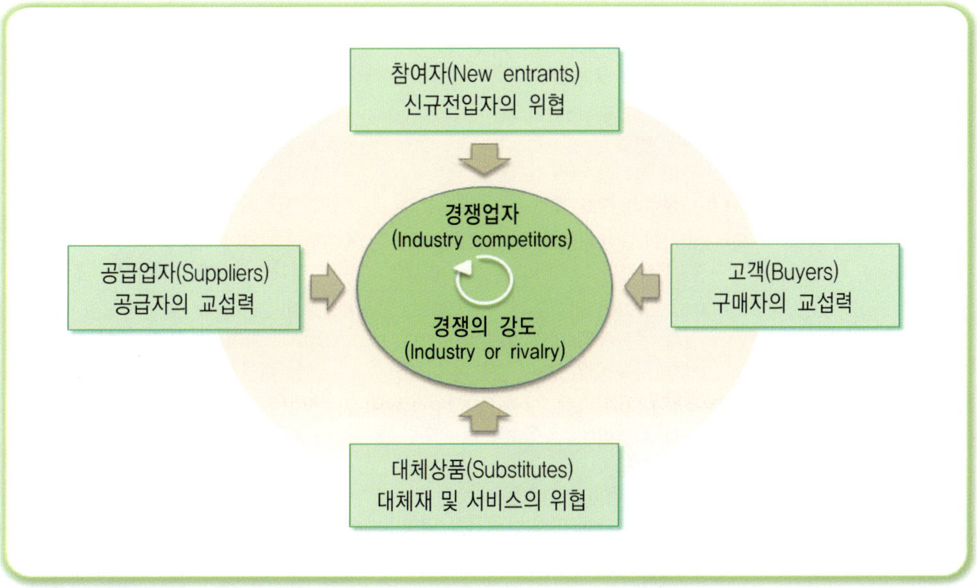

출처 : Michael E. Porter, 『Competitive Advantage』, Free Press, 1980, p.5.

그림 4-3 마이클 포터의 5 Forces 모델

관점에서 산업을 구성하고 있는 다양한 경쟁요인의 변화와 영향력을 분석해서 산업구조의 특성과 매력도를 파악하여 경쟁전략을 수립하는 것이다.

5 Forces 모델은 외부환경을 다음과 같이 5개의 그룹으로 나누어 분석하는 모형이다.

① 신규 진입자의 위협
② 기존 산업 내의 경쟁정도
③ 구매자의 교섭력
④ 공급자의 교섭력
⑤ 대체재의 위협

기업을 둘러싼 산업구조에서 다섯 개의 경쟁세력의 위협정도에 따라 산업 내의 경쟁력이 커지거나 작아진다. 즉 다섯 가지 요인이 어떻게 작용하는가에 따라 산업의 경쟁상태와 매력도(수익률)가 달라질 수 있다는 것이다. '5 Forces 모델'의 5가지 경쟁세력의 세부 주요 변수는 〈표 4-1〉과 같다.

표 4-1. 5 Forces 모델 분석 요소

분석요소	세부 주요 변수	
신규 진입자 위협 (Threat of new entrants)	• 규모의 경제 • 초기 투자 및 자본 소요량 • 학습효과 및 절대적 비용우위 • 자사 제품의 차별화	• 브랜드 자산 • 유통채널 확보 유무 • 정부정책의 제한 및 규제 • 보복 가능성
경쟁의 강도 (Intensity of rivalry)	• 산업집중도(동종업자의 수) • 제품 차별화 • 기업의 전략적 수준 • 철수장벽이 높은 경우	• 경쟁전략의 동질성과 이질성 • 초과설비 및 과잉생산 단계 • 고정비용과 재고비용 구조 • 산업 자체의 성장이 느린 경우
대체재 위협 (Threat of substitute)	• 소비자의 대체재로의 이동 용이성 · 현 제품보다 가격대비 우수한 대체품	• 대체재가 지닌 유용성 · 경쟁자의 파격적 가격/성능 조정
구매자 교섭력 (Bargaining power of buyers)	• 구매자의 가격 민감도 · 가격, 총판매액/제품, 차별화/브랜드, 가치/구매자이익, 품질, 성능이 미치는 영향력	• 상대적 교섭 능력 · 상대적 크기/정보수집능력/소비자 전환 비용/수직적 통합 가능성/대체재
공급자 교섭력 (Bargaining power of suppliers)	• 공급력 차별화 • 대체재 공급 • 업계 전체 매출과 관련된 비용 • 가격과 차별화에 미치는 공급량 영향	• 공급자 전환비용 • 공급자 합병 • 공급자 주문량의 중대성 • 후방통합과 전방통합

출처 : 방영호 역, 『필립 코틀러 전략 3.0』, 청림출판, 2013, p.71.
김수광 역, 『마이클 포터교수의 경쟁전략 입문』, 나무한그루, 2008, pp.24~96.

2) 5 Forces 모델의 이론적 틀

'5 Forces 모델'은 [그림 4-4][4]와 같이 경제학의 'S-C-P Model'[5]을 바탕으로 기업이 직면한 위협요인을 찾아내는 유용한 도구로 개발한 것이다. 기업이 환경에서 위협요인을 분석하는 것이 쉽지는 않지만 포터는 다섯 가지 요인으로 위협의 크기를 결정하여 산업 환경을 분석하였다.

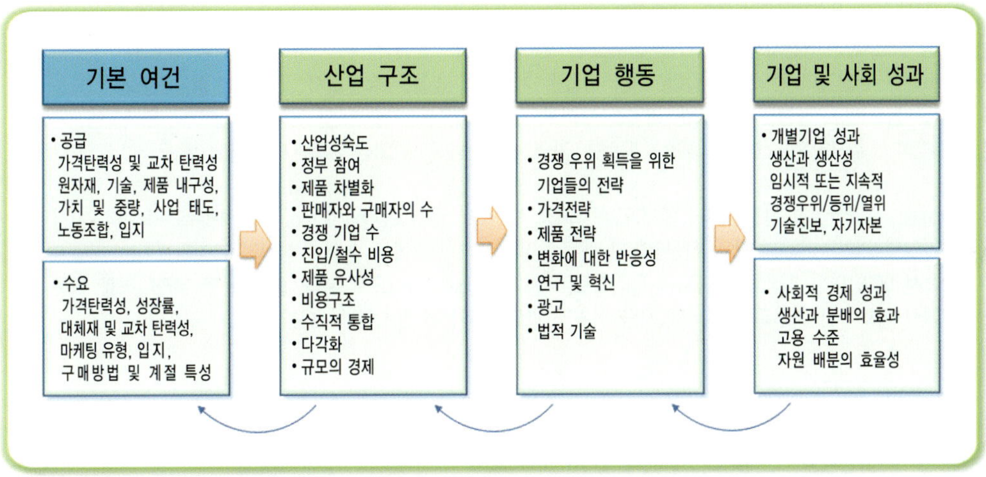

그림 4-4 산업경제학의 S-C-P 모델

포터가 제시한 '5 Forces 모델'과 'S-C-P Model'의 관계를 이해하면 왜 위협요인들이 산업 내의 경쟁의 강도에 영향을 미치게 되는지 좀 더 쉽게 파악할 수 있게 된다.

예를 들어 어느 산업에서 다섯 가지 힘(세력)의 위협이 모두 강하면 경제학적 측면에서 그 산업의 경쟁은 완전경쟁 상태가 된다. 그 반대의 경우는 독점상태가 되는데, 기업의 입장에서는 독점시장을 선호한다. 왜냐하면 독점상태의 단독 기업은 높은 수익을 가져다 주기 때문이다. 그러나 소비자에게는 손해가 클 수 있다.

경제학자들은 독점과 완전경쟁 사이에 두 가지 경쟁상황을 제시하는 데 '독점적 경쟁'과 '과점'으로 이들 역시 다섯 가지 힘의 위협은 높은 편이다. 다음의 '참고'에서 보여주는 네 가지 형태의 경쟁상황은 자유시장경제에서 누구나 시장에 참여하여 경쟁을 할 수 있다는 원리에 기반하기 때문에 결국 경쟁의 강도는 시장에 있는 공급자의 수에 의해 결정된다는 것을 알 수 있다.

---

4) 방영호 역, 앞의 책, p.69 참조 및 보완.

5) SCP모델이란 S(Structure), C(Conduct), P(Performance)의 뜻으로, 기업의 수익성은 그 기업이 참여하고 있는 산업분야의 구조에 좌우된다는 경제학의 이론이다.

참고 : 4가지 형태의 경제 상황

① 완전경쟁(perfectly competitive) : 산업 내에서 동일하거나 유사한 제품을 생산 · 판매하는 다수의 경쟁자가 존재하며, 비슷한 시장정보를 소유하고 있어 진입과 철수(퇴거)가 쉽고 원가가 낮은 산업들이 많다. 예를 들면 여러 경쟁자가 가격에 민감한 소비자에게 생필품을 판매하는 경우로서, 경쟁우위를 차지하기 보다는 경쟁등위에 초점을 맞춘다. 이러한 시장구조에서는 생산자가 가격을 임의로 정하기 어렵고 오로지 수요와 공급의 법칙에서 가격이 결정된다.

② 독점적 경쟁산업(monopolistically competitive industry) : 산업 내에 다수의 경쟁기업이 존재하고 진입과 철수에 따르는 비용이 낮은 경우이다. 제품특성은 유사하지 않지만 서로 약간씩 다른 대체재를 시장에 공급하며 경쟁한다. 이들 기업은 경쟁사보다 제품의 차별성을 강조하면서 시장에서 경쟁력을 키워 나간다.

③ 과점(oligopoly) : 소수의 경쟁자만 존재하는 상황으로 유사한 제품으로 경쟁하고 철수비용도 높지만 진입장벽도 높은 편이어서 신규 진입자의 진입이 어렵다. 이들 기업은 가격할인 경쟁을 유발하지 않으면서 경쟁과열을 피하는 방법으로 수익을 창출한다. 과점관계에 있는 기업들은 서로 전략적 행동(신기술 도입 및 개발, 광고나 판촉활동, 가격, 생산 등)을 예의 주시하며, 견제를 하거나 때로는 가격과 생산량을 조절(담합)하면서 시장을 주도해 나가기도 한다.

④ 독점(monopolistic industry) : 완전경쟁의 반대개념인 시장구조이다. 순수독점(pure monopoly)으로도 불린다. 시장 내에서 유일한 단일 기업만 존재하므로 진입장벽이 매우 높다. 실제 시장에서 순수 독점산업은 찾아보기는 어렵지만 보통 시장에서 90% 이상 지배력을 가지면 독점으로, 70%의 지배는 과점으로 본다. 예를 들면 우리나라를 비롯한 많은 나라에서 가스 · 전기 등과 같은 산업처럼 정부가 법으로 경쟁을 금지한 독점사업도 있다.

2 5 Forces 모델의 경쟁요인 분석

마이클 포터(M. Porter)의 5 Forces 모델에서 강조하는 5가지의 경쟁요인의 내용을 설명하면 다음과 같다.

1) 신규 진입자의 위협분석

신규 진입자의 위협(threat of new entrants)이란 해당 산업 내에서 새로운 사업을 시작하고자 하는 잠재적 진입자의 출현 가능성을 말한다. 신규 진입자가 많을수록 산업 내 경쟁은 치열해 지므로 판매가격 하락, 공급과잉의 가능성, 비용의 상승으로 기업의 수익률은 떨어지게 된다.

신규 진입자의 위협은 규모의 경제가 존재하는지의 여부, 초기투자의 규모, 구매처 변경에 따른 대체비용, 정부의 제한정책 및 규제, 기술장벽 등을 검토하여 파악한다.

이러한 내용은 신규 진입자의 위협도를 판단하는 기준이며 진입장벽(entry barrier)이라고 한다. 그렇기 때문에 진입장벽의 높고 낮음은 신규 진입자의 위협도를 분석하는 중요한 기준이 된다.

예를 들어 조선업, 석유화학산업에 진출하기 위해서는 초기에 막대한 자본을 투자해야 하기 때문에 신규 진입자의 입장에서는 진입장벽이 높은 반면, 기존 업체의 입장에서는 높은 진입장벽을 구축했다고 볼 수 있다.

새로운 진입자의 위협이 있을 때 기존기업이 진입장벽을 높이는 또 다른 방법은 가격을 낮추거나 오히려 신규투자를 먼저 행하여 새로운 진출자에게 위협을 가할 수도 있다.

(1) 규모의 경제

규모의 경제(economy of scale)란 생산량의 규모를 증가시킬 때 마다 제품 단위당 생산비용이 감소하는 것을 말한다. 즉 생산량이 많아질수록 기업의 입장에서는 생산비용이 지속적으로 감소해 가격경쟁력에서 유리하다는 것이다. 더구나 규모의 경제는 생산비용 절감에만 영향을 미치는 것이 아니라 기업운영 전반(마케팅, 연구개발, 자원 관리, 브랜드 가치 등)에도 작용하기 때문에 일정한 규모의 시장 수요 여부도 진입장벽의 높이에 영향을 미친다. 따라서 규모의 경제가 존재하는 산업은 신규 진입자에게 커다란 진입장벽이 된다.

신규 진입자가 제품과 서비스를 생산 · 판매한다는 것은 기존기업과의 출혈경쟁을 의미한다. 또한 수요가 완만한 산업은 신규 진입자가 해당 산업에 진입하더라도 수익을 기대하기 어려워 그 자체가 진입장벽을 높이는 결과가 된다.

자동차산업의 신규시장 진입의 대표적 실패사례인 삼성의 경우 1995년 시장진입 당시 일정한 수요를 예측하고 자동차산업에 뛰어 들었다. 그러나 1997년 외환위기로 인해 국내 소비시장이 꽁꽁 얼어붙었고, 결국 내수부진으로 자동차 수요규모가 예상치를 훨씬 밑돌면서 결국 5년 9개월 만인 2000년 프랑스 르노에 매각되었다.[6] 물론 삼성자동차의 경우엔 규모의 경제 문제만은 아니었다. 외환위기라는 외부환경 요인(경제적 요인)이 발생하지 않았다면 삼성자동차의 생존은 달라질 가능성이 있었을 것이다.

(2) 초기투자 자본소요량

신규 진출 시 초기 투자액이 높을수록 진입장벽이 높다. 투자액 대비 진입장벽은 비례

6) 르노삼성자동차(Renault Samsung Motors, 구 삼성자동차)는 1995년 삼성그룹의 자동차사업 진출로 탄생하였으며, 1998년부터 영업을 시작하였다. 일본 닛산과 기술제휴를 맺고, 닛산의 자동차 공장설비 및 자동차 부품을 수입, 조립 · 판매하여 1998년부터 삼성 SM5를 생산하기 시작했다.
이와는 별도로 트럭을 생산했던 삼성상용차라는 법인도 있었다. 삼성상용차는 설립 초기에 트럭을 생산했으며, 대구광역시 성서산업단지 내 공장에서 1998년에 SV110이라는 모델의 1톤 트럭을 생산했다. 그러나 1997년 외환위기로 인한 경영난에 시달리다 시장에서 퇴출되었고, 설치된 공장설비는 베트남에 매각되었다. 삼성자동차는 2000년 원천 기술을 가진 닛산자동차를 인수한 프랑스 르노에 매각되었다. 르노가 지분 80.1%를 인수하여 르노삼성자동차로 사명을 변경했다. 삼성카드는 나머지 지분 19.9%를 갖고 있으며, 삼성 브랜드를 임차해주는 대신에 영업이익이 발생할 경우 매출의 0.8%를 로열티로 받고 있다.

할 만큼 신규 진입자의 시장진출을 막게 된다. 투자비용은 단순히 생산설비에만 한정된 것이 아니라 연구개발비, 자재확보나 재고관리 및 영업활동을 전개해 나가는 동안 유지비나 광고비 등을 모두 포함한다. 사업 개시에 당장 투입되는 자본 외에도 초기 단계의 적자 보존비나 유지 및 광고비 등 향후 발생하는 비용도 진입장벽을 더욱 높게 할 수 있다.

초기 투자비용이 큰 항공기 제작사가 그 대표적인 예이다. 전 세계적으로 여객기를 생산하는 큰 회사는 보잉과 에어버스가 있다.[7] 항공기를 제작하는 첨단기술보유 여부도 진입장벽이 되겠지만, 항공기생산에 필요한 설비에 투자되는 초기자본이 천문학적이기 때문에 그 자체가 진입장벽이 된다.

그러나 삼성의 반도체사업 진출은 이러한 우려를 깬 사례 중 하나이다. 1980년대 삼성이 반도체사업에 뛰어 들었을 때, 인텔의 회장은 고(故)이병철 회장을 정신이상자로 평가할 만큼 주변의 반응은 냉랭했다. 그러나 삼성이 세계적인 반도체회사로 자리를 잡고 많은 수익을 발생시키자 많은 기업들이 반도체시장에 욕심을 냈지만 시장진입이 쉽지 않았다. 생산라인 하나를 건설하는 비용이 무려 1조원의 투자액이 필요하기 때문이다.

(3) 브랜드 가치

기존 진입자의 브랜드가치가 높을수록 그 자체는 브랜드자산으로서 진입장벽이 된다. 브랜드가치도 규모의 경제 개념과 밀접한 관계를 갖고 있다. 규모의 경제 개념은 제조에만 해당되는 것이 아니고 전 경영분야에 해당되기 때문이다.

삼성이 일류를 지향하는 브랜드가치는 주력사업뿐만 아니라 신규 진출한 자동차사업에도 영향을 미쳤다. 삼성은 자사의 브랜드를 확립하기 까지 많은 비용과 시간이 투자되었다. 그렇게 한 번 만들어진 삼성의 브랜드인지도는 규모의 경제가 작용해 추가적인 비용을 거의 들이지 않고 다른 사업이나 제품에도 영향을 미치고 있다. 삼성자동차가 규모의 경제를 극복하지 못하고 실패하고 말았지만, 초기에는 삼성이란 브랜드인지도를 통해 쉽게 자동차시장에 안착할 수 있었다. 시장진입 당시 '삼성이 만들면 다릅니다'라는 런칭(launching)캠페인으로 '삼성'이라는 모(母)브랜드의 막강한 후광(삼성의 '제일주의')을 받아 자동차시장의 진입장벽을 넘을 수 있었다.

---

7) 보잉과 에어버스는 전 세계 민간항공기를 양분하고 있다. 보잉은 미국회사이며, 맥도널 더글러스(MD)를 합병하면서 미국 내의 민간항공기 시장을 독점하고 있는 회사이다. 에어버스는 유럽의 4개국이 컨서시움(consortium)형태로 공동출자하여 설립한 회사이며, 본사는 프랑스에 있다.

(4) 규모의 경제와 무관한 비용우위

기존기업이 지닌 규모의 경제 영향력 외에도 절대적 비용우위를 가지고 있는 경우도 신규진입자에게 진입장벽이 될 수 있다. 예를 들면 기존 기업이 독점기술을 확보한 경우, 원재료 공급처의 선점, 유리한 입지선점, 정부의 보조금 혜택, 학습 또는 경험곡선의 효과 등을 예로 들 수 있다.

이러한 요인을 기존기업이 선점하고 있다면 기존 기업들의 절대적인 비용우위가 높아져 진입장벽은 높아진다. 또한 학습 또는 경험곡선 효과도 기존 진입자에게 비용상 우위를 높일 수 있기 때문에 진입장벽으로서 강력한 수단이 된다.

예를 들어 기존기업이 시행착오를 겪으면서 쌓은 오랜 경험도 신규 진입자에게 진입장벽이 되며, 생산효율의 향상, 원재료 구매비용의 절감, 제조비용 감소 등 운영 전반에서 비용을 절감하는 노하우와 경험을 축적하는 것도 비용우위효과를 기대할 수 있다.

(5) 유통채널의 확보

신규 진입자가 독자적인 유통채널을 확보하지 못한 경우에도 진입장벽이 높아진다. 예를 들면 기존기업이 유통망을 확실하게 구축한 경우도 진입장벽은 더욱 높아진다. 특히 브랜드 가치는 유통채널을 강화하는 역할을 하는데, 브랜드 가치가 유통채널의 지배력을 더욱 강화할 수 있기 때문이다. 또한 신규 진입자가 자사제품의 유통망을 구축하기 위해 높은 이익률 보장, 가격할인이나 유인상품 제공 등의 수단을 제공해야 하기 때문에 유통채널 확보에 더욱 어려움을 겪게 된다.

시장에서 지배력이 강한 기업의 채널을 피해 다른 전략을 강구해 성공한 대표적인 사례는 Dell & Compac을 꼽을 수 있다. PC시장에서 IBM이 장악한 강력한 딜러 유통 채널을 피하기 위해 우편주문이나 온라인 주문과 같은 새로운 유통채널을 확보하고 시장진입을 성공적으로 수행한 경우이다.

국내에서는 전통주류 제조업체인 '국순당'이 '백세주'를 시장에 진입시키는 초기에 기존 기업이 영향력을 행사하는 주류 유통망을 이용하지 않고, 오랜 시간 동안 자체 유통망을 구축하여 시장에 성공적으로 진입하였다. 현재는 국순당(백세주)이 보해양조(보해복분자), 배상면주가(산사춘) 등과 함께 시장을 지배하면서 오히려 소규모 전통술 생산자의 시장진입에 장벽을 형성하고 있다.

또 다른 방법은 신규 진출기업이 기존유통망을 확보하고 있는 기업 또는 경쟁사와 협력관계를 맺고 시장에 접근해 나가는 방법을 우회적으로 선택하기도 한다. 최근에는 정보통신기술(ICT)을 활용하는 온라인 유통구조로 기존의 유통망을 뛰어넘는 새로운 유통패러다임으로 유통채널을 구축하는 경우가 많아졌다.

(6) 정부정책의 제한 및 규제

정부는 기업에 대해 강력한 규제를 할 수 있는 힘을 가지고 있다. 특히 신규 진입자에게 갈수록 강화되는 정부의 규제나 정책은 진입장벽으로 영향을 미친다. 대기나 수질의 오염으로 인한 환경문제를 유발할 우려가 있거나 인체에 유해한 물질과 제품의 안정성이나 효능 등과 같은 규제가 신규참여를 제한한다.

예를 들면 석유, 전력, 가스 등 에너지 산업이나 방송, 통신과 같이 정부의 허가가 필요하거나 법적으로 그 참여사의 수를 제한하거나 정해놓은 경우가 그렇다.

그러므로 우수한 인적자원과 투자능력 등 다른 조건들이 아무리 완벽해도 정부의 허가를 받지 못하면 그 사업은 시작조차 못한다. 해외진출 시에도 특정 기업에게 혜택을 주는 경우도 있다. 예를 들면 대한항공은 한국과 몽골 취항독점권을 가지고 있었다(2019년 7월부터 아시아나 취항). 대한항공의 성수기 몽골노선 탑승률은 90%를 넘는데, 이러한 독점권으로 가격을 높게 책정한다면 그 피해는 고스란히 고객이 떠안는다. 동남아 노선에 비해 거리가 짧은데도 불구하고 소비자는 더 비싼 항공료를 지불해야 하는 경우이다.

(7) 기존사업자의 보복 가능성

기존기업의 시장지배력이 높으면 진입장벽도 높으며 신규진입자가 시장진입 시 보복 가능성도 크기 때문에 시장경쟁 강도가 강해진다. 또한 기존기업이 진입에 대한 강력한 보복(가격할인, 광고 마케팅 비용의 증대, 법적인 제소 등) 가능성이 높거나 시장에서의 수요가 낮아 신규진입자가 시장에 적응하기 어려울 때도 진입장벽이 높아진다.

물론 신규 진입자가 다양한 형태의 보복에 대한 대항의지가 강하고 충분한 대항능력을 보유한 경우도 추가비용을 지불해야하기 때문에 진입장벽은 높다.

- 세계 콜라시장을 주도하는 코카콜라와 펩시콜라(펩시코)의 보복은 매우 강력하다. 시장에서 판매되는 콜라 브랜드는 일반 소비자가 알고 있는 것 보다 훨씬 많다.[8] 로얄 크라운 콜라(Royal Crown Cola)는 1960년대 말 코카콜라와 펩시콜라 보다 먼저 다이어트 콜라(Diet Rite)를 출시해 시장점유율을 확보하고도, 1970년대 다이어트 콜라를 생산한 코카콜라와 펩시콜라의 보복에 경쟁력을 잃고

---

8) Royal Crown Cola(1905~현재 : 미국), Dr. Pepper(1885~현재 : 미국) Virgin Cola(1994~현재 : 영국), 815 Cola(1998~2004 : 한국), Jolt Cola(1985~2009 : 미국), Shasta Cola(1889~현재 : 미국), Zam Zam Cola (1979~현재 : 이란), Red Bull Cola(1987~현재 : 오스트리아) 등.

말았다. 그리고 국내에서 생산된 815콜라도 코카콜라의 강력한 보복에 도산을 한 사례이다. 당시 범양식품이 1998년 콜라를 자체 개발 판매하면서 시장점유율을 14%대까지 끌어 올렸으나 코카콜라의 물량공세 및 가격할인 보복을 극복하지 못하고 5년 만에 도산하였다.

- IT업계나 제약업계와 같은 기술집약적 산업군에 속하는 기업들은 신규 진입자 견제에 '법적 제소'를 주요 보복전략으로 활용한다. 특히 애플의 경우 2006년에 Creative Technology가 제소한 아이팟 관련 소송에 1억불을 내고 합의하게 된 것을 계기로 애플이 특허출원에 집중하는 것도 이 때문이다. 실제 사용하지 않는 기술도 방어용으로 사용하기 위해 출원을 하고 있다. 또 특허청이 등록을 안 해 주더라도 출원하면 동일 아이디어로 다른 회사가 특허 받는 것을 막을 수 있으므로 등록 안 될 것 같은 기술도 특허출원하는 애플의 보복전략은 매우 강력하다.
- 국내에서는 기업들과 도매상의 관계가 '갑과 을'일 만큼 기업들의 지배력이 강해 시장진출에 어려움을 겪는 경우가 많다. 예를 들면 유통채널이 신규 진입자의 제품을 유통시킬 경우 기존기업의 보복을 받는 경우가 많다. 기존기업의 제품공급을 중단시키거나 계약에 불이익을 당할 수 있어 신규제품 유통을 꺼려 신규 진입자에게 시장진입 장벽이 높아진다.

사례 4-1. "애플, 특허로 경쟁사 죽이기 작전 10년 전 준비"

애플이 10년 전부터 스티브 잡스의 지시 아래 무차별적으로 특허를 신청해 경쟁사의 진입을 저지하려고 시도했다는 전직 애플 고위 임원의 증언이 나왔다. 애플의 무차별적인 특허 획득 및 소송 때문에 경쟁사들이 '특허세(稅)'를 물어야 하는 상황이 발생했을 뿐만 아니라 신생 정보기술(IT) 기업이나 일자리 창출, 기술혁신 등이 방해받고 있다는 비판의 목소리가 높아지고 있다.

애플은 자사의 특허침해에 대한 소송이 아니라 삼성전자, HTC 등 경쟁사들에 대해 오래 전부터 치밀하게 준비하고 있다가 경쟁사를 짓누르기 위해 특허소송을 남발하고 있다. 뉴욕타임스는 애플의 전 최고법률책임자인 낸시 하이넨의 말을 인용해 "스티브 잡스의 지시 하에 애플은 특허의 획득 가능성과는 상관없이 무차별적으로 특허를 신청해 경쟁사의 진입을 저지하려고 했다"고 보도했다. 하이넨은 "잡스의 태도는 애플의 누군가가 무엇이든 꿈꿨다면 그것에 대해 특허를 신청해야 한다는 것이었다"며 "왜냐하면 우리가 실제 그것과 관련된 제품을 만들지 않더라도 해당 특허를 방어의 수단으로 활용할 수 있기 때문"이라고 말했다.

애플이 '시리'와 같은 음성검색 등 다양한 정보를 통해 검색하는 '멀티소스검색 특허(이하 604특허)'를 획득하는 과정에서 경쟁사를 광적으로 견제하는 태도가 잘 드러난다. 애플은 2007년 미국 특허청에 604특허를 신청했다가 기존에 특허로 존재하는 아이디어의 '뻔한 변형'이라는 이유로 기각되자, 그 뒤 5년간 미미한 수정을 9번이나 한 뒤 10번째로 신청을 해서 지난 해에 특허승인을 받았다. 애플은 이렇게 취득한 604특허를 삼성전자와의 특허 소송전에서 톡톡히 써먹었다. 애플은 지난 2월 미국 캘리포니아 연방북부지방법원에 삼성전자를 제소하면서 "삼성전자의 17개 제품이 604특허를 침해했다"고 주장했다.

더욱 중요한 것은 애플이 특허소송을 하면서 협상을 할 의사가 처음부터 전혀 없었다는 점이다. 전직 애플 임원은 뉴욕타임스에 "애플의 전략에 협상은 포함돼 있지 않았다"고 강조했다.

특히 애플이 무차별적인 특허소송을 제기해 정보기술(IT) 업계의 혁신을 가로막고 중소 벤처기업의 창업과 일자리 창출 등을 저해하고 있는 행태가 스티브 잡스의 지시에 따른 것으로 드러나 충격을 주고 있다. 전직 애플 임원은 "10년 전부터 애플은 특허를 통해 아이폰의 경쟁제품을 저지하겠다는 결정을 내렸다"며, "잡스가 아이폰에 대해 '모든 것에 대해 특허를 낼 것'이라고 말했다"고 밝혔다.

(자료 : 문화일보, 2012.10.9. 요약)

2) 기존산업 내의 경쟁자 분석

포터(M. Porter)는 동일한 산업 안에서 기존기업들과의 경쟁이 얼마나 치열한지를 분석하기 위해서는 여러 가지 요소를 분석해야 한다고 하였다. 예를 들면 기존 기업 간의 경쟁강도(intensity of competitive rivalry : 산업 내 경쟁강도)에 영향을 주는 요소로서 산업집중도(동종업자의 경쟁자수), 산업의 성장률, 기업전략의 동질성과 이질성, 제품의 차별화, 생산능력, 비용구조(고정비용과 재고비용), 기업의 전략적 수준, 철수장벽 등 8가지를 제시하였다.

산업의 성장률이 낮고, 고정비의 비중이 높으며, 철수장벽이 높을 때 경쟁은 더욱 치열해지며, 특히 가격경쟁의 여부는 경쟁강도를 결정하는 중요 변수가 된다. 성장률이 둔화된 스마트폰시장이나 내연기관을 사용하는 기존 자동차 업계의 경쟁에서 볼 수 있듯이 기업들 간의 살아남기 위한 전략은 매우 치열하다. 또한 패스트푸드 산업과 현재 우리나라의 커피전문점이나 편의점 사업에서 볼 수 있는 기존기업 간의 경쟁이 좋은 예인데, 여러 가지 다른 브랜드의 가맹점이 한 지역에 위치해 치열한 경쟁을 벌리고 있어 결국 모든 매장의 수익성이 떨어지게 된다.

국내 화장품산업에서의 경쟁도 예외는 아니다. 기존산업 내에 국내화장품업체인 아모레퍼시픽, 에이블 C&C, 네이처리퍼블릭, LG생활건강, 토니모리 등과 경쟁을 해야 하고 동시에 SK2, 시세이도, 로레알, 크리스챤 디올(Dior), 샤넬(Chanel) 등의 외국업체와도 경쟁을 해야 한다. 국내・외업체 모두 다양한 브랜드를 런칭(launching)하고 있어 화장품업계는 동일 산업구조 속에서 경쟁이 치열해져 산업 내 이익창출 가능성이 낮을 수밖에 없기 때문에 산업매력도는 당연히 떨어지게 된다. 더구나 경쟁방식에서도 유사한 형태(가격 할인, 신제품 출시, 광고 캠페인, 서비스 등)를 가지기 때문에 높은 수익성을 제한한다.

산업 내 경쟁강도를 결정하는 주요변수에 대한 특징을 몇 가지로 요약해 설명하면 다음과 같다.

(1) 산업집중도

산업집중도란 동일한 산업에 속하는 기업의 수와 그 개별기업의 시장규모를 의미한다. 예를 들면 동일한 산업에서 경쟁자의 수는 많지 않지만 유사한 규모의 기업이 많은 경우에도 경쟁은 치열해지는데 그 이유는 경쟁에서 살아남기 위한 광고나 가격인하 및 다양한 서비스를 제공해야 하기 때문이다. 신규 진입자도 역시 비슷한 방법으로 경쟁에 돌입하기 때문에 경쟁은 점점 더 치열해질 수밖에 없다.

그러나 동종산업에서 규모가 큰 소수의 기업이 존재할 경우엔 가격이나 고객대응에 대한 방침 등을 주도·조정하는 역할을 하기 때문에 경쟁은 의외로 덜 치열해질 수 있다. 예를 들어 상위 3개 기업의 시장점유율 합을 3사집중도라 하는데, 3사집중도가 높을수록 시장이 안정적이며, 경쟁강도는 낮아진다. 반대로 시장을 지배하는 주도기업이 없으면 가격경쟁이 훨씬 치열해지기 때문에 덤핑과 같은 출혈경쟁으로 산업의 매력도, 즉 이익창출 가능성은 낮아진다.

(2) 산업 자체의 성장이 느린 경우

산업의 성장이 느리거나 완만하면 산업 내의 경쟁은 더욱 치열해지게 된다. 시장의 성장속도가 완만한 산업에 신규진입자가 계속 늘어나면 산업 내에서 경쟁하는 기업이 많아지고 결국 산업 내에 존재하는 기업의 수익성은 낮아지기 마련이다. 그러나 반대로 산업의 성장속도가 빠르면 참여기업들이 새로운 수요를 창출하는 당양한 시도로 수익성을 유지할 수 있다.

매스코 코퍼레이션[9]는 '저성장 성숙제품'(mature product)인 가구사업(미국 전체 가구산업의 규모는 140억 달러로 크지 않았고, 수송비가 많이 들고 생산성은 낮았으며 가격경쟁이 치열하여, 연간 성장률이 2%를 맴돌며 매출수익률은 평균 4% 수준이다)에 대한 철저한 분석이 이루어지지 않았기 때문에 가구산업 진입에 성공하고도 수익률을 높이지 못하고 철수했다.

(3) 경쟁전략의 동질성과 이질성

동질성이란 기업들의 전략방향과 목적 등이 유사한 정도를 의미한다. 경쟁기업 간의 동질성이 높을수록 암묵적인 담합 가능성이 높아지고 경쟁을 하면서 서로 협력하는 관계로 발전하는 경우가 많은데 결국 전체적으로는 산업 내 경쟁강도가 낮아진다.

그러나 동질전략을 구사하며 담합관계이던 두 기업이 신규 진입자의 차별화된 전략으로 위협받게 되면 경쟁에서 우위를 차지하기 위해 담합은 결렬되고 서로 다른 전략을 구사하게 된다. 결국 기대하는 이익이 발생하지 않으면 제로섬 게임[10]이나 치킨게임[11]과

---

9) (6) 철수장벽의 높이 참고.

10) 제로섬 게임(zero sum game) : 어느 한쪽의 이익과 어느 한쪽의 손해의 총합은 제로(zero)라는 이론이다. 이 이론의 의미는 어느 한쪽이 이익을 얻기 위해서는 다른 쪽이 반드시 손해를 보아야 하며, 다른 쪽이 손해를 보면 반드시 다른 한쪽은 이익을 본다는 것이다.

11) 치킨게임(chicken game) : 치킨게임은 1950년대 미국의 젊은 층에서 유행했던 한 자동차게임에서 나온 것인데 한밤중 도로의 양쪽에서 두 사람이 차를 몰고 정면으로 돌진하다 충돌직전에 핸들을 꺾는 사람이 지는 위험한 게임이다. 미국에서 치킨은 닭이라는 뜻도 있지만 비속어로 겁쟁이라는 뜻도 있다. 충돌직전에 핸들을 꺾는 사람은 겁쟁이고, 겁쟁이가 되지 않기 위해서 핸들을 꺾지 않고 직진을 하게 되면 둘 다 사망하게 되거나 크게 다치게 된다. 예컨대 두 기업이 경쟁관계에 있는 상황을 놓고 설명하면

같은 현상이 발생할 수 있다.

항공사, 석유화학(유화업계), 철강, 이동통신 등과 같은 산업은 동질성이 높아 경쟁하는 방식이 비슷하고 담합 가능성이 매우 높아 경쟁강도가 낮다. 예를 들어 대한항공과 아시아나항공의 경우 지난 2000년 1월부터 2006년 2월까지 항공유 가격 인상에 따른 유류할증료를 올리는 방식의 항공권 가격 담합행위에 대해 2006년 2월 미국연방 법무부 조사를 받았다. 결국 두 회사는 미주노선 항공권 가격담합과 관련한 집단소송에서 대한항공이 6,500만 달러와 아시아나항공도 2009년 4월 5,000만 달러의 벌금을 냈다. 그러나 다른 경쟁항공사가 두 회사와 경쟁하기 위해 가격인하를 단행한다면 두 항공사의 담합은 깨지고 가격경쟁은 더욱 치열해진다.

(4) 제품의 차별화와 비용구조

제품의 차별화에 따른 비용구조는 경쟁강도에 많은 영향을 미치게 되는데, 특히 제품 차별화가 약한 산업군에서는 경쟁강도가 더욱 치열해 진다. 경쟁기업에 비해 제품・서비스의 차별화가 어렵다면 소비자는 낮은 가격과 효용가치가 큰 기업을 선택하기 때문이다.

비용구조는 제품생산에 투입되는 고정비용과 가변비용 간의 비중을 의미하는데, 특히 고정비용과 재고비용이 높은 경우에 경쟁이 심해지고 가변비용보다 고정비용이 큰 산업의 경우도 경쟁강도가 높아진다.[12] 또한 재고가 많은 기업이 자금을 필요로 할 때 가격인하를 통한 재고처리로 필요자금을 조달하기 때문에 경쟁이 심해지기도 한다. 예를 들어 식품업계의 출혈경쟁은 사회적 이슈가 될 만큼 치열하다. 특히 할인점에서 치열하게 경쟁하는

두 기업이 한 치의 양보도 하지 않고 극심한 가격경쟁과 같은 극단적인 경쟁상태로 치닫게 될 경우 두 기업 모두 불이익을 초래하게 된다.

치킨게임은 냉전시대의 소련과 미국의 지나친 군비경쟁을 비꼬는 말로 사용되었다가 지금은 여러 가지 경쟁상황이 극단적으로 치닫는 상황에 인용되고 있다.

12) 고정비용(fixed cost, 固定費用) : 기업이 건물이나 기계 등 기존의 시설을 보유・유지하려면 생산량이 전혀 없더라도 일정한 비용이 필요하고 또 생산량의 증감에 관계없이 단기적으로는 변동이 없는 비용을 말한다. 설비・기계 등의 감가상각비, 임대료・지불이자・재산세・연구개발비・광고비・사무비 등은 고정비로 분류된다.

가변비용(variable cost, 可變費用) : 생산비와 생산량 또는 조업도와의 관계에서 분류된 비용으로 고정비인 불변비용(constant cost)과 대응되는 말이며, 비례비(比例費)와 불비례비(不比例費)로 구분된다. 비례비는 생산량의 변화에 따라 정비례하여 변하는 비용으로서, 생산량이 배가(倍加)하면 그 비용도 배가하고 생산량이 줄어들면 그 비용도 줄어든다. 직접연료비・직접노무비 등이 이 부류에 속한다. 불비례비는 생산량의 변동에 따라 변화는 하지만 반드시 비례적이 아닌 것으로, 생산량의 변화비율보다 적거나 또는 많은 비율로 증가하는 비용이다. 동력비・광고비 등은 생산량의 증가비율 이하로 증가하고, 기계의 과도한 사용으로 인한 감가상각이나 수선비 등은 그 반대이다. 이러한 가변비용의 산정은 생산비 분석에 이용되며, 기업의 최대이윤을 보장해 주는 최적생산량(最適生産量)을 결정하는 데에 중요한 자료가 된다.

식품은 업체별로 파격적인 할인이나 끼워 팔기 경쟁이 심하며, 지역별 · 업체별로 가격차이가 심하여 출혈경쟁이 도를 넘어서기도 한다.

한편 고정비가 높은 산업은 설비의 가동률을 높이기 위해 가격을 인하하려는 욕구가 항상 존재하기 때문에 경쟁강도가 높아질 가능성이 있다. 항공사[13]가 비수기에 할인을 통해 고객을 유인하거나 KTX가 이용 시간대별 고객에게 할인폭의 차이를 두는 경우 그리고 폐장을 앞둔 시간에 백화점 식품코너에서 식재료와 음식을 할인가격에 처분하는(제품이 변질되기 쉬운 경우) 등의 예가 그러하다.

(5) 초과설비 및 과잉생산

기업의 생산설비와 시장의 수요가 일치하면 수익률이 향상된다. 만약 생산설비의 가공능력에 시장수요가 따라오지 못하면 산업 내에서의 경쟁강도는 높아진다. 특히 유휴설비율이 높아지면 설비에 대한 대규모 투자손실 때문에 생산과 서비스의 유연성이 떨어지고 시장 철수 시 높은 철수장벽(exit barrier)이 되기도 한다. 또한 생산능력을 조절하지 못하여 수요 · 공급의 불균형이 생기거나 손익분기점(BEP : Break Even Point)을 넘기기 위해 규모의 경제를 발휘해야 하는 경우에 공급과잉(수요과잉) 현상을 초래해 경쟁이 심화된다.

> 최근 웰빙 트랜드가 확산되면서 대규모 스포츠센터가 많이 생겨나고 있으나 짧은 시간에 수요 대비 공급이 늘어나면서 스포츠센터는 회원확보에 어려움을 겪게 되었다. 결국 회비를 낮추는 가격할인 정책이나 패키지 상품을 구성한 할인 또는 추가 서비스 제공(헬스+수영 등) 정책 등 공격적으로 수요를 유도하고 있지만, 부가 서비스 제공시 비용이 발생하기 때문에 결국 가격할인을 선택하게 된다.

그러나 기업의 대규모 설비투자는 잠재 진입자의 진입장벽(entry barrier)을 높이는 역할을 한다. 예를 들면 석유화학사업이나 자동차산업의 경우와 같이 설비투자의 규모가 큰 경우는 진입장벽의 높이가 높은 특징이 있지만 동시에 다양해진 소비자의 요구나 시장변화에 유연하게 적응하지 못하는 상황이 되면 위기를 맞을 수도 있다.

> 국내 주요 제조업도 공급과잉으로 인해 타격을 받은 경험이 있다. 지난 2009년 글로벌 공급과잉으로 자동차 · 철강 · 석유화학 · 조선 · 반도체 등 한국의 5대 주력산업이 전 세계 공급과잉의 충격에 노출된 경우이다. 이들 산업이 2009년 기준 자동차산업의 공급과잉률은 56.7%, 철강은 37.7%에 달하는 것으로 나타났다. 또한 세계적으로 석유화학은 17.9%, 조선은 14.4%의 공급과잉이었다. 반도체는 2009년 초 독일의 키몬다가 파산하는 등 공급과잉의 조정이 있었다.

13) 항공사의 경우 연료비, 공항이용료, 승무원 인건비 등 기본적인 고정비용이 상당히 크기 때문에 고정비용을 충당하기 위해 가능한 이륙 직전에는 빈 좌석을 헐값에 처분해야 한다. 반면 저가항공사는 대형항공사와 경쟁하기 위해 대형항공사에서 제공하는 불필요한 서비스를 모두 없애 가격을 최소화한 저비용 항공 정책으로 성장하고 있다.

(6) 철수장벽의 높이

진입장벽(Barrier to Entry)은 새로운 기업이 경쟁시장에 진입할 때의 어려움을 나타내는 것으로서 방어하는 입장에서는 높을수록 좋으며 진출하고자 하는 기업의 입장에서는 낮을수록 유리하다. 진입장벽과 반대의 개념으로 철수장벽(Barrier to Exit)이 있는데, 철수장벽이란 그 사업을 포기하고자 할 때의 어려움을 나타내는 척도이다.

철수장벽이 높으면 산업군 내에서 사업을 포기하고 싶어도 그 산업에 머물러 경쟁해야 하는 경우와 불가피하게 손해를 감수하면서 철수해야 하는 경우가 있다. 그러나 철수장벽이 높다는 의미는 설비의 투자규모가 높다는 의미일 수도 있는데, 기존기업은 신규 진출자가 적을 수 있기 때문에 안정적으로 수익률을 창출할 수 있게 되므로 해당 산업은 매우 매력적일 수 있다. 반대의 경우로서 공급과잉의 경우이면서 철수장벽이 높은 경우는 산업 내에서의 경쟁은 매우 치열해질 수밖에 없다.

포터(M. E. Porter)는 철수장벽의 속성을 다음과 같이 설명하였다. 즉 기업이 보유한 자산이 해당 산업의 다른 업종에 활용하기 어렵거나 철수 시 고정비용 발생이 많은 경우에 철수장벽이 높아진다. 그리고 철수 시 기업 내의 다른 사업분야에 영향을 미치게 되거나 심리적으로 경영자가 그 산업에 대한 애착 또는 집착으로 포기가 쉽지 않은 경우에도 철수장벽은 높아진다.[14] 또한 국가나 지역경제에 미칠 영향을 고려해 정부차원에서 철수를 금지시키는 경우도 해당된다.

그러므로 이러한 점을 전략수립 시 미리 고려하지 않았다면 기업의 입장에서는 큰 손실을 감수해야만 한다.

□ 30년 가까이 연속 수익 증가를 기록하며 월가에서는 '일상의 장인'(Master of the Mundane)이라는 별명을 얻었던 매스코 코퍼레이션(Masco Corporation, 수도꼭지, 부엌 및 욕실 용품 등 다양한 가정용품을 생산하는 미국기업)[15]이 새로운 사업에 진출하기 위해 그 동안 벌어들인 수익을 가구사업에 투자했다. 20억 달러가 넘는 막대한 자본을 투자해 10개의 가구회사를 매입하고 생산시설을 업그레이드하는 투자도 했다.
그러나 영업이익은 계속 한 자리 수를 넘지 못하고 영업손실이 커지자 6억5천만 달러의 손실을 감수하고 가구사업을 매각했다. 매각은 하였지만 매각과정의 어려움을 통하여 철수하는 것이 진입보

---

14) 특화된 자산이나 특정사업에 대한 경영진의 애착이 크거나, 경영자 자신에게 미칠 부정적 평가, 선대 창업자가 설립한 모태기업 그리고 종업원에 대한 애정과 근거없는 충성심 등은 철수에 대한 의사결정을 지연시키게 된다. 수익이 감소하거나 손해를 입게되도 철수를 미루거나 정당화함으로써 심리적·감정적으로 철수를 하지 못하는 경우를 감정적 장벽(emotional barrier)이라 한다.

15) 내구재 산업에서 오랫동안 성공을 누려온 매스코는 수도꼭지 산업에 혁신을 가져온 기업이다. 자동차 부품업체 운영시 축적한 금속가공 전문지식을 활용해 손잡이 한 개로 뜨거운 물과 차가운 물이 동시에 작동되는 수도꼭지를 만들어 특허를 받았고, 지속적인 개선을 통해 수도꼭지 고장의 주원인인 고무 워셔를 없앤 특허제품으로 시장을 독점했다.

다 어렵다는 것을 뒤 늦게 깨달았다. 결국 매스코의 최고경영자는 "가구사업 진출은 아마도 내가 지난 35년 동안 내린 최악의 결정 중의 하나였을 것이다"라고 말했다.[16] 결과적으로 매스코의 선택은 비용손실뿐만 아니라 그 동안 쌓아 올린 기존사업에 대한 이미지에도 타격을 입혔다.

3) 대체재의 위협분석

대체재의 위협(threat of substitutes)은 해당 산업에서 생산하고 제공하는 제품과 서비스를 대체할 수 있는 위협이 있는지 여부를 분석한다. 대체재란 어떤 제품과 다른 형식 또는 방식으로 구매자의 욕구(needs)를 충족시킬 수 있는 제품을 의미한다. 해당 산업의 대체재가 많을수록 산업매력도는 하락하고(대체재의 위협이 높을수록 산업 수익성도 하락한다) 대체재가 적을수록 산업매력도는 높아진다. 그리고 대체품은 관련 제품과 서비스의 가격결정에도 영향을 미칠 수 있다.

아마존, Yes 24, 알라딘 등의 온라인 서점은 오프라인 서점의 대체재역할을 하였으며, 니켈(nickel)의 활용기술이 개발되면서 전기자동차와 스마트폰 배터리의 핵심소재인 코발트(cobalt)를 니켈이 대체하였다.[17]

고속철도가 개통되면서 국내 항공산업이 타격을 받게 되었다. 서울과 부산, 대구, 포항 노선 중 대구는 폐쇄되고 포항과 울산의 경우도 노선이 축소되는 등 항공 서비스의 대체재로서 KTX가 강력한 위협이 된 것이다. 기존에는 자가운전, 버스 등과 같은 대체재가 존재했지만 전혀 위협이 되질 못했으나, KTX의 경우엔 유용성과 가격경쟁력 등 모든 면에서 만족도가 높기 때문에 위협이 되고 있다.

대체재의 위협에 영향을 미치는 변수는 대체품의 가격과 효능, 대체품에 대한 구매자의 성향, 교체비용 등과 같이 소비자의 대체재로의 이동 용이성, 대체재가 지닌 유용성이다. 이는 산업 내의 기존제품들 보다 대체재들이 가격측면에서 더 매력적인 조건(가격대비 성능이 좋을 때)일 때, 그리고 대체재에 대한 구매자들의 전환비용이 낮은 경우 대체재의 위협정도가 높아진다.

더구나 기술혁신의 변화속도가 빠른 현대사회에서 대체재는 경쟁의 중요한 변수로 떠올랐다. 또한 첨단 정보기술(IoT, AI, 3D, Big Data 등)로 대체기술의 영역은 갈수록 넓어지고 있기 때문에 대체기술을 분석할 때는 레이더 스크린적인 사고를 중시해야 한다. 즉 동종업계 뿐만 아니라 다른 산업의 변화에도 관심을 가져야 한다.

경쟁의 범위는 소비자의 니즈 변화와 경쟁제품의 유용성에 따라 해당 산업군과 대체재

---

16) 이현주 역, 『당신은 전략가입니까』, 리더스북, 2013, pp.39~51. 편집.
17) 니켈의 활용기술이 개발된 2019년의 코발트 가격은 세계원자재 시장에서 3분의1가격으로 폭락했다.

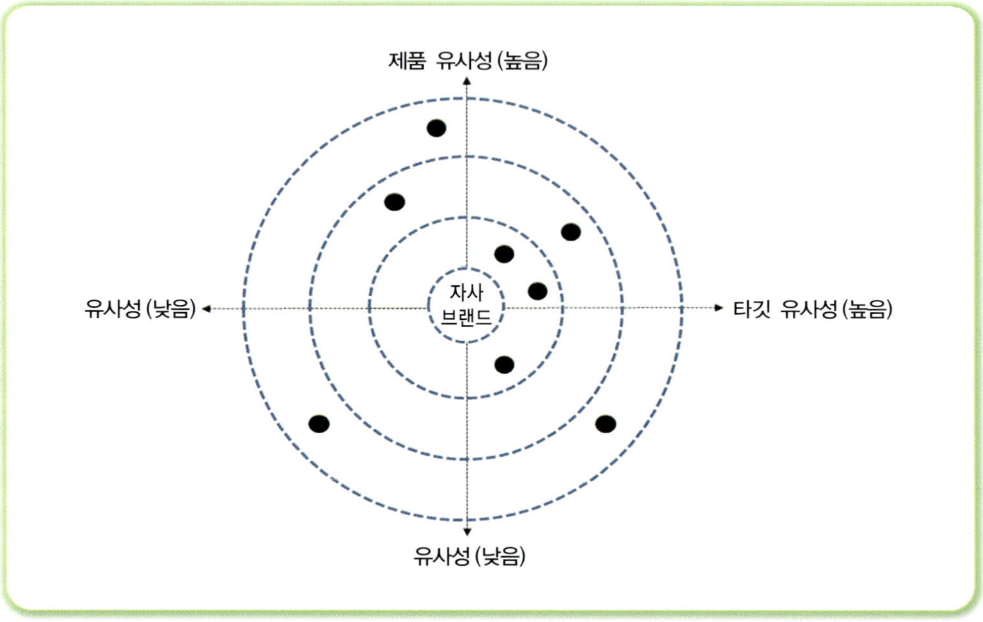

그림 4-5 경쟁대상 분석(레이더 스크린 모델)

간의 영역을 넘나든다. 의사결정자들은 자신들의 목표시장과 대체재 시장 간의 경쟁관계를 유심히 관찰해야 한다. 경쟁상대를 찾는 영역이나 분포가 넓고 복잡한 경우에 유용한 경쟁자의 분석수단으로 [그림 4-5]와 같은 레이더 스크린(radar screen)모델이 있다. 이 모델은 경쟁자의 출현을 동종업계뿐만 아니라 다른 업종이나 융·복합적인 영역으로 넓혀 찾고자 하는 접근방법이다.

일반적으로 소비자가 대체재를 선택할 때는 다음과 같은 내용을 고려한다.

(1) 대체재로의 이동 용이성

시장에 판매되는 대체재가 현재의 제품과 같거나 유사한 기능을 가지고 있는 경우, 소비자들이 얼마나 쉽게 대체재로 이동할 수 있는지의 여부가 경쟁강도를 나타낸다. 더구나 대체재의 가격이 싸고 이동 용이성이 높을수록 대체재의 위협은 높아지고 산업매력도는 하락한다.

만약 택시요금이 인상되면(택시요금이 2배로 인상되었다고 가정) 특별한 사정이 있는 경우를 제외하고는 버스나 지하철과 같은 대중교통을 대체재로 활용하는데, 택시, 버스, 지하철 간의 이동의 용이성이 높기 때문이다.

1973년 OPEC회원 국가들은 원유산출량을 제한하고 가격을 담합해 1년 만에 배럴당

가격을 4배로 올렸다. 유가상승으로 기름 값이 4배로 상승했을 때는 자동차를 집에 두고 대중교통수단을 대체재로 선택할 수 있지만, 휘발유의 대체가 어려운 산업(운수업과 화학산업)의 경우엔 이동 용이성이 낮아 유류공급업체의 산업매력도는 높아진다. 이러한 석유파동은 태양·풍력 에너지와 같은 대체재 개발에 더 많은 관심을 갖게 하였으며, 특히 최근에는 셰일 오일(shale oil)이 에너지원의 대체재로 자리를 잡고 있다.

(2) 대체재가 지닌 편리성

기존제품의 효용이나 가치를 얼마나 상쇄할 수 있는지가 관건이다. 즉 기존제품의 고유효용에 대한 대체재의 상쇄분이 클수록 대체재의 위협도는 높아진다. 뿐만 아니라 대체재를 일부 변경하여 성능이 향상되거나 가격을 인하할 경우 경쟁위협은 증가한다.

예를 들면 주산(珠算)을 대체하는 전자계산기나 레코드 판(LP)을 대체하는 컴팩트 디스크 그리고 VTR에서 DVD로 대체되는 경우, 기존의 제품이나 서비스 보다 편리함이 월등할 때 경쟁강도가 커진다.

최근 스마트폰이나 태블릿 PC 등 휴대용 전자기기의 성능이 향상되면서 출판산업의 강력한 대체재 위협으로 떠올랐다. 많은 책을 전자기기로 쉽게 다운받아 욕구를 대체할 수 있기 때문이다. 또한 화석연료를 사용하는 내연기관의 자동차를 소유한 사람이 전기 및 수소자동차로 대체하고자 할 때 전기나 수소를 충전할 수 있는 충전소가 확보되어 있지 않다면 그 불편을 감수해야 한다.

그러므로 기업은 대체제품이나 서비스의 위협을 분석하기 위해 대체품의 성능이나 가격, 대체비용 및 편리성 등에 대해서도 검토해야 한다.

4) 공급자의 교섭력 분석

공급자의 교섭력(bargaining power of suppliers)은 원료나 부품을 공급하는 공급자가 협상의 주도권을 잡을 수 있는 힘의 크기를 말한다.

(1) 공급자의 교섭력

다음은 공급자가 교섭력으로서 힘을 발휘할 수 있는 경우이다.

① 공급자의 수가 소수인 경우
② 전환비용(swiching cost)이 높은 경우
③ 공급자가 차별화된 제품을 공급하는 경우

④ 공급자가 공급하는 부품이나 제품의 대체품이 없는 경우
⑤ 공급자의 전방통합(forward integration) 가능성이 높은 경우

예를 들면 공급제품이 차별화되어 있고, 구매자에게 차지하는 비중이 크며, 교체비용이 높을 때 공급자는 큰 교섭력을 가지게 된다.

다이아몬드 산업의 경우, 원석을 공급하는 업체가 많지 않고 한정적이며 독점에 가깝기 때문에 공급자의 교섭력은 높다. 실제 전 세계 다이아몬드원석 유통의 80%를 장악하고 있는 공급업체 드 비어스(De Beers)의 교섭력은 매우 강하다. 특히 다이아몬드로 보석류를 만드는 산업체의 입장에서는 공급업체인 드 비어스에 대한 교섭력이 매우 낮다.

(2) 공급자의 교섭능력을 높인 예

OPEC은 산유국(2009년 기준 회원국은 12개국이며, 본부는 오스트리아 빈)의 교섭력을 강화하기 위한 대표적인 공급자 카르텔로서, 1960년 9월 원유가격 하락을 방지하기 위해 이라크 · 이란 · 사우디아라비아 · 쿠웨이트 · 베네수엘라의 5대 석유 수출국 대표가 모여 결성한 협의체이다. 1950~1960년대 중동 및 아프리카에서 대규모 유전이 발견되어 원유의 공급과잉사태로 국제원유가격이 인하되자, 이에 대항하기 위하여 산유국들이 이 기구를 결성하고 원유가격의 회복과 인상을 주도했다. 결성 당시에는 원유가격의 하락을 저지하고 산유국 간의 정책협조와 이를 위한 정보 수집 및 교환을 목적으로 하는 가격 카르텔 성격의 기구였으나, 1973년 제1차 석유위기를 주도하여 석유가격 상승에 성공한 후부터는 원유가격의 계속적인 인상을 도모하기 위해 생산량을 조절하는 생산카르텔로 변질되었다.

회원국들은 원유가격 인상과 더불어 석유시장 국유화로 말미암아 큰 부(富)를 챙겼다. 거액의 재정자금을 보유하게 된 산유국들은 사회 · 경제개발 사업을 가속화함과 동시에 축적된 외화의 대부분을 국제금융시장에 단기자금으로 공급하여 기존의 국제금융질서를 재편시킬 만큼 큰 영향력을 행사했다.

5) 구매자(고객) 교섭력 분석

구매자가 협상의 주도권을 가질 수 있는 힘을 구매자의 교섭력(bargaining power of buyers)이라고 한다. 구매자의 교섭력이 높을수록 해당 산업의 수익률은 낮아져 산업매력도는 하락한다. 구매자란 소비자 또는 고객을 의미하는데, 부품을 생산하여 대기업에 납품하는 경우 대기업은 구매자이며, 제조업자에게 도매업자는 구매자이고, 도매업자에게는 소매업자가 구매자이다. 일반적으로 구매자를 말할 때는 자신들이 생산하고 판매하는 제품

과 서비스를 구입해주는 상대를 모두 구매자라 한다.

이와 같은 구매자는 보다 저렴한 가격에 좋은 품질의 제품과 서비스를 공급 받기를 원한다. 더구나 제품과 서비스에 대한 정보가 구매자에게 노출되면 구매자의 교섭력은 더욱 커진다. 또한 강한 구매자의 교섭력은 산업 내 경쟁을 더욱 부추기게 되고 공급자의 경쟁위협도 동시에 커지기 때문에 공급자가 자신의 수익률을 높이기 위해서는 구매자의 교섭력을 잘 분석해야 한다.

구매자가 강력한 교섭력을 가지는 경우는 다음과 같다.

① 구매자의 구매규모가 공급자에게 큰 비중을 차지하는 경우
② 제품이 차별화되어 있지 않은 경우(표준화된 경우)
③ 전환비용(swiching cost)이 낮은 경우
④ 구매자가 후방통합의 가능성이 있는 경우
⑤ 구매자가 공급자에 대한 정보를 많이 가지고 있는 경우

결국 강력한 구매자들은 가격을 낮추거나, 더 나은 서비스와 품질을 요구하는 것 등을 통해 그들 스스로 힘을 가지게 되며 특히 가격인하의 압력을 행사할 수 있다. 경제의 기본원리상 가격은 공급량이 수요량을 초과하면 가격이 인하되거나 서비스 품질이 향상되는 등으로 자연스럽게 재편된다.

(1) 구매자의 가격민감도

제품 간 차별화 정도가 구매자의 교섭력을 결정한다. 만약 구매자가 구입하는 제품이 표준화된 제품이라면 구매자의 지위는 강해지지만 제품의 차별화가 높으면 구매자는 구입대안이 없어서 더 높은 비용을 지불하고 자신이 원하는 제품을 구매해야 하기 때문에 구매자의 가격민감도(price sensitivity)는 하락하고 교섭력도 낮아지며, 공급품의 브랜드 가치가 높아도 구매자 교섭력이 낮아진다.

예를 들어 구매자의 입장에서 제품과 서비스를 선택할 때 공급자가 많거나 선택의 폭이 넓은지 여부에 따라서도 구매자의 교섭력이 달라진다.

종이, 철강, 메모리형 반도체와 같이 소비자가 어떤 제품을 사용하더라도 품질의 구별이 어려우면 소비자의 판단기준은 가격이므로 가격민감도가 높아져 구매자 교섭력도 높아진다. 그리고 에이즈 치료제인 ‘리토나이버’나 조류독감 치료제인 ‘타미플루’의 가격은 매우 높게 책정되어 있지만 대체할 수 있는 제품이 없기 때문에 공급자는 구매자에 비해 강한 교섭력을 갖게 된다.

(2) 구매자의 상대적인 교섭능력

공급자에 대한 구매자의 상대적 교섭능력(bargaining leverage)을 결정하는 변수를 좀 더 구체적으로 살펴보면 다음과 같다.

① 구매자의 상대적 크기

공급자의 총 거래규모 면에서 구매자가 차지하는 구매량이 상대적으로 크다면 구매자의 교섭력은 더욱 커진다. 그리고 공급자와 구매자가 생산하는 제품이 밀접한 관계에 있을 때 관계정도에 따라 교섭력은 더 큰 영향을 받게 된다.

예를 들어 자동차회사의 타이어회사에 대한 상대적 교섭능력이 상당히 높은 경우나 대형 할인마트가 공급자에게 가격이나 서비스를 강요하는 것 등이다. 실제 국내 대형 할인마트에 제품을 공급하는 공급자들 대부분은 교섭력이 약하다.

농촌경제연구원 자료에 의하면, 국내 친환경농산물의 주요 구입처 중 가장 비중이 높은 대형할인마트(40.0%)의 납품단가 인하 요구에 대해 공급자는 거부하기 어렵다고 보았다. 즉 친환경농산물 생산자는 교섭력이 약하기 때문에 일반 농산물보다 더 싸게 팔거나 할인행사 때는 최저가격 유지를 위해 원가에도 미치지 못하는 납품단가를 요구해 손해를 보는 경우가 많다고 하였다.[18]

그리고 [그림 4-6]의 국내 백화점의 경우 공급자 교섭력이 약한 국내 패션, 잡화 및 소비재 용품 판매수수료 비중이 최대 40%에 달해 공급자 교섭력이 높은 해외

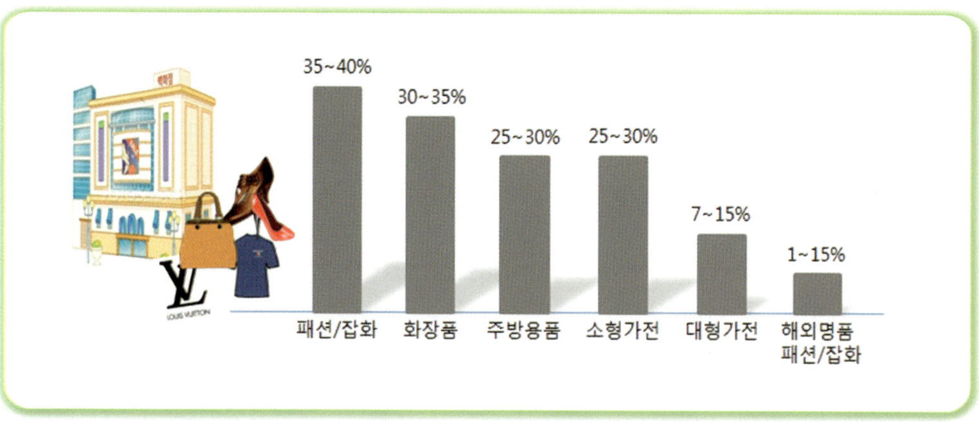

출처 : 공정거래위원회, 2013.

그림 4-6 공급자와 구매자의 교섭력(국내백화점 판매 수수료율)

---

18) '친환경 농산물 농민들, 대형마트 횡포에 울상', 한국일보, 2012.2.4.

명품과 대조적인 차이를 보여주고 있다.

② **정보수집능력**

구매자가 제품과 서비스에 대한 가격, 유통, 비용구조 등 공급자와 관련된 중요한 정보를 많이 보유하고 있다면 정보가 부족할 때 보다 구매자의 교섭능력은 더욱 커진다.

예를 들면 대규모 프로젝트 입찰 시 구매자는 공급자의 마진율 및 제조원가 구성비를 파악하기 위해 여러 가지 재무자료를 요청하지만 공급자는 가급적 관련 정보의 공개를 꺼린다.

③ **공급자 전환비용**

공급자를 교체할 때 감당해야 할 비용과 손실 등 공급자 전환비용(switching cost)의 크기에 따라 구매자 교섭능력의 크기도 영향을 받는다. 자동차회사가 타이어 공급자를 교체하는 전환비용은 거의 들지 않지만, 자동차 엔진 등 주요 부품 공급자를 교체할 때는 설계 및 생산방식의 변경에 소요되는 전환비용이 많이 들기 때문에 구매자의 교섭능력은 약해진다.

구매자가 공급자와 자본참여나 계열화 등의 관계에 있는 경우와 일정 물량을 거래하는 조건으로 가격할인이나 기타 혜택을 받고 있는 경우도 거래선을 변경하기 어렵다. 휴대전화나 인터넷 가입 시 사용기간에 대한 약정을 조건으로 할인이나 기타 서비스를 제공받고 구입할 경우 구매자 입장에서는 거래 해제 시 위약금을 변제해야 하는 손해를 감수해야 하기 때문에 쉽게 공급자를 바꾸지 못한다.

④ **구매자의 후방통합 가능성**

후방통합(backward integration)[19]은 구매자가 다른 공급자와 제휴 또는 합병을 통해 직접 회사를 설립해 공급자와 경쟁관계에 위치하는 것이다. 예를 들어 자동차회사가 자동차생산에 필요한 부품공장을 인수하거나 직접 설립해 생산·공급받는 경우

19) 수직적 통합(vertical combination ; vertical integration) : 원재료의 획득에서 제품이 생산, 판매되기까지 전체 공급과정에서 기업이 전방 또는 후방 프로세스를 통제하는 전략으로 성장전략의 한 방법이다. 동종업계의 다른 기업과 생산방식이나 자원사용 수준이 같은 회사끼리 흡수나 합병하는 수평적 통합(horizontal integration)과 대비된다(수직적 통합 전략은 본서 제8장에 자세히 소개하고 있다).
또한 원재료를 공급하는 기업이 생산기업을 통합하거나, 제품을 생산하는 기업이 유통채널을 가진 기업을 통합하는 것을 전방통합(forward integration)이라 하며, 이는 기업의 시장지배력을 강화시키기 위한 전략으로 사용된다. 반면 유통기업이 생산기업을 통합하거나, 생산기업이 원재료 공급기업을 통합하는 것을 후방통합((backward integration)이라 하며, 기업이 공급자에 대한 영향력을 강화하기 위해 사용하는 전략이다.

이다.

보통 구매자는 제품이 표준화되어 있고 수요가 충분해 일정한 규모의 매출이 고정적으로 보장되는 경우 혹은 공급자가 가격 · 품질 · 납기 등을 충족시켜 주지 못할 때 후방통합을 꾀한다. 그러나 통합에 따른 높은 초과비용의 발생은 오히려 기업을 불리하게 만들 수 있다.

자동차회사의 경우 타이어는 표준화되어 있고 고정적으로 구매를 해야 하기 때문에 타이어회사를 후방통합할 수 있으며, 타이어회사를 압박하여 원가를 절감하도록 강요함으로서 교섭능력을 장악하기도 한다.

③ 5 Forces 모델의 시사점

1) 5 Forces 모델과 산업효과

여러 가지 산업의 수익성이 차이가 발생하는 이유는 산업마다 경쟁구도가 다르게 형성되어 있기 때문이라는 것을 포터의 5 Forces 모델 분석을 통해 이해할 수 있다.

하버드 경영대학원의 몽고메리(Cynthia A. Montgomery)교수는 그의 저서 『전략가(*The Strategist*)』(2012)에서 "전략가가 가장 먼저 해야 할 일은 5가지 경쟁요인(5 Forces)들이 경쟁환경에 어떻게 영향을 미치는지 면밀히 파악하는 것이다"라고 하면서, 〈표 4-2〉에서처럼 산업을 '매력적이지 않은 산업'과 '매력적인 산업'으로 구분하여 두 산업 간 특성을 비교하였는데, 매력은 수익성을 기준으로 판단하였다.

앞의 사례에서 제시한 매스코(masco)의 가구사업 진출 실패는 가구제조업의 여러 경쟁조건이 '매력적이지 않은' 항목들의 조건과 흡사하다는 것도 알 수 있게 해 준다. 먼저 가구를 생산하는 기업들 간의 경쟁에서 보면 비슷한 가구를 제작하는 업체 수가 많고, 기업이 경쟁기업의 혁신을 모방하는 것이 어렵지 않으며 모방비용이 높지 않아 가구업체들 간의 경쟁은 치열할 수밖에 없다. 따라서 가구산업의 진입장벽은 매우 낮은 편이다.

가구산업에 뛰어드는 입장에서는 진입장벽이 낮고 매력적이기 때문에 더 많은 진입자가 가구산업에 참여할 수 있다. 따라서 가격은 떨어지고 시장경쟁이 치열해져 규모가 큰 기업일수록 과잉설비로 철수가 어려워질 수밖에 없다.

표 4-2. 매력적인 산업과 매력적이지 않은 산업

매력적이지 않은 산업 ←		→ 매력적인 산업
• 심함 : 동질적인 경쟁기업과 상품이 많다. 혁신이 빠르게 모방된다. 성장이 더디다. 과잉설비, 가격경쟁	기업들 간의 경쟁	• 약함 : 차별성을 지닌 지배적인 기업이 한 곳, 혹은 서너 곳 있다. 상품이 독특하다. 브랜드 정체성이 확고하다. 성장이 빠르다. 설비가 부족하다.
• 강함 : 산업이 독특한 상품을 생산하는 몇몇 집중된 부품 공급업체에 의존한다. 그리고 부품 공급업체들에게 중요한 수입의 원천이 아니다.	부품 공급업체의 세력	• 약함 : 비슷한 상품을 생산하는 부품 공급업체가 많다. 가격경쟁과 풍부한 공급 덕분에 합리적으로 부품을 공급받을 수 있다.
• 강함 : 비슷한 상품 중에 고를 수 있는 선택범위가 넓다. 브랜드 인지도 수준이 낮다. 전환비용이 낮다. 구매에 대한 감정적 관여가 깊이 이루어지지 않는다.	고객의 세력	• 역할 : 상품이 희소성이 있고 매우 차별화되어 고객의 행복에 중요한 역할을 한다. 고객의 선택범위가 제한되어 있다. 브랜드가 강력하다.
• 낮음 : 진입이 쉽고 때로는 철수가 어려워 과잉설비가 발생한다. 기존 경쟁기업들의 전략을 쉽게 모방하거나 추월할 수 있다. 신규진입을 하려면 자본이 많이 필요하지 않으며 규모 또한 크지 않아도 된다. 희소성을 지닌 자원이나 특화된 자원이 필요하지 않다.	진입과 철수 장벽	• 높음 : 신규기업의 진입이 어렵거나 경제적이지 않다. 신규진입에 규모의 경제와 상품 차별화, 높은 자본투자, 규제 당국의 승인 또는 축적된 전문지식이나 경험이 필요하다.
• 높음 : 매력적인 가격에 고객의 니즈를 충족시켜주는 대체상품이 다양하게 존재한다.	대체상품의 이용 가능성	• 낮음 : 고객이 비교 가능한 가격에 니즈를 충족시켜 줄 수 있는 대체상품을 선택할 수 없다.

그리고 가구산업에 부품을 공급하는 공급업체들은 가구회사가 자신들의 입장에서 안정적이고 충분한 물량을 주문하지 않기 때문에 공급자의 교섭력이 훨씬 강해진다. 소비자는 특별한 경우를 제외하고는 가구에 대한 구매욕구가 크지 않아 구매하고자 하는 의사결정은 언제든지 번복될 수 있고 구매 브랜드에 대한 충성도도 그다지 높지 않다. 가구에 대한 대체상품이 많다는 것도 기업의 입장에서는 매력적이지 못하다.

2) 5 Forces 모델의 한계

산업매력도에 영향을 미치는 환경요소들을 분석하여 경쟁과 수익성을 올릴 수 있는 틀을 제시하고 있는 5 Forces 모델은 5가지 요인이 가지고 있는 힘의 원천을 분석한 후 각 요인들이 기업에게 어떠한 기회와 위협을 제공하는지를 찾아낼 수 있는 모델이다.

포터는 산업의 구조(산업환경)가 그 산업 내에서 경쟁하는 기업들의 경쟁방식을 결정하고, 기업들의 경쟁전략 및 행동은 기업의 수익성을 결정하는 요인이라고 강조하였다. 또한 산업구조는 산업 내 기업들의 전략적 의사결정과 기업들 간의 경쟁에 따라 얼마든지 다양하게 변할 수 있고, 기업의 전략과 산업구조는 서로 상호작용하며 계속 변한다고 주장하였다.

그러나 포터는 산업구조의 매력도와 경쟁강도 및 수익성을 결정하는 요인은 5가지의 요인(5 Forces) 외에도 정부, 정치적 요소, 세계경제 등과 같이 기업활동에 영향을 미치는 다른 많은 요소들이 있다는 점을 포함시키지 않았다. 더구나 동일한 산업 내에서도 세부 전략집단에 따라 매력도는 다양하고 경쟁관계가 반드시 전략계획서상에만 존재하는 것은 아니며 소비자의 심리적인 요소에 따라서도 달라질 수 있다는 점도 살피지 못했다. 즉 5 Forces 모델은 기업들 간의 구체적인 경쟁전략을 묘사하지 못한다는 점이 미흡한 부분이다.

또한 산업 트렌드 변화에 따른 산업구조 변화를 정태적(static) 분석요소로만 설명하고 있고, 산업경쟁과 구조가 동태적으로 변화한다는 사실을 충분히 고려하지 못했다는 것이다(산업구조는 지속적으로 변하는데, 이러한 변화는 산업의 수익가능성에 영향을 미친다. 여러 가지 변화와 경쟁자의 전략은 신규 참여자의 위협을 늘리거나 줄일 수 있다. 시간에 따라 여러 요소가 변하면서 공급자와 구매자의 힘 역시 변화하며, 기술의 발달은 대체재의 위협요소를 변화시킨다. 경쟁은 시간이 지나면서 자연스럽게 격화되고 극심한 경쟁을 피하기 위해 M&A 등이 이루어지기도 하기 때문에 새로운 힘과 경쟁방식이 등장하게 된다).

그러나 기업이 전략을 수립할 때, 자신이 속한 산업의 경쟁요인을 정확히 분석하는 것은 매우 의미 있는 일이며, 포터의 5 Forces 모델은 사업 환경에 유연하게 대응할 수 있는 전략을 제시해 준다. 또한 경쟁자의 힘이나 외부경쟁요인의 힘을 절대 과소평가해서는 안 된다는 것을 보여주는 모델이다.

사례 4-2. 리타 맥그래스(McGrath 컬럼비아대 교수)의 5대 경영 시사점

경영전략의 신기원을 이룬 포터의 산업의 경쟁강도 분석(5 Forces model)과 본원적 경쟁전략을 정면으로 반박하는 맥그래스 교수는 과거와 현재의 경영환경이 달라 대응전략도 변해야 한다고 주장하였다.

과거와 현재 경영환경과 대응전략 변화

현 재	구 분	과 거
• 되도록 많은 관련 영역으로 진출	사업목표	• 한 영역에서 경쟁우위 선점
• 잠재력 있는 성장기회를 얼마나 많이 갖고 있나	기업의 성공 측정 지표	• 시장점유율
• 업종간 경쟁, 기존 전략방식 붕괴	위험 요소	• 한 산업분야 안에서 다른 업체와의 경쟁
• 자신의 업종에 구애받지 않고 고객 행동 패턴 분석	성공 요인	• 가격 경쟁력, 차별화된 제품
• 업종 경계를 넘어 새로운 기회를 포착할 수 있는 기업 인수	기업 인수 방식	• 같은 업종 내 경쟁력이 약한 기업 인수
• 바둑	비슷한 게임 방식	• 체스
◀리타 맥그래스	전략가	마이클 포터▶

자료 : 리타 맥그래스, 「경쟁 우위의 종말(*The End Competitive Advantage*)」(2013)

제 3 절 거시환경 분석

1 거시환경과 PEST 모델

1) 거시환경 이해

기업이라는 시스템은 사회의 일부분으로 존재하기 때문에 정치 · 경제 · 사회 · 문화 등 다양한 요인들의 영향을 받으면서 존재하여야 한다. 앞에서 설명한 포터의 5 Forces 모델도 외부환경 요인을 분석할 수 있는 유용한 도구이지만 특정한 집단만을 고려하는 특징 때문에 거시적인 환경요인을 구체적으로 반영하지 못한 한계점이 있다. 이러한 한계점을 극복하기 위해서는 좀 더 넓은 시각에서 환경요인을 파악할 필요가 있다는 주장들이 나타나기 시작하였다.

이와 같이 거시적인 환경요인을 중요하게 인식해야 할 필요성을 주장하는 이유는 다음과 같다.

첫째, 기업은 자신들의 의지와 관계없이 외부환경으로부터 기업활동을 제약받게 되는 경우가 자주 발생하기 때문에 기업이 이 같은 제약요인을 파악하지 못하면 시장 진출을 위해 투자한 시간과 비용을 낭비하게 된다. 왜냐하면 정치적 요인이나 법률적 요인의 경우 기업의 통제가 어렵고, 정부의 강력한 규제나 법규는 사업 진출 자체를 무산시키기도 하기 때문이다. 예를 들면 정부가 제시한 부동산 관련법은 건설사업의 활성화를 유도하기도 하고 제한하기도 한다.

이러한 예는 해외 진출 기업의 예에서도 자주 나타나는데, 해당 국가의 무역규제나 정치적 성향과 경제의 안정도, 노동 법규, 환경보호법 등과 같은 법률적 환경 외에도 후진적 행정제도, 국민의식, 가치관이나 종교 등과 같은 사회 · 문화적 환경요인도 기업활동에 제약요인이 되는 경우가 있다.

둘째, 포터가 제시한 5 Forces 모델의 5가지 요인 외에도 기업활동은 돌발적인 상황에 영향을 받는 경우가 많다. 이미 5 Forces 모델의 한계점에서도 지적한 바와 같이 5 Forces 모델은 산업환경 분석에 초점을 맞추고 있기 때문에 폭 넓은 외부요인에 대한 분석이 미흡하다. 예컨대 중동호흡기증후군 메르스 여파가 국내 여행산업을 비롯해 국가경제에 미친 영향, 일본 후쿠시마 원전 사태가 수산업과 경제에 미친 영향 그리고 미국발 금융위기나 전쟁과 테러 등이 여행 산업과 경제 전반에 미친 영향 등은 5 Forces 모델의 요인들과 관계없이 기업 활동을 제약했다.

그러므로 기업은 산업구조분석과 함께 외부환경의 어떤 요인이 자신들에게 기회와 위협이 되는지, 기업이 속한 산업환경과 시장을 둘러싼 거시적 환경을 더 철저하게 분석할 필요가 있는 것이다. 즉 포터의 산업구조분석(5 Forces model)과 'PEST 모델'을 함께 활용해서 기회와 위협에 미리 대비할 수 있다.

2) PEST 모델이란

거시환경은 [그림 4-7]과 같이 6가지 요소를 포함하고 있다. 이는 각 요소의 앞 글자를

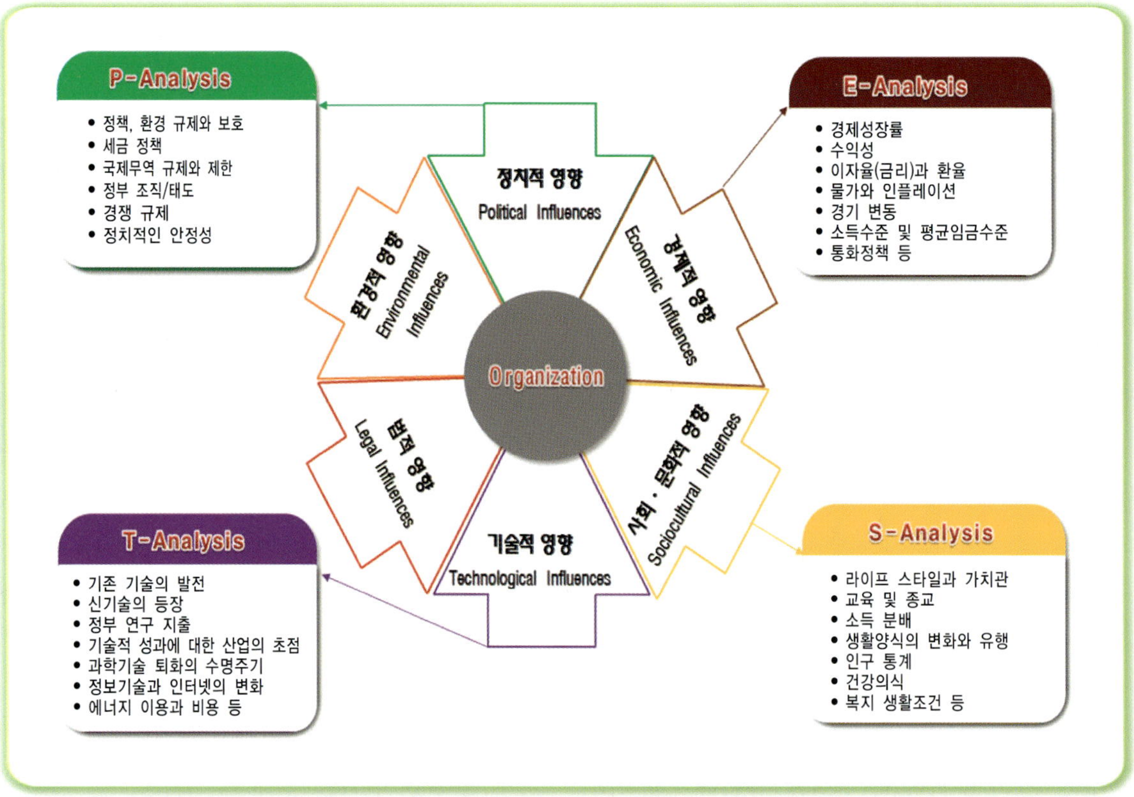

출처 : Glenn Boseman, Arvind Phatak & Robert E. Schellenberger., 『*Strategic Management : Text and Cases*』, John Wiley & Sons, Inc., 1986, p.23. 응용.

그림 4-7 PEST 모델

따서 'PESTLE 모델'이라고 부르며, 이 중 거시환경 분석에 가장 많이 활용되는 4가지를 묶어서 'PEST 모델'이라고 한다.

'PEST 모델'은 [그림 4-7]과 같이 해당 산업에 영향을 미치는 6개 영역 중 주요 요인인 정치적인 요인(P), 경제적인 요인(E), 사회·문화적인 요인(S) 그리고 기술적인 요인(T)을 중심으로 분석한다.

2 PEST 모델의 특성

1) 정치적 영향

정치적 영향(Political influences)은 주로 정부의 규제와 관련된 영향을 의미한다. 자동차 산업이나 제약 및 바이오산업처럼 정부의 법적인 규제가 많은 산업의 경우 정부정책의 변화를 예의 주시해야 하며 특히 해외진출을 고려하는 기업이라면 진출하고자 하는 나라의 정치적 안정, 무역정책, 국제무역 규제와 제한 그리고 자본주의 진행정도 등을 분석해야 한다. 정부규제는 신규 진입자를 제어하는 강력한 수단이 되기도 하지만, 이를 위반할 경우에는 법적 제재가 뒤따르기 때문에 면밀히 파악해야 한다.

2002년 12월 화물차와 승용차의 기준을 자동차관리법상 분류기준과 일치시킨 개정 특소세법 시행령에 따라, 쌍용자동차의 승용픽업트럭인 '무쏘 스포츠'는 화물차로 분류되었고, 이에 따라 특소세가 부과되지 않아 가격 경쟁력을 확보하여 판매가 급증했다.

하이닉스반도체는 2005년 4월 미국 법원으로부터 가격담합에 대한 규제로 무려 1,850억원에 해당하는 천문학적인 벌금을 부과받았다.

2011년 '골목상권'과 '동반성장'논란과 함께 등장했던 중소기업 적합업종지정제도도 대표적인 예이다. 시장경제의 기본인 기업 간 경쟁이 약화되고 소비자 후생도 낮아진다는 측면과 경제민주화의 대표적 산물로 '동반성장문화' 정착에 기여한다는 입장이 맞선 가운데 당시 82개 업종이 지정되었다(〈표 4-3〉 참조).

표 4-3. 중소기업 적합업종 지정 품목 현황(2014.5.1. 기준)

구분	품목 업종	수
1차 지정	• 순대, 떡(제조), 장류(고추장등), 재생타이어, 세탁비누 등	16개
2차 지정	• 햄버거식빵, LED조명, 김, 김치, 어묵, 유사가공품 등	25개
3차 지정	• 냉각탑, 아연분말, 기타 플라스틱 용기, 도시락, 부동액, DVR 등	38개
4차 지정	• 유기계면활성제, 배전반 등	3개
5차 지정	• 자동판매기 운영업, 자전거 소매업, 서적, 잡지류, 제과점업 등	16개
6차 지정	• 기타 식사용 조리식품, 자동차 전문 수리업 등	2개

출처 : 동반성장위원회, 2013 참고.

사례 4-3. 자동차회사에 대한 정부의 개입

자동차산업의 해외 매각은 비극의 역사로 점철된다. 일시적인 유동성 위기와 채권단의 조급함 탓에 다른 나라로 매각됐던 자동차기업들이 대부분 심각한 후유증에 시달린다. 해당 자동차업체의 비극에서, 그 기업이 속한 국가의 실업률이나 국민 자존심에도 큰 상처를 남기곤 했다. 반면 정부가 자본을 투입해 자동차기업 회생에 나섰던 국가들은 절치부심 끝에 제2의 전성기를 맞고 있어 대조를 이룬다.

한때 자동차왕국으로 꼽히던 영국의 자동차산업 해외매각이 대표적인 실패사례다. 현재 순수 영국 브랜드 자동차는 한 곳도 없다. 영국인의 자존심으로 꼽히던 재규어나 롤스로이스·벤틀리 등이 1970년대 이후 세계 각지로 팔려나갔기 때문이다.

100년 가까이 '영국 신사의 차'로 통했던 재규어는 1988년 미국 포드에 매각된 후 다시 2008년 인도 타타그룹에 팔렸다. 영국인들은 한때 자국 식민지였던 인도에 재규어가 매각되는 것을 앉아서 지켜볼 수밖에 없었다. 매각의 비극은 단순히 국민 자존심에 상처를 남기는 것으로 끝나지 않았다. 한때 세계 최고를 기록했던 자동차 수출량은 1975년 이후 현재까지 단 한번도 자동차 수출량이 수입량을 앞지른 적이 없다. 이 과정에서 자동차산업에 종사하던 노동자들이 대거 실업의 아픔을 겪었다.

독일 폴크스바겐은 연방정부의 '관리'를 통해 성공적으로 회생한 대표적 사례이다. 1960년대 민영화 이후 10개 이상의 자동차 브랜드를 보유한 독일 폴크스바겐 역시 1990년대 들어 심각한 위기를 경험했다. 일본·미국 자동차 브랜드들의 협공에 속절없이 점유율이 추락했다.

1993년 폴크스바겐의 독일 내 종업원 수는 10만3000명으로 최대수준에 달했으나 공장은 전혀 수익을 내지 못했다. 노동자들의 임금도 포드·오펠 등 경쟁사보다 20% 가까이 높고 독일 공장의 생산성은 업계 최하위 수준으로 조사됐다. 순이익은 계속 감소해 87%나 급감하면서 판매량은 1980년대로 돌아갔다.

그러나 독일은 경쟁력이 급감한 폴크스바겐 자산을 해외에 매각하는 대신 연방정부의 강력한 개입을 추구했다. 해외에 매각 시 대량해고 사태가 불가피하고, 더욱이 후방효과가 큰 자동차산업 특성상, 자동차 회사의 위기는 철강·화학·전자·금융·물류 등 산업 전 부문에 걸친 불황을 몰고 올 것이기 때문이었다.

이에 독일은 '폴크스바겐 특별법'을 만들어 10%가 넘는 지분을 지방정부가 소유, 정부동의 없이 생산설비 해외투자나 고용과 관련해 회사가 마음대로 결정하지 못하도록 규제했다. 국영기업으로 출발, 민영화를 거쳤다가 위기 때 다시

반(半) 국영기업으로 변모한 셈이다. 노동자들도 일자리 나누기 등을 통해 고통분담에 나섰으며, 특히 히트 모델이 잇달아 성공하면서 지금과 같은 거대왕국을 건설할 수 있게 됐다.

프랑스의 르노도 국유화를 통해 위기를 넘어섰다. 르노는 1980년대 회사가 도산할 위기에 처했지만 국유화 과정을 거쳐 회생했다. 이후 1990년대 민영화에 성공하면서 현재는 일본 닛산과 합병해 세계 3위권의 자동차회사가 됐다.

버락 오바마 미국 대통령도 부임 직후인 2009년 GM에 495억 달러의 구제금융을 지원하는 등 기업회생에 노력하였다. 특히 그는 GM을 매각할 경우 대량 실업사태가 불가피하다는 점에서 기회가 있을때 마다 'GM 살리기'를 강조했으며 자신이 이룬 가장 큰 업적으로 'GM의 부활'을 꼽고 있다.

2) 경제적 영향

경제적 영향(Economic influences)은 경제성장률, 인플레이션, 환율, 이자율, 평균임금수준 등으로 산업과 기업에 직접적인 영향을 미친다.

미국 발 금융위기[20]는 전 세계의 기업 생태계에 영향을 미쳤다. 미국, 유럽의 금융자본은 신규 투자처로서 이머징 마켓(한국 등 신흥시장)을 활용해 상당한 금융수익을 발생시켜 왔으나 투자되었던 달러가 금융위기로 급속도로 회수되면서 우리나라는 환율급등, 주가하락이라는 이중고를 겪었다. 환율변동은 다른 나라에 비하여 무역의존도가 높은 한국경제전반에 큰 영향을 주었다. 왜냐하면 천연자원이 부족하고 내수 규모가 작아 수출의존도가 높은 경제구조를 가지고 있어 환율의 변동에 민감할 수밖에 없기 때문이다. 즉 환율이 상승하면 수출증가 효과를 가져 올 수 있으나 동시에 생산하기 위한 원재료 수입가격이 높아지기 때문이다.

물론 업종마다 그 영향은 다르다. 자동차·IT산업 등 수출업종은 환율이 하락하면 채산성에 직접적인 영향을 받지만, 정유·항공산업 등의 업종은 원유 수입단가가 낮아지기 때문에 오히려 채산성이 올라갈 가능성이 크다.

▣ 현대자동차는 환율이 10원 하락하면 약 2000억원(현대차 1200억원, 기아차 800억원)의 매출 하락이 불가피하다. 반면 수입 원재료를 쓰는 식품업계(오리온, 삼양식품, 대한제당 등)는 각종 식품용 재료인 곡물 수입가가 떨어지기 때문에 환율하락을 긍정적으로 보고 있다. 또한 CJ제일제당도 환율이 10원 내릴 때마다 1년에 약 30억원의 이익을 볼 수 있다. 그리고 업종 특성상 외화부채가 많은 편인 항공사들의 경우, 환율이 하락하면 갚아야 하는 이자부담이 그만큼 줄어든다. 대한항공은 환율이 10원 하락하면 장부상으로 735억원의 평가이익이 생기고, 아시아나항공은 장부상 가치가 약 87억원씩 변동하게 된다(2014년 기준).

---

20) 2007년에 발생한 미국 서브프라임 모기지(subprime mortgage) 사태는 주택가격 하락과 대출금에 대한 이자율 상승 등으로 서민들 대부분 대출이자 상환 능력을 상실하게 되면서 자산을 포기하거나 주택압류 및 저당물건이 대량으로 늘어나면서 주택자금을 대출해 준 금융사의 원금회수가 어려워 졌고, 그 밖에도 미국과 이라크 전쟁, 인구 증가로 인한 물가상승 등 여러 가지 악재가 겹쳐 발생했다.

3) 사회 · 문화적 영향

사회 · 문화적 영향(Sociocultural influences)은 소비자의 문화, 가치관, 라이프스타일과 새로운 트렌드 등을 의미한다. 특히 우리나라는 소셜 미디어(social media)가 주도하는 트렌드에 대한 민감도가 높고 트렌드의 수명이 짧기 때문에 사회 · 문화적인 환경의 변화를 재빨리 감지하고 대응하는 것이 중요하다.

예를 들어 웰빙 열풍은 소비자들의 소비 패턴에 다양한 변화를 가져오게 하므로 이에 따르는 많은 기업들이 웰빙 마케팅을 주요 전략으로 활용하고 있다. 관광산업의 경우엔 삼림욕, 올레길 걷기 등 힐링 캠프 등과 같은 상품을 개발하여 공급하고 있고, 식품업계의 경우엔 유기농 식료품과 건강음료가 기존 식품의 수요를 대체하고 있으며, 1인 가구의 증가에 따라 밀키트(meal kit)제품의 수요가 급성장하고 건축, 식당, 각종 가전제품 등의 소비패턴이 바뀌고 있다. 뿐만 아니라 요가나 명상 그리고 각종 스포츠 관련 산업도 성장이 두드러지게 높아지고 있다.

그리고 나라마다 소비성향과 패턴을 이해하는 것도 중요하다. 예를 들어 일본의 유통시장은 다른 나라에 비해 매우 폐쇄적이어서 해외기업이 침투하기에 매우 어려움이 많다. 일본 유통업계 진출을 위해서는 일시적 거래가 아닌 장기적인 관계를 형성하면서 거래를 계획해야 하고, 값싼 제품을 가지고 승부하기보다 품질이 좋은 상품이어야 성공할 수 있다. 일본 소비자들은 값이 싸면 품질이 떨어진다고 믿기 때문이다.

예를 들면 원가우위를 내세운 월마트(Walmart)가 초기 일본 진출 시 곤혹을 치른 이유도 가격과 품질을 연계한 일본 소비자의 가치관 때문이다. 한국의 경우 월마트의 철수이유는 매우 복잡하다. 가격에 대한 인식뿐만 아니라 브랜드 인지도, 매장의 진열방식[21] 등 한국 소비자의 까다로운 소비성향 때문이었다.

코카콜라의 경우 전 세계를 대상으로 판매를 하고 있지만 본사에서는 원료만 공급할 뿐 마케팅은 현지에 일임해 현지 소비자의 성향과 문화 등을 고려하여 전략을 수립한다. 대부분의 글로벌 기업들은 해외진출 시 현지사정에 맞는 전략을 세우기 위해 사회적 · 문화적인 요인을 분석한다.

---

21) 나라마다 소비자의 성향은 여러 가지 면에서 다르다. 1~2주일치 식품을 미리 대량 구입해 냉동 보관 후 조리하는 외국과 달리 우리나라는 소량으로 자주 구매해 조리하기 때문에 신선식품을 선호하고 접근이 편리한 곳에 위치해야 한다. 그리고 생선을 판매하기 위해 전시를 할 때도 비린내가 나는 생선의 진열을 싫어하는 미국 · 한국과 달리 중국 소비자들은 포장된 생선보다 냄새가 나더라도 그대로 전시된 것을 선호한다.

100% 국산 쌀과 영양이 풍부한 국산 현미로 만든 웅진식품의 아침햇살은 세계최초의 쌀음료로 1999년 출시 이후 국내 쌀음료 시장 1위를 지키는 음료업계의 스테디셀러 제품이다. 쌀 고유의 맛을 살려 마시기 편한 액상타입으로 가공하기 위해 현미와 백미를 효소 분해시킨 뒤 맑은 액을 얻는 고유의 쌀음료 제조방법은 한국과 미국, 중국, 일본 4개국에서 6건의 특허를 받았다. 출시 이후 현재까지 16년간 아침햇살의 매출 누적액은 8천600억 원에 이르며 아침햇살 제조에 사용된 쌀은 총 3만 5천400톤(밥공기로 환산하면 1억2천만 공기)이다.

특히 아침햇살은 쌀이 주식인 베트남에서 식사 대용식 프리미엄 음료로 각광받고 있으며 전체 베트남 수출액('자연은', '초록매실', 어린이 음료 '초롱이' 등) 중 50% 이상을 차지하고 있다. 현지인을 대상으로 하는 로컬 마켓과 베트남 1위 편의점 체인인 숍앤고(Shop&Go)와 K마트 전 점에 입점해 있다. 쌀음료가 생소한 베트남 소비자를 위해 광범위한 시음행사와 한국산 프리미엄 제품의 이미지를 살리기 위해 별도의 영문 브랜드 없이 국내와 같은 한글 레이블 제품을 베트남에 유통시키고 있다. 그리고 알로에를 선호하는 중국에서는 건강음료로 인기가 높은 '자연은 알로에'가 주력제품으로 자리잡고 있다. '자연은 알로에'는 철저한 니치마켓 공략과 현지화 전략으로 중국 시장에 성공적으로 안착했다. 대도시가 아닌 광동성, 복건성 및 동북 3성 등 '성' 단위로 지역을 좁혀 영업력을 집중한 결과 투자 리스크를 줄이고 이익을 높일 수 있었다. 한 때 '자연운', '자연웅' 같은 짝퉁 브랜드에 맞서 '브랜드의 상표권 및 디자인권 소송'으로 매출이 떨어졌으나 승소하면서 다시 기지개를 켜고 있다.

(헤럴드경제, "웅진식품, '아침햇살'·'자연은 알로에'로 수출 기지개", 2015.04.07.)

4) 기술적 영향

기술적 영향(Technological influences)에 대한 분석은 산업을 지배하는 새로운 신기술의 출현과 발전 가능성, 신제품이나 혁신적 제품의 등장 여부, 대체기술의 개발 가능성 등에 대한 분석을 주로 한다. 기술혁신은 시장의 패러다임을 순식간에 바꾸어 놓을 뿐만 아니라 대체재의 위협요인으로도 작용해 기존의 제품군을 위협하기도 한다.

예를 들어 휴대폰의 등장으로 1990년대 중반까지 전 국민에게 보급되었던 무선 호출기(일명 삐삐)는 이제 일부 사용자를 제외하고는 시장에서 거의 사라졌다고 보아야 한다. 특히 한국의 이동통신은 1984년 처음 한국이동통신이 카폰을 출시할 때만 하더라도 1946년 미국 벨시스템의 기술보다 무려 40년 정도 격차가 벌어져 있었으나, 1996년 SK텔레콤이 세계최초 CDMA(코드분할 다중접속)방식의 디지털 휴대전화를 상용화하면서 세계 기록을 갈아치우는 기술력으로 IT혁명을 선도해 '모바일 강국'으로 자리 메김을 하고 있다.[22]

그러나 휴대폰은 기술 혁신을 통해 스마트폰으로 진화하면서 애플의 스마트폰은 기존 휴대전화 시장의 판도를 바꾸어 놓았다. 난공불락의 요새처럼 전 세계시장 점유율 1위를 오랜 기간 고수해 온 핀란드의 노키아는 스마트폰 기술개발에 뒤처지면서 시장에서 지위를 잃어버렸고 그 자리를 애플과 삼성이 차지했다. 반면 삼성은 애플에 이어 스마폰

22) '이통 30년, 가입자 5,480명, IT 혁명 선도 모바일 강국으로', 조선경제, 2014.3.28.

개발의 후발 주자였지만, 빠른 기술개발을 통해 시장점유율에서 1위 자리를 차지한 반면, [그림 4-8]에서 보는 것처럼 노키아는 스마트폰 시장에서 점유율을 찾아볼 수 없으며, 세계 최고의 브랜드 가치를 평가하는 인터브랜드 평가에서도 노키아의 브랜드 가치는 2011년만 해도 세계 14위로 높게 평가받았지만, 2015년 자료에 의하면 100위권 내에도 포함되지 못했다.

그림 4-8 세계 스마트폰 시장 점유율의 추이

그 후 스마트폰시장은 중국의 화웨이(華爲 : Huawei), 오포(歐珀 : OPPO), 샤오미(小米 : Xiaomi), 비보(維沃 : VIVO) 등이 기술개발과 디자인의 향상, 가성비(cost effectiveness)를 앞세워 새로운 강자로 급부상하고 있다.

스마트폰 시장은 2007년 애플(Apple)이 아이폰을 출시한 후 10년 이상 바(Bar)타입의 제품이 꾸준히 성장하였으나 갈수록 수요가 감소하는 정체기(2018년 전 세계 스마트폰 출하량은 14억 2970만대로 2017년 대비 5% 감소)에 접어들었다.

2018년 11월 중국의 로욜과 삼성이 폴더블폰을 공개한 이후 스마트폰 시장은 급변할 수밖에 없는데, 특히 접으면 스마트폰, 펼치면 태블릿으로 쓸 수 있는 폴더블폰의 높은 활용도가 침체된 스마트폰 시장을 되살릴 것인가가 관심이다. 2019년 부터는 삼성을 비롯하여 로욜, 화웨이, 오포, 레노버, 샤오미 등이 인폴딩, 아웃폴딩, 듀얼폴딩으로 폴더블폰을 본격적으로 생산하면서 표준경쟁도 치열하다.

LNG(액화천연가스)선 건조의 절대 강자인 대우조선해양이 세계시장을 석권한 원동력은 기존 기술을 뛰어 넘는 혁신과 시장선점에 있다. 1990년대 초까지만 해도 LNG선은 둥근 공을 실은 것처럼 생긴 모스형이 주류였고, 유럽의 일부 조선소와 일본, 한국의 현대중공업이 모스형을 건조했다. 그러나 대우조선은 1992년 모스형 대신 멤브레인형(비독립탱크형)에 집중해 건조 기술을 향상시켰다. 멤브레인형은 유지비(운송비)가 낮아 운송선사들이 선호하고 있고, 이제는 대세가 되었으며, 경쟁적인 생산성 향상으로 건조비용도 낮아졌다. 특히 LNG-RV(해상에 정박한 채 LNG를 공급함으로서 수백만평에 달하는 LNG 터미널과 대규모 육상저장 기지가 필요 없음)를 세계 최초로 건조에 성공했고, 쇄빙기능을 가진 LNG선을 비롯해 세계 조선소 중 가장 많은 LNG선을 건조한 경험이 있다.

5) 법적 영향 · 환경적 영향

이 밖에도 거시적인 환경요인으로 고려해야 할 것은 법률적 영향과 환경적 영향이다. 먼저 법률적인 요인으로는 기업세법, 관련법규 등과 같이 기업활동에 영향을 미치는 요인이 있고, 최근 환경문제에 대한 관심이 커지면서 환경, 기후변화, 자연보호, 폐기물 처리, 환경오염 및 녹색성장과 관련된 규제, 정화시설 등과 같은 요인도 외부환경 분석에 매우 중요한 요인들이다.

예를 들면 소비자들이 환경보호에 대한 관심이 점점 높아지면서 기업이 생산하는 제품에 대하여 다양한 요구를 하고 있다. 즉 정부나 소비자단체들은 기업이 친환경적인 경영을 통해 사회적인 책임을 다해줄 것을 요구하고 있다. 따라서 기업은 이러한 요구에 대응하기 위한 관련 비용이 발생함으로써 원가상승에 대한 추가부담을 하게 된다.

그리고 전자산업계는 가격이 조금 비싸도 에너지효율이 높거나 환경친화적인제품을 개발해 소비자들을 유인하는 전략을 추진하고 있다. 예를 들면 고효율의 에너지소비뿐만 아니라 환경피해 문제를 해소할 수 있는 기능을 탑재한 제품개발과 국내에서는 황사와 미세먼지로 인해 공기청정과 여름철 제습 기능을 더한 에어컨을 개발해 시장에서 경쟁력을 끌어 올리고 있다.

사례 4-4. 세계 가구업체 1위와 국내 가구업체 1위 대결

가구산업은 다른 산업에 비해 진입장벽이 낮고 경쟁도 치열하다. 뿐만 아니라 특정 품목을 제외하고는 마케팅 문제와 비효율성 그리고 극심한 제품 다양성, 주문에서 배달까지의 유통망 문제 등 많은 어려움을 안고 있는 저성장 성숙기 제품이다. 따라서 가구산업에 대한 철저한 분석과 전략이 없이 진출할 경우 실패 위험이 크다.

글로벌 가구 공룡기업 이케아(IEKA : 국내 가구업체 1위 한샘의 외형 70배 규모)의 한국 진출로 국내 가구업체들의 대응전략은 대형 직영 매장 개설, 온라인 판매망(B2C) 구축 등으로 고객과의 접점을 더욱 높여 서비스 만족도를 향상시키는 전략으로 전환하였다.

이케아의 진출에 대해서는 두 가지 견해가 있다. 이케아가 막강한 구매력에 다양한 품목을 기존 브랜드 제품의 절반 수준인 저렴한 가격에 공급하는 전략으로 국내 시장판도를 뒤집을 수 있다는 의견과 아니면 주거문화가 아파트 위주인 우리나라의 경우 DIY(Do It Yourself : 소비자가 직접 조립·설치하는 방식)가구를 소비자가 선호하지 않아 고전할 것이라는 의견이 팽팽한 가운데 이케아는 2014년 하반기 광명 1호점을 시작으로 고양시와 서울, 부산에 오픈을 준비 중이며 2020년까지 5개 매장 개점을 계획하고 있다.

물론 DIY 가구로 유럽에서 이케아에 버금가는 인기를 누린 영국의 비엔큐가 2005년 국내 상륙했다가 실적 부진으로 2년 만에 철수한 사례가 있어 가구업계는 한국에서 DIY 가구는 안 된다는 통념이 있다. 그러나 이케아의 브랜드 파워가 막강해 속단하기 이르다는 의견도 있다.

이케아의 진출에 대비하여 가장 적극적으로 대응하는 업체는 한샘인데, 한샘은 이케아와 다른 특징을 가지고 소비자를 공략하고 있는데, 대형직매장·홈쇼핑·온라인매장 등으로 B2C(소비자거래) 유통망을 다각화하는 한편 인테리어 전문업체와 제휴를 통해 B2B(기업간거래) 사업역량을 강화하고 있다. 그리고 지난 2011년 부산 센텀시티 플래그숍 출점 이후 지난 6일 서울 목동에 6번째 플래그숍을 선보였다. 한샘은 플래그숍을 향후 2020년까지 20개로 확대할 계획이다.

이케아(IKEA)	비교	한샘(HanSam)
44조	매출(2013)	1조 60억
42개국 대형 매장 345개	매장 수	대형 플래그숍 5개, 대리점 300여개
스웨덴 스톡홀름, 55,200m²	최대매장	부산센텀 8,000m²
도심 근교형, 저가의 DIY 가구, 생활용품 비중 50% 이상	특징	도심형, 가구 판매 비중 80%는 직원 상담에 의한 전문 시공 서비스

제5장 내부환경 분석

외부환경 분석을 통해 사업의 기회가 포착되었다고 해서 전략이 당장 실행되는 것은 아니다. 왜냐하면 기업이 수립한 경영이념 및 목표와 외부의 기회와 위협 및 내부의 자원과 능력을 결합시키는 일련의 체계적인 과정을 거쳐야 하기 때문이다.

그러므로 외부환경을 토대로 내부환경 분석을 통해 경쟁력의 원천이 되는 핵심역량, 즉 자원과 능력을 파악하고, 그 핵심역량이 경쟁우위를 유지하면서 가치를 창출할 수 있도록 다양한 방법을 동원해야 한다.

제5장에서는 내부환경의 요소들을 어떻게 분류할 것인가와 그것을 어떤 방법으로 분석할 것인가를 소개하고자 한다. 즉 기업이 보유한 경영자원과 능력을 구분하고 이를 토대로 자사의 강점과 약점을 파악하는 기법을 차례로 소개한다.

먼저 기업내부의 자원과 능력으로 구축된 핵심역량의 강점을 활용하거나 새로운 자원이나 능력의 개발과 축적을 통해 강점을 강화함으로써 경쟁우위를 지속적으로 유지할 수 있는 방법(전략의 역할)에 대해 설명한다.

특히 자원기반 관점의 VRIO모형과 포터의 가치사슬(Value Chain)에 대해 구체적으로 소개하며, SWOT분석과 '7-S 모델'을 토대로 한정된 경영자원으로 조직능력(organizational capabilities)을 극대화하고, 강점과 약점을 외부요인에 잘 대응하도록 관리하는 방법을 소개한다.

제 1 절 내부상황의 분석요소

1 내부상황 분석의 기본방향

1) 내부상황 분석 이유와 목적

기업이 전략을 수립할 때 내부상황을 분석하는 이유는 외부환경의 기회와 위협에 대응할 수 있는 기업내부의 자원과 능력을 파악하여 경쟁력을 창출하기 위해서이다. 전략의 수립은 외부환경과 내부능력의 결합으로 이루어지는 것이고, 기업이 보유한 자원과 능력을 통하여 시장에서 경쟁우위의 원천이 되는 핵심역량을 찾아내고자 하는 것으로서 이는 곧 기업의 경쟁력이 된다.

내부상황을 분석할 때 반드시 고려해야 할 내용이 다음의 두 가지가 있다.

첫째, 경쟁력의 원천이 되는 핵심역량 즉 자원과 능력을 어떻게 체계적으로 분류할 것인가를 먼저 고려해야 한다.

둘째, 경쟁력을 확보하기 위해 기업이 보유한 핵심역량을 다양하고 차별화된 전략으로 전환시킬 수 있어야 한다.

이러한 과정에서 전략 담당자가 기업의 핵심역량을 평가·분석할 때는 내부의 자원과 능력을 외부환경과 고려해서 평가해야 한다. 전략을 수립할 때 내부역량을 강조한 케이퍼빌러티학파의 대표적인 학자인 하멜(G. Hamel)과 바니(Jay B. Barney)는 "내부자원의 경쟁력이란 기업이 생산하는 제품과 서비스가 소비자에게 어떤 가치로 어떻게 전달하느냐가 중요하며, 내부의 능력도 경쟁자들과 비교해 상대적인 관점에서 평가를 해야 한다"고 주장하였다.

내부의 상황이 외부의 환경과 조화를 이루지 못하면 내부환경 분석 자체가 의미가 없어진다. 그러므로 정확한 내부상황을 분석하기 위해서는 기업 내부의 요소를 어떻게 구분하고 파악할 것인가가 중요한 과제이다.

모든 기업은 강점과 약점을 동시에 가지고 있기 때문에 외부환경에 유연하게 대처할 핵심역량이 무엇인지, 기업은 핵심역량을 어느 정도 확보하고 있는지, 약점을 보완하고 강점을 효과적으로 발휘할 수 있는 방안이 무엇인가를 파악하여야 한다.

2) 내부상황 분석 방법

기업이 보유한 내부의 경쟁력은 자원(resources), 능력(capabilities) 그리고 핵심역량(core competencies) 등과 같이 다양하게 표현될 수 있다. 그러나 이러한 용어들은 그 의미를 명확히 구분하기 어려운 개념들이다. 더구나 경영전략에서 자원기반 관점(RBV : Resource Based View)이론이 확대되면서, 많은 학자들은 재무적, 물리적, 개인적 그리고 조직적 속성들을 다양한 용어로 사용해 왔다. 예를 들면 워너펠트(B. Wernerfelt)는 이러한 속성을 자원(resource, 1984)으로, 프라할라드와 하멜(C. K. Prahalad & G. Hamel)은 기업 내부적인 속성들을 핵심역량(core competencies, 1990)으로, 스토크(George Stalk Jr, 1951~)와 에반스(Philip Evans, 1950~) 그리고 슐만(Shulman)은 능력(capabilities, 1992)이라고 표현하였다.

바니(Jay B. Barney)는 그의 저서 『전략경영과 경쟁우위(*Strategic Management And Competitive Advantage*)』(2005)에서 기업내부의 자원과 능력을 '자원기반 관점'에서 나누어 설명하였는데, 자원(resource)은 기업이 전략을 고안하고 실행하는데 이용되며 기업통제 하에 있는 공장, 제품, 구매자 사이의 평판, 조직의 팀워크 등과 같은 유·무형자산으로 정의했다. 예를 들어 이베이(eBay)의 유형자산으로는 웹사이트와 소프트웨어를 들 수 있고, 무형자산으로는 경매사업에서의 브랜드 가치를 들 수 있다. 능력(capability)은 기업자원의 한 부분이며, 다른 자원들을 최대한 이용할 수 있게 하는 가능성으로 정의했다. 즉 기업은 자원만 가지고는 전략을 고안하거나 실행하지 못하지만, 대신 기업의 능력은 기업으로 하여금 다른 자원들을 이용하여 전략을 고안하거나 실행할 수 있다고 보았다. 능력의 예로 기업의 마케팅 기술과 경영자 사이의 팀워크 및 협력 등을 들 수 있다. 이베이(eBay)가 온라인 경매시장을 석권하게 된 이유로서, 소프트웨어 개발자와 마케팅 담당자가 협력하여 능력을 발휘하였기 때문이다.[1)]

위의 설명에서 자원, 능력, 핵심역량 사이의 구분이 이론적으로는 가능하나 실제로는 구분하기가 매우 어렵다. 능력의 한 가지 예인 마케팅 기술과 팀워크 등은 무형의 자원이기도 하고 때로는 기업의 경쟁력에 영향을 미칠 경우 역량이 되기도 한다. 따라서 자원, 능력, 핵심역량은 비슷한 의미로 사용되지만, 이러한 용어들은 기업이 보유한 내부의 자원과 능력을 파악하는데 매우 유용하다.

본서에서는 자원과 능력 그리고 핵심역량을 다음과 같이 구분하고 정리하여 혼란을 피하고자 한다([그림 5-1] 참조).

---

1) 신형덕 역, 『전략경영과 경쟁우위(제4판)』, 피어슨, 2013, pp. 82~83.

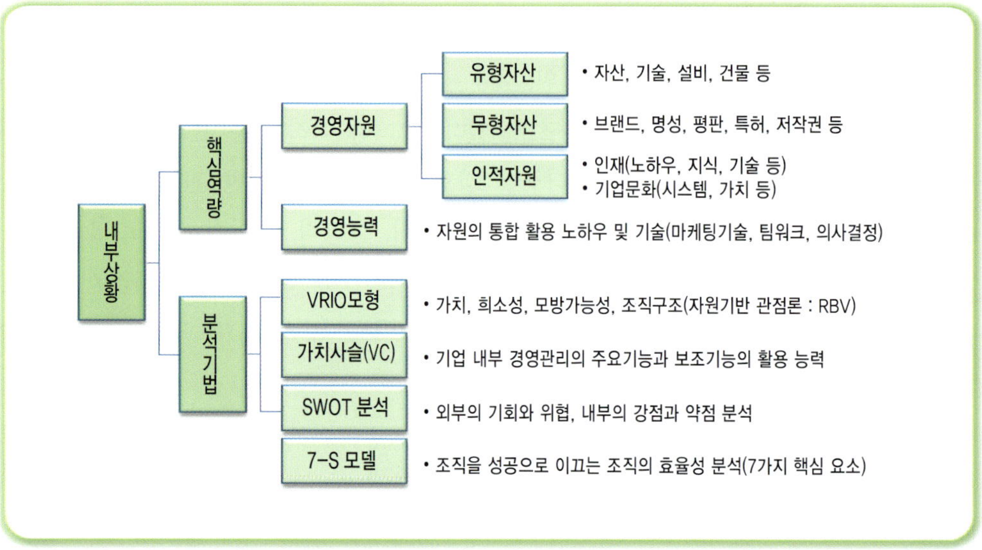

그림 5-1 기업의 내부 상황 분석

- **자원**(resource) : 기업이 보유한 넓은 의미의 자원으로서, 유형의 자원(자산, 기술, 설비 등), 무형의 자원(브랜드, 명성, 특허 등), 인적자원(노하우, 팀워크, 기업문화 등)을 의미하며, 자원은 기업 경쟁력의 원천이 된다.
- **능력**(capability) : 자원의 한 부분(협의의 자원)이며, 기업이 보유한 자원을 활용하고 통합하여 실행하는 정도를 의미한다. 능력만으로는 전략을 실행하기 어렵기 때문에 반드시 자원을 이용해야 하며 자원과 함께 경쟁력의 원천이 된다. 차별화된 자원을 효과적으로 활용할 수 있을 때 능력은 핵심역량이 될 수 있다.
- **핵심역량**(core competencies) : 자원과 능력 어느 하나만으로는 경쟁력을 갖출 수 없다. 자원과 능력 모두 가치 있고, 희소하고, 모방하기 어려운 차별화된 것일 때 기업은 경쟁우위를 유지하게 되고 이것이 핵심역량이 된다. 기업이 보유한 핵심역량을 파악하기 위해 활용되는 전략적 기법으로 자원기반관점의 VRIO 모형, 가치사슬(Value Chain), SWOT 분석, 7-S 모델 등이 있다

2 경영자원과 핵심역량 분석

1) 경영자원 분석

전통적으로 기업의 자원은 3M(Man, Money, Material) 또는 5M(3M + Machine, Method) 등을

꼽고 있지만, 기업의 규모가 커지고 조직이 다양 · 복잡해진 현대에서는 서비스, 브랜드 파워, 인력, 기술, 시스템, 조직구조, 조직문화, 리더십, 비전 등과 같이 많은 요소들이 조직과 기업운영에 영향을 미치고 있다.

기업 경쟁의 원천이 되는 경영자원은 일반적으로 유형자원과 무형자원으로 나누지만 좀 더 세분화하면 유형자원(tangible resource), 무형자원(intangible resource), 인적자원(human resource)으로 나눈다.

경영자원을 분석하기 위해서는 먼저 기업이 보유한 자원을 규명하고, 자원을 유형별로 분류하는 과정을 거쳐야 한다. 그리고 외부환경에서 분석한 경쟁산업 내에서 경쟁사와의 강점과 약점을 비교 · 평가한 후 자원의 효율적 활용방안을 규명해야 한다.

경영자원의 특성(능력)은 〈표 5-1〉과 같다.

표 5-1. 경영자원의 분류와 특성

경영자원	자원요소	주요특성(능력)
유형자원	설비	• 공구, 기계 및 설비, 건물, 연구 설비 등의 능력(성능)
	원료	• 최소의 비용과 양질의 원료를 필요한 시기에 조달하는 능력
	자금	• 조달능력과 운용 및 투자 능력
	기술	• 고유기술, 생산기술, R&D 기술 및 4차 산업혁명기술
무형자원	브랜드 파워	• 기업의 이미지 및 상표의 평판도
	지식정보	• 정보를 획득 · 공유 · 활용하는 능력(노하우)
인적자원	인재	• 종업원이 보유한 노하우와 능력 및 기술을 활용할 수 있는 능력
	기업문화	• 목표와 비전 및 핵심가치의 공유 및 구성원의 가치관, 행동 양식
	시스템	• 경영기능, 경영자원, 경영프로세스 등을 체계화하는 능력

(1) 유형자원

기업의 유형자원은 무형자원이나 인적자원과 달리 쉽게 파악할 수 있으며 계량화가 가능하다. 기계 설비나 공장, 자재 등과 같이 눈으로 파악할 수 있는 것들이 대부분 포함된다.

대부분의 유형자원은 양적인 평가가 가능하다는 특징을 가지고 있으며, 기술의 경우도 해당 기업이 획득한 국내 · 외 표준(KS, ISO 9000, ISO 14000 인증 획득 등) 또는 특허 및 출시된 제품과 서비스를 통해 평가가 가능하다.

(2) 무형자원

기업의 무형자원은 갈수록 다양해지며 동시에 그 중요성도 강조되고 있다. 예를 들면 연구개발능력, 생산기술력, 마케팅능력, 브랜드 파워 그리고 경영관리능력과 유통지배력 등이며, 경쟁기업이 쉽게 모방할 수 없는 중요한 자원이다. 특히 기업이 보유하고 있는 이미지나 평판 또는 명성은 대표적인 무형자산이다. 뿐만 아니라 특허나 저작권과 같은 자산은 기업의 경쟁력을 높이는 중요한 자원이며, 특허로 보호되지는 않지만 기업이 지닌 노하우(지식과 정보)도 매우 중요한 자원이고, 경쟁에서도 독점적 위치를 점할 수 있는 자원이다.

예를 들면 제록스(XEROX)는 그래픽 유저 인터페이스(Graphic User Interface)[2]를 제일 처음 발명하였으나, 상품화를 통하여 수익성을 높이지 못하였으나 애플(Apple)과 마이크로소프트(Microsoft)는 이 기술의 개발능력을 발휘하여 많은 수익을 올렸다.

그리고 듀퐁(Dupont)[3]이나 인텔(Intel)같은 회사는 기술적인 경영자원을 보호하고 이를 상업화하는데 성공한 대표적인 기업이고, 디즈니(Walt Disney), 아메리칸 익스프레스(American Express), 코카콜라(Coca Cola) 등은 회사가 가지고 있는 좋은 이미지나 브랜드를 적극적으로 활용하고 있는 기업이다.

이러한 기업들의 기업 및 브랜드 인지도는 고객들의 선호 및 신뢰도를 통해 형성되는 것으로 반복구매 및 충성고객의 확보와 연관구매의 가능성이 매우 높아지게 된다.

무형자산의 평가방법은 브랜드 가치를 통하는 것이 일반적이며, 매년 브랜드 가치를 발표하는 〈비즈니스위크〉의 인터브랜드(Interbrand)[4]가 가장 유명하다([그림 5-2] 참조).

---

2) 그래픽 유저 인터페이스란, 사용자가 컴퓨터와 정보를 교환할 때, 텍스트가 아니라 그래픽을 통해 정보를 주고받는 인터페이스로 컴퓨터의 조작을 용이하게 한다. DOS에서는 사용자가 키보드로 명령어를 입력하여 작업을 수행시키고 컴퓨터는 작업결과를 문자로 화면에 표시하는 문자중심(CUI : character user interface)의 조작이었지만, 그래픽 사용자 인터페이스인 윈도 환경에서는 사용자가 키보드 입력뿐만 아니라 마우스 등 위치지정 도구를 이용하여 화면에 있는 아이콘을 지정하거나 메뉴 항목 목록 중에서 메뉴를 선택하여 명령을 선택하고, 프로그램을 가동하며, 파일 목록을 열람하고, 기타 작업을 할 수 있다. 또 작업한 결과도 도형형태로 만들어 화면에 표시한다. CUI의 요소로는 윈도, 스크롤바, 아이콘 이미지, 단추 등이 있다. 마이크로소프트 윈도우, 애플 매킨토시, OS/2 Presentation Manager 등이 알려져 있고, 유닉스시스템에서는 오픈 루크, OSF/Motif 등이 표준적인 CUI로서 각사의 시스템에 내장되어 있는 예다.

3) 코오롱, 듀폰 소송서 패배 '설상가상' : 코오롱-듀폰 아라미드 소송에서 코오롱이 또 패했다. 미국 화학기업 듀폰(DuPont)이 국내기업 코오롱에 제기한 1조원 규모의 수퍼섬유(아라미드 : Aramid) 소송과 관련, 듀폰이 코오롱 미주본사에 대한 자산 양도판결을 받은 것으로 알려졌다. 이는 코오롱과 듀폰 사이에 1조원 규모의 아라미드 섬유 관련 소송이 진행 중인 가운데 나온 결정이어서 향후 소송에서 코오롱이 불리한 위치에 놓일 가능성이 크다. 〈중략〉 아라미드(Aramid) 소재란? 미국 듀폰(DuPont)의 '케블라', 일본 데이진(帝人)의 '트와론', 국내 코오롱의 '헤라크론' 등 소수의 기업만이 독점기술을 보유한 기술집약적 소재다. '아라미드'는 같은 무게의 강철보다 5배나 강도가 높다. 현존하는 섬유 중 가장 강한 소재다. 섭씨 500도에도 연소되지 않는 뛰어난 내열성과 〈생략〉 ... 주간한국, 2013.4.19.

(단위 : 백만 달러)

순위	브랜드	가치	국가	순위	브랜드	가치	국가
1		170,276	U.S.A	16	Gillette	23,997	U.S.A
2	Google	120,314	U.S.A	17	ORACLE	27,283	U.S.A
3	Coca-Cola	78,423	U.S.A	18		23,070	U.S.A
4	Microsoft	67,670	U.S.A	19	hp	23,056	U.S.A
5	IBM	65,095	U.S.A	20	LV LOUIS VUITTON	22,250	France
6	TOYOTA	49,048	Japan	21	H&M	22,222	Sweden
7	SAMSUNG	45,297	S Korea	22	Gillette	22,218	U.S.A
8	GE	42,267	U.S.A	23	f	22,029	U.S.A
9	McDonald's	39,809	U.S.A	24	PEPSI	19,622	U.S.A
10	amazon	37,948	U.S.A	25	AMERICAN EXPRESS	18,922	U.S.A
11	BMW	37,212	Germany	26	SAP	18,768	Germany
12	Mercedes-Benz	36,711	Germany	27	IKEA	16,541	Sweden
13	Disney	36,514	U.S.A	28	Pampers	15,267	U.S.A
14	intel	35,415	U.S.A	29	ups	14,723	U.S.A
15	CISCO	29,845	U.S.A	30	ZARA	14,031	Spain

출처 : Interbrand, 2015.

4) 인터브랜드(Interbrand : 1974년 U.S.A)는 특정 브랜드가 미래에 얼마나 벌어들일 수 있는지 예측하고 이에 할인율을 감안하여 현재 가치로 전환해 브랜드 가치를 계산한다. 인터브랜드에 오르는 조건은 3가지이며 이를 충족해야 한다. ① 브랜드 가치가 10억 달러를 넘어야 한다. ② 자국 이외의 나라에서 전체 매출의 1/3 이상을 올려야 한다. ③ 마케팅데이터와 재무데이터를 공개적으로 입수할 수 있어야 한다. 2015년 기준 한국기업으로는 삼성(7위), 현대(39위, 11,293$m), 기아(74위, 5,666$m)가 유일하게 100위 안에 들어 있었으며, 2018년 기준으로는 삼성(6위), 현대(36위, 13,535$m), 기아(71위,6,925$m)가 100위 안에 들었다.

(단위 : 백만 달러)

순위	브랜드	가치	국가	순위	브랜드	가치	국가
1		214,480	U.S.A	16	GE	32,757	U.S.A
2	Google	155,506	U.S.A	17		30,120	U.S.A
3	amazon	100,764	U.S.A	18	LOUIS VUITTON	28,152	France
4	Microsoft	92,715	U.S.A	19	ORACLE	26,133	U.S.A
5	Coca-Cola	66,341	U.S.A	20	HONDA	23,682	Japan
6	SAMSUNG	59,890	S.Korea	21	SAP	22,885	Germany
7	TOYOTA	53,404	Japan	22	pepsi	20,798	U.S.A
8	Mercedes-Benz	48,601	Germany	23	CHANEL	20,005	France
9	f	45,168	U.S.A	24	AMERICAN EXPRESS	19,139	U.S.A
10	McDonald's	43,417	U.S.A	25	ZARA	17,712	Spain
11	intel	43,293	U.S.A	26	J.P.Morgan	17,567	U.S.A
12	IBM	42,972	U.S.A	27	IKEA	17,458	Sweden
13	BMW	41,006	Germany	28	Gillette	16,864	U.S.A
14	Disney	39,874	U.S.A	29	ups	16,849	U.S.A
15	cisco	34,575	U.S.A	30	H&M	16,826	Sweden

출처 : Interbrand, 2018.

그림 5-2 글로벌기업의 브랜드 가치 및 평가

- 중국의 화웨이가 삼성전자에 대해 자사의 특허를 침해(4G 통신 관련 특허와 사용자 인터페이스 등 11건의 특허를 무단 사용)했다는 이유로 미국과 중국 법원에 특허 소송을 제기(2016.5)한 것은 화웨이가 삼성과의 소송전을 통해 미국 시장에서 자사 기술력 부각과 동시에 마케팅 효과를 노린 것으로 보고 있다. 소송의 주된 이유는 타사 기술을 도용해 싼값에 제품을 판매하는 샤오미 등 다른 중국 기업과 달리 화웨이는 연구 · 개발(R&D)에 집중하는 기업임을 알리는 것이고, 소송제기를 중국과 미국에 한 점은 실제 화웨이는 미국 시장에서 여전히 '짝퉁'이라는 인식이 강해 고전을 면치 못하고 있기 때문에 화웨이의 자체 기술력을 강조할 수 있는 좋은 기회가 될 것이고 자국 기업 감싸기가 만연한 중국에서는 화웨이의 승리가 예상되므로 미국에서 패하더라도 "화웨이로서는 잃을 게 별로 없는 소송"이 된다.

삼성전자 역시 2011년 애플로부터 특허침해 소송을 당하면서 오히려 브랜드 인지도가 높아진 경험이 있다. 스마트폰 시장 초기만 해도 삼성전자는 대만 HTC 등과 비슷한 위치에 있었지만 '삼성 대 애플'이라는 구도가 만들어지면서 몇 년 만에 스마트폰 1위 자리에 등극했다.
결국 화웨이가 막대한 비용과 시간을 들여서라도 소송을 제기하는 것은 기술력을 대외적으로 알려 자사의 '브랜드 가치 상승'을 노리기 때문이다.

(3) 인적자원

인적자원은 일반적으로 기업에서 업무를 수행하는 조직원과 조직원의 능력을 의미하는 것으로 쉽게 확인이 가능하고 실체가 드러나는 경우도 있기 때문에 유형자원으로 분류하기도 한다. 그러나 조직원 개인이 보유한 노하우나 기술 그리고 지식 · 경험 등은 눈에 보이지 않아 무형자산으로 분류되며, 특히 국제화시대를 맞이하여 구성원들의 합리적인 사고와 매너(manner)[5]는 자원으로 인식되고 있다. 인적자원은 유형자원처럼 계수화가 쉽지 않기 때문에 유형자원보다는 무형자원에 더 가깝다.

예를 들면 조직원 개개인의 교육 및 기술수준이나 경험과 노하우를 통해 나타나는 생산성은 계량화하여 파악이 용이한 반면 다양한 경영환경에 유연하게 대처하는 능력이나 조직에 대한 충성심 등은 사실상 파악이 어렵다.

그러나 인적자원이 무형이나 유형의 어느 자원으로 분류되어야 한다는 것은 그다지 중요하지 않다. 스텐퍼드 대학의 제프리 페퍼(Jeffrey Pfeffer, 1946~)[6] 교수는 기업들 간 격차가 발생하는 개인과 조직의 성과는 사람의 경쟁력이기 때문에 인적자원이 경쟁의 핵심우위임을 강조하였다. 더구나 현대와 같이 정보기술(IT)과 디지털 혁명(IoT, AI, 3D, Big Data 등)을 기반으로 기술혁신이 급속도로 빨라지는 시대에서는 지식을 기반으로 하는 개개인의 능력이 더욱 중요해지고 있다.

따라서 인적자원은 물적자원과 재무자원 그리고 정보자원 등을 능률적이고 효과적으로 활용하고 조정하는 역할을 통해 기업의 가치를 창출하는 역할을 담당하며, 특히 인적자원의 마음과 정신 속에 배어있는 윤리정신이나 애사심을 통해 형성되는 기업문화는 유형자원과 무형자원을 결집시키는 중요한 경영자원으로 경쟁력의 중요한 요인이 된다.

---

5) 매너의 중요성을 강조하는 말로 흔히 사용하는 표현이 있다. 매너가 사람을 만든다(manner make the man)는 표현과 구성원들의 매너는 그 기업의 이미지와 품격을 의미한다.

6) 제프리 페퍼는 "기업이 지속가능한 경쟁우위를 확보하는데 사람은 결정적인 핵심인자이다. 즉 우수한 인적자원을 확보하여 효과적으로 일하도록 관리하는 것은 모방하기 어렵고 상당히 긴 기간동안 경영성과를 창출하는데 활용할 수 있기 때문이다"라고 하였다. 사람을 비용요인으로 보는 전통적 견해에서 벗어나 경쟁우위 원천으로 삼는 사우스웨스트, 노드스트롬, NUMMI 등이 탁월한 성과를 올리고 있다고 한다. (Jeffrey Pfeffer, 『*Competitive Advantage Through People : Unleashing the Power of the Work Force (Reed Business Information*』(1994)/포스코경영연구소 역, 사람이 경쟁력이다, 21세기북스, 2009).

2) 핵심역량 분석

(1) 핵심역량의 정의와 유형

핵심역량(core competence)이란 기업이 보유하고 있는 자원을 효율적으로 결합하여 경쟁기업과 차별화할 수 있는 기업능력과 역량을 의미한다. 경영자원이 경쟁사보다 더 우월한 경쟁우위로 전환되기 위해서는 자원을 효과적으로 활용할 수 있는 차별화된 핵심역량이 있어야 한다. 그렇기 때문에 경영자원을 많이 가지고 있는 기업이 반드시 경쟁력이 높다고 말할 수 없다.

예를 들면 자사가 마케팅능력이 강하다 하더라도 경쟁사가 자사와 비슷한 수준이나 뛰어난 능력을 가졌다면 핵심역량이라고 말할 수 없다. 단지 자사의 자원을 활용하는 '단순한 능력'에 지나지 않는다.

기업의 차별화된 능력(기능)에 대한 분석은 기업활동의 근간이 되는 생산·마케팅·재무 등 부문별 역량을 통해 자사의 강점과 약점을 분석하는 방법이며, 실무적으로 널리 활용되고 있다. 〈표 5-2〉[7]는 기능별 핵심역량에 관련된 요소 및 사례들이다. 이 요소들은

표 5-2. 기능별 핵심역량의 요소와 사례

기능	핵심역량요소	유형별 사례
경영관리 프로세스 능력	경영자의 경영철학 및 성장발전 의지, 환경변화에 대한 능동적 대처, 입지 선정, 다각화 및 경쟁전략, 혁신성 및 창조성, 기업이미지, 정보시스템 등	시스코(Cisco)는 신기술을 갖춘 회사를 인수/통합하는 표준절차를 개발해 자사가 활동 중인 하드웨어 업계에서 선두를 구축
인사조직 능력	인력의 질과 숙련도, 임금 및 복리후생, 노사관계, 사기 및 조직충성심, 전문인력 보유 정도, 조직구조, 조직문화, 인사정책, 조직의 문화와 스타일, 가치 행동규범 등	유니레버(Unilever)는 고도의 자율권을 누리던 국가별 조직들로부터 의사결정권 가운데 일부를 회수해 글로벌 제품 담당자에게 이양하는 재구조화를 통한 가치를 창출.
생산 기술능력	경험곡선, 규모의 경제, 생산설비 효율성, 원·부자재 조달, 물류, SCM, 공정혁신 등 모델 선정 및 개발, 신제품개발, 연구개발인력, 연구개발투자 및 투자효율 등	이탈리아의 여러 중소기업과 그들이 위치한 지역은, 유리제조업으로 유명한 무라노 지방처럼 특정 틈새시장에서 최고의 기술력을 인정받기 위한 노력을 기울임
재무능력	자본조달 및 재무리스크, 재무구조 및 유동성, 자본비용, 자금운용능력, 고정비의 활용, 비용절감 등	사우스웨스트항공은 1970년대 비용절감을 위해 '15분 턴'을 활용 운항횟수를 10회에서 14회로 늘려 한 대당 30% 비용절감 효과(연료비, 공항 발착료 이외 전부 고정비)를 누림
마케팅 물류체계 유통능력	시장점유율, 제품다양성, 시장개척 및 현지적응, 신속하고 효율적인 물류와 유통경로, 판촉활동, 브랜드 충성도, 고객서비스의 품질과 효율성, 가격정책, 물자의 흐름 정보 등	월마트(Wal-Mart)와 테스코는 제품을 판매대에 채우는데 그치지 않고 무엇이 팔리고 있는지 대응 가능한 정보를 경영진에 제공하는 물류체계를 구축

7) 장세진, 앞의 책 p.129. ; 김동환, 앞의 논문, p.8. ; 김정환 역, 『경영전략 논쟁사(미타니 고지)』, 엔트리,

앞서 소개한 바니의 '기업의 자원과 능력의 네 가지 범주'와 비교하여 자원과 능력 중에서 기업의 성공에 영향을 미치는 중요한 요소가 무엇인지 규명하고, 이들에 대한 강점과 약점을 평가하여 그를 바탕으로 전략개발에 활용해야 한다.

따라서 기업의 핵심역량은 매우 다양하므로 기업의 상황에 맞는 선택과 활용이 필요하다. 예를 들어 경쟁사보다 낮은 비용으로 더 빨리 새로운 제품을 개발할 수 있는 방법이나 차별적인 요소를 통하여 경쟁력을 발휘할 수 있는 능력을 발휘하는 것이다.

기업내부의 핵심역량을 발굴하고 확대시켜 글로벌 기업으로 성장한 선진기업들을 살펴보면 〈표 5-3〉[8)]과 같다.

표 5-3. 선진기업의 핵심역량

기능분야	핵심역량	대표적인 기업
경영관리	효과적인 재무관리 시스템	Hanson / Exxon
	다각화된 기업의 전략적 통제능력에 필요한 전문지식	General Electric(GE) / ABB
	효과적인 부문별 및 사업단위의 경영조정과 동기부여	Shell
	인수・합병과 관리능력	Electrolux / Cisco
	강력한 리더십	Wal-Mart/GE
경영정보	중앙에서 강력하게 조정되고 있는 효율적인 MIS네트워크	American Airlines 의 Sabre 네트워크
연구개발	혁신적인 신제품을 개발할 수 있는 기초연구능력	Merck /3M/AT&T/Sony
	신제품개발의 속도	Canon/Honda/ Samsung
생산	생산의 효율성	Toyota
	제조공정의 지속적인 향상능력	Nucor
	유연성과 민첩한 반응속도	Benetton
제품 디자인	디자인 능력	Apple Computer
	마케팅	P&G / Pepsi Co /Philip Morris
	고품질의 명성을 널리 활용하는 판촉활동	American Express/Mercedes Benz
	시장의 흐름에 대한 빠른 반응	Gap/Zara/Uniqlo
판매 유통	브랜드 관리 및 판촉활동	P&G/Pepsi/Microsoft/Glaxo
	신속, 효율적인 물류	Fedex / Wal-Mart
	대고객 서비스의 품질과 효율성	Singapore Airline/ Marks & Spencer/Walt Disney

2013, p.200. ; 박지니 역, 『전략에 대해 당신이 알아야 할 모든 것(조 화이트헤드)』, 다온북스, 2012, pp.97~99. 참조.

8) R. Granter, 『*Contemporany Stategy Analysis*』, Bladwell, 1995 ; 서기만 역, 『전략경영』, 더난출판, 2005, p.126. ; 장세진, 앞의 책, p.129.

(2) 핵심역량의 특징

기업성장의 요인이 되는 핵심역량은 다음과 같은 특징을 가지고 있다.

① 구매자에게 희소가치를 줄 수 있다.
② 경쟁자들이 모방하기 어렵기 때문에 유사·모방제품의 출현을 오래 동안 막을 수 있다.
③ 급변하는 경영환경에 신속하고 유연하게 적절히 대응하는 조직의 유연성(flexibility)이 있어야 핵심역량을 지속적으로 유지할 수 있다.
④ 다양한 시장을 개척하고 새로운 소비자를 확보할 수 있는 가능성이 있다.

디스플레이에서 핵심역량을 갖고 있는 회사는 TV, 휴대용 컴퓨터, 휴대폰 등 여러 가지 사업에 진출할 수 있다. 삼성전자가 TV시장에서 경쟁우위를 갖는 이유는 LCD 패널에 핵심역량이 있었기 때문이다.

▣ 'iPad mini에 삼성전자 LCD 패널 사용' : 〈생략〉 Apple이 신속한 제품 공급을 위해 세계 최대 LCD 공급사인 삼성전자를 제외시킬 수는 없었을 것이지만, 여전히 삼성전자와 Apple은 중요한 관계에 있는 것은 확실하다. Apple은 Display, 메모리 등 주요 부품을 여러 개의 제조사로부터 공급받는 정책을 펼치고 있지만 삼성전자를 완전히 배제하려 한다면 다소 시간이 많이 걸릴 것으로 보인다 〈생략〉.

(3) 핵심역량의 효과9)

① 핵심역량은 다각화의 가능성을 제공한다.

핵심역량은 관련 및 비관련부문의 다각화를 가능하게 한다. 따라서 한 산업의 사양화된 기술이라고 포기하거나 철수를 하면 경우에 따라서는 핵심역량을 잃을 수도 있다.

프라할라드와 하멜(Prahalad & Hamel)은 "어떤 사업이나 제품을 포기하게 되면 그 잠재적 기술을 이용할 수 있는 시장을 포기하는 것과 마찬가지이다"라고 주장하였다. 예를 들면 미국의 TV생산기업들은 일본 업체와의 심한 경쟁에 시달리면서 성숙산업에서 철수하였으나 그 결과 차세대에 등장한 DVD사업에서의 기회를 놓쳤다.

9) 장세진, 『경영전략(제8판)』, 박영사, 2014, pp.124~125.

사례 5-1. 제니스-로열티 수입 年1200억원

"10억달러 들여 키운 기업 지금은 20억 달러 가치"

글로벌 금융위기로 환율이 폭등하고 있는 가운데 LG전자의 디지털TV 자회사인 미국 제니스(Zenith)가 모회사의 '캐시카우' 역할을 톡톡히 하고 있다.

제니스는 2006년부터 로열티 수입이 크게 늘어 올해는 약 9,000만달러(1,200억원)를 벌어들일 것으로 예상된다. 이 때문에 최근 글로벌 경제위기 속에서도 기업가치는 20억달러(2조6,400억원)로 폭등한 것으로 분석된다.

LG전자는 미국 제니스를 인수한 후 적자가 계속되자 주변에서 브랜드만 남기고 기술은 팔아야 한다는 조언이 많았다. 그러나 지속적인 구조조정을 단행하면서도 기술은 계속 유지하여 매년 로열티 수입을 올리고 있다. 현금 흐름을 반영하면 현재 제니스의 기업가치는 약 20억달러에 달하는 것으로 평가받고 있다. 기업의 경영환경이 어렵더라도 핵심기술을 끝까지 유지한다면 위기상황이 걷힌 후 더 큰 열매로 돌아온다는 것을 보여주고 있다.

실제로 디지털TV 원천기술인 'VSB'를 보유한 제니스는 1995년 LG전자에 인수된 이후 2004년까지 10년 동안 적자를 기록해 인수·합병(M&A) 실패 사례로 소개되었다. LG전자는 10년간 구조조정 비용에 자산매각처분 손실자금, 자산평가손실까지 10억달러 정도를 투입하고도 회생이 불투명했으나 미국 디지털TV 시장이 활성화되면서 로얄티 수입이 2006년부터 늘어 올해는 9,000만달러의 로열티 수입을 예상하고 있다. 로열티는 TV 한 대당 계산되기 때문에 디지털TV가 많이 팔리면 팔릴수록 제니스의 특허수입도 늘어난다.

(자료 : 매일경제, 2008.10.16. 요약)

② **기업의 수직적 통합 또는 아웃소싱을 결정할 때 주요 판단기준이 된다.**

기업의 핵심역량을 파악하는 것은 자체생산, 외주 등에 대한 의사결정을 돕는다. 기업이 아웃소싱을 하는 가장 큰 이유는 자신들이 활용할 수 있는 가능한 자원을 핵심역량 확보에 집중하면서 기동력과 효율성을 높이기 위함이다.

기업의 가치사슬(value chain)에서 가치창출에 기여하지 못하거나 가치창출이 낮은 부분은 아웃소싱을 한다. 예를 들어 인천공항공사는 공항건설과 마케팅 등 핵심역량 부문에 집중하고 여객터미널운영, 보안검색, 조경시설, 승강탑승 등을 아웃소싱하여 고객만족도를 높였다. 그 결과 전 세계 공항 중 최초로 세계공항서비스평가(ASQ)에서 2005년부터 2017년까지 연속 1위를 차지했다.

그러나 자동차업체가 주요 부품(엔진과 트랜스미션 등)을 외주에 의존할 경우 핵심역량을 상실할 수 있어 직접 수행할 것인지 외주를 줄 것인지 신중히 선택해야 한다.

③ **핵심역량의 분석은 기업의 사업영역을 넓히는 역할을 한다.**

기업은 핵심역량을 통하여 다른 경쟁력 있는 사업부를 키울 수 있는 기회를 제공한다. 혼다는 모터사이클에 적용하던 린치핀(Linchpin)이라는 엔진기술의 핵심역량을 기반으로 자동차, 잔디깍기기계, 전력발생기 등의 사업으로 영역을 확대했다.

④ **핵심역량의 파악은 전략적 제휴를 효과적으로 운용할 수 있게 한다.**

기업은 급변하는 경영환경에 신속한 대응체제를 구축하지 않으면 도태될 수밖에 없기 때문에 기동력을 발휘하기 위한 방법 중 하나로 전략적 제휴를 선택할 수도 있다. 예를 들어 캐논(Canon)은 새로운 핵심역량을 개발할 때 모든 것을 자사의 기술에 의존하지 않고, 라이센스나 전략적 제휴를 통하여 발전시키는 방법을 많이 사용하였다.

⑤ **핵심역량의 파악은 경쟁사를 모방하며 창조하는 기회를 갖는다.**

벤치마킹[10)]은 관련 · 비관련분야에 관계없이 우수한 기술, 관리능력, 기업문화 그리고 프로세스 등 다양한 분야에서 성과를 낸 기업을 배우고 모방하는 것이다. 물론 지속적인 관찰과 관리가 전제되어야 하지만 이러한 벤치마킹기법으로 자신들의 핵심역량을 개발하는 계기가 되고 창조적인 모방도 가능하게 한다.

예를 들어 월마트를 탄생시킨 샘 월튼(Samuel Moore Walton : 1918~1992)은 항상 배우고 적용할 수 있는 아이디어를 찾아 다녔다. 그는 최초의 할인점인 페트마트와 프라이스의 아이디어를 빌려 오늘날의 거대한 기업을 만들어냈다.

3) 내부자원과 능력을 평가할 때 주의사항

기업의 구체적인 내부환경분석을 위해서는 먼저 기업이 보유한 가치 있는 자원과 능력을 발견하는 과정이 필요하다. 기업의 자원과 능력을 발견하는 방법으로는 바니(Jay B. Barney)가 주장한 자원기반 관점의 VRIO모형과 포터(M. E. Porter)의 가치사슬(Value Chain)을 이용하는 방법이 있다. 그리고 SWOT분석과 맥킨지의 7-S 모델도 내부환경 분석에 도움이 되지만, 이들 모형은 바니와 포터의 분석 모델에 비해 구체적이지 못하다는 단점을 가지고 있다.

SWOT분석은 전략이 기업경영에 도입된 후 개발된 초기의 전략적 패러다임모델로서 비교적 간단하고 활용이 쉬워 아직도 기업의 환경분석에 가장 흔하게 쓰이는 모델이다. 그리고 맥킨지의 7-S모델은 톰 피터스의 '초우량기업의 조건'에서 제시한 8개 기업의 특징을 토대로 내부 자원과 역량을 이해하는 모형으로 개발되었다. 이 모델은 핵심역량의

---

10) 미국의 제록스사는 1970년 캐논, 리코(RICOH Company), 미놀타(Minilota) 등이 복사기 시장에 진출한 후, 1975년에는 자신들이 취득한 특허를 경쟁사에도 라이선스하라는 판결로 시장점유율은 10%초반까지 떨어지는 위기를 맞았다. 그러나 제록스는 캐논 복사기 벤치마킹을 시작으로 L. L. 빈(L. L Bean, 아웃도어 용품 판매사)의 창고업무를 벤치마킹하였고, 청구업무는 아메리칸 익스프레스로부터 배워 고객만족도를 40% 가까이 끌어 올리는 등 경영혁신을 추구했다.

가치를 중요하게 생각하는 케이퍼빌러티학파의 한 장르라고 볼 수도 있다. 그러나 7-S 모델의 경우 7가지의 요소가 경쟁력에 어떤 인과관계(cause and effect relationship)가 있는지 그리고 기업문화나 가치관을 어떻게 패턴화할 것인지의 방법을 제시하지 않았다.

이러한 전략적 기법들은 기업이 경쟁우위를 차지하기 위해 경쟁사와 차별화할 수 있는 핵심역량과 사업을 발굴하도록 돕는다.

베인 & 컴파니(Bain & Company)의 파트너이자 글로벌 전략부문 공동 대표인 주크(Chris Zook)는 그의 저서 『핵심에 집중하라(*Profit from the Core*)』(2004), 『멈추지 않는 기업(*Unstoppable*)』(2007)을 연속 출간하면서 기업이 지속적으로 내실 성장을 달성할 수 있는 세 가지 원칙을 제시했다.

첫째, 성장의 기본은 시장이 아니라 차별화된 핵심사업이다.
둘째, 핵심사업과 인접도가 높은 신규사업의 성공확률이 높다.
셋째, 성장이 한계에 부딪힌 기업은 기존의 핵심사업을 새롭게 정의하는 전략을 세워야 한다.

결과적으로 베인 & 컴파니는 불확실한 세계에서 기업의 내실 성장을 지속적으로 개발하고 집중하는 것이 경쟁력의 주요 요소라고 보았다. 즉 기업내부의 자원과 능력을 지속적으로 개발하고 발굴하는 노력은 기업 경쟁력 향상을 위해 매우 중요하다는 것이다.

제 2 절 자원기반 관점의 VRIO 모형

1 VRIO모형의 이해

1) VRIO모형이란

기업이 보유한 핵심역량을 분석하기 위한 전략적 기법으로 자원기반 관점의 이론적인 바탕으로 만들어진 VRIO모형이 매우 유용하게 활용되고 있다.

자원기반 관점론(Resource Based View : RBV)이란 기업이 보유한 내부의 강점을 경쟁력으로 발휘할 수 있도록 경영자원(인력, 장비, 자본, 정보 등)을 강화하거나 확장해 나가는 전략적 접근방식이다.

여기서 말하는 자원 중심의 핵심역량은 조직원이 보유하고 있는 총체적인 기술, 지식, 자원 등의 기업핵심을 창출하는 능력을 의미한다. 이러한 내용을 토대로 완성된 VRIO모형은 바니(Jay B. Barney)[11)]에 의해 1990년대 개발되어 내부의 핵심역량을 분석하는 데 매우 유용하게 활용되고 있다는 평가를 받고 있다.

한편 하멜(Gary Hamel)과 프라할라드(C. K. Prahalad)에 의해서 소개된 핵심역량은 바니(Jay B. Barney)의 자원기반의 관점론(RBV)에서 구체화되는데, 바니는 핵심역량 자원을 효과적으로 사용할 때 지속적인 경쟁력을 갖기 때문에 기업은 이러한 자원을 중심으로 역량을 키우고 경쟁시장에서 우위를 차지할 수 있도록 경쟁력의 원천을 4가지 규칙의 VRIO로 제시하였다.

VRIO모형(VRIO framework)은 기업내부에 보유한 자원과 능력을 [그림 5-3]과 같이 네 가지의 질문을 통해 분석하는 기법이다. 가치의 문제, 희소성의 문제, 모방 가능성의 문제 그리고 조직의 문제이다.

그림 5-3 바니의 VRIO 모형 분석

2) VRIO 모형 분석

앞에서 설명한 네 가지 문제에 대한 분석의 결과가 기업의 자원과 능력을 강점으로 유지할 수 있는지, 아니면 약점으로 작용하고 있는지를 결정한다. 네 가지 질문을 다시 요

---

11) 신형덕 역, 앞의 책, p.120.
자원기반 관점의 VRIO 분석 내용은 제이 바니(Jay B. Barney)의 이론을 토대로 정리한 것이다. Jay B. Barney, 『*Gaining and Sustaining Competitive Advantage*』, Addison Wesley, 1996., Jay B. Barney & William S. Hesterly, 『*Gaining and Sustaining Competitive Advantage* (4th ed)』, Pearson, 2012. 참조.

약하면 다음과 같다.[12)]

(1) 가치의 문제

가치에 대한 질문(question of value)은 "기업이 보유한 자원과 능력이 환경의 위협과 기회를 이용하거나 환경적 위협에 긍정적으로 대응할 수 있는지?"에 대한 분석이다. 이에 대한 기업 내의 평가가 "그렇다"인 경우엔 그 가치가 기업의 경쟁원천인 강점으로 활용될 수 있다. 그러나 만약 "아니다"로 평가되면 시장에서 경쟁을 위한 가치를 다시 창출하도록 노력해야 한다.

① 가치문제

자원과 능력이 강점이 되기 위해서는 이들 자원이 경영환경의 기회를 활용할 수 있어야 하고, 위협을 감소시킬 수 있는 가치가 있어야 한다. 기회활용이나 위협제거를 불가능하게 하는 기업의 자원이나 능력은 가치수준이 낮기 때문에 약점이 된다.

◘ 소니는 소형 전자기술을 설계, 제조, 판매하는데 상당한 경험을 가지고 있다. 소니는 이러한 자원과 능력을 휴대용 테이프 및 디스크 재생기, 휴대용 TV, 8mm 비디오 카메라 등과 같은 시장을 개척하는 기회로 사용하였다. 그리고 3M은 위험감수와 창의성을 적극적으로 보상해 주는 조직문화를 기반으로, 화학약품, 코팅(coating) 그리고 접착제 등의 분야에서 자사의 자원과 능력을 활용해 투명 테이프와 Post it과 같은 사무용품에 활용하였다.

가치의 문제가 기업경쟁력에 매우 유용하게 인식되고 있지만 '가치의 문제'에 대해 부정적인 기업도 많다. 전통적으로 수직적 통합을 통한 '철강제조'에 대한 오랜 경험 때문에 'USX'는 철강산업에서의 근본적인 구조변화를 인식하거나 대응하지 못하였다. 그러나 'Nucor Steel'은 자신의 과거에 얽매이지 않고 새로운 기술에 투자해 국제 철강산업에서 경쟁력을 발휘하고 있다.

'Sears(1892년 창업)'는 'Walmart' 및 특수 소매점들이 만들어 내고 있는 소매시장에서의 변화에 대응하지 못하였다. 전통적인 관리방식에 대한 고집과 과거의 성공에 대한 집착이 'Sears'로 하여금 중요한 시장기회를 인식하지 못하게 한 것이며, Sears는 2018년 파산신청을 하였다.

결국 'USX'나 'Sears'의 자원과 능력(특히 과거의 경쟁환경에서 경영활동을 한 그들의 경험)은 가치가 없는 것이었으며, 경영환경의 변화에 적절히 대응하지 못한 것이다.

② 자원가치의 변화

과거에 가치가 있는 기업의 자원과 능력이 미래에도 지속적인 가치를 보장하지는 않는다. 고객의 기호, 산업구조, 경쟁사의 등장 또는 기술이 변하게 되면 과거에 보유하였던 기업의 자원과 능력은 가치가 줄어들게 된다. 가치는 시대가 흐르고 기술이 발전하며, 가치관이 변함에 따라 변하기 때문이다. 트랜지스터 제조능력은

12) 권구혁 · 신진교 공역, 『전략경영과 경쟁우위』, 시그마프레스, 2002. p.161. ; 신형덕 역, 앞의 책, 2013, p.86.

반도체에 의해, 휴대폰은 스마트폰에 의해 가치가 줄어들게 되었다.

③ 가치 있는 자원과 능력의 경제적 성과

기업이 소유하고 있는 자원과 능력이 경쟁사와 비교하여 비용과 수익 면에서 유리하다면 가치가 있는 것이다. 그러나 이러한 판단이 어려울 때가 많다. 왜냐하면 관련 정보(회계 및 영업정보)를 확보하기가 쉽지 않고 혹시 정보를 확보했어도 그것을 분석하는데 많은 시간이 필요하기 때문이다.

(2) 희소성의 문제

희소성이란 "가치 있는 특정의 자원과 능력을 얼마나 많이 소유하고 있는가?" 또는 "어느 자원을 소수의 기업만이 소유하고 있는가?"를 나타내는 정도이다.

기업의 자원과 능력이 가치가 있다 하더라도 경쟁기업도 이미 확보하고 있다면 희소성과 가치가 낮을 뿐만 아니라 경쟁우위의 기반이 될 수 없다.

물론 희소하지 않은 자원이나 능력이 경쟁우위를 가져다주지 못해도 경영자에게는 이들 자원이 중요하다. 왜냐하면 가치는 있지만 희소하지 않은 자원과 능력이 산업에서 경쟁등위(competitive parity)를 얻는데 활용된다면 기업의 생존 가능성은 높아지기 때문이다.

(3) 모방 가능성의 문제

가치와 희소성을 모두 확보하고 있는 기업은 그만큼 경쟁력에 우위를 가지게 된다. 가치 있고 희소한 조직의 자원을 가진 기업들은 경쟁기업에 비해 경쟁력을 갖게 된다. 특히 이러한 자원이 모방될 수 없는 자원일 때는 더욱 강력한 경쟁력을 갖는다.

자원과 능력에 대한 모방 가능성은 다음 몇 가지 이해가 필요하다.

① 모방의 형태

일반적으로 모방은 직접복제(direct duplication)나 대체(substitution)의 두 가지 방법 가운데 하나를 택하게 되는데, 경쟁사의 자원이나 능력이 모방되기 쉬운지 여부에 따라 선택이 달라질 수도 있다. 특히 대체는 기존의 모방을 통하여 보다 개선된 형태로 나타나는 경우가 많다.

복제가 쉽다는 것은 그만큼 선두기업에게 부담이 된다. 그러므로 시장에서 기업들은 1등을 선점할 것인가, 2등으로 때를 기다릴 것인가도 '전략적 모방의 딜레마'이다.

▣ 애비너시 딕시트와 배리 네일버프(Avinash K. Dixit & Barry J. Nalebuff)는 그의 저서 『전략의 탄생(*Art of Strategy*)』(2008)에서 '전략을 제대로 이해하기 위한 10가지 기본 룰'을 제시하면서 '전략적 모방의 딜레마'에 대한 사례를 들고 있다. 즉 산업과 기술의 경쟁에서 '모방'의 딜레마는 다양한 곳에서 나타나는 바, 컴퓨터 산업에서 신생기업들은 시장에서 살아남기 위해 리스크가 높은 혁신을 추구하게 되므로 새로운 기술의 혁신은 대부분 애플(Apple)과 선(Sun) 등의 기업으로부터 나온다고 보았으며, 델(Dell)의 입지는 기술혁신 보다는 이미 표준화된 기술을 매스마켓(mass market, 대량 판매에 의해서 대량 소비가 행하여지는 것에 따라 성립되는 시장)에 도입하는 '능력'으로 만든 것이라고 했다. 그리고 P&G의 경우는 킴벌리 클라크(Kimberly Clark)가 탈부착이 가능한 기저귀용 접착테이프를 개발하자 이를 모방해 시장의 주도권을 잡았다. 따라서 기업이 모방의 타이밍을 결정할 때 경쟁사가 제품을 공개하는 즉시 잡느냐 아니면 시장에서 경쟁사의 제품이 검증될 때까지 기다리느냐를 신중히 결정해야 한다.[13)]

② 모방비용의 크기와 방어

기업이 경쟁기업의 자원과 능력을 모방하는데 비용이 많이 드는 이유를 '특이한 생산 조건', '인과관계의 모호성', '사회적 복잡성', '특허' 등으로 제시하고 있다.

㉠ **특이한 역사적 조건 :** 특정 기업이 자원을 값싸게 획득하거나 개발하는 것이 특수한 역사적 상황에 기인하는 경우가 있다. 기업이 자원을 획득, 개발, 활용하는 능력은 시간 및 공간적 위치에 따라 달라지기도 한다(Arthur, 1989; Barney, 1991). 시간 및 공간 의존적인 자원을 소유하지 못한 기업은 이러한 자원을 획득하고 개발하는데 상당한 비용열위에 직면하게 된다.

▣ 'Caterpillar'는 제2차 세계대전 중 전쟁 지원 건설장비 기업들 중 단일 공급업자로 선정되었다. 정부도 전세계적인 서비스와 공급네트워크를 개발할 수 있도록 건설장비에 높은 가격지불을 약속했고, 'Caterpillar'는 고품질의 건설장비 개발과 전 세계적인 공급네트워크 및 서비스망을 구축하기 시작했다. 결국 이러한 노하우와 기술력의 구축은 정부의 막강한 지원과 제2차 세계대전 같은 역사적 사건과 맞물려 구축될 수 있었다.

▣ Komatsu(일본의 건설 장비업체) : 고장이 적은 건설장비를 생산함으로써 세계적인 서비스와 공급네트워크를 보유해야 할 필요성을 교묘히 피해갔다(Bartlett & Rangan, 1985)

▣ 현대건설은 태국에서 도로 건설공사에 참여한 노하우를 기반으로 '경부고속도로' 건설을 하고, 이를 기반으로 중동지역 건설시장에도 독점적 지위를 확보한 경험이 있다.

▣ 2차 세계대전에서 패망한 일본은 경제위기에 봉착했으나 한국전쟁이 발발하면서 최대 군수물자 공급국가로 수혜를 누렸다. 그 결과 경제위기를 극복하고 특히 전쟁물자 공급을 위해 자동차를 생산했던 도요타나 혼다, 닛산 등은 자동차의 기술 및 품질을 향상시키는 계기와 경쟁력을 갖게 되었다.

13) 이건식 역, 『전략의 탄생』, 쌤앤파커스, 2009, pp.44~46.

㉡ **인과관계의 모호성 :** 경쟁우위를 확보하고 있는 기존기업의 자원과 능력 및 경쟁우위의 인과관계를 이해하지 못할 때 모방비용은 많이 든다.

◘ 1970년대 말부터 1980년대까지 일본 기업들의 무서운 발전에 대해 서구기업들이 경계하기 시작했다. 종전까지 일본 기업이 시장에 내 놓았던 엉성한 디자인과 낮은 품질의 제품과는 판이하게 달랐기 때문이다. '고품질과 적정한 가격'은 빠른 속도로 세계 시장에서 경쟁자들을 물리치고 시장을 장악해 나갔다. 중공업을 시작으로 조선업, 자동차산업, 시계산업, 전자산업, 필름과 카메라산업 등 다양한 분야에서 서구의 기업들은 시장에서 영원히 철수하거나 인수를 당했다.14)

◘ 미국이 1980년대 일본기업 경쟁력을 배우기 위해 토요타자동차를 연구하였다. 미국의 자동차회사를 비롯해 많은 기업들이 일본 토요타자동차의 'JIT system'을 배우기 위해 많은 기술자들을 파견한 후 최종 결과보고서를 받았지만 보고서는 단 1장에 불과했다. "알 수 없다" 이러한 결과보고서는 결국 미국의 기술자나 연구원들이 일본 내의 정서, 가치관, 기업문화를 이해하지 못했기 때문이다.

㉢ **사회적 복잡성 :** 기업이 자원과 능력을 체계적으로 관리하지만 그 관리능력을 벗어나는 경우를 사회적 복잡성(social complexity)이라고 한다. 경쟁우위가 이러한 복잡한 사회적 현상에 영향을 받을 때 복제나 대체는 쉽지 않다. 특히 이렇게 사회적으로 복잡한 현상이 시간이 흐르면서 기업내부에 자연스럽게 개발된 경우는 더 어려워진다. 복잡한 자원과 능력은 다양한 형태로 존재하는데, 경영자들 사이의 대인관계, 기업문화, 공급자들이 인식하는 기업명성, 고객 등은 사회적으로 매우 복잡한 현상들이다.

㉣ **특허 :** 특허는 경쟁기업들이 어떤 제품을 모방하는데 많은 시간과 비용을 초래하게 할 수 있다. 따라서 특허는 모방의 가능성을 늦출 수 있게 한다. 그러나 특허는 일정기간 동안 직접적인 복제를 제한할 수 있지만, 오히려 기능적으로 비슷한 기술의 대체 가능성을 크게 증가시킬 수 있다.

◘ 모방을 차단하는 방어상표 출원

기업이 신제품을 출시해 시장 선점효과를 누리고 있을 때 성공한 제품의 이미지(상표)를 모방하는 경쟁 회사의 '미투'(me too)제품이 무임승차하는 것을 막기 위해 제품 출시 전부터 유사한 상표명을 모두 등록한다.

예컨대 2006년 롯데제과의 차세대 초콜릿 제품인 '드림 카카오'는 출시하자마자 대박 행진을 이어가며 '자이리톨 껌'에 이은 효자상품으로 자리매김했다. 이에 경쟁업체 제품의 '미 카카오'(오리온), '엔젤 카카오 73'(해태) 등이 경쟁에 참여했지만 '드림'이란 상표 이미지를 모방할 수 없었다. 롯데는 '드림 카카오'와 함께 '카카오 드림', '꿈의 카카오'를 함께 출원했기 때문이다. 남양유업의 경우에도 '몸이 가벼워지는 시간 17차'로 차음료 시장을 개척하면서 제품 출시 1년 전인 2004년 '남양 1차'에서 '남양 99차'까지 상표를 모두 등록을 했다. 그리고 롯데칠성

14) 안성철 역, 『전략사전』, 옥당, 2010, pp.266~270.

은 '2%부족할 때'를 방어하기 위해 '2%남을 때', '2%채워줄 때'를 등록했으며, 빙그레는 아이스크림 '요맘때'를 방어하기 위해 '그맘때', '이맘때'를 상표 등록했고, 웅진식품은 '아침햇살'을 위해 '아침햇쌀', '아침요정'을, '내사랑유자C'를 위해 '내사랑금자', '내사랑미자'를 각각 방어상표로 등록했다.

(4) 조직구조의 문제

기업이 경쟁력있는 다양한 자원을 보유해도 이들을 관리할 수 있는 능력이 없다면 핵심역량을 지속적으로 창출해내기 어렵다. 기업이 경쟁력을 지속적으로 유지하려면 자원과 능력을 핵심역량으로 전환시킬 수 있는 조직의 역량이 필요하다.

그러므로 "자신들이 소유하고 있는 자원과 능력의 전체적인 경쟁잠재력을 활용할 수 있도록 조직화되어 있는가?", "기업이 소유한 가치 있고 희소하며 모방하기 힘든 자원을 효과적으로 사용할 수 있는 조직인가?"에 대해 "그렇다"라고 답할 때만 경쟁우위의 지속성을 유지하게 된다.

▣ 데이비드 내들러와 마이클 투시먼(David A. Nadler & Michael L. Tushman) 역시 그들의 저서 『강한 조직을 설계한다(*Competing by Design: The Power of Organizational Architecture*』(1997)에서 가치 있고, 희소성이 있으며 모방하기 어려운 자본과 기술력 등의 자원을 보유한 기업이 경쟁사에 비해 지속적으로 수익창출을 할 수 있는 경쟁우위를 발휘하기 위해서는 모방하기 어려운 강력한 조직역량이 중요하다고 강조하였다.[15)]

따라서 공식적인 보고체계, 관리통제 시스템 그리고 보상정책 등과 같은 기업조직이 경쟁우위의 모든 잠재력을 실현하도록 도와준다고 볼 수 있다.

▣ 중소철강회사에서 출발한 뉴코(Nucor)는 전기로제철회사 중 세계 최대회사로 경영전략, 마케팅, 공장 및 설비운영, 조직운영, 혁신과 노하우 등 다방면에서 업종에 관계없이 전세계 기업들의 벤치마킹 대상이 되고 있다. 또한 미국 내 가장 근무하고 싶은 회사에 매년 이름을 올리고 있으며 현재 미국에서 가장 경쟁력(수익성, 생산성 1위)이 있는 철강회사로 자리잡았다[포스코는 2013년 세계철강전문분석기관 WSD(World Steel Dynamics) 선정 '세계에서 가장 경쟁력 있는 철강사' 1위에 선정되어 2010년 이래 연속 6차례 수위를 지켰고, 뉴코는 러시아의 세베르스탈(Severstal)에 이어 3위에 올랐다]. 뉴코는 한 때 경영의 어려움을 겪었던 시기도 있었지만 뉴코만의 독특한 조직구조로 낮은 비용의 철강을 생산할 수 있었다. 즉 뉴코는 회사 내의 모든 계층에서 효율성을 촉진시켜 생산적인 방법으로 자원을 관리할 수 있는 조직구조와 통제시스템 그리고 기업문화 등으로 핵심역량을 구축하였다.
뉴코의 핵심역량은 ① 차별화된 인센티브제도(기본급은 동종업계 평균보다 25% 낮지만 총급여는 훨씬 높고 불황에도 해고는 없다), ② 생산성 중시문화[이익분배제(profit sharing)를 통해 핵심성과 지표에 집중하도록 유도하여 기업 전체성과에 따라 이익을 분배하고, 비용의 절감분을 구성원에게 배분하는 수익배분제(gain sharing)를 도입했다], ③ 팀별 인센티브제(매주 주급과 인센티브를 지급

15) David A. Nadler & Michael L. Tushman., 『*Competing by Design: The Power of Organizational Architecture*(2nd ed)』, Oxford University Press, 1997.

및 미달부서는 삭감하는 독특한 목표관리방식을 적용하였다), ④ 아웃소싱(가장 먼저 최신기술과 신제품을 도입 · 개발하기 위한 산학협력의 기술개발과 제품개발방식을 채택함으로써 연구개발비와 시간을 획기적으로 절감하였다), ⑤ 인재중시[일보다 올바른 직업윤리와 성향을 가진 인재를 선발하고 연차보고서 표지에 전 직원(2007년, 18,000명)의 이름을 기록한다], ⑥ 경영자의 참여와 헌신(전임 CEO 켄 아이버슨은 포춘 500 CEO 중 가장 적은 연봉을 받으며, 항공기는 이코노미석만 이용했다. 직접 전화를 받고, 한 명의 비서만 고용, 손수 운전 등을 통하여 관료주의를 탈피한 평등주의적 조직문화를 고수하였다) 등이다.[16)]

2 VRIO 모형의 경제적 성과와 한계

1) VRIO 모형의 경제적 성과

[그림 5-3]에서 소개한 VRIO모형의 네 가지 질문인 '가치의 문제', '희소성의 문제', '모방 가능성의 문제' 그리고 '조직화의 문제'는 [그림 5-4][17)]와 같은 분석모형으로 통합될 수 있다.

자원과 능력에 대한 질문 →

기업의 판단 ↓

가치 (Value)?	희소성 (Rareness)?	모방가능성 (Imitability)?	조직구조 (Organization)?	경쟁적 함의 (Competitive Implications)	경제적 성과 (Performance)
No			No	경쟁열위	평균 이하
Yes	No		↑	경쟁대응	평균
Yes	Yes	No		일시적 경쟁우위	일시적인 평균 이상
Yes	Yes	Yes	↓	지속적 경쟁우위	지속적인 평균 이상
Yes	Yes	Yes	Yes	지속적 경쟁우위 제공	지속적인 평균 이상

그림 5-4 VRIO 모형(경쟁적 함의와 경제적 성과 측면)

16) 김명철 역, 『위대한 기업은 다 어디로 갔을까』, 김영사, 2010, pp.212~219.; "기업 미래 바꿀 '세븐 사인'(7 sign) 주목해야", 『*Economy Chosun*』, 23호, 2006.9. 참고 요약.

17) 신형덕 역, 앞의 책, pp.104~108.
바니의 최근 저서(제4판)에서는 경제적 성과가 빠져있으나 초기 저서에는 경제적 성과를 포함한 모형으로 설명했다. 바니의 VRIO framework에 경제적 성과를 설명한 다른 논문(O'Riordan, C., "Using the VRIO framework in practising firms taking the resource-based view", Accountancy Ireland, June 2006, Vol 38 No. 3, p.43).

바니(Jay B. Barney)는 [그림 5-4]의 VRIO모형에서 기업이 보유한 자원과 능력에 대해 전략가의 평가 여부에 따라 시장에서의 '경쟁적 함의'와 기업이 얻게 되는 '경제적 성과'를 진단했다.

첫째, 가치가 있느냐?[18)]

기업이 보유한 자원이나 능력이 가치가 없는 경우엔 시장에서 경쟁은 열위를 차지하게 되고 경제적 성과도 평균 이하가 된다. 그러나 가치는 있으나 희소성이 없는 경우 전략적 선택에 주의해야 한다. 예를 들어 기업이 보유한 자원과 능력이 희소성은 없지만 가치가 있다는 것은 적어도 조직의 강점으로 그 가치를 이용해야만 경쟁에서 대등한 위치를 차지할 기회를 갖게 되고 경제적 성과 역시 평균을 유지하게 되므로 내부의 자원과 능력을 개발할 기회를 얻게 된다. 그러나 이 가치를 포기하거나 개발하지 않는다면 희소성 여부를 떠나 시장에서 경쟁열위로 추락한다.

둘째, 희소성이 있느냐?

기업이 보유한 자원과 능력이 가치 있고, 희소하지만 모방의 강도에 따른 경쟁적 함의와 경제적 성과 그리고 기업특유의 역량이 되느냐를 파악할 수 있다. 만약 가치 있고 희소하나 경쟁사가 모방하기 어렵지 않다면 기업은 시장에서 일시적 경쟁우위를 차지할 수 있다.

왜냐하면 기업이 보유한 자원과 능력의 가치와 희소성을 통해 시장에서 선점의 기회를 얻기 때문에 경쟁사가 모방이 완료되기 까지 경쟁우위를 차지할 수 있기 때문이다. 그러나 경쟁사가 기업이 지닌 가치와 희소성에 대한 복제나 대체가 완료되면 선도적 위치를 잃기 때문에 그에 대한 대비가 동시에 이루어지도록 한다.

셋째, 모방하기 쉬운가?[19)]

기업이 보유한 자원과 능력이 가치도 있고, 희소성도 있으며 경쟁사가 모방하기도 어렵다면 기업은 시장에서 경쟁우위를 지속적으로 유지할 수 있을 뿐만 아니라 경제적 성과도 지속적으로 평균 이상 확보하게 된다.

'모방의 가능성 여부'는 기업이 보유한 자원과 능력을 지키는데 큰 힘이 된다. 경쟁사가 기업의 자원과 능력을 모방하기 어려울수록 모방을 위해 지출하는 경제적 손실도 크기 때문에 결국엔 비용열위에 빠지게 된다. 따라서 기업은 시장에서 지속적인 경쟁우위

---

18) [그림 5-4]에서의 가치란이 'no'인 경우는 가치가 없으면서 희소성도 있고, 모방가능성도 있는 경우를 말하는데, 이러한 경우는 평균 이하의 수익을 올린다는 뜻이다.

19) 모방하기 쉬운가?에 대한 대답을 [그림 5-4]에서 'no'라고 표기하였는데, 이 의미는 모방하기 어렵다는 의미가 된다.

를 오랜 기간 유지할 수 있게 된다.

넷째, 조직이 체계적으로 구성되었느냐?

"기업이 보유한 잠재력을 충분히 실현할 수 있는 조직을 구축하고 있는가?"라는 질문은 VRIO모형에서 조정요소로 작용한다. 즉 기업이 완벽한 조건(가치 있고, 희소하고, 모방하기 어려운)의 자원과 능력을 보유하고도 그것을 활용할 수 있는 조직을 갖추고 있지 않다면 기업의 잠재력을 실현할 수 없으므로 무의미해진다.

기업의 핵심역량은 자사가 보유한 다양한 자원을 통해 구축된 제조 · 생산 및 기술개발능력, 마케팅, 브랜드 가치, 기업문화 그리고 경영방식 등 범위가 넓다. 따라서 후발주자나 경쟁자가 자사의 핵심역량을 모방했을 때는 혁신이나 새로운 역량을 개발하는 등의 노력으로 경쟁을 압도해 나가야 한다.

예를 들어 토요타(Toyota)의 강점을 이야기할 때, 생산 시스템의 우수성(적시생산방식 : Just In Time 등)에 대해서 주로 언급하고 있지만, 실제로 도요타의 경쟁력은 '인재육성'이라는 조직의 힘에 기인한다. 조직내부에 우수한 인적능력은 경쟁사가 쉽게 모방할 수 없고, 구성원 개개인에게 축적된 경험과 능력이 토요타의 지속적인 경쟁우위를 창출하는 원동력 중 하나이다.

김치냉장고의 대명사로 알려진 위니아만도(1962년 현대양행으로 시작해서 산업용, 가정용 전부문 냉동공조제품 전문 개발 · 생산 · 판매 기업)는 1991년에 기술개발에 착수해 1995년에 '딤채'라는 김치냉장고를 최초로 탄생시켰다. 이후 후발주자와 차별화를 위해 우수한 인적자원의 지속적인 육성(국내 최초 '김치연구소' 설립), 폭넓은 포상제도, 커뮤니케이션 확대('종업원의 경영참가제', '체험 및 입소문 마케팅, 딤채계(契)', '포괄보상제도' 등) 등으로 경쟁사가 모방할 수 없는 핵심역량을 강화해 나갔다. 그 결과 김치냉장고 전체시장(김치냉장고 유형은 뚜껑식과 스탠드형으로 구분)에서 2014년 기준 시장점유율이 위니아 딤채(49%), 삼성 지펠(23%), LG전자 디오스(21%), 동부대우전자(7%) 순으로 후발 주자들의 추격을 따돌리며 경쟁우위를 점하고 있다.

한편 동부대우전자는 소비자들의 라이프스타일의 변화에 맞추어 1~2인 가구를 겨냥한 소형 김치냉장고(150 l 이하) 시장에 역량을 집중했다. 그 결과 2015년 기준 김치냉장고 시장의 10%를 차지하는 소형시장에서 점유율 30%를 넘기며 1위로 올라섰고, 삼성전자와 LG전자는 디자인과 저장방식의 획기적인 변화로 스탠드형에서 만도위니아를 앞서고 있다.

사례 5-2. Dell의 위기극복 능력

마이클 델이 1984년 텍사스대 기숙사에서 창업한 델은 1990년 IT(정보기술) 붐에 편승, '직접 판매 전략'을 앞세워 급성장했다. 그리고 델은 몇 차례 위기를 맞게 되지만 위기 때마다 위기를 기회로 만드는 저력을 발휘하고 있다.

델은 2005년 파워 블로거 제프 자비스가 델 컴퓨터를 고치는데 복잡한 프로세스에 대한 불만을 온라인에서 'Dell Sucks'으로 올리면서 최대 유행어('suck'이라는 비속어는 당시 기업의 브랜드나 이미지를 낮게 평가할 때 쓰이는 표현으로 구글에서 'Dell Sucks'를 검색하면 300만 개 이상 포스팅 됨)가 되면서 브랜드 위기를 맞았다.

이어서 2006년 6월 영국 매스컴에 일본의 한 회의장에서 델 노트북이 폭발하는 장면이 공개된 후 델 노트북은 폭탄이란 별명을 갖기도 하였다. 델은 초기에 신속하게 대응하지 못하고 사실을 한 달 이상 부인하다 결국 최대 규모의 리콜을 하였다.

델은 2007 6월 세 번째 위기를 맞게 되는데, '더 컨슈머리스트(소비자 정보 블로그)'가 델에서 근무했던 직원과의 인터뷰 내용을 토대로 델을 싸게 구입하는 요령 22가지를 게재한 것이다. 그 내용에는 델의 유통경로와 가격구조가 간접적으로 노출되면서 델측 변호사는 컨슈머리스트에 메일을 보내 특정 부분 삭제를 요청했다. 그러나 그 이메일 전문이 그대로 기사화되면서 델이 권력을 이용해 언론을 조작하려 한다며 델의 이미지가 다시 추락하게 되었다.

델은 적극적으로 위기를 극복하는 전략을 전개하였는데, 먼저 소비자의 불만을 공개적으로 비판하고 토론하도록 온라인 공간을 만들었다. 소비자들의 비판은 건전하고 우호적인 토론으로 바뀌었고, 델 서비스에 대한 긍정적 평가 내용이 소개되기 시작했다. 50%에 가까웠던 부정적 여론은 이후 22%대로 줄어들었다. 나아가 델은 기업 블로그를 개설해 고객들이 자유롭게 아이디어나 불만 등을 게재하면서 참여하도록 하였고, 실제 신제품에 반영하면서 자사의 고객들을 프로슈머(prosumer)로 활용하고 있다. 뿐만 아니라 델은 고객 불만에 신속한 대응을 위해 기존에 콜센터에서 원스톱으로 진행하던 A/S 체계를 업계에서 처음으로 방문 형태로 개선(현재는 많은 기업들이 도입한 고객만족 정책)하는 등 고객만족을 위한 노력을 했다.

그리고 전직 영업사원의 글 '22가지 고백'에 대해 델은 '23번째 고백'이란 자성의 글을 올림으로써 소비자들에게 큰 반향을 불러 일으켰고, 이로서 델은 3차례의 위기를 극복하면서 다시 도약의 발판을 마련하였다.

2) VRIO모형의 한계

자원기반 관점과 VRIO모형의 네 가지 질문 및 분석 틀은 기업내부의 조직적 강점과 약점을 분석하는데 유용한 도구이다. 그러나 이러한 접근방식은 환경의 위협과 기회분석을 위한 구조-행동-성과 모형(S-C-P Model)과 마찬가지로 한계점을 가지고 있다.[20]

① 지속적 경쟁우위와 환경변화

경쟁우위는 영원히 지속되지 않는다. 기업이 경쟁환경에서 직면하게 되는 위협과 기회가 상대적으로 안정적이라면, 가치있고 희소하며 모방비용이 많이 드는 자원과 능력을 소유한 기업은 지속적으로 경쟁우위를 얻을 수 있다. 또한 기회와 위협의 유형이 예측 가능한 방향으로 진화해 갈 경우도 마찬가지다.

그러나 현실적으로 기업환경의 기회와 위협은 급속도로 변하고 있으며 예측이 불

20) Jay B. Barney, 『*Competitive Advantage*』, Pearson Education, Inc., 2011, pp.144~145.

가능하기 때문에 지속적인 투자와 노력을 하지 않으면 경쟁우위를 지키기 어렵다.

▣ 많은 산업들이 슘페터의 대변혁(Schumpeterian Revolution)[21]의 특성을 가지고 있다. 예를 들어 퍼스널 컴퓨터의 개발은 타자기 생산기술의 가치를 크게 하락시켰고, 전자계산기의 개발은 기계식 계산기 판매기업의 설계 및 제조기술의 가치를 하락시켰으며, 컴팩트 디스크 기술의 도입으로 비닐 녹음 테이프 제조기술의 가치가 하락하였다. 또한 애플에 의해 처음 출시된 스마트폰은 디지털 폰의 가치를 순식간에 하락시켰다.

② 모방가능성 패러독스[22]

기업이 지속적으로 경쟁우위를 창출할 수 있는 새로운 기술을 개발하였다 하더라도, 만약 경쟁기업들이 그 기술을 쉽게 모방을 할 수 있다면 경쟁력을 유지하는데 한계가 있을 수 있다. 이러한 한계점이 모방 가능성 패러독스(imitability paradox)라는 개념이다(Barney, 1986).

모방 가능성 패러독스란 경쟁기업이 큰 비용을 지불하지 않고 가치 있는 자원을 쉽게 모방할 수 있거나 모방하는데 소요되는 모방비용이 적게 드는 경우, 경쟁기업들은 계속 모방을 하게 되고 결국에는 기술을 개발한 선행기업의 경쟁력 약화로 이어져 경쟁우위가 하락한다는 것을 말한다.

모방 가능성 패러독스가 제시하는 것은 결국 모든 기업이 지속적으로 경쟁우위를 얻을 수는 없다는 것이다. 장기간에 걸쳐 가치 있고 희소한 자원이나 능력을 개발한 기업이라도, 경쟁기업이 이러한 것(자원이나 능력)을 쉽게 모방할 수 있다면 경쟁우위를 지키기 어렵다는 것이다.

기술을 개발한 기업이나 모방을 하는 기업 모두가 지속적으로 경쟁우위를 얻을 수 없다는 사실은 경영자가 행사할 수 있는 영향력의 한계이다. 이러한 사실은 산업 내 기업성과에 관한 대부분의 연구결과와 일치하고 있다(Jacobson, 1988).

③ 분석단위

기회와 위협을 분석하기 위한 구조-행동-성과 모형에서의 분석단위는 산업이다. 이러한 분석단위는 자료에 대한 접근성과 전략분석의 중요한 부분이다. 이러한 대부분의 자료는 정부보고서나 공공기관의 자료들로서 산업을 중심으로 만들어 지며 이를 통해 경쟁자의 수, 공급자의 영향력, 구매자의 영향력 등에 관한 정보를 얻을 수 있다.

---

21) Joseph Schumpeter(1934) : 기업이 직면하게 되는 위협과 기회에서의 갑작스럽고 예측 불가능한 변화, 즉 모든 산업은 대변혁적인 특성을 가지고 있어 기업자원의 가치를 엄청나게 바꾸어 놓는 효과를 가지고 있다.

22) Jay B. Barney의 "Competitive Advantage"에서는 경영자의 영향력(managerial influence)이지만 본 서에서는 이해를 돕기 위해 모방 가능성 패러독스로 표현을 바꾸었다.

이러한 내용을 종합해 보면 자원기반 관점론(RBV)모형은 의외로 '정적'이고 '내부 지향적'이다. VRIO모형도 외부환경의 변화를 고려하는 구조가 아니고 내부자원을 기반으로 한 기준이기 때문에 몇 가지 한계점이 존재할 수밖에 없다.

우선 VRIO모형에서 가장 핵심인 가치(value)의 분석이 명확하지 못하다. 특히 아무리 합리적인 아이디어를 실천하더라도 그것으로 절감할 수 있는 비용이 전체비용의 아주 미미한 수준밖에 안 된다면 경제가치가 있다고 할 수 없다.

이와 같은 약점을 보완하는 바니(Jay B. Barney)의 VRIO모형은 많은 학자들의 연구를 통하여 계속 보완되고 있으며, 이 모형은 기업의 경쟁력을 내부환경이 보유한 자원과 능력에 있음을 보여준 핵심역량이론의 기초가 되고, '케이퍼빌러티학파'의 중심이론이 되고 있다.

기업에서는 내부의 자원과 능력을 평가하는 중요한 도구로 바니의 VRIO모형과 함께 1985년 포터(M. E. Porter)가 제시한 가치사슬을 널리 이용하고 있다.

사례 5-3. Canon의 핵심역량 분석

캐논(Canon)하면 종합 사무(OA)기기업체 또는 카메라에서 경쟁력이 강한 회사로 생각하는 사람이 많다. 그러나 캐논은 현미경을 제작하는 작은 공장에서 출발해 탁상용 전자계산기, 복사기, 컴퓨터분야로 사업을 확대해 나간 회사이다. 특히 자신들의 핵심역량을 토대로 1970년대 전 세계 복사기 시장을 석권하고 있던 Xerox의 아성에 도전해 제록스의 특허권을 침해하지 않고 복사기를 개발해 시장점유율을 확장해 나간 전략은 대단하였다. 그러나 무분별한 다각화와 사업확장이 오히려 캐논의 발목을 잡았다. 이를 극복하기 위하여 1995년 신임사장 취임 후 선택과 집중의 전략방향으로 사업조정을 시작해 핵심역량(핵심 기술의 자체 개발 및 특허 보유)을 다양하게 적용해 나갔다.

그 결과 세계 디스플레이 장비 시장 1위인 캐논은 광학기술을 기반으로 디지털카메라, CMOS 이미지센서, 디지털카메라용 칩(DIGIC), 잉크젯 프린터, 컬러 IR 컨트롤러, 모노 복사기, 모노 레이저 프린터, 컬러 레이저 프린터, 대형 LCD 노광기 등에서 세계 1위를 하고 있으며, 컬러복사기는 세계 3위, 잉크젯 프린터는 세계 2위, IC스텝퍼(Stepper)는 세계 3위다. 뿐만 아니라 캐논은 미국 내 특허권을 3번째(2,821건, 2011년 기준)로 많이 가진 기업일 만큼 핵심역량이 많다.

캐논은 매년 3000건이 넘는 특허를 취득하는 세계 최고의 기술기업이자 '셀(cell) 방식'으로 대표되는 독특한 생산방식으로 혁신을 주도하는 벤치마킹의 대상이기도 하다. 이 회사는 특히 종신고용제로 대표되는 '일본식 경영'에 성과주의를 접목, 일본기업이 나아가야 할 새로운 방향을 제시하고 있는 것으로 평가된다.

그렇기 때문에 일본에서는 캐논을 배우기 위해 '벤쿄카이(연구회)'가 수없이 생겨나고 있고, 캐논 관련 서적은 날개 돋친 듯 팔려나가며, 언론은 '전자왕국 일본'의 미래는 소니가 아닌 일본식 경영을 고수해온 캐논이 이끌어 갈 것이라며 극찬을 아끼지 않고 있다. 이러한 캐논은 굴뚝산업과 하이테크산업을 막론하고 전 세계 기업들의 벤치마킹 대상이 되고 있다.

제 3 절 가치사슬 분석

1 가치사슬 분석의 의의

VRIO모형은 기업이 보유한 자원과 능력을 파악함으로서 수익잠재력을 평가하는데 중요한 도구임에는 틀림없다. 뿐만 아니라 외부환경 요인을 분석하기 위한 모형(5 Forces 모델, PEST 모델 등)과 결합해 SWOT분석에도 유용하게 활용된다.

그러나 분석해야 할 자원목록을 구체적으로 제공하지는 못한다는 문제점을 가지고 있다. 이러한 단점을 보완하기 위하여 내부자원 목록의 체계적인 접근방법을 사용한다면 내부능력에 관한 분석을 보다 더 효과적으로 할 수 있다.

따라서 기업의 핵심역량을 파악하기 위해서는 기업의 경영활동에 가치사슬(Value Chain) 분석을 적용하면 유용하게 활용할 수 있다.

가치사슬 분석기법은 맥킨지 컨설팅 그룹(McKinsey & Company)에서 개발한 비즈니스 시스템(business system)[23]을 포터(Michael Porter)가 훨씬 더 정교한 분석 틀로 발전시킨 것이다.

1) 가치사슬이란

포터(M.Porter)의 가치사슬(Value Chain)모형은 자신의 저서 『경쟁우위(*Competitive Advantage*)』(1985)에서 처음으로 소개한 개념이다. 기업에서 행하는 전반적인 생산활동을 핵심활동(primary activities)부문과 지원활동(support activities)부문으로 나누어서 [그림 5-5]와 같이 투입에서부터 물류, 생산, 판매 그리고 서비스에 이르기까지의 프로세스를 설명하는 프레임워크이다. 또한 각 부문에서 비용이 얼마나 소요되고 소비자들에게 얼마의 부가가치

---

23) 맥킨지의 비즈니스 시스템의 발견은 1980년대 '비용절감'과 '가치창출'이라는 두 가지 시각의 차이에서 보여준 전략의 발전과정에서이다. 포터의 가치사슬에 비하면 비교적 단순한 모형으로 가치창출은 항상 6가지의 서로 다른 활동들을 포함하게 된다. 기술개발, 제품설계, 제조생산, 마케팅, 유통, 그리고 서비스의 활동이며 기업은 이 활동들 가운데 하나 혹은 이들 활동간의 결합을 통해 가치 있고 희소성이 크고 모방비용이 많이 드는 자원을 개발할 수 있다. 대부분의 기업이 두 가지 중 하나의 방식만을 극단적으로 추구했다(델이나 월마트는 비용절감에 집중했고, 애플이나 홀푸즈는 가격과 가치창출에 집중했다). 그런데 경쟁자의 비용을 파악하는 것이 매우 중요하다는 맥킨지가 내부보고서인 '경쟁비용분석'에서 '비즈니스 시스템'이라는 이론을 발견하게 된다. 이를 위해 '제품전달시스템'(product delivery system)을 구성하는 모든 요소를 파악하면서 제품을 만들고 최종 고객에게 전달되기까지 구성요소의 절차를 정리하면서 이 모형이 만들어 졌다. 전체 비즈니스 시스템에서 개별요소들의 비용을 구분하고 그 과정에서 제품의 전체 비용 중 가장 큰 부분을 차지하는 요소를 파악한 것이다.

를 창출해 내는지를 분석하는 기법이며, 동시에 여러 활동 중 어느 하나 또는 몇 개를 결합하여 독특한 역량을 발휘할 수 있는지를 파악할 수 있는 기법이다.

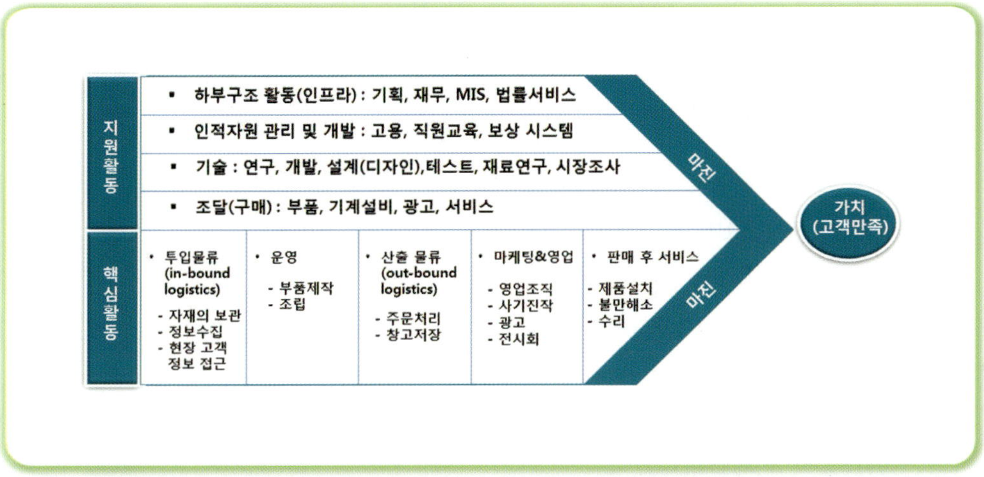

출처 : M. Porter, 『*Competitive Advantage : Creating and Sustaining Superior Performance*』, New York : The Free Press, 1985, p.37.

그림 5-5 마이클 포터의 가치사슬(Value Chain)

이와 같이 가치사슬은 기업활동을 여러 분야로 나누고 각 단계를 가장 뛰어난 경쟁자와 비교하여 자신이 경쟁우위가 있는 부문과 경쟁열위가 있는 부문을 파악할 수 있고, 이를 종합적으로 분석하고 평가함으로써 기업의 핵심역량이 어디에 있는지를 판단할 수 있게 된다.

포터(M. Porter)는 가치사슬을 발표하면서 비로소 포지셔닝의 중요성과 함께 '내부자원과 능력을 중시하는 케이퍼빌러티(기업능력)'에 관심을 갖게 되었다. 기업이 이익을 창출하고 경쟁우위를 유지할 수 있는 포지셔닝(외부환경인 시장)의 선택을 위해 기업의 능력(케이퍼빌러티)이 필요하다는 것을 인식한 것이다.

2) 가치사슬의 활동내용

(1) 가치사슬의 핵심활동

포터(Michael Porter)는 가치사슬의 핵심활동을 5가지로 구분하였다.

① **투입물류(내부물류)** : 원재료의 관리, 자재의 보관, 창고관리, 수송 및 정보의 수집, 공급업체와의 접촉, 적시배송 등 외부자원을 입고한 후 저장하고 배분하는 업무활

동을 뜻한다.

② **운영활동** : 생산 및 제품제조의 주 활동으로 기계조작과 포장, 기계유지 · 보수 · 검사 및 자본, 설비, 노동력을 이용하여 원자재를 최종제품의 형태로 가공 · 처리하는 과정이다.

③ **산출물류** : 최종제품의 창고 · 보관 및 유통업무를 수행하기 위해 제품을 집하하고 보관하여 구매자에게 전달하는 활동을 담당한다.

④ **마케팅 및 영업활동** : 마케팅전략, 고객기반 확보 및 고객유치 비용 파악, 판매인력 문제 등을 담당하며 구매자의 선택을 유도하는 활동이다.

⑤ **판매 후 서비스** : 제품설치, 수리, 불만해소, 고객지원 등의 서비스 활동을 의미한다. 특히 신규고객을 발굴하는 것보다 기존고객을 유지하는 것이 비용 면에서 더 저렴하기 때문에 고객 서비스에 대한 업무를 중시한다.

(2) 가치사슬의 지원활동

가치사슬의 지원활동은 크게 4가지로 분류된다. 조달활동, 기술개발활동, 인적자원 관리 및 개발 활동 그리고 인프라스트럭처(전반적인 하부구조)이다.

① **조달활동** : 원재료, 노동력, 정보, 에너지 등 기업의 특정 부문에 국한하지 않는 전체적인 조달업무를 의미한다.

② **기술개발활동** : 여러 가지 가치활동에 따라 기술을 지원하는 활동으로 크게 제품의 품질을 향상시키는 활동과 생산공정을 향상시키는 활동을 수행한다.

③ **인적자원 관리 및 개발활동** : 인적자원의 고용 · 채용 · 훈련 · 교육 · 성과에 의한 보상과 관련된 활동을 말한다.

④ **하부구조활동** : 기획과 재무, MIS, 법무 및 경리 등 다양한 활동으로 구성된 집합을 의미한다.

2 가치사슬의 활용 및 한계점

1) 가치사슬을 통한 핵심역량의 파악

핵심역량은 기업이 갖고 있는 단순한 기능별 능력(functional capability)을 의미하는 것이 아니고, 기업이 보유한 자원과 능력을 결합하여 경쟁력으로 나타낼 수 있는 기업능력

(capability)으로서 기업의 모든 부문이 상호 연결된 특정 기능에서 나오는 조직상의 능력이다. VRIO모형에서 기업의 자원이나 능력이 가치 있고, 희소하며, 모방비용이 많이 들어도 더 높은 경쟁력을 발휘하기 위해서는 조직의 능력이 뒤따라야 한다.

가치사슬을 통한 핵심역량을 파악하는 방법은 다음과 같다.[24)]

① 기업활동을 가치사슬의 세부활동으로 나눈다.

우선 주활동과 지원활동으로 구분하며, 더 구체적으로 세분화하는 방법이나 정도는 분석목적에 따라 달리할 수 있다.

② 경쟁우위와 경쟁열위를 평가한다.

각 세부 활동분야에서 가장 뛰어난 경쟁기업과 벤치마킹을 통하여 주활동과 지원활동 간의 연관관계를 파악하고, 각각의 활동에 대하여 경쟁우위 또는 경쟁열위를 갖는가를 평가한다.

③ 강점을 강화하고, 약점을 보완할 수 있는 방법을 찾는다.

경쟁열위에 있는 분야는 보완 및 개선을 통하여 역량을 강화하고, 경쟁우위가 있는 분야는 더욱 발전시킨다.

④ 기업만이 가지고 있는 조직의 능력과 자원을 결합한다.

가치사슬 내에 존재하는 핵심역량의 공유와 학습이 활발하게 이루어지고 있는 조직을 기업의 내부자원과 결합하여 경쟁력을 발휘한다.

2) 가치사슬을 이용한 핵심역량 활용사례

폭스바겐(Volkswagen)의 핵심역량 활용사례[25)]

① **1단계** : 폭스바겐의 여러 활동분야를 가치사슬의 영역으로 나눈다.

② **2단계** : 각 활동분야의 전략적 중요도를 파악한다.

③ **3단계** : 각 활동분야에서 주요 경쟁자(GM, Ford, Toyota, Honda, Nissan, Fiat 등)를 벤치마킹[26)]하여 핵심역량의 경쟁우위요소와 열위요소를 〈표 5-4〉와

---

24) 서기만 편역, 『실전에 강한 MBA 경영전략』, 원앤원북스, 2010, pp.109~110.
장세진, 『경영전략(제4판)』, 박영사, 2012, p.131.

25) 장세진, 위의 책, pp.132~133.

26) 벤치마킹(Benchmarking) : 기업들이 벤치마킹 시 반드시 동종산업에 국한시킬 필요는 없다. 정확한 배송시스템을 배우려면 'Fedex(미국)'의 배송시스템을 벤치마킹하고, 일관된 품질을 생산하는 방법을 배우기 위해서는 'McDonald(미국)'가 어떻게 햄버거의 품질을 전세계적으로 일관성 있게 제조하고 유지하는가를 벤치마킹하여도 된다.

같이 추출한다.

④ **4단계** : 〈표 5-4〉에서 주요 가치사슬상의 경쟁우위 여부와 그 주요 원인을 파악하고, 분석 결과를 [그림 5-6]과 같이 정리한다.

폭스바겐(Volkswagen)의 가치사슬을 분석해 본 결과 경쟁사에 비하여 엔지니어링과 R&D 분야에서는 경쟁우위를 갖고 있으나 마케팅과 재무분야에서는 약점을 가지고 있다는 사실을 발견할 수 있다.

따라서 이러한 분석을 토대로 폭스바겐은 엔지니어링분야의 핵심역량을 유지하면서, 마케팅과 재무분야를 강화하는 전략을 세워야 한다. 또한 엔지니어링으로부터의 핵심역량을 활용하여 다른 사업분야로 진출 가능성도 모색하여야 한다.

표 5-4. Volkswagen의 기능별로 살펴본 핵심역량 평가

핵심역량	전략적 중요도	경쟁우위 벤치마킹 결과	주요 사유
제품개발	9	4	• 신제품 개발이 뒤짐
구매	7	5	• 전통적으로 약했으나 GM으로부터 Lopez를 스카우트하면서 개선
엔지니어링	7	9	• 전통적으로 강하였음
생산	8	5	• 독일에 위치하여 고비용구조를 가짐, 고용조정이 유연하지 못함
재무	6	3	• 재무관리기법이 낙후
R&D	6	6	• 전통적인 우위부분이나 최근 부품공급업자의 연구개발이 더욱 중요하게 됨
마케팅/판매	9	4	• 세계 각국의 소비자수요의 차이를 충족하지 못함
대정부 교섭능력	4	8	• 중국 등 신흥시장 진출

주 : 1~10까지의 스케일, 1=매우 낮음, 5=보통, 10=매우 높음

출처 : R. Grant, 『*Contemporary Strategy Analysis*, Blackwell (7th ed)』, 2010, p.141.
장세진, 앞의 책, p.132.

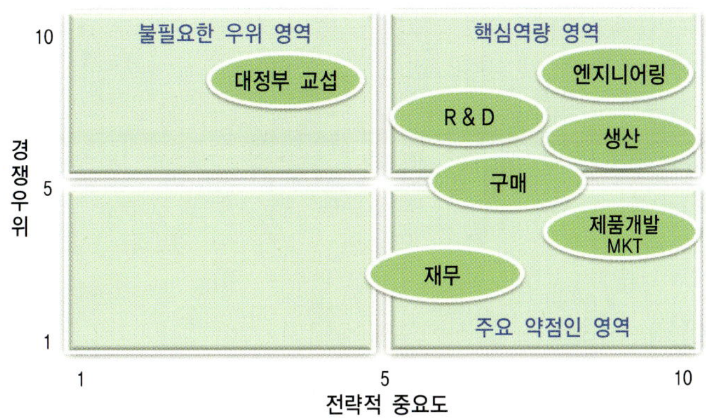

그림 5-6 Volkswagen의 가치사슬의 중요도와 경쟁우위

3) 가치사슬의 한계

포터(M. Porter)는 기업의 내부능력(케이퍼빌러티)을 중요하다고 인식하면서도 외부환경의 포지셔닝을 더 강조하는 치우침을 가졌다. 즉 기업이 경쟁력을 확보하기 위해서는 포지셔닝과 가치사슬(Value Chain)의 비중을 강조하면서 경쟁력 향상을 위한 경영기법발전에 큰 공헌을 하였지만, 리더십이나 조직 및 기업문화 등과 같은 내부능력의 중요성을 포함하지 않았다는 한계를 가지고 있다.

공급사슬관리(supply chain management : SCM)

기업활동의 연쇄적인 사슬에 존재하는 불균형을 극복할 수 있는 모델로 제시된 기법이 "공급사슬관리"(supply chain management : SCM)이다. 공급사슬관리란 용어를 처음 사용한 것은 1983년 컨설팅 회사인 부즈 앨런 해밀턴(Booz Allen Hamilton Inc.)에 의해서인데, 이는 각 기능별 관계를 설명하는 데 있어서 각 부문을 서로 따로 떼어 놓고 개선하거나 관리하는 것은 한계가 있기 때문에 모든 기능을 통합해서 관리하자는 것이 핵심이다.

즉 아래의 [그림]과 같이 조달과 생산 그리고 물류 등 공급자에서 고객에 이르는 모든 관계에는 불균형이 존재함으로 일체적으로 통합·관리해 나가고자 하는 개념이 공급사슬관리이다.

이러한 한계를 극복하고자 하는 새로운 비즈니스 모델이 탄생하면서 경영기법의 발전은 계속 이어지고 있다.

제 4 절 SWOT분석

1 SWOT분석의 이해

1) 개념과 용도

SWOT분석은 기업활동에 영향을 미치는 대내·외 환경요인을 모두 분석하는 모델로서 경영전략을 수립할 때 우선적으로 고려해야 할 사항들이 무엇인지 파악하는 분석기법이다. 또한 전략이 경영에 도입되기 시작한 초기의 환경분석 모델로서, 다양한 모델의 개발과 발전에 영향을 많이 미쳤으며 현재에도 가장 많이 사용하고 있는 기법이다.

SWOT분석은 강점(Strength), 약점(Weakness), 기회(Opportunity), 위협(Threat)의 첫 글자를 따서 만든 용어로서 [그림 5-7]과 같이 기업의 외부환경 분석을 통하여 기회와 위협이 되는 요소들이 무엇인지 파악하고, 그러한 요소들과 기업내부의 강점·약점을 결합하여

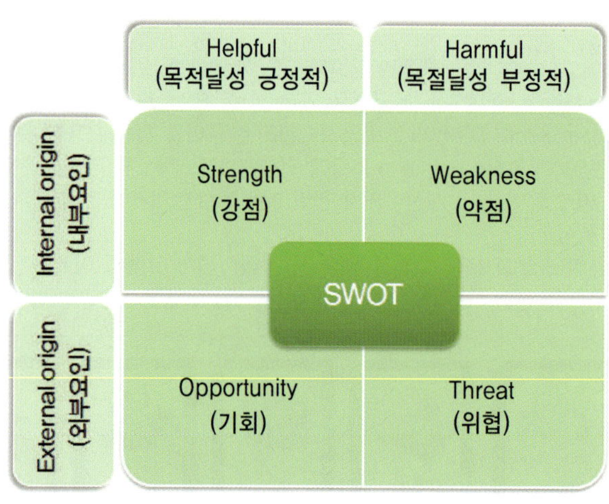

그림 5-7 SWOT 분석 모형

효과적인 경영전략을 수립하는 분석기법이다.

다시 말해서 SWOT분석은 기업이 보유하고 있는 내부자원의 강점과 약점을 외부환경의 기회와 위협요인에 대응하여 약점은 보완하고 강점을 최대한 발휘하는 방법을 제시해주는 분석방법이다.

SWOT분석 결과 외부환경의 기회와 기업내부의 강점이 일치하는 전략을 수립하면 시장에서 수월하게 경쟁우위를 확보할 수 있지만 반대로 외부환경이 위협적으로 변해가는 상황과 기업내부의 약점이 결합되는 전략을 수립하면 기업의 미래는 불확실하게 된다.

2) 적용방법

SWOT분석은 크게 3단계를 거치는데 먼저 외부환경 요인과 내부환경 요인을 추출하고, 두 번째는 각 요인별 분석내용을 교차하여 전략적 매트릭스를 정리한 다음 마지막으로 실행 가능한 전략을 선택하는 것이다.

(1) 1단계 : 환경요인 추출

SWOT분석표에 외부의 기회와 위협 그리고 내부의 강점과 약점을 각각 분석한 자료를 정리한다.

① 외부환경 요인분석

외부환경 요인인 거시환경 요인을 분석하여 기회와 위협이 되는 요소를 찾는다. 기회요인은 경쟁사와 경쟁을 했을 때 경쟁우위를 발휘할 수 있는 환경요인을 의미하며, 위협요인이란 환경변화에 대비하지 않으면 경쟁에서 우위를 상실할 수 있는 요인이다.

② 내부환경 요인분석

기업이 보유하고 있는 내부자원의 강점과 약점을 파악한다. 이때 중요한 것은 기업의 내부역량을 주관적으로 평가하는 것이 아니라 경쟁사와 비교하여 자사의 유형, 무형, 인적자원 그리고 핵심역량의 강점과 약점을 객관적으로 평가해야 한다. 내부환경을 분석할 때 가장 많이 활용되는 것은 마이클 포터의 가치사슬(value chain)이다. 왜냐하면 가치사슬 분석을 통해 가치사슬의 능력을 분석할 수 있고, 어떤 능력이 경쟁사와 비교하여 강하고 약한지를 명확히 평가할 수 있기 때문이다.

(2) 2단계 : TOWS 매트릭스 작성

SWOT분석을 통해 4가지 요소를 추출한 후 각각의 요소를 교차하여 전략적 매트릭스를 만든다. 즉 SW요인과 OT요인이 교차하는 TOWS 전략 매트릭스[27]를 완성하는데, 이 매트릭스의 목적은 사업의 성패를 가늠하는 기회의 활용을 명확히 파악하기 위함이다.

〈표 5-5〉와 같이 외부환경(기회와 위협)과 내부환경(강점과 약점)에 대한 분석을 토대로 4개의 전략방안을 모색할 수 있다.

표 5-5. 전략형성을 위한 TOWS 매트릭스

외부요인 \ 내부요인		내부강점(S) 자원과 능력의 강점 가치사슬 상의 강점	내부약점(W) 자원과 능력의 약점 가치사슬 상의 약점
외부 기회 (O)	PEST 분석 & 5 Forces 모델 분석을 통해 파악된 기회요인	SO전략(최대의 기회) 확대전략(Maxi-Maxi)	WO전략 우회전략(Mini-Maxi)
		내부의 강점을 발휘해 외부의 기회를 적극적으로 이용하는 가장 성공할 수 있는 전략	내부의 약점을 극복함으로써 외부기회를 활용하는 개발전략
외부 위협 (T)	PEST 분석 & 5 Forces 모델분석을 통해 파악된 위협요인	ST전략 안정적성장전략(Maxi-Mini)	WT전략(최대의 위협) 축소·청산·합작투자전략(Mini-Mini)
		내부의 강점을 활용하여 외부의 위협을 극복하고 대처하는 전략	약점을 최소화하여 위협을 회피하는 전략

출처 : H. Weihrich, "The TOWS Matrix : A Tool for Situational Analysis," Long Range Planning, 4, 1982, p.60.

① SO전략(내부강점 · 외부기회)

시장에서 경쟁우위를 확고히 할 수 있는 기회를 활용하기 위해 기업이 가지고 있는 강점을 최대한 이용하는 전략이다. 즉 외부환경에서 주어진 기회와 내부강점을 결합시킬 수 있는 적극적인 전략이다. 실제 매트릭스상의 모든 위치에서 이러한 위치로 옮기는 것이 거의 모든 기업의 목표이며 가장 바람직한 전략이다.

27) 'TOWS 전략'은 샌프란시스코 대학의 교수인 하인츠 웨이리치(Heinz Weihrich, 1934~)가 그의 논문 "The TOWS Matrix : A Tool for Situational Analysis"(1982)에서 처음 제시했다.

□ 코카콜라는 1886년 출시된 이후 전 세계 200여 개국에서 판매되고 있다. 코카콜라는 2008년에 'Vision 2020'을 선언하면서 코카콜라가 보유한 풍부한 자금, 강력한 브랜드 , 다양한 제품 믹스 등 내부의 강점을 활용해 신흥국가를 중심으로 나타난 소득의 향상, 서구화된 음식문화의 확산 등과 같은 외부환경의 기회를 최대한 이용하기로 하였다.
코카콜라는 가장 전통적인 방식으로 풍부한 자금력을 동원해 브랜드 가치를 알리는 광고에 적극 투자함으로써 음료시장 1위 자리를 유지할 수 있었다.

② ST전략(내부강점 · 외부위협)

내부환경의 강점을 활용하여 외부환경의 위협에 대응하는 전략을 말한다. 즉 외부의 위협을 극복하기 위해 내부의 강점을 활용하는 전략이다. 예를 들면 기업이 지닌 내부강점을 기반으로 차별화를 추진하는 방법 등을 고려할 수 있다. 이 전략은 내부의 강점을 극대화하여 외부의 위협을 최소화하는 전략이다.

□ 스웨덴 볼보자동차의 강점은 내구성과 안전성이다. 그러나 디자인과 품질을 앞세운 일본과 한국자동차와 경쟁에 뒤처지면서 자신들의 강점을 살려 외부의 위협에 대처하는 전략을 추진하였다. 볼보는 경쟁력이 뛰어난 트레일러와 대형 화물차에 집중하는 대신 경쟁력이 약화되고 있는 승용차 부문을 1999년 포드에 매각함으로써 경쟁우위를 유지하게 되었다(2010년 경영난에 처한 포드는 볼보자동차를 중국 지리(Gilly)에 매각하였다).

③ WO전략(내부약점 · 외부기회)

내부자원의 약점을 최소화하면서 외부의 기회를 극대화하려는 전략을 말한다. 즉 내부의 약점을 기회로 활용하고자 하는 전략이다. 예를 들면 약점으로 판단된 분야를 외부로부터 경쟁력 있는 기술이나 인적자원을 도입하여 보완한 후 강점으로 전환하는 우회전략이다. 시장에서 기회를 살리지 못하는 자사의 약점을 보완할 수 있는 전략이다.

□ 닛산 자동차는 2000년대 초 매출이 증대하고 있는 SUV(스포츠용 다목적차)에 집중하였다. 그 결과 토요타와 혼다 자동차보다 하이브리드카 생산에서 한 발 뒤처지면서 생산기술 완성도뿐만 아니라 판매력 기반도 잃게 되었다. 그러나 닛산은 환경 및 배기가스 규제가 더욱 강화되고 신흥국가의 급속한 경제발전이 진행되는 외부상황을 기회로 판단하고 전기차 개발에 집중했다. 결국 하이브리드카의 약점을 극복하고 2010년 출시한 전기차(EV) '리프'는 2014년 세계시장 판매율 1위를 차지할 수 있었다.

④ WT전략(내부약점 · 외부위협)

외부환경의 위협을 회피하면서 내부의 약점을 최소화하는 전략을 말한다. 만약 기업이 이러한 위협과 약점에 직면한 상황을 방치하면 경쟁우위를 상실하고 시장에서 퇴출될 수 있기 때문에 시장의 위협요소에 적극적으로 대처해야 한다. 외부위협과 내부약점이 동시에 발생하는 경우이기 때문에 최악의 상황이라고 볼 수 있으며, 경우에 따라서는 회사를 축소하고 청산까지 해야 하는 경우이다.

◘ 세계적인 식품업체 네슬레(Nestle)는 폭 넓은 제품 포트폴리오, 브랜드 가치, 커피 가공 및 포장 능력, 고품질 원재료 조달 등 다양한 강점을 가지고 있지만, 인스턴트에 대한 의존도가 높고 획일적 브랜드 이미지 등 약점을 가지고 있었다. 이러한 약점은 결국 인스턴트커피 시장의 매출감소로 이어졌으며, 새로운 전략이 필요하다고 판단하였다. 우선 매출감소의 원인을 다음과 같이 분석하였다. 즉 건강에 대한 관심이 커지면서 경쟁사들의 대체재(차, 건강음료) 개발이 가속화되었고, 인스턴트커피시장은 이미 성숙단계에 접어들었으며, 가격경쟁 또한 치열하고 선진국을 중심으로 인스턴트커피에 대한 수요가 점차 줄어드는 외부의 위협에 직면하게 된 것이라고 분석하였다.
새로운 전략으로 네슬레는 'Target 2004'를 선언하면서 기존의 글로벌 브랜드 네스카페와의 시장 중복을 두려워하지 않고 과감하게 '네스프레소'(고급 원두의 캡슐 커피)에 진출하여 '프리미엄커피 시장'을 개척하는데 성공했다.
2017년에는 커피업계의 애플이라고 불리는 블루보틀(blue bottle : 로스팅한 지 48시간 이내의 원두로 바리스타가 직접 커피를 내려 주는 핸드드립 커피를 원칙으로 하는 전략을 꾀하고 있다)을 약 5000억원에 인수하여 고급커피시장의 확장을 꾀하고 있다.

(3) 3단계 : 전략의 선택

마지막으로 실행이 가능한 전략을 선택하는 단계이다. TOWS 전략 매트릭스에서 각각의 실현 가능성 및 위험 등을 고려해 실행할 전략을 선택한다. 물론 의사결정자는 TOWS 전략 매트릭스에서 도출한 4개의 전략 중 기업의 상황에 따라 강점과 약점, 기회와 위협을 정확히 구분하고 결정해야 한다. 의사결정자는 4개의 옵션 중 하나를 선택할 수도 있고, 복수를 선택하거나 모두 선택하지 않을 수도 있다([그림 5-8] 참조).[28]

사례 5-4 네슬레와 네스카페

스위스는 전 세계적으로 유명한 기업들을 많이 탄생시킨 나라이다. 전통적으로 강점을 가지고 있는 시계산업과 제약산업, 식품산업 등에서 상당수 글로벌기업들이 스위스에 본사를 두고 있다. 네슬레 역시 1865년, 스위스 베베에서 앙리 네슬레가 설립한 "네슬레 & 앙글로 스위스 콘덴스드 밀크"라는 회사로 시작해 세계 1위의 식품업계가 된 기업이다.

1860년대 당시 유럽에서는 산모의 영양부족으로 아기가 성장하지 못하거나 심지어 목숨을 잃는 경우가 많아 유아 사망률이 상당히 높았다. 화학자였던 앙리 네슬레(Henri Nestle, 1814~1890)는 이를 안타깝게 여기고 유아 사망률을 낮추기 위해 아기들에게 엄마 젖을 대신해 먹일 수 있는 대체음식을 개발하기로 하였다. 그 결과 1867년 모유와 비슷한 액체 성분에 영양요소를 추가로 넣은 대체 수유식품인 '페린 락테'(Farine Lactee, '가루우유'라는 뜻)가 개발되었다.

28) 최승호, 『차별화된 전략수립을 위한 전략기획 에센스』, 새로운 제안, 2011, p.35.

네슬레는 설립 이후 이유식과 커피, 초콜릿, 생수[29], 우유, 아이스크림, 애완용 사료 등 분야로 사업을 확대해 나갔고, 네스카페는 초당 3,900컵이 팔려나가고 있으며, 전 세계 구석구석을 점령하고 있다.

커피 생두를 많이 생산하는 브라질이 1930년대 경제불황으로 커피수요가 크게 줄자 커피 생두를 활용한 신상품 개발 프로젝트로 탄생한 것이 오늘날 인스턴트커피의 원조이며, 세계시장을 장악하고 있는 '네스카페'이다. 그리고 1986년에는 전 세계적으로 에스프레소 커피 붐이 일자 '네스프레소'(Nespresso) 자회사를 통해 커피머신 사업에 진출했다. 이후 커피숍과 가정에서 수요가 늘어났고, 이 과정에서 '캡슐 커피'[30]가 나왔다.

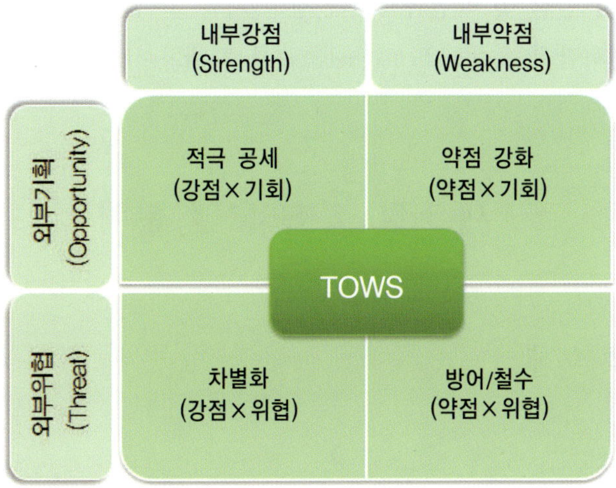

그림 5-8 TOWS 분석을 통한 대안의 선택

❷ SWOT분석을 할 때 유의사항

SWOT분석은 간단하게 경영환경을 분석할 수 있는 방법이지만 몇 가지 약점을 가지고 있다. 예를 들면 SWOT분석을 통해 얻어진 결과로 전략의 방향을 결정하는 과정이 지극히 서술적이어서 우선순위를 정할 수 없다는 점과 분석에 사용하는 요소들이 정적(靜的)

29) 최근 네슬레는 물에 관심이 부쩍 늘었다. 석유보다 물이 더 희소자원이 되었고 앞으로도 그럴 것이라 믿기 때문이다. 네슬레는 전 세계 6만여 곳에 이르는 수원(물이 나는 곳)을 연구하는 연구원을 850명이나 두고 있다. 또한 '페리'(Perrier)를 필두로 생수 브랜드를 100여개 보유하고 있다.

30) 미리 로스팅한 커피 원두를 액체상태로 조그만 캡슐에 넣어 신선도가 오래 유지되도록 진공포장한 것.

일 수 있다는 약점이 있다. 그러므로 보다 유용한 분석결과를 위해서는 다음과 같은 점에 유의해야 한다.

첫째, SWOT분석을 위해 사용하는 변수와 분석방법을 다양하게 활용하여 전략을 수립해야 한다. 동일한 변수와 상황이라도 분석방법에 따라 기회가 될 수도 있고, 위협이 될 수가 있기 때문이다.

둘째, 급변하는 경영환경에서는 내부의 강점과 약점도 중요하지만 외부환경의 변화추세에 더 많은 비중을 두는 것이 중요하다.

셋째, 내부자원의 강점 및 약점과 외부환경의 기회 및 위협을 정확히 분석하고 그들 요소의 인과관계(cause and effect relation)를 체계화시켜야 한다.

제 5 절 7-S 모델 분석

1 7-S 모델의 이해

1) 7-S 모델의 의의

1970년대 후반부터 1980년대에 걸쳐 일본기업의 경쟁력이 빠르게 성장하는 과정을 경험한 후 파스칼(Richard Tanner Pascale)과 아토스(Anthony G. Athos)는 일본기업이 성공할 수 있었던 이유를 연구하여 『일본식 경영기법(*The Art of Japanese Management*)』(1981)이라는 책을 발표했다. 이후 두 사람은 피터스(Tomas J. Peters)와 워터맨(Robert H. Waterman)과 함께 일본기업의 성공비결은 전략에 걸 맞는 경영진들의 실천에 있다는 결론을 내리면서 기업의 성공은 경영진의 전략적 의지와 실천에 따라 영향을 받게 된다고 보았다. 그리고 이러한 성공요소이론을 '7-S 모델'이라 이름 붙였다.

파스칼과 아토스에 의해 시작된 이 이론은 조직을 성공으로 이끌기 위해서는 7가지 요소(전략, 구조, 제도, 관리능력, 인적자원, 운영방식, 공유가치)의 조화가 중요하다고 보았다.

7-S모델은 [그림 5-9]와 같이 조직 내부의 상황변화를 평가하고 모니터링할 수 있는 도구로서, 7가지의 요소가 상호 연결해가면서 공유하여야 한다는 것에 기반을 둔다. 또한 최고경영층의 전략적 의지를 기반으로 실질적인 결합과 실천이 이루어졌을 때 성공에 이를 수 있게 된다는 것을 보여주는 모델이다.

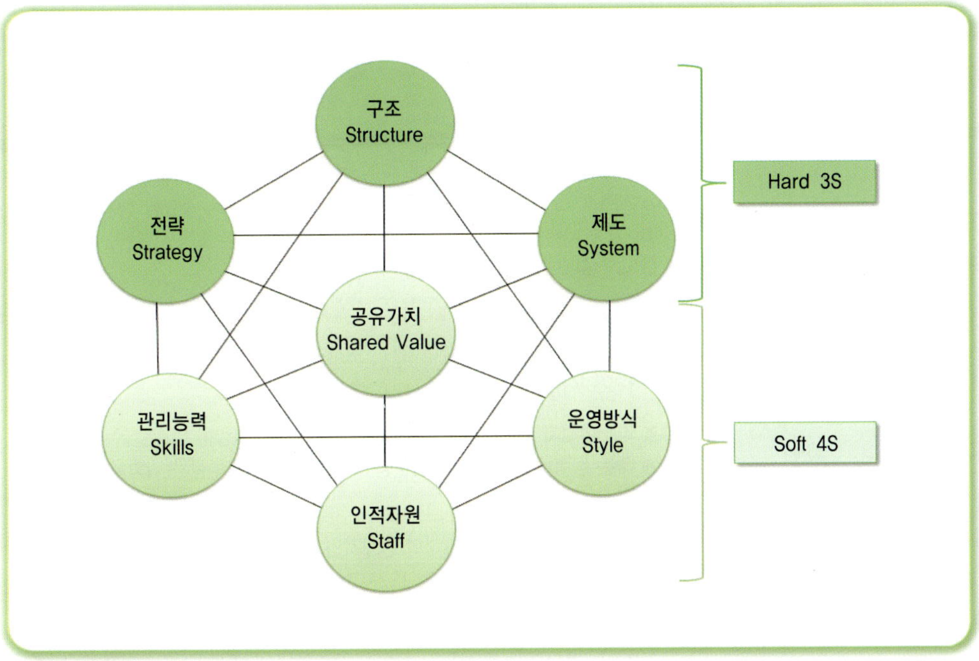

출처: Robert H. Waterman, JR., Tomas J. Peters, and Julien R. Phillips, "Structure Is Not Organization", 『Business Horizons』, Vol. 23 No. 3., June, 1980, pp.14~26.

그림 5-9 7-S 모델

2) 활용 및 적용방법

(1) 활용방법

7-S모델의 각 요소별 특징은 〈표 5-6〉에서 보는 바와 같다. 7-S모델은 기업과 조직의 전략개발을 위한 내부환경 분석에 유용하며, 특히 다음과 같은 의사결정을 할 때 유용하게 활용될 수 있다.

- 구조조정 시기와 방법
- 조직개발(새로운 프로세스의 구축) 및 새로운 경영기법의 도입
- 인수·합병(M&A)으로 부서의 조정이 필요한 경우
- 리더십의 변화로 실적을 개선하고자 할 때

표 5-6. 7-S 모델의 특징

7S 요소		특 징
소프트 요소	Shared Values (공유가치)	경영이념이나 행동규범이 조직에 널리 공유되고 있으며, 중요한 행동원칙으로서 사용되는 핵심 또는 근본적인 가치이다. 또한 조직구성원이 보다 넓은 목적의식을 갖도록 한다.
	Staff (인적자원)	구성원의 역량 및 사회화를 위한 조직의 접근방법으로서 구성원의 계발, 훈련, 사회화, 통합하는 방법과 조직구성원들의 경력관리 방법 등이 중요하다.
	Skills (관리능력)	조직의 인적자원이 보유하고 있는 능력과 특이한 역량을 발휘할 수 있게 하는 능력을 의미하며 경영관행, 시스템, 기술 등과 같은 기법을 말한다.
	Style (운영방식)	최고경영자의 리더십과 조직의 전체적인 운영관리 스타일로서 조직구성원들의 규범과 그들 상호간 또는 고객들과 일하고 상호 교제하는데 영향을 주는 방법적 요소 또는 문화적 풍토를 의미한다.
하드 요소	Strategy (전략)	경쟁우위 확보를 위해 자원을 어디에 집중할 것이며, 어디에서 경쟁할 것인가, 경쟁우위를 지속하기 위해 필요한 방법의 조정을 포함한다.
	Structure (구조)	회사의 조직구조나 형태로서 과업을 전문화 · 세분화하고, 권한의 분배 및 개인과 부문활동을 조정 · 통합하는 메카니즘을 의미한다.
	Systems (제도)	회사의 운영규칙이나 시스템의 공식적인 프로세스와 절차를 의미한다. 경영관리시스템, 성과측정 및 보상 시스템, 기획, 예산편성, 자원할당 시스템, 정보시스템 및 배분시스템 등을 포함한다.

(2) 적용방법

7-S모델을 효율적으로 운영하기 위해서는 7-S 프레임워크의 관점에서 체크리스트를 만들고 각 요소별 특징과 상황을 이해해야 한다. 7-S모델의 분석에 사용하는 요소는 하드 요소(hard elements, 변화하는데 시간이 많이 걸리는 부분)와 소프트 요소(soft elements, 변화가 상대적으로 짧은 시간을 요하는 부분)로 나눌 수 있는데, 하드 요소는 전략, 구조, 시스템을 의미하고, 소프트 요소는 공유가치 외에 인적자원, 운영방식, 관리능력을 말한다.

7-S모델의 핵심은 가치를 공유하는 것이다. 즉 경영에 직접적인 영향을 주는 3S(전략, 구조, 시스템)와 간접적으로 영향을 미치는 3S(인적자원, 관리능력, 운영방식)를 조직구성원이 공유하여 공유가치(shared values)를 형성하는 것이다.

왜냐하면 공유가치가 '기업의 설립 및 존속의 목적'과 '기업이 고객의 만족을 어떻게 충족할 것인가' 그리고 '기업이 사회에 어떻게 공헌할 것인가' 등을 달성하는데 가장 기본적인 요소이기 때문이다.

2 7-S모델의 요소별 점검사항 및 평가

1) 7-S모델의 요소별 점검사항

7-S모델의 각 요소별 점검사항은 다음과 같다.[31)]

① 공유가치

공유가치(shared values)는 최고경영자의 경영철학과 신념이 모든 조직원과 공유되어 조직에 널리 스며들었을 때 극대화된다. 이러한 가치들은 조직구성원의 능력을 집중하고 보다 넓은 목적의식을 갖게 한다.

- 구성원들은 기업의 존재이유와 비전에 대하여 이해·공유하고 있는가?
- 공유가치를 최고경영자와 구성원 그리고 구성원 상호간에 서로 어떻게 공유하고 있는가?

② 전략

전략(strategy)은 기업의 나아갈 방향을 제시하며 기업의 경쟁전략을 어떻게 구체화할 것인지를 규정하는 것이다. 따라서 기업의 외부환경과 내부의 능력을 전략에 적합시키는 노력과 함께 효과를 극대화시키기 위한 노력이 필요하다. 그리고 기업과 조직원이 기업의 목표를 달성하기 위해서는 다음과 같은 내용이 전략에 포함되어야 한다.

- 기업의 전략목표는 무엇이고, 어떻게 경쟁압력에 대처할 것인가?
- 지속적으로 경쟁우위를 유지하기 위한 핵심역량(비용, 품질, 서비스 리더십 등)은 무엇인가?
- 전략적 우선순위(신시장 침투, 신제품 개발, 리드타임 단축, 서비스 개선 등)는 무엇인가?

③ 구조

조직구조(structure)는 조직구성원의 책임과 권한 그리고 역할을 규정하는데 매우

31) Gerry Johnson & Kevan Scholes, 『*Exploring Corporate Strategy* (2nd ed)』, Prentice Hall, 1988, pp.20~21.

중요하다. 따라서 조직구조를 어떻게 구성하느냐에 따라 전략이 성공할 수도 있고 실패할 수도 있다. 오늘날과 같이 기업의 업무가 전문화되고 권한이 분산되어 가고 있는 조직형태에서 조직구조의 강점과 약점을 분석하기 위해서는 다음의 내용이 포함되어야 한다.

- 기업의 조직구조를 어떻게 구축할 것인가?
- 구성원들의 협력과 소통은 어떻게 하고 있는가?
- 조직의 힘을 어떻게 집중화하고 분권화할 것인가?
- 조직구조는 7-S모델의 다른 요소와 어떻게 조화를 이루고 있는가?

④ 제도

제도(systems)란 조직관리를 효율적으로 운영하기 위해 작업과정과 메뉴얼, 공식적인 프로세스와 절차 그리고 정보의 흐름 등에 관련된 내용을 말한다. 제도를 통하여 기업 시스템의 강점과 약점을 분석할 수 있는데, 다음과 같은 내용들이 포함되어야 한다.

- 경영업무를 지원해주는 필요한 시스템을 보유하고 있는가?
- 최고경영자가 조직을 운영하는데 필요한 경영시스템은 무엇인가?
- 제도는 7-S모델의 다른 요소와 어떻게 조화를 이루고 있는가?

⑤ 인적자원

기업이 보유한 인적자원(staff)의 역량을 의미한다. 인재를 어떻게 선발, 계발, 훈련하여 그들이 보유한 능력을 강점으로 개발하고 약점을 보완할 것인가가 중요하다. 이를 위해서는 다음의 내용을 잘 관리하여야 한다.

- 어떤 능력을 갖춘 인재가 필요하며, 어떻게 인재를 확보하고, 어떻게 능력을 개발할 것인가?
- 어떤 인재발굴방법으로 모집하고 선발할 것인가?
- 조직이 추구하는 목표에 부합한 조직과 인재구성이 적절히 이루어지고 있는가?

⑥ 관리능력

관리능력(skills)이란 기업 내에 존재하는 자원을 활용하여 차별화된 핵심역량을 발휘할 수 있도록 하는 능력을 의미한다. 우리 기업이 경쟁사에 비해 우수한 자원과 능력 그리고 기술의 관리능력을 보유하기 위해서는 다음의 내용을 파악하여야 한다.

- 기업이 가지고 있는 차별적인 관리능력은 무엇인가?

- 미래환경에 대처할 수 있는 새로운 관리방식을 도입하였는가?
- 최고경영층과 조직원의 업무능력이 시대에 맞는가?
- 기업이 경쟁력을 높이기 위해 보완해야 할 관리능력은 어느 것인가?

⑦ **운영방식**

기업의 운영방식(style)은 기업이 가지고 있는 문화 및 핵심가치 등을 의미한다. 최고경영자의 경영방식과 리더십 그리고 의사결정의 합리성 및 조직원들의 팀웍 등 운영방식의 강점과 약점을 파악하기 위해 다음과 같은 문제들에 대한 해답을 찾아야 한다.

- 최고경영자는 조직을 위해 얼마나 합리적이고 민주적이며 투명한가?
- 조직구성원들은 서로를 어떻게 대하고 존중하는가?
- 기업 내에 문화와 운영방식이 전략실현에 적절하며 도움이 되는가?
- 일의 우선순위가 분명하고, 평가방법은 공정하고 객관적인가?

2) 7-S모델의 평가

7-S모델은 단순하고 실용적인 모델로 논리에 모순이 없으며, 기업의 내부상황을 파악하기 위한 매우 유용한 도구이다. 특히 7-S모델의 강점은 모델을 하드웨어적 요소와 소프트웨어적 요소로 구분하고, 경영에 대한 요소를 관찰하고 전체적인 시각에서 내부상황을 분석할 수 있도록 돕는다는 점이다.

예를 들어 구조조정, 프로젝트나 전략변경의 시기에는 많은 경영자들이 전략(strategy), 구조(structure), 시스템(systems) 등과 같은 하드웨어적 요소(hardware S)에만 집중한다. 그러나 피터스(Tom Peters)와 워터맨(R. Waterman)이 조사한 자료에 의하면, 크게 성공한 기업일수록 경영의 소프트웨어적인 측면(software of management : 인적자원, 운영방식, 관리능력 등)을 중시한다는 것이다.

다시 말해서 세계최고의 명성을 얻고 있는 기업들은 가치, 역량, 문화, 스타일, 인적자원 등과 같은 소프트웨어요소에 많은 관심을 갖고 이러한 요소들의 개발과 관리에 강점을 가지고 있다는 것이다. 따라서 최고경영자는 기업의 변화나 개혁, 혁신활동에 조직원들이 일방적으로 따르도록 강요하기 보다는 자발적으로 그러한 가치와 변화를 이해하고 공유하도록 해야 한다.

기업이 성공하기 위해서 하드웨어적인 부분도 중요하지만 소프트웨어적인 요소들의 결합이 더 중요하다는 의미이다. 이는 다양한 사례에서 잘 나타나고 있는데, 다임러 벤츠와 크라이슬러의 합병(1998년)이 실패한 것은 다임러 벤츠와 크라이슬러 두 기업이 지닌 조직문화가 결코 하나로 융합될 수 없었던 것이 가장 큰 이유였다.[32)]

'7-S모델'에서 기업경영의 원동력이 되는 공유가치(shared value)는 조직화 문제의 중요성을 강조한 VRIO모형, 기업이 보유한 자원과 능력의 최적 결합을 강조하는 가치사슬(Value Chain)과 마찬가지로 기업의 자원이 아무리 풍부해도 이들 자원을 하나로 결합할 수 있는 조직의 공유가치가 경쟁우위의 가장 중요한 요소로 보고 있다.

---

32) 1998년 벤츠는 크라이슬러를 인수(당시 M&A금액 360억 달러)한 후, 9년만인 2007년에 다시 사모펀드인 서버로스(cerberus)에 매각(매각대금 74억달러)하였다. 벤츠와 크라이슬러의 합병이 실패한 이유는 문화적 이질감과 서로 다른 조직문화가 가장 큰 이유였다.

제 Ⅲ 부 전략의 선택

제6장 원가우위 전략

제7장 차별화 전략

전략경영 2020

제 I 부 전략의 이해

제1장 경영전략의 기초

1) 전략의 기초 개념
2) 경영전략의 수준과 유형
3) 경영전략의 수립절차 이해

제2장 경영전략사

1) 전략적 사고의 변화
2) 경영전략의 학문적 발전 과정

제 II 부 전략적 경영환경 분석

제3장 경영이념과 경영자의 역할

1) 경영이념과 경영목표
2) 기업의 사회적 책임 및 윤리경영
3) 이사회와 기업지배구조

제4장 외부환경 분석

1) 외부환경 분석과 산업분석
2) 산업환경 분석
3) 거시환경 분석

제5장 내부환경 분석

1) 내부상황의 분석요소
2) 자원기반 관점의 VRIO 모형
3) 가치사슬 분석
4) SWOT 분석
5) 7-S 모델 분석

제 III 부 전략의 선택

제6장 원가우위 전략

1) 경쟁우위와 경쟁전략
2) 원가우위 전략

제7장 차별화 전략

1) 차별화 전략의 이해
2) 집중화 전략

제 IV 부 성장 전략

제8장 수직적 통합과 다각화 전략

1) 수직적 통합 전략
2) 다각화 전략

제9장 전략적 제휴와 인수·합병

1) 전략적 제휴
2) 인수 · 합병

제10장 세계화 전략

1) 세계화 전략의 이해
2) 세계화 진입방법과 단계 결정
3) 세계화 전략 모델

전략경영 2020 전략의 이해 및 프로세스

전략이해

제 I 부 전략의 이해

1장 경영전략의 기초
1. 전략의 기초 개념
2. 경영전략의 수준과 유형
3. 경영전략의 수립절차 이해

2장 경영전략사
1. 전략적 사고의 변화
2. 경영전략의 학문적 발전 과정

제 II 부 전략적 경영환경 분석

3장 경영이념과 경영자의 역할
1. 경영이념과 경영목표
2. 기업의 사회적 책임 및 윤리경영
3. 이사회와 기업지배구조

4장 외부환경 분석
1. 외부환경 분석과 산업분석
2. 산업환경 분석
3. 거시환경 분석

5장 내부환경 분석
1. 내부상황의 분석요소
2. 자원기반 관점의 VRIO 모형
3. 가치사슬 분석
4. SWOT 분석
5. 7-S 모델 분석

제 III 부 전략의 선택

6장 원가우위 전략
1. **경쟁우위와 경쟁전략**
2. **원가우위 전략**

7장 차별화 전략
1. **차별화 전략의 이해**
2. **집중화 전략**

제 IV 부 성장 전략

8장 수직적 통합과 다각화 전략
1. 수직적 통합 전략
2. 다각화 전략

9장 전략적 제휴와 인수·합병
1. 전략적 제휴
2. 인수 · 합병

10장 세계화 전략
1. 세계화 전략 이해
2. 세계화 진입방법과 단계 결정
3. 세계화 전략 모델

전략기법

1950년대~1960년대 (전략의 태동)
- 앤소프 다각화 경영
- 챈들러 전략과 조직
- SWOT 분석
- TOWS 전략

1970년대 (포지셔닝파)
- BCG 경험곡선
- BCG Matrix (PPM)
- GE Matrix

1980년대 (포지셔닝파)
- 5 Forces 모델
- 본원적 경쟁전략 (원가우위 & 차별화)
- 가치사슬(Value Chain)

1990년대 (케이퍼빌러티파)
- 맥킨지 7-S 모델
- Reengineering
- 핵심역량
- SECI Model
- VRIO 모형 (Resource Based View)

2000년대 (컨피규레이션파)
- Configuration 전략
- Blue Ocean 전략
- Balanced Scorecard

2010년대 (혁신과 네트워크)
- 파괴적 이노베이션
- 리버스 이노베이션
- 적응전략
- Long Tail Theory
- Platform Strategy

프로세스

1. **경영이념과 목표** — 미션·비전·핵심가치, 경영 목표 수립
2. **경영환경 분석** — 외부환경 분석, 내부환경 분석
3. **전략의 선택** — 원가우위 전략, 차별화 전략
4. **성장 전략** — 수직적 통합·다각화, 전략적 제휴·인수합병
5. **전략의 실행·통제** — 전략의 실행, 통제 및 평가

제Ⅲ부 전략의 선택

제6장 원가우위 전략
제7장 차별화 전략

기업이 시장경쟁에서 우위를 차지할 수 있는 전략은 외부환경 요인과 내부상황을 적절하게 결합시킴으로써 이루어진다. 즉 전략선택에 앞서 기업은 외부환경 분석을 통해 기회와 위협요인을 파악한 후, 내부상황 분석을 통해 파악한 기업의 핵심역량 및 강점과 약점을 적절하게 활용할 수 있어야 한다.

제Ⅲ부 '전략의 선택'은 사업부수준에서 자신들이 어떤 전략적 무기를 가지고 경쟁에서 살아남을 것인가에 대한 고민을 해소하기 위해 포터(M. E. Porter)에 의해 소개된 원가우위 전략과 차별화 전략에 대한 내용을 소개한다. 제6장 '원가우위 전략'에서는 비용절감을 통한 원가우위를 추구하여 경쟁우위를 지속시키는 방법에 대해서 소개하고, 제7장 '차별화 전략'에서는 기업이 제품과 서비스의 독특함을 내세운 차별화를 추구해 경쟁우위를 지속시켜 나가는 방법에 대해 소개를 한다. 또한 전체 시장에서 경쟁우위를 위해 선택하는 가장 일반적인 원가우위 전략과 차별화 전략에 대한 이해를 토대로 세분화된 시장에서 경쟁을 고려한 집중화 전략을 차례로 소개한다.

제6장 원가우위 전략

| 제1절 경쟁우위와 경쟁전략
| 제2절 원가우위 전략

기업이 특정한 시장이나 산업에서 경쟁우위를 확보하기 위해서 어떤 전략을 선택할 것인가는 매우 중요하다. 전쟁에서 승리하기 위해서는 전투상황에 맞는 적절한 방법과 무기를 선택하여야 하는 것과 같이 기업이 전략을 수립할 때에는 경쟁시장에서 우위를 점하기 위해 선택할 수 있는 전략적 수단에 대한 활용방법을 알아야 한다.

이에 대한 전략적 선택방법을 포터(M. E. Porter)는 원가우위 전략, 차별화 전략, 집중화 전략의 세 가지 방법을 제시했다. 먼저 제6장 원가우위 전략에서는 기업이 선택하는 기본전략의 원칙을 소개하고, 경쟁에서 이기기 위해 기업이 본원적 경쟁전략을 기본적으로 선택하는 의미와 각 전략의 개념과 활용방법에 대해 구체적으로 소개하였다. 이어서 경쟁우위와 경쟁전략의 의미, 원가우위 전략의 정의, 원가우위의 근본적인 원천을 이해하고 5 Forces 모델, VRIO 모형 그리고 가치사슬과 연계한 활용방법을 소개하였다.

제 1 절 경쟁우위와 경쟁전략

1 경쟁우위의 이해

1) 경쟁우위의 정의

기업이 전략을 수립하고 실행하는 가장 근본적인 이유는 기업의 목표를 달성하기 위해서 경쟁자보다 더 유리한 경쟁우위를 찾아내고자 하는 것이다.

경쟁우위(competitive advantage)란 시장에 제공하는 제품이나 서비스가 경쟁사에 비해 고객에게 우선적으로 선택될 수 있는 핵심역량이나 능력을 의미하는데, 기업이 시장에서 경쟁우위를 차지하기 위해서는 핵심적인 성공요인이 포함되어야 하고, 기업이 보유한 경쟁우위는 차별화되어 있어야 하며, 시장이나 기업의 경영환경변화에서도 지속적으로 성장・발전할 수 있어야 한다.

이러한 요인들은 기업이 제공하는 제품이나 서비스가 경쟁사와 비교했을 때 고객이 느끼는 가치가 분명하게 차별성과 희소성이 있어야 한다. 반대로 경쟁사로부터 가치가 모방되거나 대체재의 경쟁우위요소가 더 우수하다면 기업의 경쟁우위는 일시적인 것이 될 수밖에 없다. 그러므로 기업이 경쟁우위를 꾸준하게 유지하기 위해서는 고객이 자사의 제품이나 서비스에 대해 지속적으로 가치를 느끼게 함으로서 궁극적으로 충성고객이 될 수 있도록 해야 한다.

과거의 경영학에서는 경쟁우위를 확보하는 방법으로 차별화 및 원가우위 전략 중 한 가지를 확실하게 실행하는 것을 강조하였다. 그러나 현대 경영학에서는 혁신(innovation)을 통해 차별화된 고객가치를 생산성 향상과 낮은 비용으로 제공할 수 있는 방법을 강조하고 있다.

2) 경쟁우위를 위한 가치의 실현

경쟁우위를 최종적으로 결정하는 것은 고객이다. 앞서 경쟁우위의 정의에서 밝힌 것처럼 '고객에게 우선적으로 선택되어야 한다'는 의미는 소비자가 기업이 제공한 제품이나 서비스에 대해 기대 이상의 만족을 느낌으로서 가치가 있다고 판단될 때 선택한다는 것이다. 그렇기 때문에 기업은 자사가 제공하는 제품이나 서비스에 고객이 충분한 만족을 갖도록 가치를 창출해야만 시장에서 경쟁우위를 확보하게 된다.

그렇다면 고객이 가치가 있다고 판단하는 기준은 무엇인지 이해할 필요가 있다. 고객이 시장에서 어떤 제품이나 서비스를 구매한다는 것은 고객이 구매한 제품이 경쟁사의 것과 비교하여 더 만족스럽다고 느끼면서 동시에 가치가 있다고 판단될 때이다.

고객이 느끼게 되는 가치는 기업의 생존과 직결되는 문제이므로 이러한 논리를 토대로 경쟁우위를 통한 기업의 생존은 다음과 같이 표현할 수 있다.[1)]

기업이 기대하는 이익을 창출하기 위해서는 '이익(P: Profit)=수익(R: Revenue)−비용(C: Cost)'의 공식이 성립되어야 하는데,[2)] 이익(P)을 증가시키기 위해서는 다음의 방법이 있다.

① R값을 증가시킴

R=영업수익(판매수량×판매단가)+영업외수익이다. 이 중 영업수익이 대부분의 비중을 차지한다. 따라서 P의 값을 높이기 위해서는 판매량을 증가시키거나 판매가격을 인상시켜야 한다.

② C값을 감소시킴

P의 값을 높일 수 있는 또 한 가지 방법은 원재료, 노동력, 에너지 등과 관련된 비용을 줄이거나 기타 경영활동과 관련된 직·간접비용을 절감하여야 한다.

①에서 영업수익을 증가시키기 위해서는 기업이 생산하는 제품이나 서비스를 소비자가 구매해 주어야 한다. 그러나 소비자는 무조건 제품과 서비스를 구매하는 것이 아니고 [그림 6-1]과 같이 자신이 지불하는 가격(P)보다 제품이나 서비스를 통해 제공받을 수 있는 가치(V)가 클 경우에만 구매한다. 즉 소비자의 입장에서는 다음과 같은 부등식이 성립되어야 제품과 서비스를 구매한다.

제품 및 서비스의 가치(V) > 제품 및 서비스의 가격(P), V−P > 0 ………… ①

1) 일반적으로 기업이 이윤극대화라는 목적함수에 매몰되었을 때, 고객이 느끼는 만족도, 즉 가치를 간과할 수 있기 때문에 고객가치 극대화와 이윤극대화 사이에 균형을 유지하는 것이 반드시 필요하다는 것이다.

2) 수익은 중요 영업활동에서 발생한 경제적 효익의 총유입이고, 이익(이득, 손실)은 부수적인 사건이나 거래에서 발생된 순유입(출)이다. 예를 들면 제조원가가 1,000원 짜리인 제품을 1,100원에 판매하면 수익은 1,100원이 되고, 이익(이득)은 100원이다.

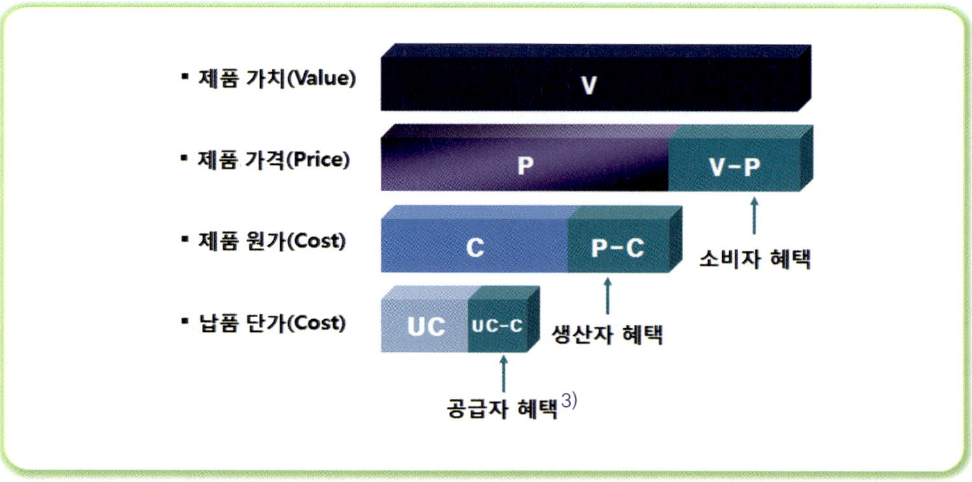

그림 6-1 기업의 생존(경쟁우위) 부등식

여기서 제품 및 서비스의 가치는 화폐단위로 환산할 수는 없으나 소비자가 주관적으로 계산하는 지각가치(perceived value) 또는 효용(utility)을 의미한다. 즉 소비자는 지각가치를 가격과 비교하여 구매를 결정하게 되는 것이다.

한편 기업의 입장에서는 수익(R)−비용(C) > 0이 성립되어야 이익을 창출할 수 있게 된다. 즉 다음과 같은 부등식이 성립되어야 이익이 창출된다.

$$P > C,\ P - C > 0 \qquad \cdots\cdots\cdots\cdots ②$$

①식과 ②식을 결합하면, 소비자입장에서는 소비자 혜택(consumer's benefit)이 존재하여야 하고, 기업입장에서는 생산자 혜택(producer's benefit)이 있어야 한다. 이러한 두 가지의 개념을 결합하면 다음의 식으로 나타 낼 수 있다.

$$V > P > C \qquad \cdots\cdots\cdots\cdots ③$$

따라서 ③식을 기업이 시장에서 생존하기 위한 기본조건인 기업의 생존부등식이라고 할 수 있다.

결론적으로 소비자가 지각하는 제품 및 서비스의 가치는 제품의 가격보다 커야 하며, 제품 및 서비스의 가격은 비용보다 커야 한다. 따라서 기업이 목표를 달성하기 위해서는

3) UC는 납품업체의 단가(unit cost)를 의미하며, 공급자혜택은 부품업체의 마진을 뜻한다.

다음의 조건을 충족하여야 한다.

① V−P > 0을 달성하기 위하여 V를 높이면서 P를 낮추고,

② P−C > 0을 달성하기 위하여 P를 높이고 C를 낮추어야 한다.

생산자의 입장에서는 고객이 최우선적인 고려대상이기 때문에 고객이 만족할 만한 가격을 형성하는 것이 우선 해결해야 할 과제이다.

따라서 ①에서는 P를 어느 선까지 낮출 것인가의 문제가 중요하고, ②에서는 C를 얼마만큼 줄일 수 있느냐가 중요하다.

기업이 경쟁에서 우위를 차지하기 위해서는 장기적으로는 가치(V)를 높이고 비용(C)을 낮추는 것이 바람직하다. 가치(V)를 높이기 위해서는 경쟁기업보다 더 많은 가치를 제공해 주는 제품을 생산해야 하는데, 이를 위해서 기업은 끊임없는 혁신으로 신기술 및 신제품을 개발하여 새로운 가치를 창출하는 노력이 요구된다. 비용(C)을 낮추기 위해서는 비용을 절감할 수 있는 원가절감방법의 개발과 함께 생산성을 높여야 한다.

따라서 기업이 생산하는 제품과 서비스의 가치를 높이기 위한 노력과 기술개발을 통한 원가절감방법 및 생산성 향상은 기업의 생존과 발전을 위하여 반드시 충족되어야 할 영역이다.

2 경쟁우위의 원천과 경쟁전략

1) 경쟁우위의 원천과 가치사슬

기업이 경쟁우위의 원천이 되는 가치창출을 높이기 위해서는 [그림 6-2]와 같이 기업이 보유한 역량과 능력을 종합적인 관점으로 운영하여 가치사슬(value chain) 시스템의 구축 및 활용을 효율적으로 관리하는 것이 중요하다. 이러한 효율적인 활동을 통해 기업은 경쟁회사와 비교하여 차별적인 산출물을 생산하고, 차별적인 산출물이 고객만족으로 이어졌을 때 자신들이 속한 산업 내에서 우월적인 지위를 차지하게 되는 것이다.

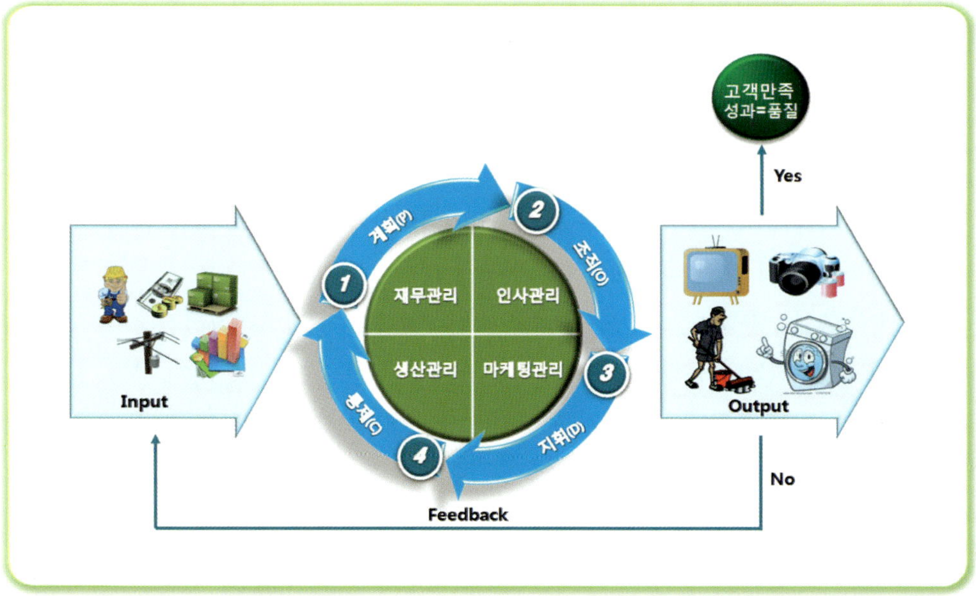

그림 6-2 기업의 가치사슬 시스템

즉 산업 내에서 기업의 상대적 우위를 결정하는 것은 고객이 느끼는 가치의 크기이다. 고객이 선택한 제품이나 서비스의 가치가 크면 클수록 고객만족도도 상대적으로 커지기 때문에 경쟁우위의 상대적 우월성도 커지게 된다.

포터(M. E. Porter)는 기업이 상대적으로 우월한 지위를 확보하기 위해 필요한 전략적 선택은 원가우위와 차별적 우위 두 가지가 있다고 주장하였다. 기업의 입장에서는 저가격으로 제품이나 서비스를 공급할 수 있는 능력(원가우위전략)이 있든지, 제품의 브랜드 이미지, 제품의 특징, 고객 서비스, 고객 충성도 그리고 유통과정 등을 차별화(차별화전략)시킬 수 있어야 하며, 특정 구매자, 특정 제품, 특정 지역의 세분시장을 대상으로 자원을 집중화(집중화전략)하여 경쟁우위를 발휘해야 한다([그림 6-3] 참조).

또한 포터는 가치사슬을 통해 그 기업이 원가 또는 차별화에서 우위를 점할 수 있는 요소들을 체계적으로 파악할 것을 강조하였다.

그가 제시한 가치사슬에서 가치에 대한 개념은 기업이 제공하는 제품이나 서비스에 대해 고객이 기꺼이 지불하려는 것으로, 그는 가치사슬에서 가치활동을 다시 투입물류활동, 제조운영, 산출물류, 마케팅 그리고 서비스와 같은 5가지 요소의 핵심활동(primary activities)과 인프라, 인적자원, 연구개발 그리고 조달구매 등의 지원활동(support activities)으로 구분하여 설명하였다([그림 5-5] 마이클 포터의 가치사슬 참조).

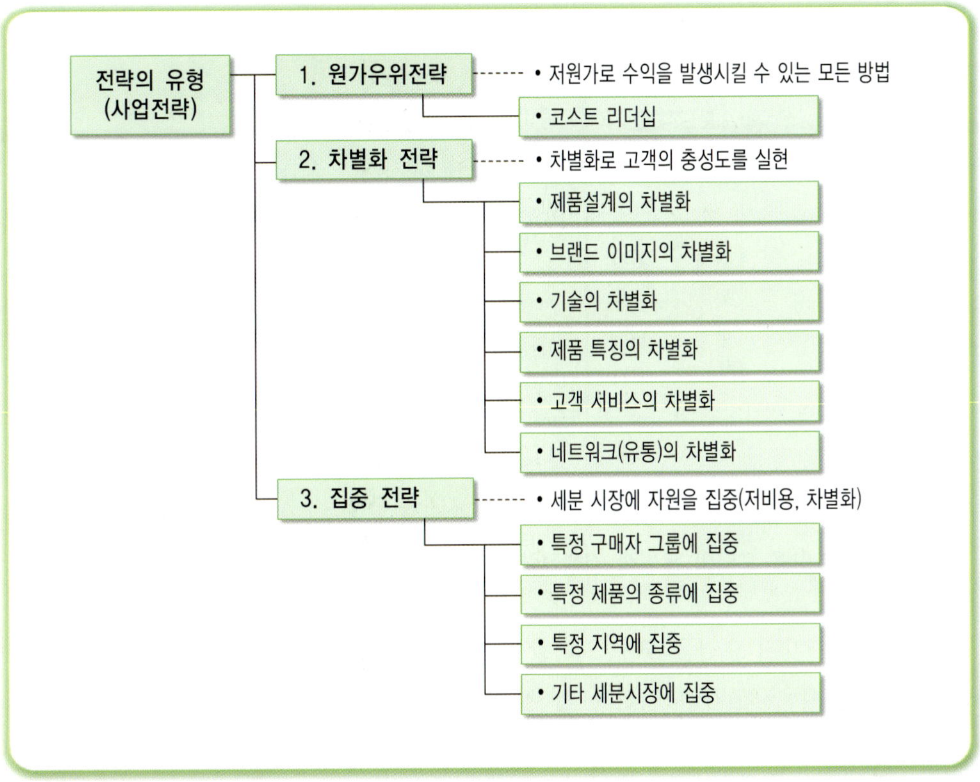

그림 6-3 마이클 포터의 경쟁우위를 위한 전략의 선택 유형

기업의 가치활동은 고객에게 가치 있는 제품이나 서비스를 제공하기 위해 기업이 수행하는 활동이며, 이윤은 총 가치에서 가치를 위해 지불하는 모든 원가를 제외한 금액을 말한다. 그러므로 고객이 지불하는 금액(시장가격)은 고객이 느끼는 가치보다 작아야 하며, 기업은 원가(cost)가 가격보다 작아야 이윤이 발생하는 것이고, 그 이윤은 경쟁우위의 상대적 우월성의 크기를 결정하는데 중요한 역할을 하게 된다.

2) 경쟁전략의 의미와 결정요인

(1) 경쟁전략이란?

포터(M. E. Porter)는 산업의 경쟁상황은 다섯 가지 요인에 의해서 결정된다고 보았다(본서 제4장 제3절 참조). 또한 그는 산업의 경쟁은 다섯 가지 요인에 의해 정의될 수 있지만 모든 요인에 대항하는 전략을 수립하기 보다는 우선순위(priority)를 정해 그것에 집중하는 경쟁전략을 세우도록 조언하였다.

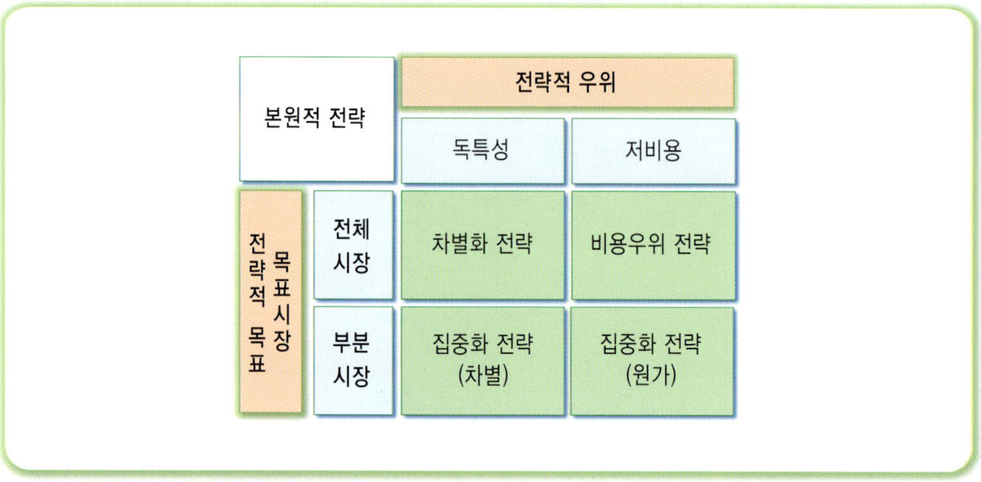

출처 : Michael E. Porter, 「*Competitive Advantage*, New York : The Free Press, 1990, p.39.

그림 6-4 마이클 포터의 본원적 경쟁전략 모형

다시 말해서 5가지 요인을 모두 고려할 필요는 없다는 것이다. 만약 다섯 가지 요인에 모든 에너지(비용과 시간)가 투입된다면(사실 불가능하겠지만) 오히려 충분한 성과를 기대하기 어려울 수도 있다는 것이다. 또한 외부환경 분석만으로 경쟁전략을 도출할 수 없기 때문에 가치사슬을 동시에 활용해 가치를 창출할 전략적 선택을 해야 한다고 보았다.

포터는 앞서 언급한 바와 같이 산업 내에서 타 기업들과의 경쟁에서 살아남기 위한 사업차원의 경쟁전략(competitive strategy)으로 본원적 전략(generic strategy)으로 불리는 세 가지의 전략유형과 세부요소를 [그림 6-3]과 같이 제시하였다.

그가 제시한 본원적 전략의 프레임워크는 [그림 6-4]와 같이 가로는 전략적 우위, 세로에는 목표시장을 설정하고, 이 두 변수에 따라 원가우위 전략, 차별화 전략, 집중화 전략과 같이 세 가지 유형의 전략으로 나누어진다.

(2) 경쟁전략의 결정요인

포터의 경쟁전략을 실현하기 위해서는 다음과 같은 사항을 고려해서 의사결정을 내려야 한다. 먼저 어떻게 소비자를 만족시킬 것인지?를 고려하여야 하고, 시장에 대한 세분화를 고려해서 어떤 소비자 집단을 만족시킬 것인지를 결정해야 한다. 마지막으로 소비자를 만족시킬 차별적인 역량은 무엇인지 고려해야 한다.[4]

---

4) Derek F. Abell, 『*Defining the Business : The Starting Point of Strategic Planning*』, Englewood Cliffs, N. J, Prentice-Hall, 1980, p.169.

이러한 세 가지 의사결정 요인을 고려해서 경쟁전략을 선택해야 한다.
세 가지 고려요인을 구체적으로 살펴보면 다음과 같다.[5)]

① 소비자 요구를 고려한 제품차별화 정도

소비자의 요구는 기업이 제공하는 제품이나 서비스의 가치를 통해서 충족되기 때문에 기업은 소비자의 욕구를 충족시킬 수 있는 제품차별화(product differentiation)를 실현해야 한다. 기업이 제품차별화를 고려하지 않는다면 소비자의 욕구를 충족시키기 어렵기 때문에 경쟁우위를 차지하기 어렵다. 그러므로 기업의 핵심역량을 발휘하여 "어떻게 소비자의 욕구를 충족시킬 것인가?"를 고려해야 한다.

② 소비자집단을 고려한 시장세분화 정도

경쟁전략을 선택할 때는 시장의 세분화(market segmentation)를 통하여 소비자집단을 파악하는 것이 중요하다. 시장세분화는 소비자의 욕구를 보다 잘 충족시킬 수 있는 경쟁우위요소를 확보하여 궁극적으로 기업의 수익률을 증대시키고자 하는 것이다. 기업이 경쟁우위를 확보하기 위해서 어떤 소비자집단의 욕구를 충족시킬 것인가를 고려하는 접근방식은 다음의 세 가지 방법이다.

첫째, 특정 소비자집단보다는 평균적인 소비자의 욕구를 충족시키는 방법
둘째, 세분화된 목표시장의 소비자욕구를 충족시키는 방법
셋째, 시장을 더욱 세분화하여 틈새시장(niche market)만을 집중적으로 공략하는 방법

③ 소비자를 만족시킬 차별역량의 정도

소비자의 욕구를 어떤 역량으로 충족시킬 것인가도 고려해야 한다. 이때 기업은 효율적인 자재관리기술, 제조기술, 서비스의 질, 마케팅 능력 등을 통해 차별역량을 구축할 수 있다. 또한 기술의 발전으로 경쟁사들이 원가절감 요인을 얻게 되어 원가우위를 추구하는 기업의 이익을 상쇄시킬 수도 있다.
그러나 이러한 핵심역량을 어떻게 조직화하고 결합시킬 것인가가 더 중요하다. 앞서 소개한 가치사슬의 활용은 기업이 보유한 핵심역량을 발휘할 수 있는지를 살펴볼 수 있는 방법이다.

결과적으로 어떤 산업 내에서 전략적으로 성공하기 위해서는 세 가지 요인을 충분히 고려한 후 경쟁우위를 확보할 수 있는 경쟁전략을 결정하는 것이 바람직하다.

---

5) Michael E. Porter, 『*Competitive Advantage : Creating and Sustaining Superior Performance*』, New York : Free Press, 1985, pp.20~26.

3) 경쟁전략의 선택과 실행에 필요한 요소

(1) 경쟁전략의 선택과 집중

포터는 기업이 전략적으로 성공하기 위해서는 세 가지의 본원적 경쟁전략 중 하나만을 선택하여 추구해야 한다고 주장하였다. 그렇지 않을 경우 경쟁시장에서 경쟁우위도 확보할 수 없으며, 그 수익성은 평균보다 오히려 낮아진다고 하였다. 이러한 상태를 어중간한 전략(stuck-in-the-middle)이라고 하며, 전략이라기보다는 전략이 부재된 상태라고 볼 수 있다.

따라서 기업이 경쟁우위를 효과적으로 발휘하기 위해서는 세 가지 전략 중 하나를 선택하고 선택한 하나의 전략에 최선을 다해야 한다. 세 가지 중 하나를 선택하는 것은 기업의 상황에 따라 다르지만 일반적으로 전체시장을 대상으로 전략을 전개하는데 한계가 있는 기업은 차별화나 집중화 전략을 선택하게 되고, 대량생산에 유리한 경우는 원가우위 전략을 많이 선택한다. 또한 시장점유율이 높은 기업은 원가우위 전략에서 차별화 전략이나 집중화 전략으로 전환을 고려하지 않는 경우가 많다. 반면 세 가지 전략을 모두 추구하게 되면 어중간한 전략이 되고 수익률도 떨어지게 된다.

[그림 6-5]에서 U자 곡선은 포터가 언급한 각각의 전략적 포지션을 보여준다. 예를 들어 원가우위 전략을 추구하는 기업(GM, Big, Walmart)과 차별화를 추구하는 기업(Mercedes Benz, Mont Blanc, Harley Davidson)은 시장점유율과 투자수익률에서 확고한 위치를 차지하고 있다.

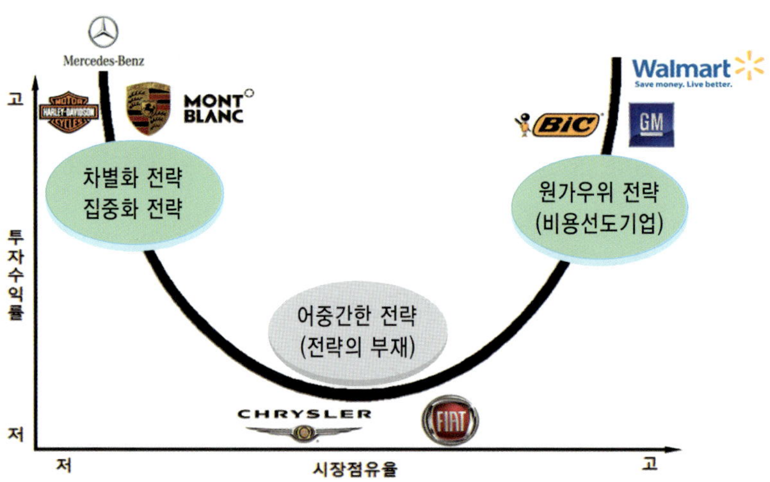

그림 6-5 경쟁전략의 집중(투자수익률과 시장점유율 관계)

반면 명확한 전략이 없는 어중간한 기업(Chrysler, Fiat)은 투자수익률과 시장점유율 모두 전략이 분명한 두 그룹에 미치지 못한다.

따라서 시장점유율이 낮은 기업은 차별화를 통해 수익률을 향상시킬 수 있는 특화된 기업으로 발전하고, 상대적으로 시장점유율이 높은 기업은 비용절감을 할 수 있는 표준화, 규모의 경제, 대량생산체제 구축 등으로 수익률을 높여 나가야 한다.

아웃페이싱 전략(outpacing strategy)

'뛰어넘다', '앞지르다'의 의미를 가지고 있는 아웃페이싱전략이란? 포터의 경쟁전략과 반대의 입장에서 경쟁우위를 확보하려는 전략이다. 이 전략의 목표는 한편으로는 비용을 최소화하고 다른 한편으로는 품질 또는 혁신을 통한 품질개선을 달성함으로써 수익성을 증가시키는 전략이다. 즉 경쟁우위를 유지하기 위해 하나의 전략에서 또 다른 전략으로 변환하는 '전략의 전환'(strategy shift)을 추구하는 것이다.

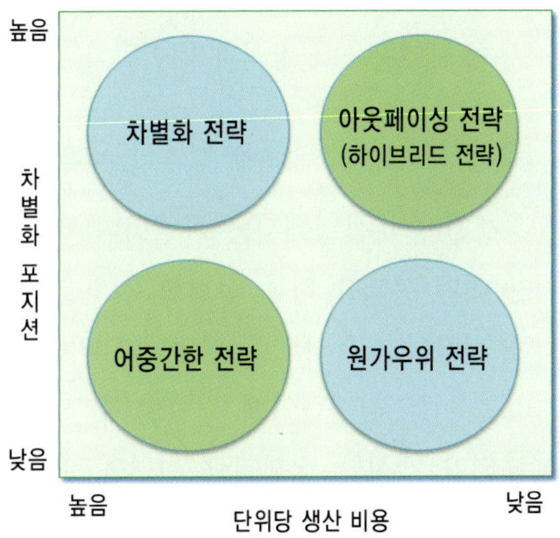

왜냐하면 하나의 전략을 영원히 구사하는 것이 아니라 전략마다 최적의 시기와 상황이 존재하기 때문이다. 예를 들어 처음에는 차별화 전략을 추구하다가 전략이 성공하면 경쟁자의 추격을 물리치기 위해 대량 생산을 통한 원가우위 전략으로 경쟁우위를 지속시키기도 한다.

(2) 복수전략의 추구

일반적으로 기업은 '선택과 집중'을 통해 경쟁우위를 확보해야 한다는 포터의 견해를 당연하게 받아들이면서도 반드시 하나의 전략만을 선택해야 경쟁우위를 차지할 수 있는가에 대해서는 의문을 제기한다. 예를 들면 토요타나 혼다와 같은 일본의 자동차회사들은 차별화와 원가우위의 두 가지 전략, 즉 복수전략을 추구해 성공적으로 경쟁우위를 추구한 기업으로 평가된다.

기업들이 복수전략을 추구하는 가장 큰 이유는 복수전략을 추구하는 기업이 원가우위 전략만을 추구하는 기업에 비해 차별화된 제품의 독특함을 고객에게 더욱 어필할 수 있고, 차별화를 추구하는 기업이 동시에 저원가를 고객에게 제시할 수 있기 때문이다. 사실 전통적으로는 차별화 전략을 추구하면 원가상승 문제가 발생하기 때문에 원가우위 전략과 동시에 차별화 전략을 추구하는 것을 어렵다고 생각했다. 그렇기 때문에 "기업이 동시에 두 가지 전략을 추구할 수 있을까?"라는 질문은 늘 되풀이 되었다.

물론 어떤 학자들은 기업이 복수전략을 추구하면 결국 한 가지 전략도 제대로 실행하지 못하고 실패할 수 있다고 강조한다. 앞서 소개한 '어중간한 상태'가 바로 그런 예이다.

그러나 최근의 경영환경은 복수전략을 추구하는 것이 가능하도록 변하였다. 특히 기술의 급속한 발전으로 낮은 비용으로 다양한 제품을 제조하는 유연생산 방식(FMS : Flexible Manufacturing System), 4차 산업혁명의 기술(AI, IoT, 3D, Big Data 등)의 융합화를 통한 스마트 팩토리(smart factory)의 출현이 대표적인 예이다. 즉 완제품에 사용되는 부품이 표준화와 첨단화되고 유연 및 완전자동화 설비를 통해 다양한 제품도 융통성 있게 생산이 가능하도록 하는 등의 새로운 생산방식과 기법들이 원가우위와 차별화를 동시에 추구할 수 있게 하였다.

(3) 경쟁전략의 실행에 필요한 요소

경쟁전략의 선택에서는 차별화냐 비용우위냐를 일단 분명하게 결정하는 것이 필요하지만 어떤 선택을 하든 선택한 전략을 제대로 실행하는 것이 더욱 중요하다. 포터는 수립한 전략이 효율적으로 실행되기 위해 기업이 갖추어야 할 요건을 숙련된 기술과 자원 그리고 이를 경쟁력있게 결합할 수 있는 조직이라고 보았다.

포터가 제시한 경쟁전략 실행을 위해 필요한 요소는 〈표 6-1〉과 같다.[6)]

표 6-1. 경쟁전략 실행에 필요한 요소

전략	필요한 숙련기술과 자원	필요한 조직차원
원가우위	• 생산성 높은 공정기술 • 판매 · 유통시스템의 개선 • 공정개선 및 기술개발을 위한 자금 조달력 • 제조를 쉽게 할 수 있는 제품설계 등	• 원가관리 및 엄격한 비용통제 • 정확한 업무체계 • 체계적 조직구조와 책임과 권한의 명확화 • 성과에 대한 공정한 보상제도
차별화	• 차별적인 마케팅 능력 • 창의 및 혁신적인 기술개발 능력 • 기초연구 및 연구개발 능력 • 풍부한 경험에 의한 독자적인 숙련기술 등	• 연구개발, 제품개발, 마케팅 등의 조정 • 상상력과 창의력이 풍부한 인력확보 • 실패를 수용하는 기업문화
집중화	• 원가우위 전략과 차별화 전략을 특정 목표시장에 진입시키는 능력	• 원가우위 전략과 차별화 전략의 장단점을 고려하여 특정시장에서 성공할 수 있는 요소를 찾고, 실행할 수 있는 인력확보

6) M. E. Porter,『*Competitive Strategy*』, New York : Free Press, 1980, pp.40~41.

제 2 절 원가우위 전략

1 원가우위 전략의 이해

1) 원가우위 전략이란

원가우위 전략(cost leadership strategy)이란 경쟁사보다 낮은 가격으로 전체시장에서 경쟁우위를 확보하고자 하는 전략이다. 이 전략은 경쟁사 보다 낮은 원가로 제품을 만들어 시장에 공급하는 전략으로서 보통 가격에 민감한 구매자를 확보하고자 할 때 효과적인 경쟁방법이다. 특히 대량생산 시스템에서 더 강력한 가격의 경쟁우위를 발휘하고자 할 때 생산성을 높이는 기법이나 경험곡선의 효과 및 규모의 경제 개념 등을 활용하기도 한다.

원가우위 전략을 선택한 기업은 경쟁기업 보다 원가를 낮춤으로써 시장에서 우위를 획득하는 데에 초점을 두기 때문에 경쟁사에 비해 낮은 원가구조를 구축하는 것이 중요하다. 따라서 경쟁사와 비교하여 원가상의 우위를 점하기 위해 자사의 원가구조를 면밀히 분석할 필요가 있으며 특히 원가에 영향을 미치는 고정비와 간접비를 분석하여 효율적으로 관리되고 있는지 여부를 파악해야 한다.

원가우위 전략을 성공적으로 추구하는 기업의 경영자는 다음과 같은 기업활동을 체계적으로 고려하여 원가를 줄여야 한다.

첫째, 대량생산을 가능하게 하는 설비투자 및 자금확보, 유리한 조건의 투입요소(원·부자재 등) 확보, 생산공정의 합리화, 체계적인 인력관리, 경제성을 고려하는 제품설계, 정보기술을 활용하는 유통시스템 구축 등의 요건 및 각종 간접비를 절감할 수 있는 기법을 구축하여야 한다.

둘째, 철저한 원가관리, 세부적인 보고체계, 체계적인 조직화와 책임소재의 명확화, 목표생산량 달성을 자극하는 인센티브제도 등이 조직 내부적으로 확립되어야 한다.

월마트(Walmart)는 좋은 품질, 잘 알려진 제품, 저렴한 가격, 불필요한 낭비가 없는 원스탑(one stop)가족쇼핑에 중점을 두며, 단순히 할인판매라는 문구를 이용해 소비자들을 유혹하는 것이 아니라 최저가격이라는 일관된 철학을 기준으로 운영된다. 또한 월마트의 전산화된 재고 네트워크는 경쟁자들을 압도하는 추가적인 비용우위를 제공하여 경쟁력을 확보하였다. 그러나 최근 월마트보다 더 경쟁력 있는 유통시스템을 구축한 아마존(Amazon)이나 알리바바(阿里巴巴 : Alibaba)의 출현으로 경쟁은 더욱 치열해지고 있다.

제조기업에서 원가를 최소화하는 전략은 생산활동은 물론 설계, 자재구매, 임금, 간접비, R&D, 광고 그리고 유통 및 판매까지 모든 분야에서 비용절감을 위한 노력이 이루어져야 한다.

▣ 미국을 대표하는 유통회사들은 상당히 많다. K-Mart, Sears, Costco, Sams Club, JC Penny, Walmart 등 매우 많은데, 월마트는 유통망과 저가주의(Everyday low Price)를 앞세워 유통업계에서 절대적 우위를 점하면서 기존의 유통기업을 압도해나갔다. 특히 2018년 Sears는 법정관리를 신청하였으며, 나머지 회사들도 매출이 감소하고 있다.
그러나 앞으로는 정보통신기술(ICT)을 이용하여 소비자에 대한 수많은 데이터를 수집하고 분석하는 기술, 각종 물류 및 창고시스템 구축, 온라인을 이용한 각종 마케팅기법 등의 고객지향적 서비스로 무장한 유통회사들이 새로운 강자가 될 수밖에 없다. 이러한 분야에서 강점을 가진 아마존(Amazon)의 새로운 유통시스템은 월마트를 위축시키고 있으며, 중국의 알리바바(Alibaba : 阿里巴巴) 등도 새로운 유통구조 구축으로 빠르게 성장하고 있다.
이들 기업은 가격을 낮출 수 있는 강점과 함께 빠른 배송능력을 동시에 발휘할 수 있는 경쟁우위요소가 있기 때문이다.

2) 원가우위 전략의 장점과 위험요인

(1) 원가우위 전략의 장점

원가우위 전략을 실현했을 때 기업이 얻게 되는 장점은 다음과 같은 내용이다.

첫째, 저원가를 실현할 수 있는 능력을 활용하여 경쟁기업보다 더 낮은 가격을 시장에 제시할 수 있으며, 새로운 경쟁자가 진입하였을 때도 수익률 면에서 강점을 발휘할 수 있다.

둘째, 구매자가 가격인하를 요구하였을 때 그에 대응할 수 있는 잠재능력이 있다.

셋째, 산업이 성숙기에 접어들어 가격경쟁이 치열해져도 경쟁에서 훨씬 더 잘 견딜 수 있으며, 후발기업의 대체 · 유사품이 출현해도 더 강한 경쟁력을 발휘하여 대응할 수 있다.

넷째, 원자재 가격의 상승에도 적절히 대응할 수 있는 여유가 생긴다.

다섯째, 원가를 절감할 수 있는 능력의 선점은 신규진입자에게 진입장벽으로 압박을 가할 수 있다.

(2) 원가우위 전략의 위험요인

원가우위 전략을 추구하는 기업들은 경쟁사에 비하여 가능한 저원가를 실현시키기 위해 거액의 설비투자나 많은 비용지출을 하게 되므로 다음과 같은 위험요인들에 노출되는 경우 그 의미를 상실할 수 있다. 특히 한번 획득한 원가우위를 지속적으로 유지하기 위해서는 재투자가 필요하기 때문에 원가우위 전략을 추구하였을 때 발생될 위험요인을 면밀히 검토해야 하며 전략이 실패했을 경우와 경쟁우위가 산업 내에서 더 이상 유지될 수 없을 경우를 미리 고려해야 한다.

첫째, 과거에 중시되었던 투자규모나 숙련된 기술과 경험 및 지식이 무의미해지는 상황이 발생하는 경우이다. 즉 기존의 이점들을 무력하게 만드는 기술상의 변화가 발생함으로서 원가우위가 소멸되는 경우이다. 특히 경쟁기업이 보다 유리한 자동화 설비나 스마트 팩토리(smart factory) 등으로 원가인하능력을 가지는 경우이다.

둘째, 신규진출기업이나 추종기업들이 모방에 성공하거나 더 우수한 설비의 도입을 통해 원가우위를 실현시키는 경우이다.

셋째, 저원가의 추구에만 관심이 집중되어 마케팅상의 변화요구에 부응하지 못하는 경우이다. 모델의 단순함과 검은색 자동차만을 고집함으로써 시장의 변화를 따라잡지 못했던 포드(Ford)의 예가 대표적인 경우라 할 수 있다.

넷째, 경쟁기업들의 상표이미지나 그 밖의 다른 차별화의 효과를 상쇄시킬 만 한 가격차이를 유지하지 못하는 경우이다.

다섯째, 인플레이션이나 금리변동(환율, 금리 등)으로 저원가의 실현이 곤란해지는 경우 등이다.

② 원가우위의 근본적인 원천

각 산업마다 생산활동이나 업무를 수행하는 방식과 영역이 다르기 때문에 기업이 경쟁기업들에 비해 원가우위를 확보할 수 있는 방법도 다양하다. 그러므로 기업의 입장에서 원가우위를 결정하는 원천을 이해하면 더 능률적으로 비용을 절감할 수 있다.

원가우위를 결정하는 요인을 정리하면 〈표 6-2〉와 같다.[7]

---

7) 신형덕 역, 전략경영과 경쟁우위(제4판), PERSON, 2013, pp.130~143 내용 참고.

표 6-2. 원가우위를 결정하는 원천

근본적인 요인	세부 요소
규모의 경제 economics of scale	• 대량생산과 특화된 기계 • 노동의 전문화 · 분업화 • 대규모 초기 투자비용과 제조설비 구축 • 생산요소의 낮은 구매비용
학습곡선과 경험효과 learning curve & experience effect	• 학습효과(learning effect)의 이점 • 숙련도의 증가
생산의 투입요소 productive input	• 저렴한 투입자원의 선점과 확보 • 유리한 입지의 선점
기술기반의 우위 technology-based advantages	• 설비의 유연한 활용 능력 • 각종 정보(IT)기술의 활용과 융 · 복합화 • 기계화와 자동화를 통한 공정개선 • 제품설계의 경제성
규모의 불경제 diseconomy of scale	• 협력의 제한과 의사소통문제 • 적정 규모의 존재 • 종업원의 사기저하 • 시장과 공급자로부터의 거리 • 공급과잉

1) 규모의 경제

기업이 전략을 선택할 때 원가우위를 결정하는 요인으로 가장 많이 활용되는 개념이 규모의 경제이다. 규모의 경제(economics of scale)[8]는 생산규모가 커질수록 단위당 제조원가가 낮아진다는 것으로, [그림 6-6]과 같이 투입량을 증가시킬 때 산출량이 투입량 증가비율 이상으로 증가하는 것을 의미한다. 그렇기 때문에 기업의 생산규모(생산량)가 증가할 때 단위당 제품원가가 감소하게 됨으로써 원가를 낮출 수 있는 기회가 발생한다. 즉 제조, R&D, 마케팅, 유통, 광고, 서비스 등 모든 부문에서 규모의 경제가 실현되기 때문에 규모가 큰 기업들은 규모가 작은 기업에 비해 원가우위확보에 더 유리하다.

---

8) 규모의 경제개념과 함께 범위의 경제개념이 있다. 범위의 경제란 기업이 2가지 이상의 제품을 동시에 생산하는 것이, 제품을 각각 따로 생산하는 것 보다 생산원가를 더 감소시킬 수 있다는 것을 말한다. 예를 들면 식당에서 이미 확보하고 있는 설비나 노동력(주방장)을 활용해 필요한 재료만 추가하면 메뉴를 늘려 수익을 추가로 발생시킬 수 있는 것과 같이, 하나의 작업장에서 생산설비나 생산공정으로 두 가지 이상의 제품을 생산해서 판매할 때 발생하는 경제적 효과를 말한다.

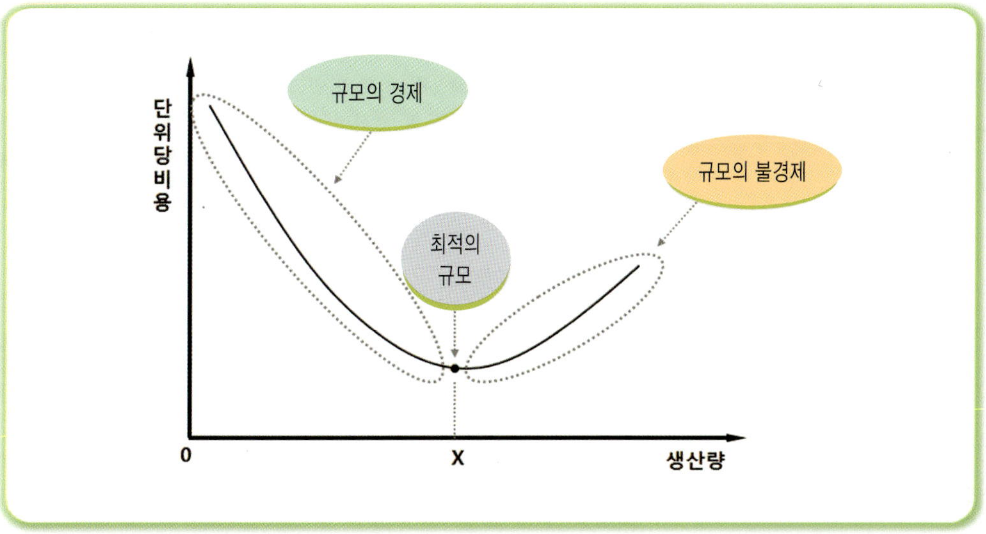

그림 6-6 규모의 경제와 규모의 불경제

규모의 경제 이점을 발휘할 수 있는 요인은 대량생산량, 특화된 기계·설비, 노동의 전문화와 분업화 등을 들 수 있다.

그러나 생산량이 증가하면서 단위당 제조원가는 일정한 지점(최적의 규모 지점 : X)까지 감소하지만, 그 지점이 지나면서 제품의 단위당 원가는 오히려 상승하기 시작하는데, 이러한 규모의 불경제(diseconomy of scale)개념을 고려해야 한다.

(1) 대량 생산과 특화된 기계

기업의 생산량이 많아지면 특화된 기계(대량생산에 적합한 설비 또는 자동화 설비)를 사용함으로써 규모의 경제효과를 더욱 극대화시킬 수 있다. 즉 전문화된 장비를 고가에 구입하더라도 대량생산을 효율적으로 소화할 수 있는 능력을 갖추게 되어 단위당 제조원가 절감을 실현할 수 있다.

(2) 노동의 전문화 · 분업화

기업의 규모가 커질수록 노동의 전문화·분업화를 통해 더 세분화된 작업을 수행하기 때문에 능률과 생산성이 향상되고 단위당 생산원가는 더 낮아지게 된다. 전문화는 제조상의 전문화와 경영상의 전문화(예 : 회계, 재무, 판매 등의 특화)로 나눌 수 있다.

> 규모의 경제에 대한 대표적인 사례는 포드시스템이다. 포드시스템은 모든 작업을 단순화 · 분업화시킴으로써 작업의 효율을 증대시켰다. 즉 작업을 분해하여 분해된 작업의 소요시간을 거의 동일하게 하여 일정한 속도로 이동하는 컨베이어벨트로 생산공정 전체를 연결하여 작업을 수행했다. 그 결과 1908년 개발한 T형 자동차의 생산원가를 1913년에 대폭 절감하였고, 2,100달러에 판매되던 종래의 자동차를 825달러로 낮출 수 있었으며, 1927년 단종(斷種)될 때까지 1,500만대 이상을 생산 · 판매했다.

(3) 대규모 초기 투자비용과 제조설비 구축

기업의 생산량 규모가 커지면 생산공정의 전용설비 구축을 위해 막대한 투자비용을 투입하게 되지만 높은 생산성으로 비용을 상쇄시킬 수 있다. 예를 들면 자동차, 석유화학, 철강산업 등 일부 산업에서는 다른 조건이 동일하다는 가정 하에 생산공정이 클수록 단위당 생산원가를 줄일 수 있다.

(4) 생산요소의 낮은 구매비용

대량생산을 위한 생산요소의 구매비용도 규모의 경제에 영향을 미친다. 생산에 필요한 요소를 대량으로 구입할 경우, 구매비용이 저렴해지기 때문에 생산원가를 줄일 수 있다. 예를 들어 미국의 프라이스클럽(Price club), 홈 디포(Home Depot) 등과 같이 특정 상품을 대규모로 판매하는 전문 할인마트의 경우도 모든 물량을 취급하기보다 소수의 제품을 대량으로 판매하기 때문에 원가를 줄일 수 있다.

그러나 자신들이 감당할 수 있는 규모를 넘는 생산량은 결과적으로 시장에서 효율성이 떨어지기 때문에 경쟁력을 상실할 수도 있다. 이는 일정 규모 이상이면 규모의 경제를 통한 생산원가의 절감을 더 이상 기대할 수 없다는 것을 말해주는 것으로서 이른바 '규모의 불경제'(diseconomy of scale)가 작용하는 것이라고 볼 수 있다.

2) 학습곡선과 경험효과

학습효과(learning effect)와 경험효과(experience effect)의 개념[9]은 기업의 원가우위를 결정하는 중요한 개념으로서, 생산품의 단위당 제조원가와 생산량 사이의 관계를 나타낸다.

이 개념은 학습 · 경험의 누적이 생산성과 능률을 높여 단위당 원가를 낮출 수 있기 때문에 원가우위를 확보하게 된다는 것이다. 누적생산량과 단위당 비용의 관계는 학습곡선

9) 학습효과란 제품을 만들 때 누적생산량이 2배가 될 때마다 그 제품을 생산하는데 걸리는 시간은 일정률로 감소한다는 것이고, 경험효과란 인간의 반복적인 모든 행동에는 학습효과를 기대할 수 있다는 것이다.

(learning curve)의 개념에서 찾을 수 있다(제2장, [그림 2-3] 참조).

학습효과는 제2차 세계대전 중 항공기 생산과정에서 처음 발견되었는데, 폭격기를 조립하던 공장에서 한 장교가 1943년에는 폭격기 한 대를 조립하는데 40,000 노동시간이 소요되었는데, 1945년에는 같은 폭격기를 생산하는데 8,000 노동시간이 걸린 것을 보고 발견한 개념이다. 즉 누적생산량이 2배가 되면 항공기 당 제조시간은 20%가 감소한다는 것을 발견하였다. 이러한 현상은 제조업에만 국한된 것이 아니라 구매, 유통, 서비스 등 다양한 분야의 경영활동에서 볼 수 있는 효과이다.

예를 들어 병원에서 환자에게 의료 서비스를 제공할 경우에도 같은 수술을 반복하는 의사는 처음 수술을 집도하는데 소요된 시간보다 수술 횟수가 늘어날수록 학습효과에 의해 소요되는 시간이 줄어든다. 물론 시간만 줄어드는 것이 아니라 수술의 정확도도 향상되므로 학습효과는 시간과 정확도 면에서도 능률을 향상시킬 뿐만 아니라 원가도 절감하는 효과를 가져온다.

◘ 삼성전자는 1976년 전자레인지 개발에 착수해 1년 만에 원형제품(prototype)을 완성하고 이듬해 6월 첫 제품을 출시했다. 당시 임시 조립라인에서 하루 1개를 생산해냈고, 종업원들의 학습을 통해 하루 2~3개, 1979년 중반까지 겨우 연간 1,460개를 생산했다. 그러나 주간에는 생산에 몰두하고 야간에는 문제점 개선연구에 집중하며, 선진기업의 기술을 벤치마킹하는 등의 학습을 통해 연간 생산량을 불과 3년 만에 20만개(1982년)에서 75만개(1983년) 그리고 100만개(1984년)까지 끌어 올렸다.

3) 생산의 투입 요소

기업이 경영활동을 위해 운영하거나 활용하는 자원, 즉 자본(money), 노동(man), 원재료(material), 공장설비(machine), 생산방식(method) 등을 생산의 5요소(5M, 최근에는 정보, 에너지 등 다양한 요소가 포함)라고 한다. 이러한 생산요소를 낮은 가격으로 조달받을 수 있는 차별화된 역량은 기업에게 원가우위를 가져다 줄 수 있다. 예를 들어 원유, 석탄 등의 생산요소를 선점하거나 유리한 공장입지, 노동력이 풍부한 지역의 선점 등은 원가우위를 확보할 수 있는 요소들이다.

4) 기술기반의 우위

기업이 보유하고 있는 차별화된 기술도 원가우위의 원천이 될 수 있는데, 예를 들면 생산성이 높은 기술의 확보는 규모의 경제를 실현하는 중요한 요소이기 때문에 원가우위전략과 깊은 연관성이 있다. 그러나 고정비용이 높고 자본집약적인 산업의 경우는 시설 유지비용이 지속적으로 지출되기 때문에 설비가동률을 일정수준 이상으로 유지해야 하는 문제를 중요하게 인식해야 한다.

최근 4차 산업혁명과 관련된 기술(IoT, AI, Big Data 등)을 활용한 스마트 팩토리는 원가를 줄이는데 매우 유용한 방법이 되고 있다.

5) 규모의 불경제

규모의 경제 개념은 효율성을 추구한다는 면에서 기업에게 원가우위를 가져다주는 많은 장점을 가지고 있다. 반대로 규모의 불경제(diseconomy of scale)는 일정 수준 이상의 생산량이나 규모는 오히려 제품의 단위당 원가를 상승시킨다는 개념이다. 다시 말해서 규모의 경제효과를 활용하기 위해 규모를 늘리는 노력을 하지만 규모의 불경제가 나타나는 일정 수준 이상이 되었을때는 생산활동을 제한해야 한다. 따라서 원가우위 전략을 추구하고자 하는 경우에는 규모의 불경제 개념을 고려해야 한다.

예를 들어 기업이 [그림 6-6]에서처럼 '최적의 규모(X)'를 초과하여 생산량이 늘어나게 되면 제품 단위당 원가가 상승하게 되므로 생산활동에 대한 제약이 된다.

기업이 생산을 위해 투입된 시설과 설비 그리고 유지비용 등 고정비용은 한 번 투입되면 생산량에 관계없이 한계비용(한 단위 생산을 늘릴 때마다 필요한 생산요소 비용)을 제외하고는 거의 변동이 없어 규모의 경제를 가져왔으나 일정시점이 지나면 새로운 설비를 투자하거나 교체해야 하는 등의 추가비용은 제조원가를 높이는 규모의 불경제 현상이 발생하게 된다.

이 밖에도 규모의 불경제를 초래하는 중요한 요인은 협력의 제한과 의사소통 문제, 종업원의 사기저하 그리고 시장과 공급자로부터의 거리 등을 들 수 있다.

(1) 협력의 제한과 의사소통 문제

규모의 불경제를 초래하는 가장 큰 요인은 경영상의 문제이다. 기업의 규모가 커짐에 따라 업무관련 부서도 늘어나고 조직이 점점 복잡해지기 때문에 부서 간 협력도 원활하지 않게 되고 의사소통 문제도 발생할 수 있다. 더구나 경영자가 각 부서를 상호 조율하는데 어려움이 발생하며, 지휘 · 통제가 어려워지기 때문에 관료화 현상이 나타난다. 또한 중간계층이 많아지면서 지휘체계가 복잡해지면 지시사항이 현장에 전달되기 까지의 과정이 복잡해지는 문제가 규모의 불경제를 초래하게 된다.

(2) 종업원의 사기저하

규모가 커짐에 따라 업무의 전문화 정도가 높아져서 동기부여가 감소되는 경우가 있다. 생산규모가 커질수록 종업원들은 특화된 업무를 수행하게 됨으로써 작업능률이 향상되지만, 지나치게 특화된 전문화는 오히려 종업원의 사기가 낮아져 생산성 향상을 기대할 수 없다. 즉 전문화는 권태, 피로, 스트레스를 증가시키고 결근율 증가나 이직률 증가 및 생산성과 품질의 하락으로 이어져 비경제적 효과를 초래한다.

(3) 시장과 공급자로부터의 거리

생산기업과 시장과의 거리 및 원료공급자와의 거리도 원가를 상승시킬 수 있는 요소이다. 최근의 추세는 갈수록 수송거리가 길어지면서 물류비가 증가하는 추세인데, 제품과 원료의 이동거리가 길어지면서 발생하는 물류비 상승이 규모의 경제에서 얻을 수 있는 이익을 상쇄시킬 수 있다는 점을 고려해야 한다.

(4) 공급과잉

정확한 수요예측없이 이루어지는 공급과잉이나 과열경쟁 등은 재고관리 비용의 증가뿐만 아니라 재고판매를 위한 불필요한 유통비용 등을 발생시켜 제품생산과 관련된 비용을 증가시키게 된다.

예를 들어 조선, 철강, 석유화학 등의 경쟁적인 생산시설 확장은 공급과잉으로 인한 수익성 하락으로 이어질 뿐만 아니라 공급사슬관리(SCM : Supply Chain Management) 상에 있는 많은 관련 기업에까지 그 피해가 이어진다. 채찍효과(bullwhip effect)[10]가 좋은 예이다.

3 원가우위 전략의 적용방법

1) 포터의 5 Forces 모델과 원가우위 전략

기업이 경쟁사와의 경쟁에서 어떤 전략을 선택하던 경쟁우위를 발휘하는 방법은 경영자원이나 핵심역량을 외부환경 요인과 결합하여야 한다. 특히 기업이 선택한 원가우위

---

10) SCM에서 반복적으로 나타나는 문제점 중 하나로, 제품에 대한 수요정보가 공급사슬(소매업체 → 유통업체 → 제조업체 → 1차부품업체 → 2차부품업체 …)을 거치면서 정보가 계속 과장 또는 왜곡되는 현상이다. 왜곡된 정보로 인해 주문계획에서부터 불필요한 자재와 제품을 축적해 재고, 생산, 창고, 운송과 관련된 과도한 비용이 발생된다.

전략은 차별화 전략에 비해 원가구조가 쉽게 노출되지 않아 경쟁사가 파악하기 어려워 모방하기 어렵거나 경쟁제품끼리 차별성이 낮을 때 유리하다.

〈표 6-3〉은 5 Forces모델의 각 요인에 대해 원가우위 전략이 어떤 방식으로 대처할 때 경쟁우위를 확보하는 예를 나타내는데, 원가우위가 5가지 경쟁요인들로부터 기업을 보호하고 진입장벽을 높여주기 때문에 평균 이상의 수익률을 거둘 수 있다.

표 6-3. 포터의 5 Forces 모델(시장위협)과 원가우위 전략

근본적인 요인	원가우위 전략
산업내의 경쟁	• 원가우위로 경쟁력 확보
신규진입자의 위협	• 규모의 경제 실현으로 진입장벽을 높임
대체재의 위협	• 원가상의 우위를 통한 대체재로부터 방어능력
공급자의 교섭력	• 원가상승 압력에 대한 유연한 대응
구매자의 교섭력	• 가격인하 요구에 대한 대응

원가우위 전략을 추구하는 기업이 시장의 위협에 각각 어떻게 대처하는지 구체적으로 정리하면 다음과 같다.

(1) 기존경쟁자 위협과 원가우위 전략

원가우위를 지닌 기업은 경쟁산업 내에서도 유리한 위치를 점할 수 있다. 원가를 낮출 수 있는 능력을 선점한 기업은 경쟁사에 비해 지속적인 비용우위를 확보할 수 있고, 경쟁사와의 경쟁에서 뿐만 아니라 고객대응에도 유연하게 대처할 수 있다. 또한 경쟁사가 가격을 인하하거나 유사한 가격으로 공격을 해도 더 공격적으로 대응하여 시장점유율을 확보할 수 있다. 즉 가격을 인하하면 더 낮은 가격으로 고객에게 대응할 수 있고, 경쟁사가 가격을 높게 책정하면 경쟁사와 유사한 가격으로 더 많은 수익률을 창출할 수 있는 유연성이 있다.

(2) 진입자의 위협과 원가우위 전략

원가우위 전략은 경쟁기업이나 신규진입 기업보다 낮은 원가를 유지할 수 있는 능력을 말하는데, 이러한 능력은 신규 진입자에게 진입장벽(Entry Barrier)의 역할을 할 수 있다. 예를 들면 신규진입자에게 원가인하에 대한 부담을 가중시켜 진입을 차단하거나 진입의 속도를 늦출 수 있다.

원가우위 전략을 채택하고 있는 기업은 신규 진입자 및 경쟁사에 비해 제품을 생산하는 능력(전문 노동력, 특화된 업무 등)과 노하우(학습곡선이나 축적된 기술력 등)가 풍부하기 때문에 원가경쟁에서 우위를 차지하게 된다.

(3) 대체재의 위협과 원가우위 전략

경쟁시장 내에서 대체재는 다양한 형태로 존재하거나 등장하는데, 우선 경쟁관계에 있는 유사한 대체제품이 가격을 인하하거나 제품의 성능과 품질을 향상시켜 위협하기도 한다. 이러한 대체재의 위협이 존재하는 상황에서 원가우위를 추구하는 기업은 원가가 높은 경쟁자들에 비해 가격을 인하하거나 공격적인 마케팅방법을 활용해 시장잠식을 노리는 대체재의 위협에 대응할 수 있다.

(4) 공급자의 교섭력과 원가우위 전략

공급자들의 위협은 여러 가지 유형이 있다. 예를 들면 공급자가 높은 협상력으로 가격인상을 요구하는 경우, 원가인상요인을 근거로 가격을 인상하는 경우, 품질을 낮추는 경우 등 다양한 방식으로 구매자를 위협한다. 그러나 구매자가 저원가전략을 실현하는 능력이 우수하다면 내부적으로 원가를 낮추는 능력이 뛰어나기 때문에 높은 가격을 요구하는 공급자의 요구에 유연히 대처할 수 있다.

(5) 구매자의 교섭력과 원가우위 전략

원가우위를 실현할 수 있는 공급기업은 교섭력이 강한 구매자에 대해 탄력적으로 대응할 수 있다. 구매자가 낮은 가격을 요구하는 경우, 원가우위를 실현할 수 있는 기업은 구매자의 교섭력을 약화시킬 수 있다. 왜냐하면 구매자는 원가를 낮출 수 있는 능력을 가지고 있는 공급기업에게 더 이상의 가격하락을 요구할 수 있는 협상력을 발휘할 수 없기 때문이다.

2) VRIO 모형과 원가우위 전략의 지속성

원가우위 전략이 지속적으로 경쟁우위의 원천이 되기 위해서는 경쟁사에 비해 기업이 보유한 자원과 능력의 희소성과 모방가능성이 뒤따라야 한다. 그러나 원가우위의 원천이 희소하더라도 그 원천이 경쟁자에 의해 직접복제 및 대체 가능성이 낮고 모방하기 어려워야 지속적인 경쟁우위의 원천이 될 수 있다.

포터는 원가우위 전략이 성공하기 위해서는 원가관리 통제나 책임과 권한의 명확화 및 보상제도가 구축된 조직의 유연성이 반드시 필요한 요소라고 보았다.

따라서 원가우위 전략을 실행하는 기업은 경쟁우위를 지속적으로 유지하기 위해서 전략을 지원하기 위한 필요한 조직구조를 다음과 같이 구축해야 한다.

(1) 원가통제가 가능한 경영통제 시스템

원가관리는 원가우위 전략이 성공하기 위해서 매우 중요하기 때문에 치밀한 원가통제 시스템을 구축해야 한다. 합리적인 원가통제를 위해서는 전체 조직 내에서 원가를 절감할 수 있는 모든 요소를 통제할 수 있도록 원가목표를 구체화(계량화)하는 것이 중요하다. 또한 목표달성을 위해 모든 부서와 생산현장에서 노동력, 원재료, 재고 등의 원가요소에 대한 정확한 정보와 자료를 분석하고 그의 철저한 관리가 이루어져야 한다.

(2) 책임과 권한이 명확한 기능적 조직

원가관리에 대한 책임과 권한을 명확하게 설정하는 것은 계획된 원가우위 목표를 달성하고, 기업 내 원가절감 철학도 정착시킬 수 있기 때문에 원활한 통제시스템을 운영할 수 있는 조직구조를 구축해야 한다.

(3) 성과를 반영하는 보상 정책

원가절감을 위한 철학과 방법이 조직에 원활하게 정착되기 위해서는 목표달성을 위해 노력하는 조직 내 종업원에게 적절한 보상이 이루어져야 한다. 또한 공정한 보상체계를 구축하여 구성원들의 동기부여를 극대화시키는 것도 중요하다.

3) 가치사슬에 의한 원가우위 전략의 지속성

(1) 원가우위 전략과 가치활동

원가우위를 달성하기 위해서는 가치사슬상에서 발생하는 총 비용이 경쟁사보다 낮아야 한다. 따라서 가치사슬의 주활동(구매, 생산, 물류, 마케팅, 서비스 등)과 보조활동(기업하부구조, 인적자원관리, 기술개발, 조달 등)의 모든 영역에서 비용을 극소화시키는 모든 노력이 이루어지도록 해야 한다.

가치사슬을 통한 원가우위를 분석하는 과정은 다음과 같다.

① 기업활동의 모든 부문을 가치사슬에 체계적으로 대입한다.
② 각 부문별로 발생하는 비용을 분석하고, 부문별 원가절감 가능성을 파악하여 그 중요도를 파악한다.
③ 부문별로 원가절감을 가능하게 하는 대체안을 파악한다.
④ 비용을 극소화시킬 수 있는 최적안을 선택하여 실행한다.

(2) 경쟁전략과 가치활동 예시

경쟁에서 이기기 위한 전략의 핵심은 어떤 제품 또는 전략을 선택해야 하며, 어떻게 집중하느냐이다. 예를 들면 삼성이 세계적인 정보가전업체 소니와 파나소닉 그리고 도시바와 샤프를 뛰어 넘어 세계로 도약할 수 있었던 것은 명확한 전략의 선택과 전략을 실현시키기 위한 가치활동에 집중했기 때문이다.

삼성은 일본 전자업체가 내수시장에 머물러 있는 1990년대 초, 신속하게 세계시장 진출을 위한 '신경영선언'(1993)을 발표하고, 반도체사업으로의 집중을 결정하고 경쟁사를 능가하는 원가우위 전략을 구축했다. 그 당시 삼성은 낸드플래시 메모리 시장의 리드였던 도시바의 세컨드 소스[11]로서 기술을 공여받는 처지였었다.

그러나 삼성은 반도체, D램, 낸드플래시 메모리, 액정패널 등 중요 제품의 선택과 집중을 통하여, 1992년 D램 분야, 2002년 낸드플래시 메모리 분야, 2006년 액정패널분야 1위에 올라선 후 계속해서 그 지위를 유지해 오고 있다. 세계 정보가전업체 시장의 판도를 바꿔 놓은 삼성의 원가우위 전략과 가치사슬의 관계를 살펴보면 [그림 6-7]과 같다.

11) 세컨드 소스(second source) : 1차 공급업체가 계약처에 제품을 납품할 수 없는 상황일 때, 대신납품을 하는 보완업체를 의미한다.

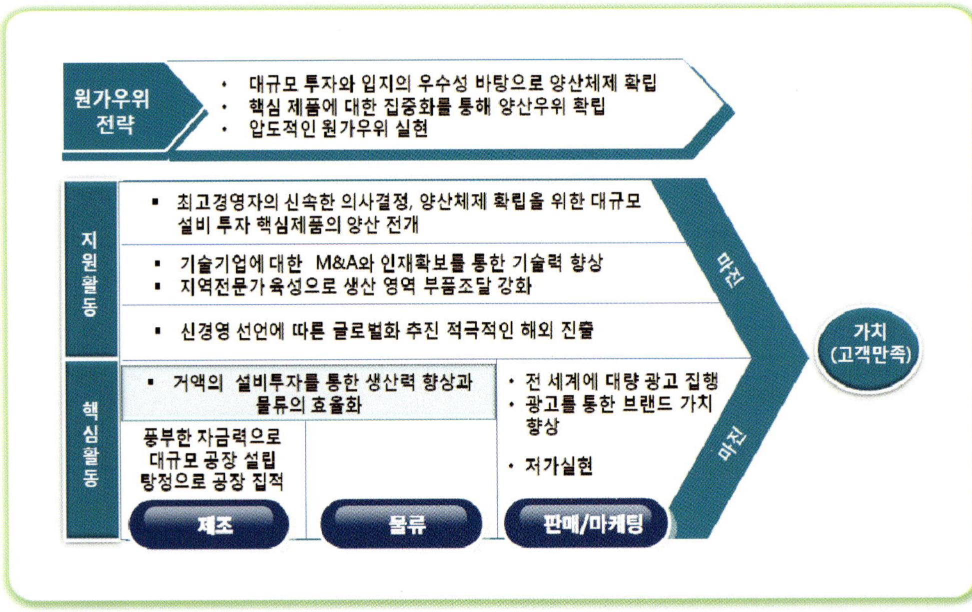

출처 : 이기화 역, 『성공기업 전략 케이스 46』, 한스미디어, 2012, p.136.

그림 6-7 삼성전자의 원가우위 전략과 가치사슬

제7장 차별화 전략

기업이 시장에서 경쟁자와 어떻게 경쟁할 것인가에 대한 또 하나의 전략적 선택방법은 차별화 전략이다. 차별화 전략은 기업이 생산한 제품이나 서비스가 고객에게 어떠한 독특함(높은 품질, 빠른 납기, 좋은 디자인, 높은 수준의 서비스, 유연성, 브랜드 이미지, 융·복합성과 연결성 등)을 제공하는 전략을 말한다. 즉 차별화 전략은 경쟁사에 비해 높은 경쟁우위요소(competitive advantage)를 유지하고 있는지 그리고 탁월한 서비스나 브랜드 인지도 등을 구축하고 있는지가 중요하다.

제7장 차별화 전략에서는 차별화의 의미와 개념에 대해 기술하고, 차별화 전략을 구사할 때 고려해야 할 3 가지 요인에 대해 기술한 후 차별화 전략의 장점과 단점에 대해서 살펴보고자 한다. 그리고 차별화 전략을 구사하는데 있어서 근본적인 원천은 무엇인지 이해하고, 5 Forces 모델과 VRIO모형 및 가치사슬과 연계한 활용방법을 소개한다.

또한 부분시장을 대상으로 원가우위 전략과 차별화 전략을 추구하는 집중화 전략에 대한 내용도 간단히 기술한다.

제 1 절 차별화 전략의 이해

1 차별화 전략의 기본

1) 차별화에 대한 정의

(1) 차별화에 대한 논의

포터(M. E. Porter)는 본원적 전략의 한 가지 방법으로 차별화 전략을 제시하였다. 그는 경제학에서 다루었던 상대적 우위(comparative advantage)의 개념을 비즈니스전략에 도입하여 경쟁우위(competitive advantage)라는 용어를 사용하였다.

경쟁우위는 경쟁자보다 고객이 더 만족할 수 있는 독특한 가치를 제공함으로서 시장에서 경쟁력을 확보하는 것을 의미하는데, 보스턴컨설팅그룹(Boston Consulting Group)의 설립자인 핸더슨(Bruce Henderson)은 경쟁우위란 "나와 경쟁자를 차별화시키는 것으로, 내가 우위에 설 수 있는 근간"이라고 하였으며, 유사한 제품을 생산하는 경쟁사가 시장에서 함께 존재하기 어렵다고 보고 어느 한쪽이든 경쟁에서 살아남으려면 차별적인 요소가 있어야 가능하다고 보았다.[1)]

포터(M. E. Porter)는 핸더슨의 차별화 개념에 동의하면서 좀 더 다른 시각에서 차별화를 강조했다. 포터의 차별화는 "단순히 낮은 가격을 넘어 구매자에게 특별한 것을 제공함으로써 고객을 위한 가치를 창출하는 것"으로 보았으며, "경쟁자와 다른 가치를 창출하기 위해 경쟁자와 다른 행동을 하는 것"이라고 강조했다.

최근에는 경쟁우위를 '고객이 감동할 수 있는 전통적인 요소뿐만 아니라 시각적인 디자인이나 포장, 색상 등은 물론 눈에 보이지 않는 기업의 브랜드 이미지, 스토리(story)와 문화환경과 같은 무형적인 요소를 더 중시하는 경향'으로까지 그 영역을 넓혀가고 있다.

(2) 차별화 우위란?

차별화 우위(differentiation advantage)는 기업이 소비자에게 독특한 가치를 제공하여 얻을 수 있는 경쟁력으로서, 차별화 전략(differentiation strategy)은 이러한 우위를 확보하기

---

1) B. Henderson, "The Origin of Strategy", 『*Harvard Business Review*』, November-December, 1989.

위해 고객이 가치 있다고 여기는 속성을 찾아내어 독특한 유형과 무형의 제품이나 서비스를 제공하는 전략이다. 또한 소비자가 느끼지 못했거나 미처 인지하지 못한 요소들을 선도적으로 개발하여 경쟁사와 차별화시키기도 한다.

예를 들면 미국의 항공업계에서 가장 많은 이익을 창출하고 있는 사우스웨스트 항공사(Southwest Airline)는 치열한 북미지역의 항공시장에서 다른 항공사와 동일한 방법이나 모방으로는 경쟁에서 살아남기 어렵다고 판단하고, 요금의 파격적인 인하와 운항횟수를 늘리면서 복잡한 허브공항(Hub airport : 승객이나 물류 수송의 중심지 역할을 하는 공항)에서 벗어나 출발지와 목적지를 곧바로 연결하는 '직접연결운항'(point to point routing) 전략으로 고객의 편의를 증대시키는 차별화에 집중하면서 성공을 거두었다.

그러나 차별화 전략을 추구하는 경우에도 원가는 역시 무시할 수 없는 요인이다. 그렇다고 원가우위 전략처럼 원가만을 우선적인 전략목표로 삼지는 않는다. 일반적으로 차별화 전략을 추구하는 기업들은 광범위한 연구개발이나 제품디자인, 양질의 원자재 사용, 고객을 유도하기 위한 광고 및 판매촉진 활동의 강화 등을 위해 많은 비용을 투자한다. 그러므로 차별화 전략의 성공은 바로 이러한 비용상의 부담을 어떻게 극복하느냐에 달려있다.

기업이 일단 차별화를 달성하면 그 기업은 산업 내에서 평균 이상의 수익을 올릴 수 있다고 본다. 왜냐하면 차별화 전략을 성공적으로 수행한 기업은 경쟁기업에 비해 유리한 위치를 차지할 수 있으며, 신규진입을 노리는 기업들에게 진입장벽 역할을 함으로써 이들로부터의 위협을 감소시켜 주기 때문이다.

따라서 기업들이 차별화 전략을 성공적으로 수행하기 위해서는 자원과 기술, 핵심역량, 조직적 측면에서 다음과 같은 요건을 갖추어야 한다.[2)]

먼저 자원과 기술 및 핵심역량 측면에서는 정보기술(IT) 및 각종 첨단기술을 활용한 생산 · 판매 · 광고방법 · 창의 및 혁신능력 · 소비자에 관한 축적된 많은 정보 · 품질 및 기술상의 명성, 산업 내에서의 전통과 첨단기술(Iot, AI, Big Data, 5G, Robot 등)과의 독특한 결합능력 등이 요구된다. 조직적 측면에서는 연구 및 제품개발, 양적인 평가보다는 질적인 평가, 창의성을 발휘할 수 있는 인재확보 · 조직문화와 인센티브제도, 고도의 숙련을 갖춘 노동력 등이 요구된다.

---

2) Michael E. Porter, 『*Competitive Advantage : Creating and Sustaining Superior Performance*』, New York : Free Press, 1985, pp.20~26.

2) 차별화 전략 수립 시 고려사항

차별화를 추구하는 기업이라도 원가문제를 고려해야 한다. 왜냐하면 기업이 차별화를 고려할 때 가장 중요한 것은 비용과의 균형이기 때문이다. 즉 차별화 전략을 추구하기 위해서 지불하는 지나친 원가상승은 차별화의 강점을 상쇄시키기 때문이다.

만약 차별화 요소가 원가와 불균형이 발생하면 오히려 시장에서 입지가 어중간하게 된다. 그러므로 차별화 전략을 추구하는 기업들도 원가우위를 추구하는 기업과 같이 원가와 관련된 문제들을 철저히 고려해 가면서 전략을 추진해야 한다.

그러나 차별화 전략에서는 첫 번째 우선순위가 원가가 아니라 차별화라는 점을 이해해야 한다. 다음은 차별화 전략을 추구할 때 고려할 수 있는 방법을 설명하는 내용이다.

(1) 제품차별화 정도

차별화 전략을 추구하는 기업은 제품의 품질, 기술적 특징, 브랜드 이미지, 서비스 등에서 높은 수준의 차별화를 선택한다. 기업은 경쟁우위를 차지하기 위해 내부에 보유한 자원과 역량을 활용해 다양한 차별화를 시도하려고 한다. 왜냐하면 경쟁사가 다양한 차별화 수단을 이용해 자사의 차별화를 모방·위협하거나 자사의 차별화 내용이 단순하면 경쟁력을 상실할 수 있기 때문이다. 기업은 차별화의 요소와 능력을 확대하여 경쟁사가 자사의 차별성을 희석시키지 못하도록 보호하고, 이를 통해 보다 넓은 시장에서 소비자를 자극시킬 수 있는 구매동기를 유발해야 한다.

(2) 시장세분화 정도

차별화를 추구하는 기업은 시장을 세분화한 틈새시장을 공략하기 위하여 다양한 제품을 개발해 소비자의 욕구를 충족시키려고 한다.

예를 들어 삼성의 경우 다양한 모델을 통하여 스마트폰 시장을 많은 틈새시장으로 세분하여 공략하는 전략을 이용한다. 스마트폰 시장을 지역별로 세분화하고, 저가폰(인도, 중국시장)과 고급폰(미국, 유럽시장)으로 종류를 다양화하여 틈새시장을 충족시키고 있다. 물론 모든 기업이 반드시 시장을 여러 개로 세분화하는 것은 아니다. 애플의 아이폰은 특별한 우위를 갖는 틈새시장만을 선택하기도 한다. 그러나 이러한 차별화는 스마트폰시장의 성장이 정체되고 생산업체가 급증하면서 더 치열해지고 있다.

(3) 차별역량

차별화를 추구하는 기업은 자사가 보유한 자원과 능력을 기반으로 차별화의 원천이 되는 차별역량을 확대해 나가야 한다. 예를 들면 차별화를 위해 기술개발역량과 마케팅역량을 차별역량으로 선택하여 추진하는 경우인데, 이러한 역량을 선택하였더라도 생산이나 제조활동을 무시해서는 안 된다. 왜냐하면 차별화 전략을 추구하는 기업은 원가우위를 추구하는 기업에 비해 더 많은 비용을 지출하기 때문에 자칫 차별화로 만들어진 제품의 가격이 소비자가 납득할 만한 수준을 넘어서게 되면 아무리 차별화가 뛰어나도 구매로 이어지기 어렵기 때문이다.

그러므로 차별화를 추구하는 경우라도 차별화에 영향을 주지 않는 모든 영역까지도 생산원가를 절감할 수 있도록 통제하여야 한다. 즉 차별화 원천이 상실되지 않고 경쟁사의 원가와 비슷하거나 상회하지 않도록 생산과 제조의 관련 기술을 통제하는 능력을 확보해야 한다.

3) 차별화 전략의 장점과 위험요인

(1) 차별화 전략의 장점

차별화 전략을 추구하는 기업이 누릴 수 있는 장점은 많다. 차별화에 성공한다는 것은 기업이 제공하는 제품이나 서비스의 독특함을 고객이 인정한다는 것이기 때문에 기업의 입장에서는 여러 가지 측면에서 교섭력이 강해질 수밖에 없다.

차별화 전략을 추진하는 기업이 누리는 장점은 다음과 같다.

① 경쟁사에서 제공하지 못하는 독특한 제품의 차별적 요소로 경쟁사보다 우위를 점할 수 있다.

② 경쟁사에서 구매할 수 없는 제품이나 서비스의 특이성으로 구매자로부터 강한 교섭력을 확보할 수 있으며 구매자를 충성고객으로 만들 수 있다.

③ 차별화를 통해 얻게 되는 높은 이익구조는 시장변화에 대응할 수 있는 원천이 될 수 있다.[3)]

④ 차별화를 통해 고객충성도가 높아지면 기업이 생산하는 다른 신제품에 대해서도

---

3) 삼성과 애플의 스마트폰 판매량은 2016년 기준 삼성(3억644만대), 애플(2억1606만대)이었으나, 영업이익률은 애플(79.2%, 50조9000억원), 삼성(14.6%, 9조4033억원)이었다. 또한 2018년 기준 애플의 매출은 1566억 3400만 달러(전세계 매출의 40.4%)였으며, 전 세계 스마트폰 시장에서 발생한 이익의 78%를 가져갔다. 애플의 이 같이 높은 이익률은 기술개발과 시장변화에 대응할 여력이 될 수 있다.

고객은 신뢰를 하기 때문에 구매유인이 쉬워 시장진출을 할 때 유리해 진다.

⑤ 신규진출기업에게 진입장벽을 높일 수 있는 역할을 한다.

(2) 차별화 전략의 위험요인

차별화를 추구하는 기업은 산업 내에서 평균 이상의 수익을 얻을 수 있지만, 다음과 같은 위험부담이 있기 때문에 주의해야 하다.

첫째, 비용우위의 제품과 차별화된 제품 간의 비용격차가 지나치게 크다면, 소비자들이 상표충성도를 지켜 나가지 못할 수 있다. 만약 가격차이가 너무 크면 구매자들은 비용절감을 위해 차별화를 추구하는 기업이 제공하는 제품의 특성이나 서비스·이미지를 포기할 수도 있다.

둘째, 차별화를 추구하는 특이한 요소들의 희소성이 감소되면 차별화가 별 의미를 갖지 못할 수 있다. 이때 기업들은 브랜드 이미지 차별이나 우위를 지속시키기 위해 무리하게 광고비를 지출하거나 고객관리를 위해 비용을 지출하게 된다.

셋째, 제품이 성숙기에 접어들 경우 차별화의 인식이 희박해질 수 있고, 기존에 차별화된 제품을 대체할 제품이 등장하거나 소비자의 요구가 변해도 차별화의 가치는 감소한다.

4) 차별화를 위한 원가지출 범위

차별화 전략을 추구할 때 가장 경계해야 할 점은 차별화에 드는 비용과 차별화로 얻을 수 있는 이익과의 균형을 어떻게 유지할 것인가 하는 점이다. 즉 차별화가 실현된다 하더라도 차별화를 위해 투입되는 비용이 예상이익보다 크다면 차별화는 재고되어야 한다.

즉 차별화를 위해 지불해야 하는 비용을 고려해야 하는데, 일반적으로 차별성이 크면 클수록 투입되는 비용이 커질 수 있기 때문에 무작정 차별화를 추구해서는 안 된다.

차별화에 대한 원가지출 범위를 결정하는데 있어서 가장 중요한 근거가 되는 것은 소비자의 만족도와 소비자가 느끼는 가치이다. 기업이 차별화를 위해 아무리 많은 비용을 지불하더라도 소비자가 그 이상의 가치를 느끼지 못할 경우는 투자의 의미는 없다.

소비자 가치는 소비자가 제품이나 서비스의 구매를 위해 지불한 가격 대비 실질적으로 느끼는 효용의 정도를 말하는데, 사용가치, 희소가치, 교환가치, 심리가치 등 매우 다양하다. 그러나 소비자 중에는 가치보다 실용성과 합리성을 강조하는 경우도 있는데, 이들은 제품의 독특한 가치보다 가격을 중시하는 경향이 있기 때문에 차별화보다는 원가우위 전략을 추구하는 것이 유리하다.

따라서 목표시장의 목표고객이 요구하는 가치를 분명히 찾아서 제공할 수 있는 차별화 전략이 중요하다.

2 차별화 우위의 근본적인 원천

1) 차별화 원천 이해의 중요성

차별화 전략이 성공적으로 실현되기 위해서는 차별화의 원천이 되는 요소를 파악하고 대응해 나가야 한다. 즉 경쟁기업보다 더 우월하고 독특한 능력을 바탕으로 소비자의 욕구를 충족시켜 줄 수 있는 경쟁우위 요소를 확보해야 한다. 예를 들면 서비스, 품질, 디자인, 납기, 브랜드 이미지, 연결성, 성능, 편리함 등에서 우월함을 가지는 것이다.

차별화 전략은 두 가지 점에서 원가우위 전략과 크게 다르다.

첫째, 시장점유율의 확대와 연결되지 않는 경우가 있다는 점이다. 왜냐하면 차별화라는 것은 기업의 독특한 능력을 특정한 소비자에게 제공하는 것이기 때문이다. 즉 차별화의 강도가 매우 강하면 상표충성도가 커지기 때문에 충성고객을 확보하게 되지만, 일반 소비자로부터는 받아들여지지 않을 가능성도 높다.

둘째, 저원가를 실현하는 것이 쉽지 않다는 점이다. 왜냐하면 차별화를 실현하기 위해서는 기술개발에 많은 투자가 이루어지기 때문이다. 예를 들어 제품설계, 고품질소재, 고도의 서비스, 디자인, 높은 제품 품질 등 차별적 요소를 만들어 내기 위한 비용투자는 불가피하다. 이때 고객에게 차별화로 인한 비용 상승에 대한 가치를 인식시키지 못하면 차별화는 실패로 돌아가게 된다.

그러나 이러한 문제점을 극복하고 차별화에 성공해서 고가격을 실현하게 되면 높은 수익률을 창출할 수 있다. 그리고 그 수익을 새로운 차별화 요소의 개발을 위한 재투자에 활용할 수 있기 때문에 시장변화에 유연하게 대응해 나갈 수 있다. 만약 경쟁사가 자사의 제품을 모방하거나 고객의 선택이 변해 차별성의 가치가 희석되더라도 지속적인 개발을 통해 새로운 차별화 요인을 유지할 수 있기 때문에 차별적 가치는 지속적으로 유지될 수 있다.

그러므로 기업은 내부의 자원과 능력을 활용해 다양한 차별화 원천을 개발해 나가야 한다. 즉 경쟁사의 제품과 비교해 자사의 제품과 서비스가 더 가치가 있다고 인식하도록 노력해야 한다.

기업이 차별화 우위를 지속적으로 유지하기 위해서는 다음과 같은 3가지를 활용할 필요가 있다.

① 차별화된 제품이나 서비스의 독특함을 지속적을 강조함으로써 고객에게 상표 충성도를 유도하여야 한다.
② 고객과의 우호적인 관계를 통하여 차별적인 요소가 계속 유지되도록 노력해야 한다.
③ 소비자의 욕구가 계속 변하는 경우를 대비하여 기업은 지속적으로 차별역량을 개발하는 노력을 해야 한다.

고객이 차별적인 가치를 느끼도록 유도하는 방법, 즉 제품을 차별화할 수 있는 방법과 세부요소를 정리하면 다음 〈표 7-1〉과 같다.

표 7-1. 차별화 우위를 결정하는 원천

근본적인 요인	세부 요소	
제품이나 서비스의 속성에 초점을 맞추는 방법	• 제품 형태 • 출하시기	• 제품 복잡성 • 입지선점
기업과 구매자의 관계에 초점을 맞추는 방법	• 맞춤형 제품 생산 • 기업평판	• 구매자 마케팅
기업의 내부활동이나 기업간의 우호적인 관계에 초점을 맞추는 방법	• 기업 내부 기능들과의 관계 • 다른 기업과의 관계 • 유통 경로	• 제품 믹스 • 서비스와 고객 지원

출처 : M. E. Porter, 『*Competitive Strategy*』, New York : Free Press.1980.
R. E. Caves & P. Williamson, "What is product differentiation, really?," 『*Journal of Industrial Economics*』, Vol. 34, 1985, pp.113~132.
신형덕 역, 『전략경영과 경쟁우위(제4판)』, PERSON, 2013, p.166.

2) 차별화 원천 내용

〈표 7-1〉에 소개한 차별적 요소의 내용은 기업의 목적에 따라 하나 또는 둘 이상의 요소들을 선택할 수 있다. 그러나 차별화는 소비자가 느끼는 가치가 구매행위나 상표

충성도로 이어졌을 때 성공하는 것이다. 따라서 제품의 가치를 어떻게 구매행위로 유도할 것인가를 고민해야 한다. 그러므로 〈표 7-1〉의 세 가지 근본적인 요인을 참고로 차별화 방법을 추진해야 한다.

(1) 제품이나 서비스 속성에 초점을 맞추는 방법

① 제품형태

제품형태의 변화를 통해 차별화를 시도하는 것은 차별화 전략 중 가장 기본적인 전략이고 흔히 사용하는 방법이다. 이 차별화의 방법은 기업들이 경쟁사와 다른 차별적인 요소를 고객에게 어필하는 것이다.

이러한 예는 자동차산업에서 가장 잘 나타난다. 볼보(Volvo)의 경우엔 튼튼하고 사고의 충격으로부터 가장 안전하다는 점을 차별화해서 소비자의 상표충성도를 유도해 왔고, 토요타(TOYOTA)는 최근 전기차와 친환경 자동차의 이미지로 차별화를 시도하고 있다. 전기자동차를 생산하는 테슬라(Tesla Motors)는 '고성능 전기자동차 모델 S'를 비롯해 개발된 차들이 기존의 자동차와는 성능, 디자인, 기능, 작동 방법 등에서 완전히 다른 차라는 점을 고객에게 어필하면서 차별화에 성공했다.

② 제품의 복잡성

제품에 따라 단순한 형태를 유지하는 것이 있고 반면 동일한 성능이라도 복잡한 형태를 지니는 제품이 있다. 이 두 가지 형태는 사용 용도나 성능은 비슷하지만 보여 지는 외형과 조작방식 등 고객의 필요와 용도에 따라 고객이 느끼는 가치는 다르기 때문에 기업은 고객에 따라 차별화를 추구할 수 있다.

예를 들어 BIC 볼펜의 '크리스탈 펜'은 펜 전체가 하나의 몸체로 되어 매우 단순한 형태로 고객에게 어필하지만, 파카(PARKER)와 몽블랑(MONTBLANC)에서 생산하는 고급펜은 보다 많은 부품으로 복잡하고 정교하게 만들어진다. 두 제품은 글을 쓰는 용도와 성능은 큰 차이가 없지만 정교함과 복잡성으로 차별화되고 있다.

③ 출하시기

기업이 제품을 적시에 출시하거나 시장을 선점하는 것은 경쟁사로부터 차별화를 확보하는데 매우 중요한 역할을 한다. 시장을 선점하는 것은 '선발자 우위효과'(first-mover advantage effect)를 누리는 좋은 기회가 되기 때문이다. 선발자로서 누리는 장점은 해당 산업이나 제품의 리더로서 인지도를 높일 수 있고, 학습효과를 살려 원가절감 노하우를 더 빨리 습득할 수 있으며, 상표에 대한 가치를 중요하게 생각하는 구매자들로부터 높은 수익을 올릴 수 있다.

일반적으로 후발기업이더라도 선발기업에 비해 값이 저렴하고 품질이 좋은 제품을 출시하면 선발기업을 무너뜨릴 것이라 생각하지만, 후발기업은 선발기업의 효과를 단시간에 극복하기는 쉽지 않다.

잭 트라우트와 알 리스(Jack Trout & Al Ries)는 그의 저서 『포지셔닝(*Positioning*)』(1980)에서 "시장에서 1등을 하는 기업의 상당수가 선발기업이다. 따라서 시장에서 1등을 하기 위해서는 그 시장에 가장 먼저 들어가라"고 주장했다.

미국에서 1등을 하고 있는 조사대상 기업 중 60%~70% 이상이 선발기업이라는 연구결과가 이를 뒷받침하듯이 고객의 인식에 자리 잡은 선발기업의 상표 호감도는 쉽게 바뀌는 것이 아니다.

그러므로 시장에 가장 먼저 들어간 기업이 여러 가지 혜택에 의해 경쟁우위를 지속적으로 차지할 가능성이 크다. 뿐만 아니라 경쟁사에 비해 제품 기술 개발이 빨라지면 관련 제품의 다양한 기술적 방법을 표준화시킴으로써 진입장벽을 높이기도 하고, 이러한 표준을 바탕으로 또 다른 제품을 만들어 낼 수도 있다.

＊ 선발기업의 효과

마이크로소프트사는 윈도우운영체제(operating system)를 표준화하면서 후속 응용 프로그램들을 경쟁자에 비해 먼저 개발함으로써 시장에서 독점적 지위를 확보하고 있다. 인터넷 부문의 정보검색 프로그램의 최강자인 넷스케이프는 인터넷 웹 브라우저 시장에 선두진입자로 들어와 약 80%의 시장점유율을 누렸으며, 1990년대 후반 '산업표준' 웹브라우저로서 쿠키(kookie), 프레임(frame), 자바스크립트(Javascript) 등 새로운 기능을 추가했다.
한편 MS는 그동안 인터넷시장을 중요하게 생각하지 않고 있다가 넷스케이프의 성공을 보며 1997년 윈도우 운영체제 전용 웹 브라우저 인터넷 익스플로러 4.0(Internet Explorer)을 출시해 네스케이프의 성장을 차단하게 된다.
결국 1999년 넷스케이프사는 AOL(미국 타임 워너 산하의 글로벌 인터넷 서비스 및 미디어 회사 : 이전 명칭은 아메리카 온라인 : America Online, Inc.)에 매각되면서 MS와의 웹 브라우저 전쟁은 막을 내리게 되고 현재 웹 브라우저 시장은 MS가 장악하고 있다.

스마트 폰의 새로운 시대를 열게 되는 폴더블(foldable) 스마트폰의 출시를 선점하기 위해 삼성, 화웨이(柔爲), LG, 오포(OPPO) 등이 치열하게 경쟁하고 있을 때, 2018년 10월 31일 로욜(Royole)이 폴더블 스마트폰(FlexPai)을 공개하였다. 삼성은 2018년 11월 7일 폴더블 스마트폰(Galaxy F)을 공개할 계획이었으나 로욜이 일주일 먼저 공개한 것이다. 로욜은 어느 누구도 알지 못하였던 회사였으나 폴더블 스마트폰의 최초 출시로 모든 사람이 그 이름을 알게 된 것이다. 일종의 선발자 우위효과(First-mover advantage effect)로 기업의 이름과 최초라는 이미지를 얻게 된 것이다.

④ 입지 선점

입지 선점을 통해 차별화된 서비스를 강화할 수도 있다. 예를 들면 제조기업이 원료산지 근처에 공장을 세워 물류 및 수송비를 절감하거나 신속한 납기로 차별화하는 방법이다. 또한 서비스업인 은행과 편의점 그리고 고객이용 빈도가 높은 업종들은 고객의 접근성과 편리성이 좋은 장소를 활용해 차별화된 서비스를 제공하는 경우가 많다. 역세권과 유동인구가 많은 장소에 입점하는 경우가 그렇다. 그러나 최근 은행들은 인터넷과 모바일 거래의 비중이 커지면서 매장을 축소하거나 철수하고 있다. 이러한 변화에 대응하기 위하여 일부 은행들은 매장의 확장보다는 모바일의 편리한 방법을 개발하거나 ATM기계를 확대하여 고객에게 접근성과 신속성이라는 서비스를 제공하는 전략을 펴고 있다.

＊ 입지 선점

미국의 라스베가스는 사막 위에 카지노 단지를 조성해 성공한 대표적인 입지전략의 하나이다. 그러나 카지노 사업은 고객을 유입하는 데 한계가 있었다. 가족단위의 여행이 많은 미국인뿐만 아니라 해외여행객들에게는 라스베가스보다는 플로리다 올랜도에 입지한 디즈니랜드가 더 매력적이다. 이를 극복하기 위해 라스베가스는 대규모 컨벤션센터를 시작으로 가족단위 여행을 즐길 수 있는 다양한 놀이시설을 확대해 나가면서 고객에게 다가가는 전략을 전개하였다. 또한 디즈니랜드는 초기에 설립했던 Magic Kingdom에서 시작해 MGM 스튜디오 등 대규모 호텔과 위락단지를 조성해 매년 전 세계의 고객들을 유인하고 있다.

(2) 구매자에게 초점을 맞추는 방법

① 맞춤형 제품 생산

맞춤형 제품의 생산은 특정한 고객에게 제공하는 특별함으로 차별화를 추구하는 것이다. 맞춤형 생산은 매우 다양한 업종에서 나타나는데 예를 들어 델컴퓨터는 고객이 요구하는 컴퓨터를 제작해 원하는 날짜에 공급하는 맞춤식 판매 서비스를 제공해 차별화에 성공한 예이고, 의류업계에서는 리바이스가 전 세계 6만 여 명의 여성을 대상으로 한 체형연구 결과를 토대로 여성고객들의 체형을 고려한 맞춤형 핏 청바지 '리바이스 커브 ID'(Levi's® Curve ID)를 생산해 차별화를 추구하였다. '리바이스 커브 ID'는 단순히 허리 사이즈(size)가 아닌 체형(shape)에 초점을 맞춘 차별화된 제품으로 전 세계 여성의 80%를 포괄하는 세 가지 유형의 체형을 발견하고 세 가지 핏의 청바지를 출시해 차별화하였다.

이 같은 맞춤형 제품생산방식을 추구하는 기업은 점점 늘어나고 있다. 건설사업의 경우에도 외관은 동일하게 설계되지만 내부의 인테리어나 공간 활용도 등을 고객의 요구에 맞춰줌으로써 차별화하고 있다.

그리고 스마트폰의 제품수명주기(PLC)가 점점 짧아지고(평균 2년) 기술수준과 시장이 포화상태에 이르자 스마트폰 제조자들은 차별화를 시도하고 있다. 즉 구글은 소비자가 원하는 성능, 디자인 등의 스펙에 맞춰 부품을 구매해 조립하는 맞춤형 조립식 스마트폰 'ARA'를 2012년 개발에 착수해 2017년 출시하였다. LG전자에서도 'G5'모델로 일부 기능만 조립형태로 채택해 2016년 4월 출시를 했다. 특히 'G5'는 혁신적이고 뛰어난 디자인 모듈형으로 차별화를 꾀하였다.

② 재포지션닝 전략

기업은 자사에서 생산한 제품의 차별성과 제품의 실질적인 속성을 그대로 유지하면서 광고나 마케팅 수단을 동원해 고객에게 해당 제품을 새로운 제품처럼 인식시키는 노력을 하기도 한다.

기업은 제품의 설계단계에서부터 고객을 염두에 두고 컨셉을 정하여 생산하지만, 실제 시장에서의 반응이 기대에 미치지 못하거나 매출이 하락할 경우 제품에 대한 컨셉을 변경하고 광고와 마케팅 활동으로 '재포지셔닝'하여 이미지의 전환을 시도하게 된다.

그러나 재포지셔닝은 말처럼 쉬운 일이 아니다. 이미 소비자들에게 고정된 제품 인식을 바꾸는 일이 쉽지 않기 때문에 재포지셔닝은 실패확률이 높다. 그러므로 기업의 재포지션닝 전략은 매우 신중해야 하며, 확실한 차별성이 전달되도록 계획되어야 한다.

*** 재포지셔닝 구매자 마케팅**

동아제약의 박카스는 1961년 출시 당시 "간장 질환엔 박카스!", "솟구치는 힘 왕성한 활동력"과 같은 광고 카피처럼 종합자양강장제로 소비자에게 인식되었다. 이러한 포지셔닝 탓에 주 소비층은 중장년층이었다. 그러나 1976년 정부가 드링크제가 약물의 오남용을 부추긴다는 이유로 의약품의 대중매체 광고를 금지시키면서 박카스는 매출감소와 경영위기를 맞이하였다. 1990년대에 들어서서 규제가 풀리면서 박카스는 새로운 포지셔닝 전략을 기획하게 되는데 "지킬 것은 지킨다!", "젊은 날의 선택, 박카스!" 그리고 "건강한 젊음을 응원합니다" 등과 같은 적극적인 광고를 통해 의약품 이미지를 탈피하고 젊은이의 감성을 자극하는 피로회복 음료 이미지를 강조했다. 결국 박카스는 제품의 속성은 전혀 바뀌지 않았지만 이미지를 전환시키는데 성공을 하면서 새로운 이미지의 재포지셔닝으로 업계의 선두자리를 지키고 있다.

③ 기업평판

기업평판(reputation)이란 고객이 기업이나 제품을 어떻게 인식하는지를 나타내는 것이다. 기업이 고객이나 사회로부터 좋은 평판을 받게 되면 그 평판 자체가 기업의 차별화 요소로 작용할 수 있다. 특히 기업의 평판은 소비자와의 관계뿐만 아니라 이해관계자 집단에 대한 사회적 책임을 다할 때 상당히 좋아진다. 최근 윤리경영, 환경친화적 경영, 사회적 책임을 성실히 수행하는 기업들에 대한 고객들의 호감도는 상당히 높아지고 있는데, 이렇게 형성되는 기업평판은 기업의 상표충성도로 이어지는 중요한 요소이다.

(3) 기업의 내부활동과 기업 간 우호적 관계에 초점

① 기업내부 기능들 사이와의 관계

기업의 규모가 커질수록 업무는 복잡해지고 조직구조는 비대해지기 때문에 특히 의사소통의 문제가 중요해진다. 의사소통 문제가 원활하지 않으면 전략을 실행하는데 어려움이 발생한다. 그러므로 수립된 전략이 잘 실행되기 위해서는 내부조직의 상이한 기능들이 효율적으로 통합될 수 있도록 의사소통이 원활해야 한다. 이러한 의사소통이 잘 이루어지지 않는다면 개인이나 부서 이기주의(silo effect)가 발생되어 조직의 능률이 낮아지게 된다.

보잉사는 2001년 발족한 전략통합프로세스팀을 지원하고 의사소통 채널을 긴밀하고 신속하게 처리하기 위해 최고경영층으로 구성된 주간리뷰회의를 상시적으로 운영하고 있다. 이러한 노력으로 기업내부의 기능들이 유기적으로 실행되면서 경쟁사를 압도하는 차별화를 이루어냈다. 예를 들어 기업이 제품을 설계하고 제조하는 과정에서 부서 간 역할을 독립적으로 수행하는 전통적인 방식에서 벗어나 업무의 능률을 높이기 위한 방법으로서 동시공학(CE: Concurrent engineering)기법을 도입하는 경우이다. 이는 업무영역이 다른 부서 간 협력을 통하여 시간을 단축하거나 비용을 절감할 수 있을 뿐만 아니라 차별적인 요소를 더 경쟁력 있게 생산할 수 있게 한다.

② 제품 믹스

제품 믹스란 특정한 기업내부 활동을 바탕으로 다양한 종류의 제품을 시장에 제공하는 것이다. 이러한 제품 믹스로 차별화 전략을 추구하기 위해서는 다양한 제품을 생산할 수 있는 기술능력이 있어야 한다.

예를 들면 스웨덴 가구업체 이케아(IKEA : 1943년 창업)는 전 세계 42개국에서 345개가 넘는 매장을 확보하고, 9,500개가 넘는 제품 믹스로 차별화하고 있다. 물론 이케아의 성공은 저렴한 가격과 제품의 다양성과 함께 다양한 제품을 한 곳에서 제공받을 수 있기 때문에 경쟁사보다 높은 경쟁력을 유지해 나갈 수 있다.

③ 유통경로

유통경로도 차별화의 중요한 수단이 될 수 있는데, 유통경로를 어떠한 방식으로 선택하느냐에 따라 차별화가 가능해진다. 왜냐하면 자사의 제품이나 서비스를 보다 체계적이고 합리적으로 유통경로를 구축하는 것은 새로운 시장기회와 고객가치를 창출할 수 있기 때문이다.

예를 들어 음료시장의 경우 제품을 유통시킬 때 해당 국가나 지역의 유통기업들을 활용한다. 코카콜라의 경우 국내 유통경로를 여러 차례 변경한 적이 있다. 2000년대 중반 이후 탄산음료에 대한 부정적 이미지와 웰빙 트랜드의 확산 및 다양한 건강음료의 대체재가 출시되면서 지속적으로 매출이 하락했다.

이러한 상황에서 코카콜라는 2007년 LG생활건강에 인수되어 2008년 이후 매출이 연평균 10% 상승하였다. 코카콜라가 성공을 거둔 가장 큰 이유는 유통경로의 재정립으로 무분별한 프로모션(promotion)과 경로 간 구성원들의 갈등문제를 체계적으로 개선하였기 때문이다. 또한 'SWP'(Special Wholesale Partner)를 설계하여 취약한 유통경로의 개선 및 EDP(Eating & Drinking Partner)라는 새로운 대리점 구축방식 등의 유통경로를 통하여 차별화에 성공하였다.

④ 서비스 수준

기업들이 고객에게 제공하는 제품이나 서비스의 수준에 따라 차별화 전략의 결과가 달라질 수도 있다. 소비자가 요구하는 서비스 수준이 갈수록 높아지고 있기 때문에 기업에서 제공하는 서비스 수준도 갈수록 높아질 수밖에 없다. 따라서 기업은 서비스의 질적 향상을 위한 노력에 투자를 많이 하고 있다. 결국 서비스를 통한 차별화 전략은 차별화의 원천으로서 중요해지고 있는 것이다.

서비스의 질을 높이기 위해서는 기업이 직접 서비스 업무를 수행하는 경우도 있지만 외주를 주는 방법도 있다. 서비스 업무를 기업이 직접 수행하는 경우는 고객의 만족도를 상대적으로 높일 수 있다는 장점이 있기 때문에 많이 이용한다. 국내 가구업체 1위 기업인 한샘은 고객이 매장에 방문을 했을 때 전문적인 지식을 가진 직원이 친절하게 상품을 소개하고, 고객이 주문한 제품을 전문 시공기술자가 현장에서 직접 조립해 주거나 설치를 해 주는 방법의 서비스로 경쟁사와 차별화한다.

사례 7-1. 스타벅스와 사자(SAZA)의 차별화 전략

대부분 사람들은 스타벅스의 성공요인으로 단순히 고급 원두를 사용하여 커피 맛(품질)을 차별화시킨 것이라고 생각하지만, 그 밖에도 스타벅스의 차별화를 통한 성공요인은 다양하다.

첫째, 원두 구매에서 유통까지를 통합한 차별화를 들 수 있다. 스타벅스는 원두시장에서 평균가격보다 20% 이상 비싼 가격으로 품질이 우수한 원두를 구매한다. 그리고 직접 원두를 가공하고 완제품을 만들어 전 세계 매장에 공급을 한다. 이러한 과정을 거쳐 고객에게 우수한 품질과 동일한 맛의 커피를 제공하는 차별화를 실천하고 있다.

둘째, 스타벅스는 장소의 차별화를 통해 기존 미국 커피시장의 소비 패턴을 바꾸어 놓았다. 스타벅스가 미국시장에 본격적으로 진출하기 전까지는 미국의 커피 판매방식은 대부분 Take-Out(고객이 원하는 제품을 주문해서 직접 들고 가는 소비방식) 방식이었다. 그러나 스타벅스는 이러한 고정관념을 깨고 고객이 주문한 커피를 매장에서 즐길 수 있는 공간을 제공하고, 그 밖의 다양한 서비스도 제공받으며 즐길 수 있는 전략으로 고객의 새로운 니즈를 창출하였다.

스타벅스는 커피 맛의 차별화와 함께 고객이 커피를 마시는 공간, 즉 장소의 차별화를 통해 시간과 공간의 가치를 창출하는 전략을 추구해 성공을 거두었다.

일본의 이바라키현(茨城縣)에 본점을 둔 커피전문점 사자(SAZA : 1969년 창업)커피는 일본 전국에 12개의 매장을 가지고 있는 작지만 유명한 커피브랜드이다. 일본의 커피시장은 스타벅스, 도토루, 고메다 등이 높은 시장점유율을 가지고 있으나 이바라키현에서는 사자커피가 매우 강한 경쟁력을 가지고 있다. 사자커피는 다음과 같은 차별화로 성공을 하고 있다.

예를 들면 고객이 오래 머무를 수 있는 편안한 의자와 아기자기한 정원을 가지고 있어 산책을 할 수 있도록 배려하고 있으며, 작은 커피전문점이지만 직영하는 농장(콜롬비아)에서 좋은 원두를 공급받아 사용하고, 미술관을 연상하게 하는 인테리어와 작은 소품을 구매할 수 있는 매장을 운영하는 등의 전략을 펴하고 있다.

⑤ 다른 기업과의 관계를 이용

기업이 보유한 제품과 서비스의 특성을 다른 산업이나 기업과 연계하여 차별화를 할 수 있다. 이러한 예는 주변에서 흔히 볼 수 있는 차별화 전략의 하나이다. 맥도널드나 롯데리아와 같은 패스트푸드기업이 영화관이나 기차역 등과 같은 곳에 입점해서 차별화를 추구하고, 신용카드사가 랜트카회사 · 호텔 · 항공사 등과 연계해서 자신들의 이미지와 제품에 대한 차별화를 추구하고 매출을 향상시키는 경우이다. 뿐만 아니라 글로벌 기업들이 특정 스포츠 대회의 후원사로 계약을 맺고 제품차별화를 누리는 경우도 마찬가지다. 예를 들어 월드컵 후원사들은 월드컵의 이미지를 자신의 기업이미지로 연관지어 차별화한다.

따라서 급변하는 환경에 신속하고 유연하게 대응하기 위해서는 자사보다 뛰어난 차별적인 가치를 창출하는 기업과 협력관계를 맺고 차별화된 가치를 창출해 나갈 필요가 있다.

3 차별화 전략의 적용방법

기업이 신규시장 진입을 계획한다면 선발업체들이 이미 확보하고 있는 명성과 시장 점유율 등의 열세를 극복할 수 있는 제품차별화나 성공적인 마케팅전략을 가지고 있을 때 시장진입에 성공할 수 있다.

1) 포터의 5 Forces 모델과 차별화 전략

차별화 전략을 추구하여 성공하는 기업은 제품의 속성이나 기술적인 면에서 탁월한 차별성을 확보하고 있다. 그러므로 차별화 전략으로 성공하고 있는 기업은 구매자나 공급자의 위협에 크게 영향을 받지 않는 특징을 가지고 있다. 이러한 상황은 신규진입자의 위협이나 대체재의 위협에서도 힘을 발휘한다. 따라서 차별화 전략을 추구하는 기업과 경쟁하는 신규기업은 선발기업의 차별성을 뛰어넘기 위해 많은 비용을 투자해야 하고, 시장에 진입을 하더라도 선발기업이 갖고 있는 상표충성도에 대한 프리미엄을 단시간에 뛰어넘기 어렵다.

〈표 7-2〉는 포터의 5 Forces 모델의 각 요인에 대해 차별화 전략이 어떠한 대처방식으로 경쟁우위를 확보하는지를 소개하고 있다. 즉 차별적 우위가 5가지 경쟁요인들로부터 어떻게 진입장벽을 높여 줄 수 있는 것인지를 보여주고 있다.

따라서 차별화 전략이 5가지 경쟁요인들로부터 기업을 보호하고 진입장벽을 높여서 평균 이상의 수익률을 기대할 수 있는 이유는 다음과 같은 역할을 수행하기 때문이다.

표 7-2. 포터의 5 Forces 모델(시장위협)과 차별화 전략

근본적인 요인	차별화 전략
산업 내의 경쟁	· 차별화로 경쟁 우위 유지
신규진입자의 위협	· 상표 충성도와 차별화로 진입장벽을 높이는 방어능력
대체재의 위협	· 상표 충성도와 충성고객이 대체재로부터 보호
공급자의 교섭력	· 생산원가 상승 압력을 차별화로 극복
구매자의 교섭력	· 구매자의 상표충성도로 극복

① **산업 내의 경쟁**

차별화 전략은 경쟁사의 경쟁전략에 대해 유연하게 대처할 수 있다. 예를 들어 구매자가 자신이 좋아하는 브랜드나 제품에 대한 충성도가 높은 경우에는 경쟁기업의 경쟁제품에 비하여 제품가격이 높더라도 기꺼이 구매한다. 또한 동일한 산업 내에서 차별화를 추구하는 기업들끼리는 서로 다른 세분시장을 목표로 하기 때문에 경쟁강도가 높은 편이 아닌 경우가 많다.

자동차산업에서 고급 스포츠카를 구매하는 고객과 일반 승용차를 구매하는 고객은 서로 다른 특징이 있고, 크루즈여행 상품을 찾는 고객과 배낭여행이나 자유여행 상품을 찾는 고객은 선택의 기준이 서로 달라 경쟁강도가 낮다.

② **신규진입자의 위협**

차별화 전략을 추구하는 기업은 차별화로 이미 확보한 고객 충성도 때문에 신규진입자의 시장진입을 어렵게 만든다. 신규진입자가 시장에 진입했다 하더라도 선발기업의 고객 충성도와 인지도를 극복하기 힘들기 때문에 경쟁이 어렵다. 따라서 경쟁자의 위협을 감소시킬 수 있다.

▣ 세계 3D 프린팅 시장은 그동안 3D 프린팅 공정방식 원천특허를 보유 중이던 미국 3D시스템스(3D Systems, 1986년 미국)와 스트라타시스(Stratasys, 1989년 미국)가 특허장벽을 쳐 시장의 신규 진입자를 차단하며 산업용 3D 프린터 시장의 75%를 과점했다.[4]

③ **대체재의 위협**

차별화 전략을 추구하는 기업에 대한 고객의 상표 충성도가 강하면 동종업계의 유사한 제품, 성능이 향상된 제품들의 대체위협을 약화시킬 수 있다.

과거 애플, 삼성, LG는 디지털폰 시장을 주도해 왔으나 LG는 삼성과 달리 스마트폰 시장에 대한 초기 대응이 늦어지면서 스마트폰 경쟁에서 애플과 삼성에 뒤처지게 되었다. 최근 LG는 기술개발을 통해 애플과 삼성의 제품을 뛰어넘는 성능으로 관련업계 전문가들의 호평을 받으며 시장에 신제품을 다시 출시하였지만, 애플 아이폰(iphone)과 삼성 겔럭시(Galaxy)의 상표 충성도를 넘지 못해 시장점유율

---

4) 전자신문, "제조업 혁신, 3D 프린팅 소멸특허에서 길을 찾다", 2015.3.11. ; 최근 3D 프린팅 공정에 관한 원천특허가 하나 둘 만료되면서 시장의 신규 진입자들에게 새로운 기회를 제공하고 있다. 우리 정부도 전통제조업과 정보통신기술(ICT)을 융합한 '스마트 공장' 방식의 제조업을 목표로 '제조업 혁신3.0 전략'을 발표하면서 3D 프린팅 기술 개발을 본격 추진 중이다. 그러나 우리나라의 2014년 기준 3D 프린팅 특허 출원량은 미국, 일본, 독일, 네덜란드, 스위스에 이어 세계 6위 수준이며, 특허 수에서도 일본의 11%에 불과한 실정이다. 더구나 출원된 특허 대부분이 국내에 집중돼 있고 해외시장 진출을 목표로 한 외국출원은 22건에 불과해 3D 프린팅 기술의 특허경쟁력은 매우 낮다.

상승폭이 크지 않다.

④ **공급자의 교섭력**

차별화를 실현한 기업은 공급자가 납품가격 인상을 요구해도 유연하게 대처할 수 있다. 납품단가를 불가피하게 올려야 하는 경우가 발생하더라도 차별화의 강점을 활용해 제품의 가격을 높여 수익률을 더 많이 창출할 수 있다. 즉 공급자가 요구하는 납품단가의 상승폭을 구매자에게 전가시켜 해결하거나 관련 업종에 대한 후방통합을 통해 대처하는 방법으로 공급자의 교섭력에 대응한다.

⑤ **구매자의 교섭력**

차별화 전략을 추구하여 성공하고 있는 기업은 구매자의 위협에도 크게 영향을 받지 않는다. 왜냐하면 구매자의 구매규모가 크거나 유사한 제품을 판매하는 경쟁사가 많아도 차별화를 통한 브랜드 충성도가 높기 때문에 시장에서 어느 정도 독점적 지위를 누릴 수 있기 때문이다.

1970년대 중반 제일제당이 출시한 대체품 '다시다'는 천연조미료라는 새로운 범주의 차별화를 창조해 시장을 선점했다. 당시 화학조미료 시장에서 1위는 '미원'이었다. 제일제당 미풍은 미원을 넘어서기 위해 다양한 노력을 했지만 이미 화학조미료의 대명사가 돼버린 미원을 당해내기엔 역부족이었다. 결국 제일제당이 선택한 전략은 미원을 대체할 차별적 제품이었다. 즉 화학조미료가 아닌 천연 조미료임을 강조한 다시다를 출시했다. 소득이 증가하고 음식과 건강에 대한 관심이 커지면서 화학조미료보다는 천연조미료에 대한 관심이 커진 것도 성장에 일조를 했다. 중요한 것은 다시다는 기존 제품들에서 잘 다루어지지 않았던 요소를 새롭게 부각시킴으로써 타사의 제품과 차별화에 성공하였다. 점차 천연 조미료 시장이 커지면서 미원은 시장에서 입지가 좁아졌고, 화학조미료의 이미지가 워낙 강해 새로운 제품을 개발해도 시장공략은 쉽지 않았다. 결국 미원은 조미료의 대명사였던 미원이란 회사명 대신 '청정원'이란 새로운 브랜드를 내놓게 되었다.

2) VRIO 모형과 차별화 전략

(1) 제품 차별화의 가치

기업이 추구하는 차별화된 제품이나 서비스의 독특한 가치는 시장에 존재하는 외부의 위협을 축소시키고 기회를 활용하는데 도움이 된다. 차별화된 가치는 세분화된 시장에서 우위를 차지하는 가치, 차별화를 통해 시장에서 확보한 상표 충성도를 활용해 신규 진입자로부터 진입장벽을 높일 수 있는 가치, 공급자의 납품단가에 대한 부담을 구매자에게 전가시킬 수 있는 유연성의 가치 등 여러 가지 유형이 있다.

(2) 제품 차별화의 희소성

기업이 추구하는 차별화가 경쟁에서 우위를 지속적으로 유지할 수 있는 것은 가치뿐만 아니라 희소성도 있어야 한다. 희소성이란 "가치 있는 특정의 자원과 능력" 또는 "기업만이 가지고 있는 특정 자원"을 의미한다.

결국 세분시장에서 차별화를 성공적으로 추구하는 기업들은 대부분 경쟁사와 다른 창의적이고 혁신적인 제품이나 서비스를 공급하기 때문에 희소성을 가지고 있다. 그리고 차별화를 선점한 기업은 후발기업이 모방하지 못하도록 지속적인 개발과 개선을 추구하여 유지할 수 있다.

경쟁사가 대체재나 유사제품으로 차별화를 추구하면 기업의 가치와 희소성이 희석되면서 경쟁우위를 누릴 수 있는 기간이 짧아진다. 그러나 지속적으로 희소성을 갖는 차별화된 제품을 출시할 수 있는 능력이 있다면 경쟁우위를 오래 동안 유지해 나갈 수 있기 때문에 차별화 요소를 끊임없이 개선하여 지속성이 유지되도록 해야 한다.

(3) 제품 차별화의 모방 가능성

가치 있고 희소한 제품의 차별화 전략을 추구하더라도 지속적으로 경쟁우위를 유지하기 위해서는 경쟁사가 모방하기 어려워야 한다. 그러나 차별화 전략은 원가우위 전략과 달리 모방이 쉬운 편이다. 왜냐하면 차별화를 추구하는 기업 대부분은 자사의 제품이나 서비스가 경쟁사와 어떤 점에서 차별화되는지를 노출시켜야 하기 때문이다.

반면 원가우위를 추구하는 기업은 경쟁사에 대해 자신들의 원가우위를 선택적으로 활용할 수 있다. 예를 들어 경쟁사보다 원가우위를 발휘할 수 있는 독특한 능력을 확보하고 있을 때는 경쟁사보다 유리한 가격으로 대응할 수 있다. 이러한 방법으로 자사의 원가구조를 노출시키지 않기 때문에 경쟁사에게 원가파악을 어렵게 만든다.

차별화 전략에 대한 모방 정도는 〈표 7-1〉에서 설명한 제품차별화를 결정하는 원천의 세부요소에 따라 달라진다. 예들 들어 '제품형태'에 기반을 둔 차별화는 일반적으로 복제가 쉬운 편인데, 그 이유는 제품이나 서비스의 차별화된 정보를 그대로 다 보여주기 때문이다. 반면 '제품 믹스', '다른 기업들과의 관계', '맞춤형 제품', '제품복잡성', '마케팅 능력' 등의 속성에 기반을 둔 차별화는 모방이 힘들 수 있다. 또 다른 종류의 속성인 '기업 내부 기능들 간의 관계', '제품출시의 타이밍', '지역적 입지', '기업평판', '유통경로', '서비스와 고객지원' 등에 기반을 둔 차별화도 대체로 모방이 어렵다. 그러나 기업이 아무리 객관적으로 제품 차별화를 시도한다 하더라도 성공여부는 소비자의 선택에 달렸다. 실제 소비자가 제품과 서비스를 어떻게 인식하느냐에 따라 차별화의 가치가 결정되기 때문에 고객의 니즈를 파악하고 경쟁사의 독특성의 정도를 정확히 분석하고 차별화 요소를 결정해야 한다.

(4) 차별화 실행을 위한 조직의 구조

제품 차별화를 장기간 지속적으로 유지하기 위해서 필요한 또 다른 중요한 요소 중 하나는 경쟁자들이 모방하기 어려운 조직구조의 구축이다. 즉 차별화를 충족시킬 수 있는 조직구조의 능력이 중요하다.

원가우위 전략을 추구하는 기업은 고객이 얻는 실용적인 가치에 주력하는 반면, 차별화 전략을 추구하는 기업은 독특한 차별적 요소에 주력한다. 〈표 7-3〉은 기업이 차별적인 우위를 추구할 때, 그 기업의 조직구조, 경영통제 시스템, 보상정책 등이 어떠한 영향을 주는지에 대해 보여주고 있다.

표 7-3. 차별화 전략 실행을 위한 조직하기

구 분	내 용
조직구조	• 연결성을 가능하게 하는 제품개발 조직 • 융 · 복합적이고 수평적인 조직구조 • 고도의 창의적인 능력을 발휘할 수 있는 조직
경영통제시스템	• 의사결정 및 재량권 부여 • 실패에 대한 격려 • 실험정신 확산
보상정책	• 회사공헌을 위한 실패의 보상 • 창의적인 아이디어에 대한 보상 • 수직 · 수평적 성과 측정

3) 가치사슬과 차별화 전략

(1) 차별화 전략 분석과정

차별화 전략의 지속성을 유지하는 또 다른 방법은 가치사슬상의 모든 단계에서 차별화 요소를 축적하는 것이다. 차별화 전략의 가능성을 평가하기 위한 가치사슬 분석은 앞서 밝힌 바와 같이 단순히 제품이나 마케팅에 한정지어서는 안 된다. 기업활동을 이루는 가치사슬 전체를 활용한 차별화가 이루어져야 한다. 실제 기업에서 경쟁우위를 확보하기 위한 차별화는 가치사슬 활동 전반에 걸쳐 실현이 가능하다.

가치사슬에 의해 차별화 우위를 분석하는 과정은 다음과 같다

① 가치사슬 구성요소의 파악

기업이 차별화 전략을 추구하는 경우, 그 대상고객이 누구인지를 파악한 후 고객과 연결할 가치사슬의 구성요소를 체계적으로 파악한다.

㉮ 구매요소의 차별화

차별화된 제품을 생산할 수 있도록 필요한 부품을 공급할 우수한 공급자를 확보하고 있는지, 투입요소를 경쟁사보다 더 유리하게 조달받을 수 있는가를 파악한다.

㉯ 생산 및 제조의 차별화

경쟁사에 비해 생산성이 높은 설비능력을 보유한다던지, 신뢰도가 높은 제품을 생산할 수 있는 능력을 가지고 있던지, 특히 친환경적인 생산설비 및 시스템 구축 등으로 환경 친화적인 제품의 생산이 가능한지, 우수한 생산노동력을 갖추고 차별화된 제품과 서비스를 생산할 수 있는가를 파악한다. 특히 최근에는 스마트 팩토리(smart factory)의 구축이 생산공정의 차별화에 중요하게 영향을 미친다.

㉰ 물류 · 유통 차별화

주문처리 과정의 차별화를 구축하고 있는가를 파악한다. 주문처리 과정이 경쟁사에 비해 체계적이고 효율적인지를 파악하고, 납기 및 속도, 정확도 등을 실현할 배송의 차별화가 가능한가를 파악한다. 최근에는 물류 · 유통의 차별화를 위한 방법으로 인공지능, 사물인터넷, 5G, 드론 등의 기술을 융 · 복합하여 능률을 높인다.

㉱ 마케팅 차별화

탁월하고 독특한 마케팅 능력의 차별화를 통하여 고객을 유인하기가 충분한가를 파악한다. 특히 첨단기술(빅데이터, 가상 및 증강현실, 드론 등)을 결합하는 마케팅 기법은 마케팅차별화의 중요한 요소이다.

㉲ 서비스 차별화

과거에는 고객에 대한 판매 후 서비스를 기업이 추구하는 차별화 이미지와 일관성 있게 유지하는 것을 강조하였다. 예를 들면 고객의 서비스 요청을 접수한 후

처리하는 속도 및 방법이 경쟁사와 비교해 차별화되어 있는지 파악하는 것을 중요하게 인식하였으나 최근에는 빅 데이터(Big Data)를 활용하거나 가상현실을 통하여 고객의 개개인의 욕구를 충족시키고 있다.

이와 같은 가치사슬의 핵심활동 분석 외에도 지원활동을 파악해 경쟁사에 비해 독특한 기능을 확보한 활동으로 고객이 차별화에 대한 프리미엄에 기꺼이 지불할 수 있는지를 파악한다.

사례 7-2 미쉐린 · 롤스로이스 · 버버리의 서비스 차별화 전략

세계적인 타이어 생산업체인 미쉐린(michelin : 1889년 창업)의 과거 서비스전략은 단순히 내구성과 품질 좋은 타이어를 생산하여 제공하는 서비스에 초점이 맞추어졌었다. 그러나 디지털이 세상을 바꿀 것이며 이러한 환경에 적응하지 못하면 도태될 것이라는 예측으로, 각종 정보 및 첨단기술을 바탕으로 '서비스로서의 타이어(tire as a service)'라는 전략으로 서비스 차별화에 성공한 모델이 되고 있다.

타이어와 엔진에 각종 센서를 부착하여 트럭별 연료소비량, 타이어 압력, 속도, 위치 등의 정보를 수집한 후 트럭업체에게 타이어 교체시기, 개선해야 할 운전습관 등을 알려주는 서비스를 2013년부터 시작하였다. 이러한 데이터의 축적 및 분석결과를 사용자에게 알려주는 서비스(100km 당 2.5L의 연료가 절약된다는 사실)로 타이어 교체주기가 15% 늘어나고 새로운 고객이 계속 늘어나고 있다. 미쉐린은 '우리는 더 이상의 타이어 제조업체가 아니다. 디지털 서비스업체이다'라고 서비스 차별화를 홍보하고 있다.

항공기엔진 제조업체인 롤스로이스(Rolls-Royce : 1906년 창업)도 엔진에 부착된 수백 개의 각종 센서로 진동 압력, 온도, 속도 등의 데이터를 실시간으로 수집한 뒤 엔진결함 가능성의 사전 발견, 교체시기 등을 사용자에게 알려줌으로서 기체결함으로 인한 손실과 연료사용량을 최적화할 수 있는 서비스를 유료로 제공하면서 많은 효과를 보고 있다. 그 결과 엔진판매수익과 맞먹을 정도의 수익을 새로운 서비스 방법의 도입으로 얻고 있다.

체크무늬와 트렌치코트의 대명사인 버버리(Burberry : 1856년 창업)는 단순한 패션회사가 아닌 인공지능(AI)과 빅 데이터기술 등 정보기술을 제품과 마케팅에 도입하고 소셜미디어를 활용하는 디지털기업으로 변신하였다. 이에 따라 기업의 정체성도 '디지털 미디어 컴퍼니'로 정하였다. 특히 최근 소비시장에서 가장 큰 영향력을 가지고 있는 소비자층(1981~1996년 사이에 태어난 밀레니얼 세대)의 욕구에 맞는 서비스를 인공지능과 정보기술을 통하여 충족시키고 있다. 예를 들면 소비자가 매장에 들어오면 그 동안의 구매이력 등의 정보를 분석한 결과로 제품을 추천해 주고, 제품의 생산과정에 관한 정보를 제공하며, 옷 입는 방법 및 관리법을 제공하고, 가상공간이나 증강현실(AR)에서 입어 볼 수 있는 서비스를 제공하여 소비자를 충족시키고 있다.

이러한 예에서 볼 수 있는 것은 서비스라는 개념이 과거의 고장 후 수리(A/S)라는 사후 서비스가 아닌 디지털 정보기술을 바탕으로 사용자에게도 유익한 방법을 사전에 선제적으로 제공하는 방법이 중요하다는 점이다.

② 차별화 전략요인의 파악

기업이 내부의 자원과 능력을 토대로 차별화 전략을 추구할 수 있는 요인을 찾아낸다. 차별화 전략의 원천은 〈표 7-1〉의 내용과 같은 제품형태, 제품 복잡성, 실행시기, 입지선점, 맞춤형 제품 생산, 구매자 마케팅, 기업평판, 기업내부 기능들과의 관계, 다른 기업과의 관계, 제품 믹스, 유통경로, 서비스와 고객지원 등이다.

③ 차별화 제공변수의 파악

기업에게 가장 유리한 차별화를 제공해주는 변수를 파악한다. 차별화 변수를 선택할 때에는 다음의 세 가지 사항을 고려하여야 한다.

첫째, 경쟁기업보다 낮은 비용으로 높은 수준의 차별화를 꾀할 수 있는 방법은 무엇인가?

둘째, 차별화 우위를 갖기 위한 각 부문활동 간의 연관관계를 구축하고 관리할 수 있는가?

셋째, 차별화를 추구하는 경쟁우위요소가 얼마나 오래 지속될 수 있는가?

- 생활용품 업체 P&G는 소비자의 관점에서 마케팅활동 및 제품개발 능력을 차별화하기 위해 기업이 생산하는 제품을 각각 다른 브랜드 매니저에게 맡겨 그 브랜드 매니저가 제품의 생산, 판매 및 마케팅활동을 모두 책임지게 하는 '브랜드 매니지먼트 시스템'을 적극적으로 활용했다. 또한 P&G는 1988년 중국시장에 진출하면서 소비자 성향을 면밀히 파악하고 현지화를 고려한 제품 선정과 토속 상품화를 이용한 마케팅요소 차별화 전략에 투자를 아끼지 않았다. 원자재 100%를 중국산으로 사용함으로써 중국정부의 지원을 끌어냈고 광고 제작에 있어서 수묵화, 용, 중국여성 등 토착 광고재료를 이용함으로써 중국 소비자와의 친밀감을 끌어올리는 차별화를 통해 샴푸와 세제(Tide), 아기 귀저기(Pampers)를 비롯해 다양한 제품이 중국시장 점유율 1~2위를 차지하고 있다.

- 국내 쇼셜커머스 시장[5]에서 2010년 만해도 규모가 작은 온라인 업체에 머물렀던 쿠팡(Coupang, 2010년 창업)은 창업 5년 만에 연간 거래액 1조원을 넘기며 국내 소셜커머스 강자인 위메프와 티몬을 제치고 선두자리에 올라섰다. 쿠팡은 배송을 위탁업체에 맡기는 경쟁사와 달리 직접 배송인력(쿠팡맨) 고용, 택배차량 구입, 전국 단위 물류시스템 구축 등을 통한 '로켓배송시스템'으로 유통 차별화를 구현했다. 택배 서비스의 생명인 속도와 배송 만족도에 있어서 경쟁업체가 39%에 불과했지만 쿠팡은 99%의 높은 고객만족도를 통해 브랜드 인지도도 높여 나갈 수 있었다. 그리고 휴지, 여성용품, 기저귀 등과 같이 부피도 크고 자주 구매하는 제품을 '서브스크립션 커머스'(Subscription Commerce : 제품에 대해 신문과 잡지를 정기구독 하듯이 구매자가 정기 구독료나 가입비를 서비스업체에 지급하면 해당 업체가 상품을 알아서 선정해 정기적으로 배송해 주는 마케팅 시스템) 서비스를 통해 관리함으로써 고객의 편의성과 신뢰성을 높여 고객과의 관계를 강화해 나가고 있다.

- 국내 가구업체 일룸(iloom; 1983년에 창업한 사무용가구 전문업체 퍼시스가 1998년 설립)은 친환경적인 생산 및 제조와 다양한 마케팅을 통한 고객과의 소통 그리고 물류유통 차별화 전략을 통해 2015년 기준 매출 1천 315억 원을 돌파하며 국내 가구업체 10위권에 진입했다. 일룸은 소비자의 라이프스타일을 반영한 디자인 설계와 제품 개발을 위해 까다로운 내부 품질평가 및 사용성과 생산

---

5) SNS(Social Networking Service, 소셜네트워크서비스)를 활용한 전자상거래를 말한다. 오프라인 매장이 없는 소셜커머스는 2008년 미국 시카고에 있던 그루폰(Groupon)의 창업자 앤드류 메이슨(Andrew Mason)이 구매량이 일정 수준 충족되지 않으면 거래가 취소되는 사업 모델을 구상하면서 시작되었다. 그는 입주건물 1층에 있는 피자가게와 협상해 피자 2판을 1판 값에 판매한 것이 소셜커머스의 시발점이다. 그루폰의 설립자 메이슨은 점차 식당, 미용 등 선불쿠폰을 팔기 시작하면서 서비스 2년 만에 전세계 44개국에 진출하며 성장했다. 국내에도 많은 업체들이 경쟁을 펼치고 있으며, 특히 티켓몬스터(티몬 : 2014년 3월, 그루폰 글로벌이 인수), 쿠팡, 위메이크프라이스(위메프) 등을 중심으로 경쟁하고 있다.

성 검토, 그리고 품질점검 과정 등을 통해 차별화를 추구했다. 또한 환경유해물질을 완벽하게 차단하기 위해 가구의 주요 원자재로 사용되고 있는 PB(particlel board : 목재의 작은 조각을 성형 및 열압과정을 거쳐 만드는 판으로 가구 · 건축 · 포장용 등으로 쓰이는 주요 산업 원자재 중 하나) 대신 2005년부터 친환경자재 E1(대표적 유해물질인 포름알데히드의 방출량이 환경인증기준치인 1.5mg/L 이하)의 사용과 모든 노출면을 친환경적인 제품으로 마감하고 있다. 뿐만 아니라 본사가 직접 배달과 설치 서비스를 해 줌으로써 대리점의 무창고, 무재고 시스템을 실현시켜 대리점의 경쟁력을 강화해 나갔다.

(2) 차별화 전략과 가치사슬 분석

[그림 7-1]은 애플의 차별화 전략을 위한 가치사슬 구조와 아이팟의 차별화 전략을 가치사슬 활동과 연계해 분석한 자료이다.

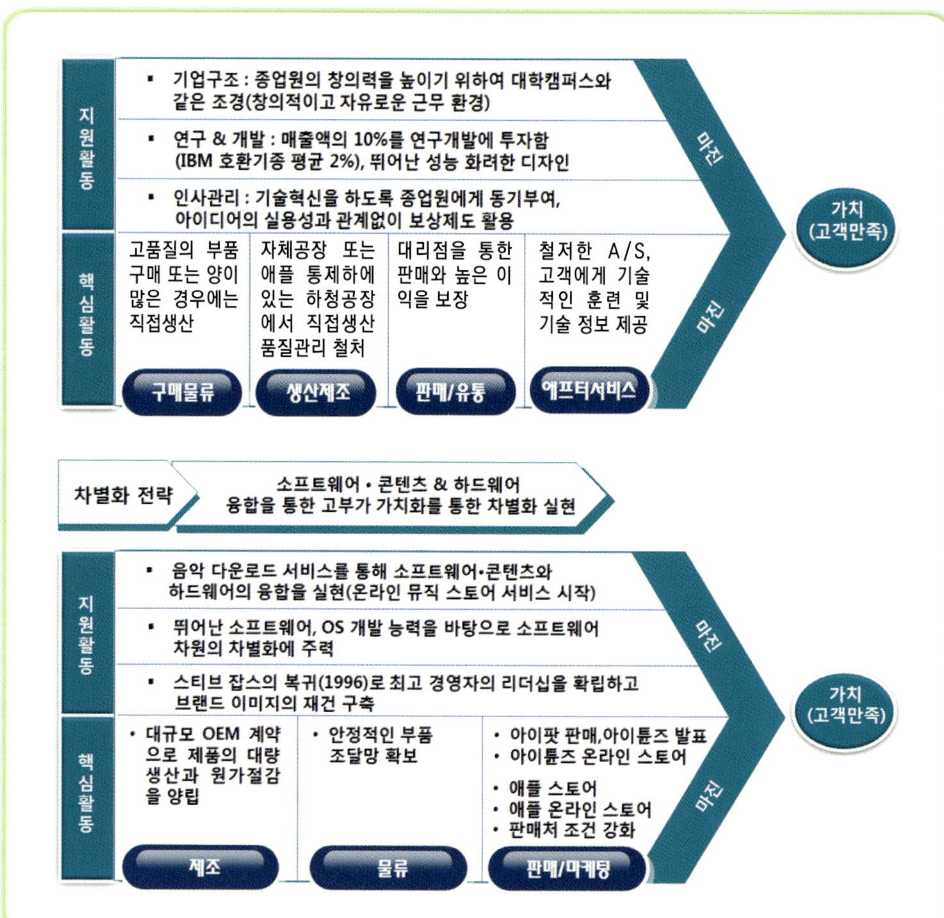

출처: 이기화 역, 『성공기업의 전략케이스 46』, 한스미디어, 2012, pp.168~170.

그림 7-1 가치 사슬을 이용한 애플의 차별화 전략

애플은 세계에서 가장 주목 받는 기업 중의 하나이다. 애플에서 출시된 대부분의 제품이 혁신을 통한 차별화의 표본이기 때문에 더욱 그렇다. 애플의 혁신은 1996년 스티브 잡스(Steve Jobs : 1955~2011)의 복귀에서 다시 재건되기 시작하였는데, 2001년 출시된 '아이팟'의 경우도 '아이튠즈 스토어'라는 기기와 융합된 콘텐츠 서비스에서 차별화의 우위를 찾을 수 있다. 즉 콘텐츠와 소프트웨어를 하드웨어와 융합해 차별화에 성공했다.

2000년 전후 휴대용 음악 플레이어 시장은 소니의 '워커맨'이 50% 이상을 장악하고 있었으나 2004년 이후엔 '아이튠즈 스토어'가 음악 다운로드 시장 1위를 차지하며 시장을 지배하였다. 시장이 역전된 가장 큰 이유는 소니는 저작권 보호를 위해 사용자들의 음악복제나 디지털 변환을 엄격히 제한했으나 애플은 CD를 디지털 파일(MP3)로 변환해 듣는 사용자가 증가하면서 제조업체와 소비자 니즈 사이의 간극을 활용해 기기와 음원 다운로드 서비스를 연동시켰다. 바로 이 점이 경쟁사가 모방할 수 없는 차별화된 비즈니스 모델인 것이다. 그 후 아이폰과 아이패드 등의 혁신으로 스마트폰이라는 새로운 차원의 제품을 통해 차별화에 성공했다.

제 2 절 집중화 전략

1 집중화 전략의 이해

1) 집중화 전략의 정의

(1) 집중화 전략이란

집중화 전략은 특정한 세분·부분시장에 집중적으로 차별적인 요소를 투입하는 전략을 의미한다. 이 전략은 세분화된 시장에 원가상의 우위로 경쟁하고자 하는 원가 집중화 전략과 특정 요소로 차별화를 꾀하는 차별적 집중화 전략으로 나누어진다.

원가 집중화 전략(cost-focus strategy)은 특정 구매자 그룹이나 지역적으로 특수한 지역의 틈새시장(niche)에서 낮은 가격으로 경쟁하는 경우를 말한다. 예를 들면 낮은 가격을 위해서는 낮은 원가구조를 형성해야 하는데, 직접비는 물론 간접비와 연구개발비 등을 최소화하고 틈새시장에만 마케팅을 집중함으로써 경쟁우위를 추구하는 방법이다. 이 전략을 쓰는 기업들은 전략적 목표시장에서 경쟁자보다 훨씬 효율적으로 더 낮은 원가우위를 제공할 수 있는 기업들이다.

차별적 집중화 전략(differentiation-focus strategy)은 특정 구매자 그룹, 제품라인, 지역시장 등의 틈새시장에 독특한 차별적 요소를 집중하는 것을 말한다. 예를 들면 스포츠카 전문생산기업, 건강식품만을 생산하는 기업들이 이 예에 속한다. 이 전략을 쓰는 기업들은 특정 시장에서의 독특한 고객의 욕구를 경쟁자들보다 더 빨리 파악하고 더 효과적으로 충족시켜줄 수 있는 기업들이다.

(2) 집중화 전략 수립 시 고려사항

집중화 전략을 추구하는 기업은 차별화 전략을 추구하는 기업과 직접적인 경쟁은 피하는 것이 좋다. 또한 집중화를 추구하는 기업은 우선적으로 세분화된 시장에서 확고한 위치를 확보하여 집중화 전략을 성공시킨 후, 점차적으로 다른 틈새시장을 공략해 차별화 전략을 추구해 나가는 것이 유리하다.

집중화 전략을 추구하는 기업이 고려해야 할 요소는 다음과 같다(보다 구체적인 내용은 원가우위 전략과 차별화 전략수립 시 고려해야 할 사항을 참고하기 바란다).

우선 집중화 전략을 추구하는 특정 시장을 정확하게 설정하는 것이 중요하며, 그 이외에도 시장에서 성공할 수 있는 차별적 요소가 무엇인지를 선택하여 가장 성공할 수 있는 방법을 선정하는 것이 중요하다.

◘ 강한 강소기업 히든챔피언의 공통적인 경영전략은 대부분의 자원과 역량을 한 가지 제품에만 집중한다. 이들은 세계가 인정하는 기술력으로 차별화를 추구하고 틈새시장을 개척해 나간다. 예컨대 연매출 1조가 넘는 파버카스텔(Faber-Castell, 독일, 1761년 창업)은 창업 이후 연필생산에만 집중해 디지털화되는 시대에서도 연간 20억 개 이상의 연필을 만들고 있다. 뿐만 아니라 해마다 2만 그루의 나무를 심어 소비량 이상의 나무를 키우고 있다.
가전업계 애플로 불리는 발뮤다(BALMUDA, 2003년 창업, 미국)는 다른 기업들이 사양산업으로 관심을 두지 않은 선풍기에 집중해 '그린팬시리즈' 등 히트 상품을 출시하며 전 세계 고객을 사로잡고 있다. 우리나라의 성주음향(1988년 창업)은 음향기기 한 분야(스피커)에 집중한 경쟁력으로 매년 1억 개 이상의 수출로 연 매출 1,000억원(2015년 기준)이 넘는다.
이 밖에 작은 공구상에서 출발해 창업 40여 년 만에 연매출 3,900억 원의 국내 대표 공구업체를 일군 크레텍(CRETEC, 1971년 창업)과 오토바이 헬멧에 집중해 세계 1위의 점유율을 차지하는 홍진크라운(HJC, 1971년 창업) 등 강소기업들은 제품 차별화를 통한 집중화 전략을 성공적으로 추진해 나가고 있다.[6)]

---

6) 전 세계에서 단일영역에 집중해 세계 시장을 선도하는 히든 챔피언[hidden champion : 독일 경제학자 헤르만 지몬(Hermann Simon)이 처음 사용]기업은 2012년 기준으로 2,734개인데, 이 중 독일(1,307개), 미국(336개), 일본(220개)이며, 한국은 23개이다. 히든 챔피언을 육성하기 위해서는 차별화를 위한 기술혁신이 절대적으로 필요하다.

2) 집중화 전략의 장점과 위험 요인

(1) 집중화 전략의 장점

집중화 전략으로 성공하고 있는 기업은 세분화된 시장을 독점하는 경우가 많다. 왜냐하면 원가우위 전략이나 차별화 전략은 전체시장을 대상으로 전략을 전개하지만, 집중화 전략은 세분화된 시장에서 경쟁우위와 이익을 확고히 할 수 있기 때문이다. 집중화 전략을 추구했을 때 얻는 장점을 원가우위 집중과 차별화 집중으로 나누어 정리하면 다음과 같다.

① 원가우위 집중화 전략의 장점

㉠ 경쟁자가 진입하여도 원가우위를 낮출 수 있는 자기만의 독특한 능력을 이용해 방어할 수 있다.

㉡ 구매자가 가격인하를 요구하는 경우에도 탄력적으로 대응할 수 있다.

㉢ 투입요소의 가격인상요구에도 대응력이 강하다.

㉣ 대체품이 출현하는 경우에도 경쟁자보다 유리하게 대처할 수 있다.

㉤ 원가를 낮출 수 있는 능력은 신규 진입자에게 높은 진입장벽의 역할을 할 수 있다.

② 차별적 집중화 전략의 장점

㉠ 경쟁자가 출현해도 특정의 차별적인 요소로 수월하게 대응할 수 있다.

㉡ 경쟁자가 가지지 못하는 차별적인 우위요소는 구매자의 교섭력을 약화시킬 수 있다.

㉢ 제품의 차별적 요소와 고객 충성도가 대체품의 출현에 대한 진입장벽 역할을 해준다.

(2) 집중화 전략의 위험요인

집중화 전략을 택하는 기업은 소량생산으로 인한 원가상승, 기술상의 변화, 소비자 기호의 변화 그리고 차별화 전략을 추구하는 기업의 경쟁강도 등과 같은 위험요인들에 주의를 기울여야 한다.

첫째, 집중화 전략이 갖는 위험은 표적시장에서 책정한 가격이 경쟁회사의 가격보다 지나치게 높은 경우이다. 소비자가 차별화된 가치에 추가적인 가격을 지불하지 않으면 집중화에 의한 차별화 전략은 유지될 수 없다.

둘째, 전체시장을 상대로 경쟁을 벌이는 기업들과 특정 세분시장을 대상으로 집중화를 추구하는 기업들 간의 가격차이가 지나치게 차이가 나면 경쟁우위가 무의미하게 될 수 있다. 그러나 집중화 전략을 추구하는 기업은 대량생산 기업에 비해 생산규모가 작기 때문에 단위당 생산원가가 상대적으로 상승할 수밖에 없다.

셋째, 전략적으로 선택한 세분시장과 전체시장에서 요구하는 경쟁우위요소의 차이가 별로 없으면 시장을 세분화한 것 자체가 의미가 없다.

넷째, 경쟁기업들이 틈새시장 안의 보다 세분화된 단위의 목표시장을 설정 · 공략함으로써 집중화 기업을 압도하는 전략을 추구할 수 있다. 예를 들어 차별화 전략을 사용하는 기업들이 집중화 기업의 소비자들을 더 만족시킬 수 있는 제품을 공급할 경우 집중화 전략을 추구하는 기업은 치명적으로 불리할 수 있다.

❷ 집중화 전략의 적용

집중화를 추구하는 기업은 대부분 규모가 작은 경우가 많기 때문에 차별적인 역량을 확실하게 보유하고 있어야 외부의 위협에 대처하기 용이하다. 뿐만 아니라 전체시장이나 여러 시장을 한꺼번에 노리는 기업들은 특정 고객에 집중하기 어렵기 때문에 집중화 전략을 추구하는 기업에 비해 경쟁력이 떨어질 확률이 많다. 이러한 예를 마이클 포터의 5가지 경쟁요인과 결합하여 살펴본 특징은 다음과 같다.

첫째, 소비자의 욕구가 변할 때 차별적인 역량으로 신속하게 대응할 수 있다면 경쟁에서 유리한 위치를 차지하게 한다.

둘째, 틈새시장을 집중적으로 관리하면서 생기는 차별적 역량으로 생긴 소비자의 충성도는 시장에서의 경쟁우위를 지속시켜주기 때문에 신규 진입자가 시장에 진출하는 것을 막아준다.

셋째, 신규 진입자가 진입에 성공해도 차별화 전략에서와 마찬가지로 선발기업이 갖는 프리미엄이 작용해 일정기간 평균 수익률을 올리게 된다.

넷째, 집중화 전략을 추구하는 기업은 대부분 규모가 작기 때문에 공급자의 위협에 다소 불리한 위치에 서게 되는 경우가 많지만 이때에도 차별적인 역량을 통해 제품이나 서비스의 가격을 인상할 수 있다면 공급자의 납품단가 요구에 대한 부담을 소비자에게 전가시켜 해결할 수 있다.

다섯째, 구매자의 강력한 위협에도 대처할 수 있는 능력이 있다. 차별적인 역량이 클수록 소비자 충성도가 커지기 때문에 구매자는 경쟁사로 이동하는 것을 꺼린다.

여섯째, 자사제품에 대한 고객 충성도가 높기 때문에 대체재의 출현에도 경쟁력을 유지할 수 있다. 이러한 고객충성도는 경쟁시장에 진입하는 신규기업에게 진입장벽의 역할을 한다.

집중화 전략은 전체시장에서 비용우위나 차별화를 할 만한 능력을 가지지 못한 기업들이 한정된 세분시장에서 상대적으로 원가우위나 차별화를 달성해서 평균 이상의 수익을 올릴 수 있는 전략으로서, 집중화 전략을 성공적으로 수행하기 위한 조건은 원가우위 전략이나 차별화 전략을 수행하기 위한 조건들과 거의 동일하다. 즉 원가 집중화 전략을 추구하는 경우에는 앞의 원가우위 전략을 추구하기 위한 자원과 기술상의 요인 및 조직상의 요인들을 잘 활용해야 한다. 차별적 집중화 전략을 추구하는 경우에도 차별화 전략을 추구하기 위해 요구되는 자원과 기술상의 요인 및 조직상의 요인들을 특정한 전략목표에 집중시켜야 한다.

마이클 포터(M.E. Porter)가 제시한 세 가지의 본원적 경쟁전략의 특징과 산업 내에서 어떻게 경쟁할 것인가를 결정하는 요소를 비교하면 〈표 7-4〉와 같다.

표 7-4. 경쟁전략의 특징과 의사결정 요인

경쟁전략 / 결정요소	원가우위 전략	차별화 전략	집중화 전략
제품차별화	• 낮다	• 높다	• 낮거나 높다
시장세분화	• 낮다	• 높다	• 낮다
차별역량	• 제조, 자재관리, 인건비	• 연구개발, 판매, 마케팅, 서비스	• 모두 가능
경쟁 수단	• 원가우위 • 규모의 경제	• 차별화 • 상표 충성도	• 소비자 충성도

제 IV 부 성장 전략

전략경영 2020

제 I 부 전략의 이해

제1장 경영전략의 기초

1) 전략의 기초 개념
2) 경영전략의 수준과 유형
3) 경영전략의 수립절차 이해

제2장 경영전략사

1) 전략적 사고의 변화
2) 경영전략의 학문적 발전 과정

제 II 부 전략적 경영환경 분석

제3장 경영이념과 경영자의 역할

1) 경영이념과 경영목표
2) 기업의 사회적 책임 및 윤리경영
3) 이사회와 기업지배구조

제4장 외부환경 분석

1) 외부환경 분석과 산업분석
2) 산업환경 분석
3) 거시환경 분석

제5장 내부환경 분석

1) 내부상황의 분석요소
2) 자원기반 관점의 VRIO 모형
3) 가치사슬 분석
4) SWOT 분석
5) 7-S 모델 분석

제 III 부 전략의 선택

제6장 원가우위 전략

1) 경쟁우위와 경쟁전략
2) 원가우위 전략

제7장 차별화 전략

1) 차별화 전략의 이해
2) 집중화 전략

제 IV 부 성장 전략

제8장 수직적 통합과 다각화 전략

1) 수직적 통합 전략
2) 다각화 전략

제9장 전략적 제휴와 인수·합병

1) 전략적 제휴
2) 인수 · 합병

제10장 세계화 전략

1) 세계화 전략의 이해
2) 세계화 진입방법과 단계 결정
3) 세계화 전략 모델

전략경영 2020 전략의 이해 및 프로세스

전략이해

제 I 부 전략의 이해

1장 경영전략의 기초
1. 전략의 기초 개념
2. 경영전략의 수준과 유형
3. 경영전략의 수립절차 이해

2장 경영전략사
1. 전략적 사고의 변화
2. 경영전략의 학문적 발전 과정

제Ⅱ부 전략적 경영환경 분석

3장 경영이념과 경영자의 역할
1. 경영이념과 경영목표
2. 기업의 사회적 책임 및 윤리경영
3. 이사회와 기업지배구조

4장 외부환경 분석
1. 외부환경 분석과 산업분석
2. 산업환경 분석
3. 거시환경 분석

5장 내부환경 분석
1. 내부상황의 분석요소
2. 자원기반 관점의 VRIO 모형
3. 가치사슬 분석
4. SWOT 분석
5. 7-S 모델 분석

제Ⅲ부 전략의 선택

6장 원가우위 전략
1. 경쟁우위와 경쟁전략
2. 원가우위 전략

7장 차별화 전략
1. 차별화 전략의 이해
2. 집중화 전략

제Ⅳ부 성장 전략

8장 수직적 통합과 다각화 전략
1. 수직적 통합 전략
2. 다각화 전략

9장 전략적 제휴와 인수·합병
1. 전략적 제휴
2. 인수 · 합병

10장 세계화 전략
1. 세계화 전략 이해
2. 세계화 진입방법과 단계 결정
3. 세계화 전략 모델

전략기법

앤소프 다각화 경영; 챈들러 전략과 조직; SWOT 분석; TOWS 전략	1950년대~1960년대	전략의 태동
BCG 경험곡선; BCG Matrix (PPM); GE Matrix	1970년대	포지셔닝파
5 Forces 모델; 본원적 경쟁전략 (원가우위 & 차별화); 가치사슬(Value Chain)	1980년대	포지셔닝파
맥킨지 7-S 모델; Reengineering; 핵심역량; SECI Model; VRIO 모형 (Resource Based View)	1990년대	케이퍼빌러티파
Configuration 전략; Blue Ocean 전략; Balanced Scorecard	2000년대	컨피규레이션파
파괴적 이노베이션; 리버스 이노베이션; 적응전략; Long Tail Theory; Platform Strategy	2010년대	혁신과 네트워크

프로세스

1. **경영이념과 목표** — 미션·비전·핵심가치, 경영 목표 수립
2. **경영환경 분석** — 외부환경 분석, 내부환경 분석
3. **전략의 선택** — 원가우위 전략, 차별화 전략
4. **성장 전략** — 수직적 통합·다각화, 전략적 제휴·인수합병
5. **전략의 실행·통제** — 전략의 실행, 통제 및 평가

제Ⅳ부 성장 전략

제 8 장 수직적 통합과 다각화 전략
제 9 장 전략적 제휴와 인수 · 합병
제10장 세계화 전략

시장의 규모가 커지면서 기업이 여러 시장이나 산업 군에서 경쟁우위를 확보하는 전략적 선택으로 수직적 통합전략과 다각화 전략 등의 '성장전략'을 제Ⅳ부에서 소개하고자 한다.

기업이 장기적으로 이익을 창출하고 성장 · 발전하기 위해서는 기업이 활동할 사업의 영역을 결정하는 문제는 매우 중요하다. 그러므로 제Ⅳ부 '성장전략'은 기업이 성장을 위해 어떤 사업을 왜 해야 하는가에 대한 질문에 대해 답을 찾는 과정이다.

복수의 사업을 동시에 운영하면서 경쟁우위를 확보할 수 있는 방법을 파악하는 전사적 수준의 전략을 실행하기 위하여 다음과 같은 내용을 다룬다. 먼저 수직적 통합전략을 통해 전략적 의사결정자가 기업이 단일사업을 운영할 것인지 복수의 사업을 운영할 것인가를 결정하고, 기존 사업부를 중심으로 어떤 사업영역에 참여하여 장기적으로 이익을 창출할 것인가를 결정하는 다각화 전략을 다루고자 한다.

마지막으로 이러한 전략을 어떻게 실행할 것인가에 대한 방법으로 전략적 제휴나 인수 · 합병을 살펴본다. 그리고 기업들은 수직적 통합, 다각화, 전략적 제휴, 인수 · 합병을 국경을 초월해서 추구할 수 있는데, 신시장 개척과 생산비 절감 등의 이유로 해외시장을 개척해 성장목표를 달성하는 세계화 전략을 설명하고자 한다.

제8장 수직적 통합과 다각화 전략

기업의 경영활동은 경쟁우위요소를 기반으로 성장을 하는 것이기 때문에 의사결정자는 경쟁우위를 장기적으로 지속시키기 위해 개별사업에 집중할 것인지 새로운 시장(고객)을 개척해 사업을 다양화할 것인지를 전략적으로 고민하게 된다. 이때 기업이 주로 선택하는 전략은 수직적 통합 전략, 다각화 전략 그리고 세계화 전략이다.

제8장 수직적 통합과 다각화 전략에서는 기존사업을 중심으로 전방·후방의 가치사슬을 어느 범위까지 통제하고 관리할 것인가를 결정하는 수직적 통합 전략을 다룬다. 또한 기업을 어떤 방향으로 이끌고 나갈 것인지와 함께 기존사업과의 시너지 효과를 창출하기 위한 다각화 전략에 대해 살펴본 후 기업의 성장과 발전 단계를 살펴보고, 수직적 통합의 개념과 목적 그리고 통합의 종류와 전략적으로 어떻게 활용할 것인지에 대해 살펴보고자 한다. 아울러 다각화의 개념과 등장배경을 이해하고 다각화 전략을 성공적으로 수행하기 위해 고려해야 할 사항과 활용방법을 소개한다.

제1절 수직적 통합 전략

1 기업의 발전과 성장전략

1) 기업의 성장 및 발전 단계

전략적 사고의 흐름에서 볼 때 기업의 발전단계는 [그림 8-1][1]과 같이 크게 3단계의 과정을 거쳐 성장해 나간다.

첫 번째 단계는 단일국가 산업 내에서 단일사업에 집중하여 기업활동을 전개해 나가는 과정이다. 이때 전략적 의사결정자는 핵심사업에 집중하면서 경쟁우위를 확보한다.

두 번째 단계는 기업의 핵심사업 부문의 경쟁력을 보다 강화하기 위하여 기존사업을 중심으로 원재료 공급에서 유통 및 소매까지 양 방향으로 사업을 확장해 나가는 수직적 통합 전략을 추구하거나 해외시장으로의 진출을 모색하게 된다. 이 단계에서 기업은 수직적 통합을 통해 생산성 및 효율의 극대화와 규모의 경제효과, 관련기술의 활용 등 다양한 장점을 누릴 수 있다. 그러나 이러한 시도들은 비용 증대와 조직의 비대화로 인한 관료화 등의 문제점이 발생할 수 있다.

세 번째 단계는 기업 내부의 초과자원을 새로운 사업분야에 투자하는 다각화 전략을 모색하게 된다. 다각화 전략은 기존사업과 관련성이 있는 분야로 진출하는 관련 다각화와 기존사업과는 전혀 관련이 없는 분야의 비관련 사업으로 영역을 확대해 나가는 방식이 있다. 기업은 다각화를 통해 내부 자본시장, 사업의 재구축, 기술 및 시너지 효과 창출 등의 새로운 가치를 창출하게 되지만 지나치게 무리한 다각화 전략은 실패로 돌아갈 가능성이 크기 때문에 신규사업에 대한 매력도와 다각화에 필요한 비용 등을 꼼꼼히 챙겨야 한다.

기업의 성장 및 발전 단계에서 수직적 통합 전략과 다각화 전략은 장기적으로 이익을 극대화하기 위한 전사적 차원의 전략적 선택이다. 이러한 전략의 실행은 대부분 전략적 제휴나 기업 인수·합병을 통해 이루어진다.

---

1) G.R. Jones and Charles W. L. Hill, "A Transaction Cost Analysis of Strategy and Structure Choice", 『*Strategic Management Journal*』, 9, 1989, p.202.

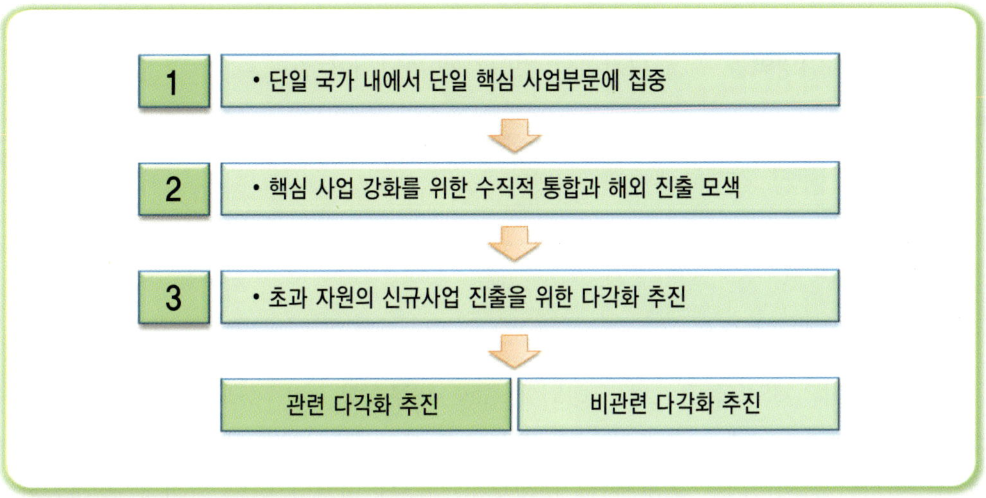

그림 8-1 기업의 성장과 발전 단계

2) 단계별 사업의 특징 및 한계

대부분의 기업은 창업 후 단일사업 영역에서 경쟁력을 확보하는 방법으로 사업의 규모를 확장하면서 성장과 발전을 추구해 나간다. 특히 기업의 성장과정 초기에는 하나의 사업부문에만 집중하면서 경쟁력을 키워 나가는 전략을 선택하게 되는데, 단일사업은 기업이 보유한 자원을 한 곳에 집중할 수 있어 여러 사업에 기업의 자원과 능력을 분산하는 것보다 경쟁력을 효과적으로 발휘할 수 있다. 또한 장기간 한 가지 사업분야에서 축적된 노하우나 기술력 등으로 경쟁력을 강화해 나갈 수 있다.

그러나 단일사업에 기업의 모든 역량을 집중하는 것이 반드시 장점만 있는 것은 아니다. 오히려 모든 역량이 한 곳에 집중되기 때문에 환경변화에 유연히 대처하기 어려운 상황에 빠질 수도 있다. 예컨대 해당산업의 성장률 저하, 수요의 급감 및 더욱 강력한 경쟁사나 대체재의 등장으로 산업 매력도가 떨어지게 되면 수익률 창출은 물론 성장을 기대하기 어려워진다.

따라서 대부분의 기업들은 급변하는 환경과 치열한 경쟁구조에서 생존하기 위해 핵심사업을 중심으로 다양한 전략을 모색하게 된다. 예를 들면 내수시장이 성숙기나 포화상태에 도달하면 해외시장으로 진출하는 세계화도 모색하며, 새로운 가치창출을 위한 관련·비관련 분야로 다각화를 시도하게 된다.

기업의 최종목표는 장기적으로 이익을 창출하고 존속·발전하는 것이다. 이러한 목표를 달성하기 위해서 기업이 자신의 핵심 사업영역과 관련하여 단일사업에 집중할 것인지, 아니면 수직적 통합이나 세계화를 통해 역량을 더욱 공고히 할 것이지 또는 새로운 사업분야로 사업영역을 펼쳐 다각화할 것인지를 판단해야 한다.

2 수직적 통합 전략

1) 수직적 통합의 개념과 종류

(1) 수직적 통합의 의의

기업의 조직은 갈수록 규모가 확대되고, 고도로 분업화 · 전문화되어 가고 있다. 이러한 추세는 기업의 전체 유효성을 더욱 강조하게 한다. 과거의 조직이 규모를 중시하고 중앙집권적인 관리형태를 취한 것과 비교하면 상당한 변화가 있는 것인데, 현대기업의 특징 중 하나가 조립산업이기 때문에 분업의 개념은 갈수록 강조되고 있다. 이렇게 분업화될수록 통합의 필요성이 요구되기 때문에 통합은 분업과 짝을 이루는 중요한 개념이다.

통합이란 조직의 과업을 수행하는 과정에서 상이한 여러 하위 시스템이 최적의 결합을 통하여 조직 전체의 유효성을 높이는 것을 의미하는데, 이러한 통합이 수직적인 관계로 이루어질 때 이를 수직적 통합(vertical integration)이라고 한다.

수직적 통합에 대한 정의는 여러 가지로 내릴 수 있는데, 경제적 처리과정(economic process)이 단일회사의 영역 내에서 결합되는 것, 둘 또는 그 이상의 생산 · 유통 단계를 단일 소유권 하에 결합시키는 것, 생산 · 유통 · 판매 및 기타의 경제적 과정들이 단일기업 내에서 조합할 때 등이다.

이 같은 개념에서 수직적 통합을 “전체 시스템의 목표를 효율적으로 달성하기 위하여 조달 · 생산 · 유통의 단계 또는 기능을 단일 소유권 하에 결합시키는 것”으로 정의할 수 있다.

(2) 수직적 통합의 목적

기업이 수직적 통합을 전략적으로 많이 사용하기 시작한 시점은 19세기부터이다. 당시 기업들은 규모의 경제를 달성하기 위해 수직적 통합을 많이 이용하였고, 20세기 중반에는 핵심사업의 경쟁력 강화를 위해 주요 부품이나 필수 원재료와 같은 투입물의 안정적인 공급을 확보하기 위해 수직적 통합을 주로 이용했으며, 유통비용이나 총 비용의 원가를 줄이기 위해 활용하기도 했다. 20세기 이후 기업들의 경쟁이 심화되면서 수직적 통합은 기업의 핵심 경쟁력 강화를 위한 전략으로 활용되기도 하였다.

기업들이 수직적 통합을 행하는 목적을 크게 두 가지로 나누어 정리할 수 있다.

첫째, 경쟁우위를 차지하기 위한 핵심사업(core business)의 강화와 보호이다. 즉 수직적 통합을 통해 투입물과 산출물의 유통에 대한 통제를 높일 수 있으며, 특히 투입물의 안정적인 조달과 핵심기술의 유출방지를 통하여 핵심사업을 강화시킬 수 있다.

둘째, 규모의 경제를 통해 거래비용을 줄이는 동시에 가치사슬 내에서 핵심능력의 높은 통제력을 확보하는 효과를 얻을 수 있다.

예를 들어 모든 부품을 외부의 독립적인 부품 제조업체에서 조달하던 자동차 조립회사가 직접 부품 생산공장을 설립해 조달하거나 혹은 부품 생산업체를 인수하여 조달받는 경우이다. 그 이유는 외부로부터 조달받는 부품업체의 공급교섭력이 강해지면 가격인상을 요구하게 되는데 납품단가에 대한 협상이 원활하게 진행이 되지 않으면 원가는 물론 품질에도 영향을 미치기 때문이다.

실제 미국 자동차회사 빅3의 하나인 크라이슬러는 자동차의 엔진 부품에 대한 중요성을 인식하지 못하고 엔진 제작을 일본의 미쯔비시(三菱財閥)와 한국의 현대자동차에 의존했었다. 크라이슬러는 핵심사업을 외부로부터 조달받는 방법을 활용하였으나 시간이 흐르면서 하청업체는 기술력이 향상되었을 뿐만 아니라 산업 내에서 강력한 경쟁자로 등장하게 되었다.

(3) 수직적 통합의 형태

수직적 통합을 통해 기업활동을 조합하는 방식은 [그림 8-2]와 같이 크게 두 가지로

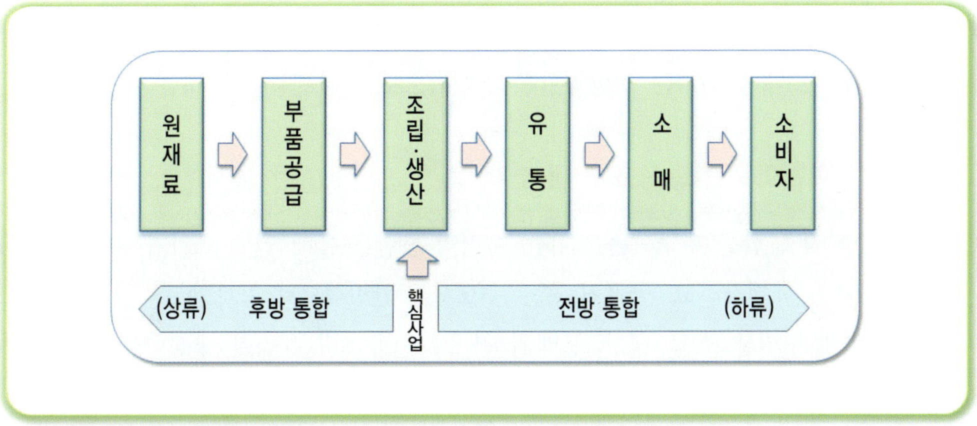

그림 8-2 원재료에서 최종 소비까지 흐름과 수직적 통합

나눈다. 먼저 가치사슬 안에서 기업의 활동범위를 부품 등 공급의 원천인 후방으로 확장하는 후방통합(backward integration 혹은 upstream integration : 후방계열화)과 구매자나 시장방향인 판매 · 유통의 전방으로 확장하는 전방통합(forward integration 혹은 downstream integration : 전방계열화)이 있다.

수직적 통합의 또 다른 형태는 완전통합(full integration : 완전 계열화)과 부분통합(partial integration : 부분 계열화)이 있다. 원자재에서부터 완제품이 최종 소비자의 손에 전달될 때까지의 모든 과정을 통합하는 것이 완전통합이며, 그 과정 중 일부 단계만을 통합하는 것이 부분통합이다. 완전통합은 기업이 공급자와 유통업자의 가치사슬을 모두 자사의 가치사슬에 편입시키는 경우이며, 부분통합은 전방과 후방의 통합 중 핵심사업을 중심으로 필요한 범위만큼만 통합을 시도하는 것을 말한다.

그림 8-3 석유산업의 완전 수직적 통합

수직적 통합의 대표적인 예는 [그림 8-3]의 석유산업에서 흔히 찾아 볼 수 있는데, 석유정제회사는 자신들의 핵심사업인 석유정제를 중심으로 탐사와 석유채굴 등의 후방통합과 도매, 유통, 소매에 이르는 전방통합을 실현함으로써 완전통합을 하는 경우가 많다.

2) 수직적 통합의 장 · 단점과 오해

기업이 수직적 통합을 추구하는 이유는 수직적 통합을 통해 얻는 효과가 크기 때문이다. 즉 거래비용을 절감하고, 공급처 혹은 수요처를 안정적으로 확보할 수 있으며, 규모의 경제를 통해 투입물 조달, 생산, 분배의 연계로부터 보다 유리한 경쟁력을 창출할 수 있다는 등의 이유 때문이다.

그러나 수직적 통합이 반드시 장점만 있는 것은 아니다. [그림 8-4]와 같이 수직적 통합으로 인해 경영환경변화에 대응하는 유연성이 떨어지거나 무리한 통합비용 부담과 관리비용 증가로 효율적인 운영이 이루어지지 않아 경쟁력을 잃어버릴 수도 있다.

그러므로 수직적 통합이 효과를 거두려면 통합과 관련된 투자비용을 상쇄할 만한 충분한 원가절감 요인을 창출하거나 통합으로 경쟁우위를 창출할 수 있어야 한다.

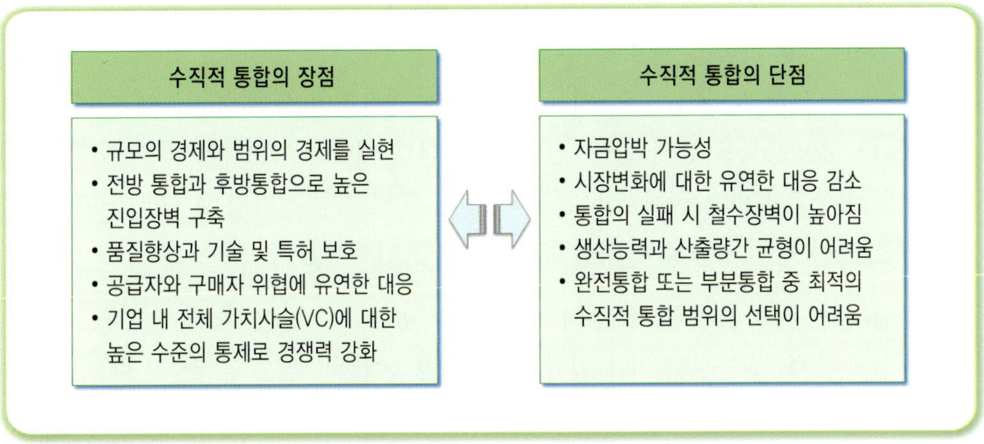

그림 8-4 수직적 통합의 장점과 단점

(1) 수직적 통합의 장점

수직적 통합을 함으로써 기대할 수 있는 장점은 다음과 같다.

① 규모의 경제와 효율적인 관리를 실현할 수 있다.

수직적 통합을 통해 규모의 경제와 범위의 경제를 실현할 수 있기 때문에 생산원가뿐만 아니라 거래비용 및 총 비용을 감소시킬 수 있다. 특히 후방통합의 경우, 필요한 원재료 · 부품의 공급 시기, 수량 등을 직접 통제할 수 있기 때문에 효율적인 관리가 가능하며, 불필요한 재고를 줄일 수 있기 때문에 재고관리 비용이 감소하고, 생산의 모든 공정을 계획에 맞춰 관리할 수 있다.

예를 들어 대부분의 제조기업은 재고자산비용이 전체 매출에서 차지하는 비중이 높아 많은 고민을 하는데, 수직적 통합을 활용한다면 재고비용절감 효과가 크며, 부품의 공급 및 유통과정에서 중간업자의 마진과 유통업자의 이윤 등과 같은 시장비용(market costs)을 절감할 수 있다.

② 전방 · 후방통합으로 진입장벽을 높일 수 있다.

수직적 통합으로 전방과 후방의 안정된 가치사슬 관계를 확보하면 새로운 경쟁자의 진입에 효율적으로 대처할 수 있다. 신규 진입자의 경우 규모의 경제나 높은 수준의 수직적 통합을 구축하지 못한 경우가 많기 때문에 원재료나 부품을 공급받을 때 수직적 통합을 실현한 기업에 비해 비싼 가격을 지불해야 하므로 원가경쟁에서 뒤처지게 된다. 그러므로 수직적 통합을 통한 원가우위 가치는 그 자체로 진입장벽이 된다.

③ 품질향상 및 기술을 보호할 수 있다.

후방통합을 통해 원료・부품의 품질에 대한 효율적인 통제가 가능해 진다. 뿐만 아니라 전방통합을 통해 물류 및 유통업체나 판매망을 확보하기 때문에 고객에게 보다 향상된 서비스를 제공할 수 있게 된다. 특히 기업은 자체 보유한 특허나 기술력을 통제 하에 둠으로써 차별화된 경쟁력을 강화시킬 수 있다.

④ 공급자와 구매자 위협으로부터 벗어날 수 있다.

기업에서 제공받는 부품이나 원재료가 핵심부품이거나 필수 공급품일 때는 공급자의 교섭력이 상대적으로 커질 수밖에 없다. 그러나 전방 및 후방통합을 한다면 공급자와 구매자의 교섭력에서 자유로워질 수 있다.

⑤ 전체 가치사슬에 대한 높은 수준의 통제가 가능해진다.

수직적 통합은 전방・후방통합으로 안정적인 공급 및 수요의 가치사슬을 확보할 수 있기 때문에 원재료 및 부품의 투입물과 산출물의 유통에 대한 통제를 높이고 필수 투입물의 안정적인 조달을 확보할 수 있다.

(2) 수직적 통합의 단점

① 수직적 통합에 필요한 자금의 규모가 크면 경제적으로 부담이 될 수 있다.

기업이 무리하게 수직적 통합을 실시하면 필요한 자본의 규모가 커지고 결국 다른 사업의 투자기회를 상실하게 되므로 기회비용이 발생할 수 있다.

특히 후방통합을 할 때 통합화된 부품제조 업체가 다른 경쟁사에 비해 기술력과 생산성이 떨어진다면 생산비용이 오히려 상승하여 전체 품질에 영향을 미치기 때문에 오히려 경쟁력이 하락하는 부작용을 초래할 수 있다. 특히 경쟁사가 전문생산업체인 경우는 그 위험성이 더 커진다.

수직적 통합은 결국 원재료와 부품 그리고 유통을 "직접 생산할 것인가 아니면 외주를 줄 것인가(make or buy)"에 대한 결정이 중요하다. 따라서 수직적 통합은 단순히 비용절감 계획차원에서만 접근한다면 실패할 가능성이 크다.

수직적 통합을 시도하는 기업의 차원에서는 엄청난 투자를 해야 하고, 특정 영역 내에서 전방 · 후방통합을 통해 효과를 극대화시켜야 하기 때문에 그 판단은 매우 신중해야 한다.

② 시장 환경변화에 신속하게 대처할 수 없게 된다.

수직적 통합에서 가장 우려되는 것은 유연성이 떨어질 수 있다는 점이다. 수직적 통합이 효과를 보기 위해서는 생산량이 안정적으로 확보되어야 하며 원활한 가치사슬 활동의 통제도 가능해야 한다.

특히 자사의 핵심사업이 경쟁도 치열하고 제품수명주기도 짧아 신속한 개발과 빠른 시장대응이 요구된다면 수직적 통합은 오히려 장애가 될 수 있다. 즉 수직적 통합 정도가 높을수록 외부변화에 대한 대응력은 떨어지게 될 수 있다.

예를 들어 컴퓨터가 대중화되기 이전 '기록의 역사'에서 빼놓을 수 없는 스미스 코로나(Smith Corona, 1886년 창업, 미국)[2)]는 '세계 최초'라는 타이틀을 갖고, 100년간 세계 제일의 타자기 업체로 군림해 왔다. 그러나 1995년 미국 델라웨어 법원에 파산보호 신청을 끝으로 시장에서 사라졌다. 이 회사는 과거의 화려한 성공과 계열화로 구축한 대규모의 기존사업에 안주한 결과 컴퓨터와 IT산업의 변화에 대응하지 못했다.

현대자동차도 수직적 통합을 완성시키기 위해 많은 자본을 투자하였으나 향후 전기 자동차와 친환경 자동차시장이 성장할 경우 후방통합으로 구축한 부품관련 사업이 오히려 기동력을 떨어뜨리고 궁극적으로 경쟁력을 발휘하지 못할 수도 있다.

③ 통합이 실패로 돌아갔을 때 철수장벽이 높아진다.

경쟁력이 없는 사업의 대폭적인 조정이 필요할 때는 비대해진 조직 때문에 철수장벽(exit barrier)이 높아지게 된다. 뿐만 아니라 수직적 통합 시 발생한 투자비용으로 고정비가 증가하고 융통성이 떨어지기 때문에 높은 철수장벽을 갖게 된다.

④ 생산량과 산출량의 균형을 맞추기 어렵다.

기업은 핵심사업을 중심으로 생산규모를 계획성 있게 관리해야 한다. 이를 위해서는 전방 및 후방 통합의 대상과 통합을 주도하는 기업 간의 수요량과 산출량이 적

---

2) 1906년 세계 최초로 휴대용 타자기 개발, 1957년 전자타자기 개발, 1960년 전자사전 및 개인용 워드프로세서 개발, 1989년 세계 최초로 휴대용 워드프로세서를 개발한 회사이다.

정하게 유지되어야 하지만 통합대상 기업의 능력 간 차이가 발생할 경우 전체 생산계획에 차질을 빚게 된다.

또한 지속적인 사업확장으로 인해 규모의 경제를 실현했을지라도 경기하락이나 경쟁사와의 경쟁력에서 뒤처질 경우 향후 판매부진에 시달리면 전체 사업 가치사슬에 부정적인 영향을 미치게 된다. 예컨대 완제품의 판매부진은 부품업체의 생산계획 및 실적에 영향을 주기 때문에 피해규모가 커지게 된다.

⑤ 최적의 수직적 통합의 단계를 선택하기 어렵다.

수직적 통합의 폭을 어느 단계까지 실행해야 하느냐는 쉬운 문제가 아니다. 가치사슬에 존재하는 단계들 중 어느 단계가 핵심사업에 어떤 영향을 미치게 되며, 어느 선까지 통합하는 것이 최적인가를 판단하기가 어렵다. 왜냐하면 수직적 통합으로 인해 기업의 활동범위가 넓어지게 되면 그만큼 더 많은 위험요소에 노출될 수 있기 때문이다.

특히 기술발전의 속도가 빠르고 변화가 심한 첨단산업에서 높은 수준의 통합은 전체 가치사슬에 악영향을 미치기 때문에 심사숙고해서 통합의 범위를 결정해야 한다.

(3) 수직적 통합에 대한 오해

수직적 통합은 기업에게 성장의 기회로 작용될 수 있지만 위협이 될 수도 있기 때문에 통합의 범위를 어느 수준까지 할 것인지?, 기업의 장기적인 목표와 전략에 부합하는지?, 통합으로 인해 기업의 경쟁위치가 약화되지는 않는지? 등을 면밀히 분석하여야 한다.

다시 말해서 수직적 통합에 대해 갖는 막연한 기대감으로 수직적 통합을 추진해서는 안 되며 특히 다음과 같은 내용을 심사숙고하여야 한다.

첫째, 수직적 통합이 기업의 경쟁우위를 지속시킬 수 있다는 막연한 기대감을 버려야 한다.

둘째, 수직적 통합은 항상 원가우위에 유리하다는 기대감을 버려야 한다.

셋째, 통합의 대상이 되는 가치사슬(value chain)의 유리함이 전체 가치사슬에도 유지가 될 것이라는 기대감과 수직적 통합이 비용절감과 수익성 확보를 모두 충족시킬 것이라는 기대감을 버려야 한다.

3) 수직적 통합 전략과 지속적인 경쟁우위

(1) 수직적 통합 전략과 지속적인 경쟁의 원천

기업이 경쟁력을 높이기 위해 행하는 수직적 통합은 어떤 형태이든 경쟁우위를 실현하는 것이 중요하며, 무작정 수직적 통합으로 규모를 확대하려고 해서는 안 된다. 왜냐하면 수직적 통합이 잘못되었을 때는 오히려 경쟁력을 잃어버릴 수 있기 때문이다. 그렇기 때문에 기업에 따라서는 수직적 통합의 결과가 독이 될 수도 있고 약이 될 수도 있다.

＊ 현대자동차의 수직적 통합

현대자동차는 자동차업체 중 최초로 수직적 통합을 완성하여, 원료에서부터 최종제품에 이르기까지의 전 과정에서 원가경쟁력을 강화하여 수익성을 확보할 수 있는 가치사슬 구조를 확보했다. 즉 자동차회사로서는 세계에서 첫 번째로 현대제철→현대 하이스코→현대·기아차로 이어지는 수직적 통합을 완성했다. 그러나 제철소 확보를 통한 수직적 통합의 완성을 위해 투입된 재무적 부담과 기업역량이 분산됨으로써 자칫 향후 자동차산업 변화에 대한 대응력이 약화될 것이라는 우려도 있다. 많은 세계적인 컨설팅회사들은 수직적 통합이 1970~1980년대와 같은 고도성장기의 대량생산체제에서는 효과가 매우 컸으나 최근과 같은 저성장과 전기차·자율주행차의 출현으로 미래가 불확실한 경우는 약점이 될 수 있다고 예측하였다.

수직적 통합이 성공하기 위해서는 기업이 확보하고 있는 가치사슬의 역량을 창출하는 것이 중요하고, 후방통합과 전방통합으로 기업의 가치사슬이 효율적으로 운영되도록 관리해야 한다. 이를 위해서 기업의 가치사슬은 전략적으로 수직적 통합의 범위를 신중하게 결정하여야 한다. 왜냐하면 통합범위는 기업이 보유한 핵심역량이 가치사슬과 연계해 가치와 희소성을 창출할 수 있고 궁극적으로 경쟁우위를 유지시켜 주기 때문이다.

① 수직적 통합 전략과 가치사슬

수직적 통합 전략이 경쟁우위를 지속시키는 원천이 되기 위해서는 다음 세 가지 요소를 고려해야 한다.

첫째, 수직적 통합을 하고자 하는 대상기업의 선정이 비용의 효율성을 실현할 수 있느냐를 판단해야 한다. 수직적 통합을 통해 비용의 효율성이 실현되지 않는다면 통합하지 않는 것이 오히려 경쟁력이 있을 수 있다. 즉 경쟁사들이 수직적 통합을 통해 비용우위를 이루지 못하거나 유연성이 떨어지게 되면 오히려 수직적 통합을 하지 않는 것이 훨씬 더 가치 있는 의사결정이다.

둘째, 수직적 통합을 했을 때 사업의 역량이 강화되고 시너지 효과가 창출될 수 있느냐를 판단해야 한다. 시너지 효과의 창출을 고려하는 것은 신규사업에 진출하기 위한 다각화 전략에서도 매우 중요한 요소인데, 시너지 효과의 창출은 관리적 시너지와 전략적 시너지의 두 가지가 있다. 관리적 시너지는 통합을 통하여 자산통합, 인력의 재배치, 유통구조의 합리화 등을 의미하며, 전략적 시너지란 핵심사업의 브랜드 가치를 높여주거나 공통자산(common asset)을 활용해 원가우위를 확보하도록 하는 것이다.

셋째, 통합이 오히려 조직의 유연성을 떨어뜨리는지의 여부를 분석하여야 한다. 조직의 유연성은 신규사업과 기존사업의 경쟁력을 높이는데 중요한 영향을 미치는 요소인데, 수직적 통합을 하지 않았을 때보다 통합을 했을 때 훨씬 낮아진다. 따라서 통합으로 조직의 유연성이 떨어진다면 아웃소싱을 하는 방법이 훨씬 유리할 수도 있다.

② 수직적 통합 전략과 5 Forces 모델

첫째, 새로운 시장으로의 진출을 용이하게 한다. 수직적 통합으로 획득한 유리한 점이 가치사슬에서 차별화된 가치와 희소성을 제공할 수 있거나 경쟁사가 모방하기 어렵다면 통합의 효과는 극대화될 수 있다.

둘째, 수직적 통합으로 진입장벽이 높아질 수 있으므로 산업 내에서 경쟁력을 확고하게 한다. 또한 수직적 통합은 잠재적 진입자에게 큰 위협적인 요소가 될 수 있다. 예를 들면 의류를 생산하는 SPA 브랜드[3]인 유니클로가 국내진출 시 초기 단계에서 단독투자라는 기존의 정책을 깨면서 대형 유통채널들을 확보하고 있는 롯데와 협력관계를 맺고, 홈플러스, 메가마트 등 대형마트 및 단일 쇼핑몰 입점을 확대하는 방법으로 진출하였다. 또한 유니클로는 롯데백화점과 합작형태로 진출하였는데, 이는 기존시장의 다른 의류 브랜드에 비해 취약한 유통망을 극복하기 위한 전략이다.

셋째, 공급자의 강한 교섭력을 저지할 수 있다. 원재료나 부품을 공급하는 업체의 교섭력이 강하면 생산자 입장에서는 전략의 달성이 어려워질 수 있다. 특히 원가우위를 추구하는 기업은 공급업자의 납품단가 인상 요구가 강하면 원가우위 전략을 추구하기 어렵다. 그러므로 수직적 통합 전략을 통해 반드시 필요한 부품이나 원재료 사업부문을 자기 통제 하에 두고 관리함으로써 공급자의 위협요인을 제거할 수 있다.

---

3) SPA(Special retail store of Private label Apparel) : 제조에서 판매까지 한 업체가 직접 운영하는 형태로 브랜드 파워보다는 트렌드와 유행을 반영한 제품기획으로 상품을 판매하는 방식이다.

아셀로 미탈(Arcello Mittal)의 원재료 확보를 위한 수직적 통합 전략이 하나의 예가 될 수 있는데, 미탈 스틸(Mittal Steel)의 아셀로(Arcello) 인수로 2007년 탄생한 아셀로 미탈은 철강사들을 인수해 나가면서 성장한 회사이다. 합병하기 이전에도 미탈 스틸은 기존업체들과 달리 철광석, 석탄 등의 자원을 수직적으로 통합화하고 있었으며, 아셀로도 전 세계적으로 많은 철광석 및 석탄 생산기지를 확보하는 수직적 통합 전략으로 안정적인 원자재 조달을 통해 자급도를 높이고 거대 원자재업체들과의 협상력도 높이는 전략을 추구하여 경쟁력을 확보하였다.

아셀로 미탈의 성공사례는 원자재 붐이 일기 시작한 2000년대 후반에 다른 철강회사에게 원자재 확보를 위한 후방통합 전략에 영향을 미쳤다.

넷째, 구매자의 교섭력에 대응할 수 있는 대안이 될 수 있다. 구매자의 교섭력에 대응하기 위하여 전방통합을 추진하는 경우, 도매・유통 사업부문과 소매 사업부문 등을 통합 관리하면 최종 구매자의 교섭력에 유연하게 대처할 수 있다. 왜냐하면 유통단계에서 유통업자에게 지불했던 유통마진을 절감할 수 있으며, 정확한 납기로 기업의 이미지를 높일 수 있기 때문이다.

다섯째, 대체재의 위협에 능동적으로 대처할 수 있다. 수직적 통합을 통해 가치사슬 내에 보유하고 있는 기술의 희소성을 활용해 지속적인 신제품 개발과 성능을 개선해 나감으로써 경쟁사의 대체재 출현에 능동적으로 대처할 수 있다. 또한 자사의 기술을 결합해 제품의 품질과 서비스를 향상시켜 차별화를 추구할 수 있기 때문에 대체재의 출현에 좀 더 여유있게 대처할 수 있다.

4) 전략적 아웃소싱

(1) 아웃소싱이란

아웃소싱(outsourcing)이란 계약에 의해 자사가 행하던 경영기능의 일부를 외부의 전문업체에게 위탁하는 것으로, 아웃소싱을 통해 전문 기술력을 활용하고, 동시에 경영자원의 여유분을 기업 본업에 집중함으로써 경영의 효율성을 얻을 수 있다. 이러한 아웃소싱은 시간단축, 조직의 축소, 전문기술 활용, 유연성 확보 등이 가능하기 때문에 갈수록 보편화되고 있다.

과거에는 핵심업무를 제외하고 나머지 업무를 아웃소싱하는 경우가 많았지만, 최근에는 핵심업무까지도 아웃소싱을 통하여 해결하는 경우도 많아졌다. 이러한 추세는 아웃소싱 전문업체를 이용하는 것이 업무를 직접 수행하는 경우보다 더 경쟁력을 높일 수 있기 때문이다. 즉 전문회사의 우수한 공급능력(가격, 품질, 기능 등)으로 필요한 업무를 조달받을 수 있다는 것이다. 따라서 갈수록 아웃소싱의 비중과 영역은 넓어져 가고 있다.

이와 같은 아웃소싱 전략의 예는 다음과 같다. 미국의 애플은 컴퓨터를 직접 만들지 않고, 갭(GAP)도 옷을 만들지 않는다. 국내기업으로는 필라(FILA)나 이랜드 등도 아웃소싱 전략을 활용하는데, 소비자에게 판매되고 있는 제품의 대부분을 다른 업체들이 생산한다.

부동의 세계 1위 스포츠용품 업체 나이키(NIKE)는 연평균 20%의 성장률과 자기자본수익률이 31%가 넘는 초우량 기업이다. 그럼에도 불구하고 나이키는 직접 운동화나 의류를 만들지 않는다. 나이키는 소재개발과 제품 디자인만 자사가 담당하고 나머지 생산부분은 전 세계의 아웃소싱업체에 맡기고 있다. 나이키가 아웃소싱을 하는 이유는 ① 하청업체 간 경쟁을 유도하여 품질을 향상시키고, ② 낮은 가격으로 높은 품질의 제품구매가 가능하며, ③ 노사관계 및 임금협상에 대한 고민이 필요 없고, ④ 환율변동에 대한 위험을 회피할 수 있으며, ⑤ 보호무역장벽을 해결할 수 있다는 등의 이점 때문이다.

(2) 아웃소싱의 효과

아웃소싱 전략을 수행할 때는 다음의 네 가지 측면에서 기업의 자원가치를 증가시킬 수 있다.

첫째, 조직의 축소와 인원절감을 가능하게 할 뿐만 아니라 여유인력을 핵심적인 활동에 투입하여 기업의 가치활동을 효과적으로 수행할 수 있게 한다.

둘째, 핵심업무의 전문화를 통해서 제품과 서비스의 품질과 가치를 높일 수 있다.

셋째, 외부 공급자의 특화된 전문능력들을 낮은 가격으로 공급받을 수 있다.

넷째, 제품의 생산과 유통시간을 단축할 수 있다.

다섯째, 기업의 생산과 업무활동을 외부에 위탁하기 때문에 고정자산의 과대투자를 막을 수 있으며, 기동력을 발휘할 수 있다.

▣ 크라이슬러는 납품단가를 낮추기 위해 경쟁입찰제를 도입 · 운영했지만, 부품업체에 대한 가격압력이 품질하락으로 이어져 신차개발에 어려움을 겪었다. 이러한 문제점을 개선하기 위해 1980년 중반부터 혼다자동차를 벤치마킹하여, 경쟁입찰제 폐지 및 SCORE(supplier cost reduction effort) 프로그램을 도입해 아웃소싱업체들을 제품개발과 공정개선에 참여시켜 나갔다. 그 결과 크라이슬러는 아웃소싱업체와의 협력을 통해 신차개발기간을 234주에서 183주로 단축시켰고, 시장점유율의 증가와 자동차 단위당 이익도 높이는 효과를 가져왔다.

- P&G는 연구개발의 아이디어를 아웃소싱을 통해 공급받는 열린 혁신 시스템을 구축하고 공급업체 연구원과 협력을 바탕으로 신제품 개발에 성공했다. 1980년대 원가절감에 실패해 일본자동차회사에 경쟁력을 상실한 미국의 자동차회사(Big 3)들은 아웃소싱의 비율을 30%에서 70%로 확대하면서 원가절감에 성공했고, 그 결과 1990년부터 경쟁력을 서서히 회복했다.

(3) 아웃소싱의 단점

아웃소싱은 많은 유리한 장점을 가지고 있지만 다음과 같은 단점도 있다.

첫째, 기업운영에 중요한 기능들을 아웃소싱하는 경우 아무리 관리를 잘한다 하더라도, 외부업체에게 의존하기 때문에 돌발사태에 대한 불안함이 존재한다. 예를 들어 생산기능을 아웃소싱한 해당업체의 파업·화재·지진 등으로 생산이 중단되어 부품조달이 안 되는 경우, 본사 역시 생산활동이 중단될 수도 있고, 정보관련 업무의 100%를 외주로 준 기업이 외부업체의 전산망 장애로 업무가 마비되는 경우 등이 있을 수 있다. 미국 버지니아주정부는 노드롭그루먼(NG)과 10년 장기 IT 아웃소싱계약을 체결하고 주정부 산하 72개의 공공기관에서 공공웹사이트 서비스를 제공했다. 그러나 인터넷 접속과 e메일 시스템, 헬프데스크 등을 중앙화하면서 네트워크 접속이 중단되어 관련기관 업무를 마비시키는 큰 불편을 초래했다.

둘째, 아웃소싱으로 비용을 절감한다고 하지만 확실한 보장이 있는 것이 아니다. 아웃소싱을 많이 할수록 계약과 사후관리에 투자해야 하는 시간과 비용이 늘어나기 때문이다. 특히 액수가 큰 대규모 장기계약의 경우, 환경이 변함에 따라 계속해서 계약조건을 변경시켜야 하는 경우도 많다. 미쓰비시와 GM은 아웃소싱 협력업체에 대해 경쟁입찰방식을 도입해 무리한 가격경쟁을 유도한 결과가 품질하락으로 이어진 경험이 있는데, GM은 불량률이 1%(도요타 0.01%)를 넘어 지속적인 리콜사태에 시달리며 비용손실을 초래했었다.

셋째, 외부시장이 아직 충분히 성숙되지 않은 상황에서는 아웃소싱이 오히려 비용을 증가시킬 수도 있다. 아웃소싱은 시장의 합리성과 효율성을 전제로 하기 때문이다.

넷째, 인력관리와 훈련 등 인사관리 기능을 아웃소싱하여 감원을 하는 경우도 있다. 즉 기존의 인사관리 부서를 외주 전문업체에 위탁한 후 우회적인 방법으로 인력을 구조조정하는 것이다.

(4) 아웃소싱의 전제조건

① 정보공유와 상호신뢰

아웃소싱 발주기업과 수주기업은 항상 추구하는 전략방향, 반드시 지켜지길 바라는 요구사항, 업무와 관련된 정확한 정보를 공유하는 것이 중요하다. 두 기업 간의 일치된 목표의 공유를 통하여 경쟁력을 더 높일 수 있기 때문이다. 이러한 정보공유는 해당기업 간의 신뢰가 바탕이 되어야 하는 것은 말할 필요가 없고, 시간단축을 가능하게 하고 불필요한 프로세스를 제거하여 원가절감도 가능하게 한다.

최근의 정보기술의 발달은 정보공유를 실시간으로 가능하게 하기 때문에 이러한 기술의 이용과 함께 정보를 공유하겠다는 개방적 마인드가 요구된다.

② 전문성 확보

아웃소싱의 발주기업이 기대하는 원가절감, 시간단축, 기동력과 유연성 등은 결국 경쟁력을 높이기 위한 것인데, 아웃소싱 수주기업은 이를 충족시킬 수 있는 전문성을 확보하여야 한다. 즉 해당분야의 기술수준, 인적자원의 능력, 공정기술, 서비스의 질 및 제공능력 등의 전문성을 요구한다.

③ 유리한 입지조건

아웃소싱의 발주기업과 수주기업 간의 입지나 거리도 매우 중요한데, 가까운 거리에 위치한다면 우선 수송비를 절감할 수 있을 뿐만 아니라 돌발상황이 발생하였을 때 신속하게 대처할 수 있는 기동력을 발휘할 수 있다. 물론 교통의 발달, 정보기술의 발전으로 거리문제의 중요성과 비중이 낮아진 것은 사실이지만, 근거리에 위치한다는 것은 거리가 먼 경우에 비하여 상당히 유리한 면이 많다.

＊ 외주와 아웃소싱

외주(外注)란 발주자가 자신의 설계도나 시방서에 따라 물품(제품 · 부품)의 생산이나 서비스를 다른 기업(하청기업)에게 위탁하는 것을 말한다. 외주는 그 형태에 따라 ① 제품외주, ② 부품외주, ③ 가공외주, ④ 건설외주, ⑤ 용역외주(예를 들면 청소, 전산처리, 경비 업무 등)로 나눌 수 있다.
아웃소싱(outsourcing)이란 부가가치가 낮은 업무를 외부에 위탁하거나 자기회사에 없는 기능을 외부에서 조달받는 것이다. 아웃소싱을 하는 이유는 비용절감, 조직의 슬림화, 사업의 전문화, 핵심역량의 집중화를 통한 경영의 효율화를 추구하기 위한 것이다.

사례 8-1. 100년 된 1등 기업도 망한다

기업세계에서 흥망성쇠는 100년 이상의 역사를 가진 기업이라도 비껴가지 않는다. 이스트만 코닥(Eastman Kodak : 1880년 창업)은 거의 1세기 동안 경쟁자가 없을 정도의 성공가도를 달렸지만 디지털 카메라의 등장과 스마트폰의 카메라기능 향상과 저장기능의 확장으로 고전하기 시작하였다. 이러한 매출감소의 만회를 위해 약국, 체인점 등에서 디지털 이미지를 인화할 수 있도록 장비사업을 벌이는 등 다양한 사업의 다각화를 시도하였으나 결국 2012년 파산신청을 하였다.

비디오 대여점 체인점으로 미국 전역을 휩쓸었던 블록버스터(blockbuster)도 비슷한 사례다. 과거 VHS에서 DVD로 전환되는 환경 속에서도 살아남았으나 디지털 영상으로 진화하는 새로운 트렌드를 따라잡지 못해 경쟁력을 상실하고, 지금은 생존 자체가 불투명해졌다. 블록버스터의 최대 실수는 경쟁자인 넷플릭스(Netflix)가 우편대여 형태의 새로운 비즈니스 모델을 선보였을 때 즉각 대응하지 않았다는 점이다. 게다가 레드박스(Redbox)라는 회사가 1달러에 영화를 빌려주는 자판기 사업을 시작하면서 블록버스터의 불행은 걷잡을 수 없이 번졌다. 시어스(Sears)는 보험, 금융, 부동산, 인터넷 등 무리한 사업확장으로 월마트, 타깃, 아마존닷컴 등과의 경쟁에서 밀리고 결국 2018년 파산하였다.

세계를 호령했던 이들 기업이 몰락하는 이유는 무엇일까. 『*The Other Side of Innovation*(혁신의 또 다른 면)』의 저자인 비제이 고빈다라잔(Vijay Govindarajan)은 기업들이 낡은 장비와 시스템에 대한 대규모 투자로 새롭게 성장할 수 있는 기회를 상실해 경쟁력을 잃어버린다고 분석했다.

제 2 절 다각화 전략

1 다각화 전략의 이해

1) 다각화 전략의 의의

기업의 경영활동은 대부분 성장을 목적으로 전략을 수립하고 실행하는데, 성장을 위해서 단일사업에 집중하는 전략을 취하거나 다양한 사업 군으로 진출하는 다각화 전략을 꾀한다.

단일사업에 집중하는 것이란 기업이 보유한 모든 역량을 한 사업에 집중함으로써 전문화를 추구하는 경우인데, 만약 해당산업이 성장을 멈추거나 매력도가 떨어지게 되면 기업은 더 이상의 성장을 기대할 수 없다.

성장을 위한 또 하나의 전략인 다각화(diversification)는 새로운 제품으로 새로운 시장에 진출하여 성장하는 전략으로서, 수요 및 경기변동에 따른 위험을 분산시킬 수 있는 장점과 함께 다양한 시장에서 사업활동을 전개할 수 있다는 이점이 있다.

기업이 취할 수 있는 성장전략으로 가장 고전적이면서도 많이 이용하는 전략은 [그림 8-5]에서 보여주는 앤소프(H. I. Ansoff)의 성장 매트릭스(Ansoff's Growth Matrix)이다. 이 매트릭스에서 전략의 유형은 시장침투 전략, 시장개척 전략, 제품개발 전략, 다각화 전략 등으로 구분한다.

특히 앤소프는 다각화 전략이 성공하려면 다음과 같은 4가지의 전략적 요소가 필요하다고 하였다.

첫째, 기업이 어떤 제품에 집중해야 할 것인지에 대한 도메인(domain : 기업의 주업(主業)이 무엇이며, 부업(副業)이 무엇인지를 밝히는 것)과 회사의 능력을 명확하게 할 것

둘째, 경쟁환경이 어떤 특성을 가지고 있으며, 어떻게 변하고 있는지에 대해 정확하게 이해할 것

셋째, 다각화를 할 때 기존사업과 연결하여 효율을 높일 수 있는 시너지를 추구할 것

넷째, 기존 사업과의 시너지에서 성장(다각화 등)의 방향을 찾아낼 수 있는 성장 벡터를 결정할 것

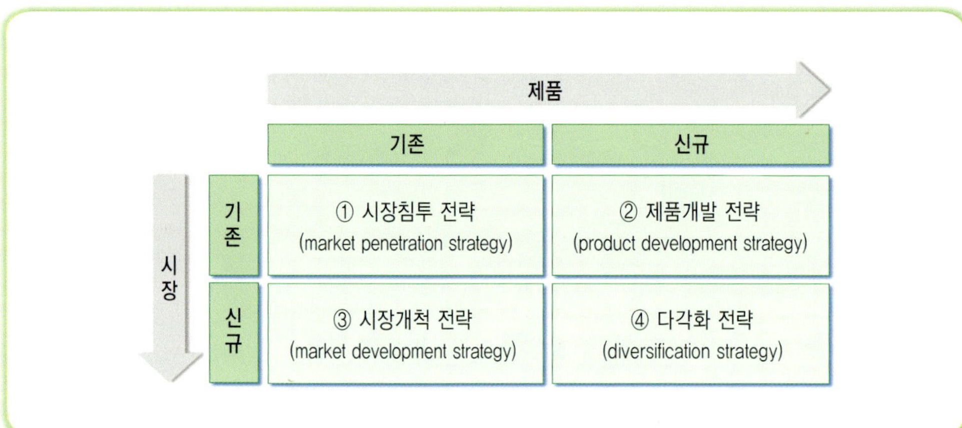

출처 : H. Igor Ansoff, 『*Corporate Strategy*』, Penguin, 1968, p.99.

그림 8-5 앤소프 매트릭스

앤소프가 제시한 다각화의 4가지 요소를 토대로 구축된 '앤소프 메트릭스'의 내용은 개별적인 사업전략이 아니라 기업 전체를 어떤 방향으로 이끌고 나가야 할지를 기존사업과의 시너지(synergy)에 따라 4가지로 나누었다.[4)]

---

4) Gerry Johnson & Kevan Scholes, 『*Exploring Corporate Strategy* (2nd ed)』, Prentice Hall, 1988,

① **시장침투 전략**(market penetration strategy) : 성장을 위한 최소의 리스크 조건으로서, 기존 시장(고객)에서 기존 제품으로 승부를 하는 전략이다. 즉 현재의 제품시장에서 시장점유율을 높이고자 하는 전략이다.

② **시장개척 전략**(market development strategy) : 현재 기업이 보유하고 있는 제품이나 서비스로 새로운 시장(고객)에 진출하고자 하는 전략이다. 즉 새로운 시장에 현재의 기존제품을 수출하거나 판매하는 경우이다.

③ **제품개발 전략**(product development strategy) : 새로운 제품을 개발해 기존시장(고객)에 판매하는 전략이다. 이 전략은 기존제품을 대체하는 새로운 제품으로 시장을 개척하는 전략이다.

④ **다각화 전략**(diversification strategy) : 신시장(고객)에 진입하기 위해 새로운 제품을 개발하는 전략이다. 다각화 전략은 관련 다각화와 비관련 다각화의 형태로 구분할 수 있는데 위험성(Risk)이 높다는 특징을 가지고 있다.

1950년대부터 1980년대까지 미국기업의 특징 중 하나는 단일사업을 하는 기업의 수는 점차 감소하였고, 다각화(관련 다각화와 비관련 다각화)하는 기업이 계속 증가하였다는 점을 꼽는다. 이러한 현상은 미국뿐만 아니라 유럽과 일본의 대기업들에도 나타나는 공통적인 현상이었다.

이렇게 시너지 효과(synergy effect) 등의 이유로 다각화 바람이 유행하였지만, 다각화했다고 즉시 업적이 좋아지는 것이 아니라는 것도 알게 되었다. 한 분야에서의 실패가 다른 사업으로 파급돼서 오히려 경영의 파탄을 초래하는 예가 많았기 때문이다.

2) 다각화 전략의 목적

다각화의 궁극적인 목적은 다각화를 추진한 기업 간의 가치를 공유함으로써 경쟁우위를 높이고 궁극적으로 수익률을 향상시키고자 하는 것이다. 또한 다각화 전략은 여러 산업에 투자해서 위험을 분산하고자 하는 목적도 있다. 즉 한 가지 영역이나 제품으로 사업을 하는 것보다 여러 영역이나 다양한 제품으로 다각화하는 것은 다양한 형태의 시너지효과를 기대할 수 있다.

사업 간의 상승효과를 시너지(synergy)라고 규정한 앤소프(H. I. Ansoff)도 다각화의 4가지 전략적 요소 중 하나로 시너지의 추구를 강조하였다.

---

pp.157~160.

미국과 유럽의 대기업들은 1980년대까지 사업의 규모를 키우기 위해 비관련사업 분야로의 다각화를 매우 활발하게 진행하였으나, 1990년대에 들어서면서 자신들의 주력사업에 집중하는 관련사업 다각화와 리스트럭처링(restructuring)을 추진하는 탈(脫)다각화 현상을 동시에 보였다. 이러한 현상은 무분별한 다각화가 오히려 수익성을 떨어뜨리는 부작용이 있다는 것을 인식하였기 때문이다.

한국기업들 역시 문어발식 경영을 하다가 1997년 외환위기 이후 사업구조를 조정하는 과정이 있었지만 아직도 많은 기업들은 다각화로 수익성 향상과 함께 시장을 공략하는 전략을 주로 사용한다.

기업들이 일반적으로 다각화를 하는 목적은 [그림 8-6]과 같이 성장추구, 위험분산, 범위의 경제성, 시장 지배력 등이며, 이를 통해 시너지 효과를 창출하고자 한다. 기업들이 다각화를 추구하는 목적은 다음과 같다.

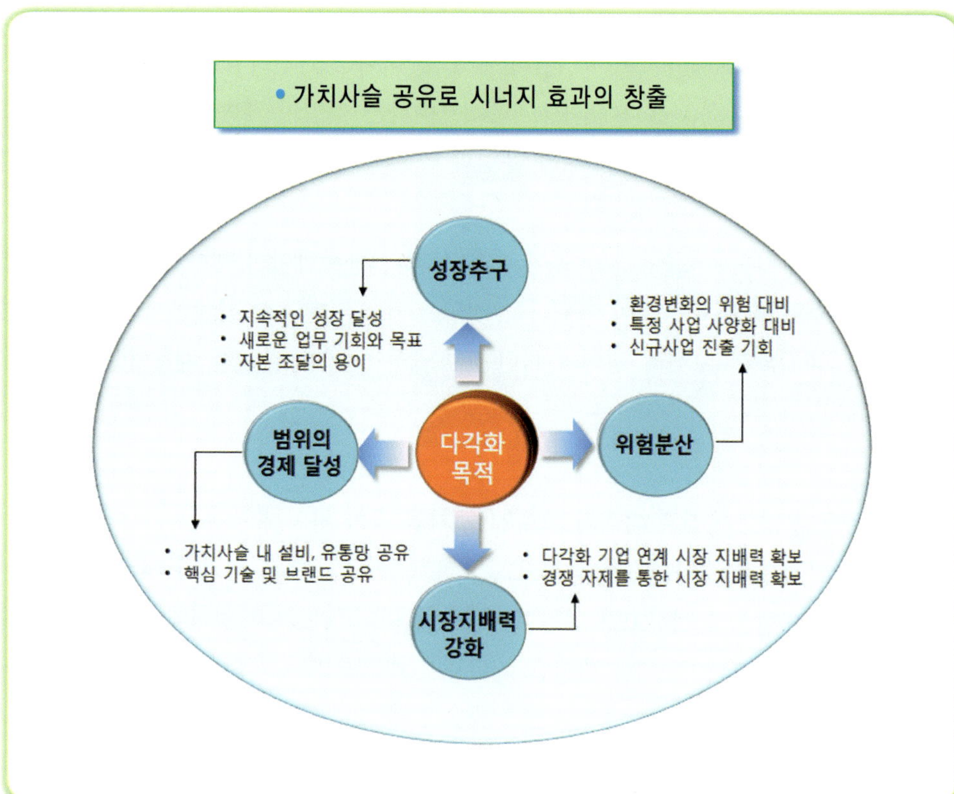

그림 8-6 다각화 추진 목적

＊ 리스트럭처링

리스트럭처링(restructuring)이란 1980년대부터 글로벌 경쟁이 심화되면서 기업들이 자신의 조직, 전략, 경영관리시스템 등을 새로운 환경에 적응할 수 있도록 변경하는 것을 말한다. 리스트럭처링의 가장 근본적인 목적은 주력사업을 변경하거나 강화하여 수익성을 높이는 것으로서, 많은 경우 수익성을 높이기 위한 비용절감의 방법을 병행한다.
리스트럭처링의 대표적인 방법은 다음과 같다.

① 기업의 유휴생산시설을 줄이거나 경쟁력이 없는 공장을 폐쇄함으로써 비용절감을 꾀한다.
② 가급적 자체 조달을 지양하고 외주에 의존함으로써 비용을 절감한다.
③ 경쟁우위를 갖지 못하는 사업부문을 매각 · 정리한다. 특히 비관련부문으로 다각화하였던 사업을 정리하여 본업에 주력한다.
④ 조직구조개편을 통하여 조직을 단순화하고 군살은 뺀다. 예를 들면 불필요한 인원을 감축함으로써 경영상의 효율을 높인다.

다시 말해서 부채가 높은 사업부를 정리하고 성공가능성이 높은 신규사업으로 진출하는 것과 같은 임기응변적인 대책이 아니라 장래의 주력사업을 선정하여 이 사업의 경쟁력강화를 위해 신규사업을 설정하고 이를 위해 기존의 어떠한 사업을 축소 · 철수 · 통폐합할 것인가, 그리고 주력사업과 지원사업들을 어떻게 연계시켜 통합화할 것인가를 결정하는 것이다. 이를 통해서 기업은 미래지향적이고 경쟁력 있는 사업구조를 가질 뿐 아니라 이를 통해 기업의 제한된 자원을 올바르게 배분할 수 있게 된다. 따라서 국내 · 외의 경영환경변화 즉 경쟁자의 동향, 기술혁신, 고객의 욕구변화 등을 고려하여 지금의 전략이나 기존업종으로는 성장이 어렵다고 판단될 때 리스트럭처링을 수행한다.

① 성장을 추구할 수 있다.

다각화 전략은 기업이 지속적인 성장을 하기 위해 선택하는 방법이다. 성장은 기업의 기본적인 목표이기도 하며 산업 내에서 경쟁력도 높여 준다. 또한 성장은 조직의 구성원에게도 많은 영향을 미치는데, 조직의 성장에 따른 승진의 기회는 물론 사기향상에도 영향을 주기 때문에 생산성 향상과 기업의 대외신뢰도를 높여 더 빠른 성장을 가능하게 한다.

② 위험을 분산시킬 수 있다.

기업은 다각화 전략을 추구하여 환경변화에 따른 위험을 분산시킬 수 있으며, 한 가지 사업에만 집중하는 경우에 비하여 위험을 줄일 수 있다. 또한 제품의 수명주기(Product Life Cycle)가 성숙기에서 쇠퇴기에 접어들거나 사양산업일 경우 다각화를 통해 신규사업에 진출함으로써 안정적인 수익률을 계속 유지할 수 있다.
기업은 경영환경이 어려워지면 감원이나 임금동결 등과 같은 방법을 사용하기도 하지만, 동시에 사업을 다각화하여 평균 이상의 수익률을 창출할 수도 있다.
예를 들어 수요 · 환율 · 유가 등의 영향을 많이 받고 경기순환 변동이 심한 산업의 경우, 경기변동의 위험성을 최소화하기 위해 사업의 다각화를 꾀하여 대응해 나간다.

□ 독일의 철강 및 기계업 부문의 복합기업인 Thyssen과 Krupp의 결합에 의해 1999년에 탄생한 TKS는 플랜트, 해양시스템 개발사업 그리고 철강소재 가공 및 생산 등 철강업과 관련된 사업으로 관련 다각화 전략을 추구했고, 인도 최대 재벌그룹 TATA(1868년 설립)는 철강 수요산업인 자동차, 에너지, 화학 분야 등에서 관련 사업 다각화와 동시에 소비재, 화학, 정보통신 등 철강산업과의 연관성이 낮은 비관련 다각화를 추진한 대표적인 철강회사이다.

③ 범위의 경제성을 활용할 수 있다.

범위의 경제(economies of scope)란 한 기업이 두 가지 이상의 제품을 동시에 생산할 때 소요되는 비용이 한 제품을 개별적으로 생산할 때에 소요되는 비용의 합보다 훨씬 작아진다는 개념이다. 이러한 이점을 기대할 수 있는 이유는 두 제품의 생산과정에서 공통적으로 투입되는 생산요소나 설비가 있기 때문이다. 즉 어떤 투입요소가 두 가지 제품의 생산에 공통적으로 사용될 때, 두 제품을 함께 생산하는 것이 각각의 제품을 각각 다른 기업에서 생산할 때보다 투입요소 비용이 적게 소요된다는 것이다.

예를 들면 은행이 은행 고유의 업무 외에도 보험업을 취급하는 방카슈랑스(bancassurance : bank+assurance)가 대표적인 예이며, 구두를 생산해서 판매하는 기업이 벨트를 생산 · 판매하는 경우도 좋은 예이다. 주력사업인 구두를 생산하기 위한 설비와 기술을 공유하고 브랜드나 유통망도 공유하게 됨으로써 범위의 경제가 실현되는 것이다.

④ 시장의 지배력을 강화할 수 있다.

기업이 다각화 전략을 추구하는 가장 궁극적인 목적은 시장지배력을 강화하기 위해서이다. 다각화 과정에서 획득되는 범위의 경제성과 거래비용의 절감 등으로 얻게 되는 다양한 효과가 산업 내에서 지배력을 강화시켜 준다.

예를 들어 기업이 다각화 사업의 전체 가치사슬을 연결하고 활용함으로써 기술, 특허, 노하우, 우수한 인력, 브랜드 가치, 마케팅 능력, 고객 등 다양한 자원과 능력의 시너지 효과를 발휘하게 된다.

이와 같이 다각화는 경쟁우위가 지속적으로 유지될 수 있도록 도와줄 뿐만 아니라 유망한 새로운 사업에 진출할 경우에도 선발기업의 효과를 누리게 된다. 또한 가치사슬의 핵심역량을 토대로 시장을 선도하고, 충성도가 높은 소비자를 구축할 수 있기 때문에 후발기업의 추격의지를 차단시킬 수도 있다.

❷ 다각화 전략의 형태

기업이 다각화 전략을 성공적으로 수행하기 위해서는 먼저 “어떤 사업영역으로 다각화할 것인가”를 결정해야 하는데, 이를 위해서는 외부환경 분석을 통하여 수익성 높고 매력적인 사업이 무엇인가를 찾아내야 한다. 그 후 기업내부의 역량, 즉 자원과 핵심역량이 그 사업을 수행할 수 있는 강점으로 작용될 수 있는지를 분석하여야 한다.

일반적으로 다각화 전략의 형태는 관련 다각화(related corporate diversification), 비관련 다각화(unrelated corporate diversification)로 구분하고, 관련 다각화를 다시 제한된 관련성, 연결된 관련성, 가치사슬활동의 관련으로 구분한다.[5)]

1) 관련 다각화

관련 다각화(related corporate diversification)는 다각화하는 대상의 제품이나 시장이 특정한 관련성으로 연결된 구조로서, 일종의 전략적 적합성(strategic fit)에 맞춰 사업을 확장하는 것을 말한다. 전략적 적합성은 복수의 사업들이 가치사슬 상에서 연관성을 얼마나 갖고 있는가로 나타내는 의미인데, 그 기준은 크게 ‘제한된 관련성’, ‘연결된 관련성’, ‘가치사슬 활동의 관련성’과 같이 3가지로 구분할 수 있다.

(1) 제한된 관련성

제한된 관련성(related-constrained)은 다각화하는 대상이 핵심사업을 중심으로 투입물(원재료, 부품), 제조기술 그리고 산출물(유통, 구매자 등)을 함께 공유하는 다각화 전략을 의미한다. 제한된 관련성에서 새로운 사업의 대부분은 기존핵심사업의 자원 · 능력과 가치사슬 상의 유사한 관련성과 공통점이 있다.

예를 들면 펩시코(PepsiCo, Inc. : 1898년 창업)는 펩시콜라를 시작으로 관련성이 유사한 제품을 다각화하면서 성장하고 있다. 핵심제품인 탄산음료 생산을 시작으로 관련성이 많은 마운틴듀, 7-UP, 미린다를 생산 · 판매했고, 비탄산 음료(게토레이, 트로피카나, 립톤 등)와 생수(아쿠아피나 : 미국 내에서 가장 판매량이 많은 생수)로 다각화하였으며, 피자헛(Pizza Hut), 타코벨(Taco Bell), 켄터키프라이드치킨(Kentucky Fried Chicken, KFC)을 인수하여 음식사업 부문으로 다각화하였다. 펩시코는 콜라업계 라이벌인 코카콜라(Coca-Cola : 1886년 창업 : 단일사업에 집중하는 전략 구사)[6)]와 달리 다각화 전략을 구사하는 전략을 취하는 대표적인 회사이다.

---

5) 신형덕 역, 『전략경영과 경쟁우위(제4판)』, PEARSON, 2013, pp.240~243.

6) 코카콜라는 탄산음료 만을 생산한다는 약점을 벗어나고자 하는 전략의 일환으로 커피시장에 진출하기

(2) 연결된 관련성

연결된 관련성(related-linked)은 기업이 추구하는 사업들의 일부 요소는 연관성이 있으나 한편으로는 관련성이 없는 사업으로도 연결되어 있는 경우이다.

이러한 형태의 다각화 전략은 핵심사업의 고객에게 다양한 제품을 제공할 때 흔히 볼 수 있는데, 예를 들면 청바지를 전문으로 생산하던 기업이 기존 청바지 고객을 대상으로 구두나 운동화를 생산·판매함으로써 '고객 관련성'을 통한 다각화 전략을 펴나가는 경우이다.

디즈니(Disney)는 초기엔 만화영화를 제작하는 것이 핵심사업이었지만 점차 제품 연관성을 통한 가족영화나 테마파크로 제한된 관련성 다각화 전략을 추진했으며, 그 후 디즈니 영화 고객을 대상으로 캐릭터 상품을 비롯해 의류사업 및 호텔과 방송(ABC 방송) 등 초기 핵심사업과 관련성이 없는 비관련 다각화 전략도 구사하고 있다.

피앤지(P&G)는 땅콩버터, 커피, 세제, 식물성 기름, 치약, 비누, 화장지, 샴푸 등 수많은 소비재 제품을 생산하는 대표적인 기업이다. P&G는 제품별로 생산방식이 다르며 경쟁자도 다른 경우가 대부분이지만, 다각화한 제품들 대부분 동일한 도매 유통시스템 경로를 거쳐 소매점에서 동일한 고객을 대상으로 하고 있기 때문에 연결된 관련성이 있다고 볼 수 있다.

(3) 가치사슬 활동의 관련성

가치사슬 활동의 관련성이란 제품이나 고객을 기준으로 관련성 여부를 판단하는 것이 아니라 가치사슬 활동에서의 관련성을 기준으로 한다. 이는 기업이 현재의 가치사슬에서 더 강한 경쟁우위를 기대하거나 가치사슬을 공유할 수 있을 때 사용된다.

예를 들어 담배회사로 널리 알려진 필립 모리스(Philip Morris)가 핵심사업인 말보로(Malboro)라는 담배판매를 위해 구축한 마케팅이나 유통경로의 강점을 활용하여 밀러 맥주(Miller)와 식료품(General Foods)사업에 진출한 것이 가치사슬 활동의 관련성을 이용한 예이다.

일회용 볼펜을 생산하는 빅 펜(BIC Pen) 역시 저원가 생산과 판매영역에서 구축한 가치사슬의 강점을 활용해 일회용 라이터와 면도기 및 스타킹 등의 사업으로 확대하는 관련성으로 다각화했다.

관련 다각화 전략을 구사하는 기업들은 핵심 경쟁력에 기반한 관련 사업으로 진출해 축적된 노하우, 기술, 원가절감능력 등으로 경쟁우위를 실현하게 된다. 또한 관련성이 밀

로 했다. 특히 중국의 커피시장에 진출하기 위해 세계2위 커피체인인 코스타 커피(Costa coffee : 1971년 창업)를 2018년 39억 파운드(약 5조7천억원)에 인수하였다.

접한 영역에서 높은 범위의 경제를 실현할 수 있다는 점도 관련 다각화 전략을 추구하는 이유이다.

2) 비관련 다각화

(1) 비관련 다각화 전략

비관련 다각화 전략(unrelated corporate diversification strategy)은 다각화하는 사업이 공통된 부분을 가지고 있지 않을 때를 말한다. 즉 기존의 사업분야와는 아무런 관련이 없는 사업, 즉 현재의 사업분야와 전방·후방은 물론 공통의 요소가 존재하지 않는 사업분야로 확대해 나가는 것이 비관련 다각화 전략이다.

비관련 다각화 전략은 기본적으로 수익률이 발생될 것이라고 판단되면 투자나 인수·합병(M&A)을 통하여 다각화하는 것으로 위험을 분산시킬 수 있는 전략이기도 하다. 그러나 인수·합병으로 다각화를 추진할 경우엔 사업인수 시 산업매력도, 성장 가능성, 법적 규제 그리고 노사문제, 기업문화 등 다양한 측면을 고려해야 한다.

비관련 다각화 전략을 추구하는 대표적인 예로는 철도, 석유·가스탐사, 광산, 운송, 석유정제, 부동산 사업을 하는 미국의 다국적기업 유니온 퍼시픽(Union Pacific Corporation)과 항공, 금융, 에너지, 유류와 가스, 운송, 자문 및 컨설팅, 부동산, 건강, 소비재 등에 걸쳐 다각화되어 있는 제너럴일렉트릭(GE)이 대표적이다. 유니온 퍼시픽과 제너럴일렉트릭의 사업들은 사업 간 관련성을 찾아보기 어려울 만큼 다양하다.

(2) 비관련 다각화의 장점

비관련 다각화는 재무적인 위험을 여러 비관련 사업에 분산시키기 때문에 한 사업의 침체나 실패가 기업 전체의 어려움으로 이어지는 것을 예방할 수 있다. 즉 한 산업이 어려워지면 상황이 좋은 다른 산업에서 수익을 보장해줄 수 있기 때문에 기업을 안정적으로 만들 수 있다. 이상적인 다각화는 호황과 불황의 사이클이 엇갈리는 사업들을 가지고 있는 것이다.

(3) 비관련 다각화의 단점

첫째, 서로 다른 경쟁환경을 가지고 있는 많은 사업들의 의사결정을 동시에 내려야 하는 것은 쉬운 일이 아니다. 각 사업의 문제점들을 신속하고 정확하게 파악하는 것이 힘들기 때문이다.

둘째, 전략적 적합성이 전혀 없는 비관련 다각화는 단일사업만을 운영하는 것보다 높은 성과를 기대하기 어려울 수 있다. 또한 경영자가 각 사업의 운영에 불필요하게 간섭하거나 현실성 없는 전략을 수립할 경우 관리나 운영의 효율성이 떨어지게 된다.

셋째, 사업별로 서로 다른 다양한 경기주기를 가지고 있기 때문에 보다 안정적인 수익을 기대할 수 있지만 실제로는 기대만큼의 수익창출이 어려운 경우가 대부분이다.

3 다각화 전략 추진 시 유의사항과 가치창출

1) 다각화 전략 추진 시 유의사항

다각화에 매력을 느끼는 기업들은 많지만 다각화에 성공한 기업들은 의외로 많지 않다. 그러므로 다각화를 고려하는 기업들은 과연 다각화가 효과를 거둘 것인지에 대해 충분한 조사와 평가를 거쳐야 한다. 즉 다각화가 기업에 미치는 영향이 무엇인지 그리고 기업의 장기적인 목표에 부합하는지, 가치사슬에서 보유하고 있는 자원과 핵심역량을 발휘하여 관련사업과의 시너지 효과는 충분히 창출되는지 그리고 다각화에 실패한 기업과 성공한 기업의 사례를 통해 고려할 점이 무엇인지 꼼꼼히 챙겨야 한다.

예를 들면 소니(SONY)는 사업을 확대하면서 환경변화에 신속히 대처하지 못해 한 동안 큰 어려움을 겪었다. 한때 소니는 혁신의 아이콘이었고, 애플의 스티브 잡스도 소니와 같은 컴퓨터 회사를 만들겠다며 소니를 롤 모델(role model)로 삼을 정도였다. 소니가 만들어 낸 워크맨은 아이팟처럼 최고의 인기 아이템이었고, TV, 카메라, 캠코더 등에서 소니를 능가할 기업은 없어 보였다.

그러나 소니는 영화, 음악 산업으로 사업영역을 넓히면서 어려움을 겪은 경험이 있다. 그 이유는 다각화를 추구하면서 정작 본업인 전자제품 분야에서 경쟁력을 상실하기 시작하였기 때문이다. 경쟁업체들은 하드웨어에서 소프트웨어 중심으로 신속하게 전환하였고 기술개발을 통한 경쟁력을 강화시켜 나갔기 때문에 소니는 전자산업의 최고 혁신 기업이라는 명성을 잃고 말았다.

2) 다각화 전략의 가치 창출

다각화 전략을 추진할 때는 [그림 8-7]과 같은 단계를 체계적으로 검토해 다각화의 실패 가능성을 줄여 나가야 한다. 그림은 각 단계별로 활용할 수 있는 분석기법의 예이다.

1. 개별 사업부의 전략적 가치 파악

전체 사업부의 포트폴리오 분석
- BCG 매트릭스
- GE 매트릭스

2. 다각화의 목적 달성 여부 평가

- 매력도 테스트
- 진입비용 테스트
- 발전성 테스트

3. 다각화의 가치창출 가능성 파악

- 포트폴리오 관리
- 리스트럭처링
- 기술&핵심역량 이전
- 경영활동 공유

그림 8-7 다각화 추진시 유의사항

(1) 개별사업부의 전략적 가치 파악

다각화 전략을 성공적으로 수행하기 위해서는 먼저 개별 사업부들의 전략적 가치를 판단해야 한다. 사업부의 가치를 판단하는 가장 일반적인 방법은 다각화 관련 사업부의 포트폴리오를 분석하는 것이다. 사업부의 포트폴리오 분석방법에는 BCG 매트릭스나 GE 매트릭스(GE matrix)를 활용해 기업수준에서 각 사업단위가 속해 있는 시장의 성장률과 각 사업단위가 그 시장 내에서 차지하는 상대적 시장점유율을 기준으로 사업 포트폴리오를 평가하는 방법 등이 있다.

(2) 다각화의 목적달성 여부 평가

포터는 다각화가 기업의 목적달성에 도움이 되는가를 평가하는 방법으로 매력도 테스트(attractiveness test), 진입비용 테스트(entry cost test), 발전성 테스트(improvement or better-off test)를 제시하면서 신규사업 다각화를 위해서 반드시 다음의 3가지 테스트를 실시해야 한다고 하였다.[7]

7) Michael E. Porter, "From Competitive Advantage to Corporate Strategy", 『*Harvard Business Review*』,

① 매력도 테스트

다각화 대상으로 선택된 산업이 향후 구조적으로 매력적이고 성장 가능성이 높은지 혹은 투자수익은 어느 정도인지를 파악하는 것이 매력도 테스트(attractiveness test)이다. 매력도는 산업구조 분석 모델(5 Forces model)을 통해서 산업 내의 경쟁강도가 안정적인지, 신규진입 장벽은 높은지, 공급자와 구매자의 교섭력과 대체재의 위험성 등을 분석할 수 있다.

② 진입비용 테스트

진입비용 테스트(entry cost test)란 새로운 산업에 진입할 때 지불해야 할 비용과 그 산업에 진출한 후 기대되는 총 이익을 비교하는 것이다. 산업이 매력적이고 높은 수익을 기대할 수 있는 산업의 진입비용은 높은 것이 일반적이다.

진입비용 테스트 단계에서는 진입장벽 분석도 행하는데, 진입장벽이 높다는 것은 산업이 그만큼 매력적이란 의미일 수도 있다. 반면에 진입장벽이 낮으면 잠재적 진입자가 많을 수 있으며 치열한 경쟁과 함께 낮은 수익률이 예상되기 때문에 산업매력도는 떨어진다.

③ 발전 가능성 테스트

다각화로 새로운 사업에 진출하고자 하는 기업은 기존기업이 보유한 가치사슬보다 더 유리한 가치사슬을 구축하여 경쟁력을 발휘할 수 있다. 발전 가능성 테스트(better-off test)란 전체 가치사슬 상에서 기존기업들이 갖고 있지 않은 핵심역량으로 경쟁우위를 확보할 수 있는지를 분석하는 것이다.

(3) 다각화 전략의 가치창출 가능성 파악

위의 세 가지 테스트를 모두 만족시킬 수 있는 다각화 전략은 장기적으로 기업의 목표를 달성하도록 돕는다.

포터(Michael E. Porter)는 위에서 설명한 세 가지의 다각화 전략의 기본 테스트를 파악한 후 다각화 전략으로부터 새로운 가치를 창출할 가능성을 [그림 8-8]과 같이 유형화하였다.

그는 다각화 전략이 '포트폴리오 관리'에서 '리스트럭처링', '기술과 핵심역량의 이전' 그리고 '경영활동과 생산관리 활동 공유'의 단계로 갈수록 점점 더 높은 가치를 창출한다고 하였다.

May-June, 1987, pp.46~47.

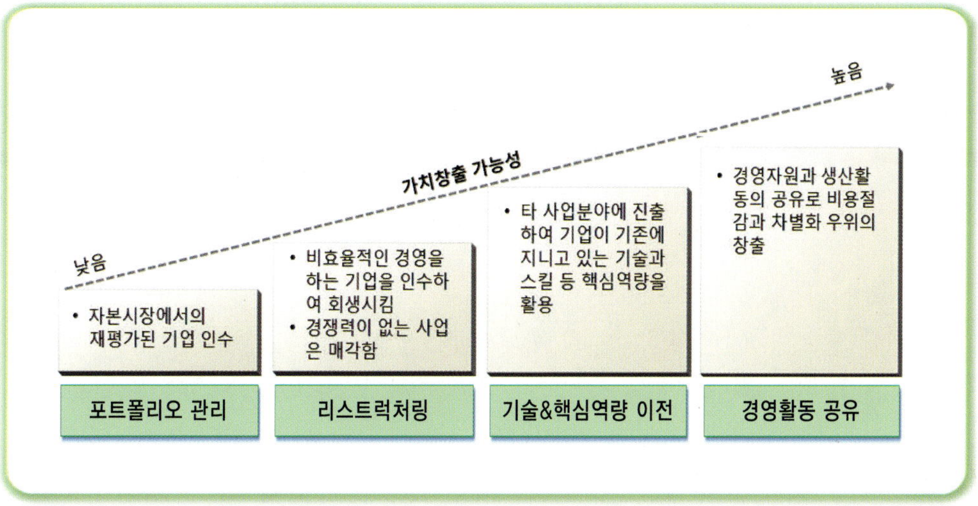

출처 : Michael E. Porter, "From Competitive Advantage to Corporate Strategy", 『*Harvard Business Review*』, May-June, 1987, pp.46~47.

그림 8-8 다각화 전략으로 인한 가치창출

STUDY!

제9장 전략적 제휴와 인수·합병

| 제1절 전략적 제휴
| 제2절 인수 · 합병

기업이 외적 성장을 위해 선택할 수 있는 전략은 '수직적 통합 전략'과 '다각화 전략'이며, 이러한 전략을 성공적으로 수행하기 위한 방법으로서 전략적 제휴와 인수 · 합병(M&A)을 활용한다.

전략적 제휴는 서로 독립성을 계속 유지하면서 기술제휴, 공동개발, 위탁생산, 판매위탁 그리고 조인트 벤처(joint venture : 합작사업) 설립 등을 통해 경쟁력을 향상시키는 방법이며, 인수 · 합병(M&A)은 전략적 제휴에 비해 위험부담은 있으나 경제적 가치가 있는 기업을 인수 · 합병하는 방법이다.

과거에는 성장을 위해 필요한 자원을 확보하고자 할 때, 시간이 많이 걸려도 기업의 자체역량으로 조달하여 사용하였으나 최근에는 기술의 발전속도가 빠르고 핵심기술을 개발하는 시간이 길고 불확실성이 높고, 위험성(risk)이 높기 때문에 경쟁기업과도 전략적 제휴나 인수 · 합병(M&A)방법으로 기술문제를 해결하는 시대가 되었다.

그러나 전략적 제휴와 M&A가 기업의 성장목표를 달성하는 만능열쇠는 아니다. 실패하였을 때는 막대한 위험과 손실을 가져다주기 때문에 이러한 방법이 성공하기 위해서는 이에 대한 이해와 활용방법에 대한 준비를 철저히 하여야 한다.

제9장에서는 전략적 제휴와 M&A의 추진동기, 유형, 장 · 단점 그리고 효과적인 추진절차 등을 살펴보고자 한다.

제1절 전략적 제휴

1 성장전략과 전략적 제휴의 이해

1) 성장전략 방법론과 전략적 제휴의 정의

(1) 성장전략의 방법론

기업이 성장하는 방법은 일반적으로 내적 성장(internal growth)과 외적 성장(external growth)으로 구분할 수 있다. 내적 성장이란 기업활동의 결과로 획득한 이윤을 바탕으로 기업 내부의 자원과 능력을 활용하여 기업성장을 도모하는 자력성장방식이고, 외적 성장이란 전략적 제휴나 인수·합병의 방법을 통하여 성장을 추구하는 방법이다.

기업이 성장하기 위해서는 일정한 단계까지는 내적 성장단계를 거쳐 발전하지만 내적 성장만으로 기업이 성장하는 데에는 여러 가지 한계를 가지고 있기 때문에 외적 성장의 방법을 동원하게 된다. 일반적으로 기업의 외적 성장을 위한 전략적 대안으로 수직적 통합 전략과 다각화 전략을 선택하게 되고, 이러한 성장전략을 실행하는 방법으로 전략적 제휴와 기업의 인수·합병(M&A)을 이용한다.

일부 교재에서는 전략적 제휴와 M&A를 수직적 통합 전략과 다각화 전략과 같이 성장전략의 하나로 소개하고 있으나, 전략적 제휴와 M&A는 전략이라기보다는 두 전략을 실행하는 방법(수단)으로 이해할 수도 있다.

전략적 제휴와 M&A는 [그림 9-1]에서와 같이 업무와 자본 등의 참여 방식과 범위에 따라 구분할 수 있는데, 전략적 제휴는 제휴기업들 간에 경쟁우위를 공유하기 위한 협력관계로서 기술이전과 생산하청 등 단순한 형태의 전통적인 협력관계에서, 기술교환 및 공동연구 개발, 생산, 판매 등 광범위하고 복잡한 광의의 기업협력으로 발전했다.

전략적 제휴는 자본 및 업무 개입의 범위가 낮고 높음에 따라 비지분참여 제휴, 지분참여 제휴 그리고 합작투자(joint venture)로 구분할 수 있는데, 자본과 업무의 개입정도가 가장 높은 형태가 M&A에 의한 방법이다.

성장전략 측면에서 전략적 제휴는 M&A보다는 리스크와 수익성이 상대적으로 낮은 편이지만 라이선스보다는 높다. M&A는 두 개 이상의 조직이 결합해서 보다 큰 조직이 되는 형태로, 그 목적은 조직의 효율성과 경쟁력을 높이고자 하는데 있다. 또한 새로운 사업분야에서 필요한 기술이나 자원을 신속하게 조달받을 수 있으며, 시장으로의 신속한

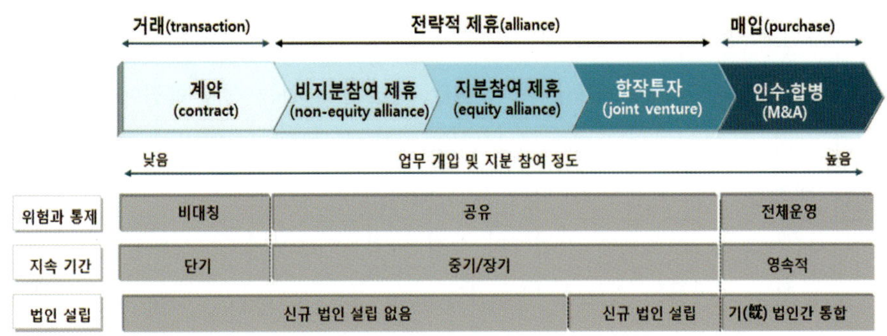

출처 : BCG, "The role of Alliances in Corporate Strategy", BCG Report, 2005.11. p.8.

그림 9-1 성장전략의 실행방법

진입을 가능하게 하며, 위험을 분산하고 수익성을 향상시킴으로써 기업의 발전가능성을 높이고자 하는 것이다.

전략적 제휴와 M&A와의 차이점은 관계의 지속성, 지분참여, 매입방법 등으로 구분하여 살펴볼 수 있는데, 전략적 제휴는 단순한 기술적 거래에서 벗어나 상호 협력관계를 유지하면서 제휴 당사자 간 상호 협력을 중 · 장기적으로 지속하는 것인 반면 M&A는 기업 간 통합을 통해 기술과 업무뿐만 아니라 모든 기업활동을 흡수하는 것이다.

전략적 제휴와 M&A의 차이점을 간단히 정리하면 〈표 9-1〉과 같다.

표 9-1. 전략적 제휴와 M&A의 차이점

	전략적 제휴	인수 · 합병
시너지	• 모듈 또는 순차적	• M&A 상호간
관리통제	• 낮음 • 유연하고 빠른 실행 • 하나 또는 다수와 협력 • 네트워크 효과	• 높음 • 전체운영(경영권 이양) • 명확한 기업의 지배구조
자원	• 약한 구조조정 • 원가절감 가능성 낮음	• 강도 높은 구조조정 • 규모의 경제 · 흡수기업의 강점활용
위험과 불확실성	• 높음 • 포트폴리오 접근법 요구	• 상대적으로 낮음
규제	• M&A가 법적으로 불가능한 상황에서 적합	• 통합에 대한 장애물 없음

출처 : BCG, "The role of Alliances in Corporate Strategy", BCG Report, 2005.11. p.9.

(2) 전략적 제휴

기업은 경영활동을 유지하기 위해 축적된 기술과 노하우로 특화하려는 노력을 하지만 급변하는 경영환경과 예측할 수 없을 정도로 빠르게 변하는 기술환경에서 살아남기란 쉬운 일이 아니다. 그렇기 때문에 상호보완을 위한 다양한 결합방법이 모든 산업분야에서 중요한 생존전략의 하나로 자리잡아가고 있다.

전략적 제휴(strategic alliance)란 기업들이 특정 사업 · 업무분야 및 자본참여를 통해 협력관계를 맺는 것을 의미하는 것으로, 제휴기업 간의 상호 보완적인 제품, 마케팅, 구매, 조달, 시설, 기능 그리고 기술 등을 폭 넓게 공유 · 활용하여 성장을 꾀하고자 하는 결합이다.

특히 경쟁사에 비해 상대적으로 취약한 기술부분의 경쟁력 향상을 위해서는 막대한 신규투자와 시간이 필요하며 동시에 불확실성이 높다는 위험성이 있다. 이러한 현실적인 어려움을 극복할 수 있는 방법 중 한 가지가 전략적 제휴인데, 이 방법은 피인수기업의 강점과 약점을 모두 인수해야 하는 M&A와는 달리 필요한 기술과 시설을 확보하고 있는 기업의 강점만을 활용할 수 있는 방법이다.

2) 전략적 제휴의 추진배경과 동기

(1) 전략적 제휴의 추진배경

기술 및 환경 변화에 기동력 있게 대응하기 위해서 행해지는 전략적 제휴의 동기도 시대별로 변화해 왔다. 과거에 전략적 제휴의 주된 동기는 제휴 당사자 간 경제적 보완을 통한 협력이 주를 이루었다. 즉 기존사업의 확장 및 보완을 위한 기술이전과 생산하청 등과 같은 기업활동의 교환이었다. 그러나 최근에는 전 산업분야에 걸쳐 신규사업 진출이나 신제품 개발을 위해 기술표준을 설정하고 기술교환과 공동개발 등 제휴기업 내의 가치사슬 전반에 걸쳐 광범위하고 복합적으로 전개되고 있다.

보스톤컨설팅그룹(BCG)의 분석에 따르면, 글로벌 기업의 매출액 중 전략적 제휴를 통하여 발생하는 비중이 갈수록 늘어나고 있기 때문에 현대 기업들에게는 성장을 위한 당연한 기업활동의 일부로 자리 잡고 있다. 특히 의료, 미디어, 정보기술(IT)산업 등 기술 및 성장속도가 빠른 산업 군에서 급속하게 확대되고 있다.

뿐만 아니라 기술의 변화속도가 빠르고 소비자의 요구는 점점 다양하고 복잡해지고 있어 기업이 보유한 자원과 능력만으로는 이러한 변화와 요구에 신속하게 대처하는 것이 쉽지 않다. 따라서 기업들은 외부역량과의 협력을 통한 전략적 제휴방법을 갈수록 늘려나가고 있다.

(2) 전략적 제휴의 동기

전략적 제휴의 목적은 산업의 특성에 따라 차이가 있으나 대부분의 기업들은 시장변화 대응에 필요한 가치사슬(value chain)상의 부족한 역량과 기능을 보완하여 성장을 추구하고자 하는데 있다. 기업이 행하는 전략적 제휴의 동기를 나타낸 것이 [그림 9-2]이다.

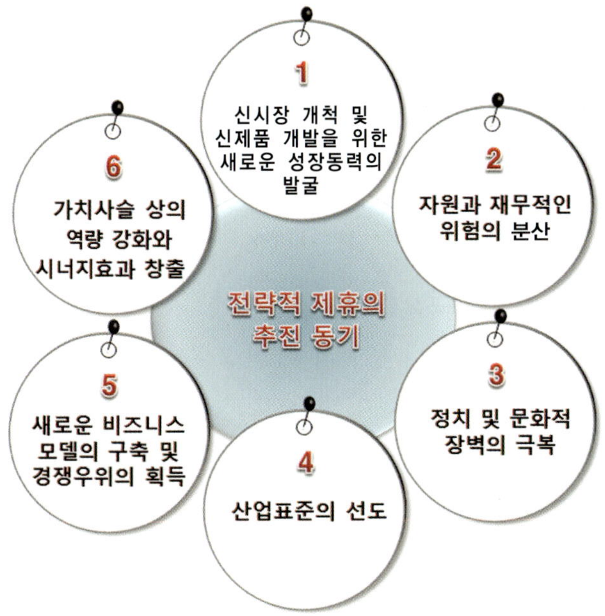

그림 9-2 전략적 제휴의 동기

① **신시장개척 · 신제품개발을 위한 새로운 성장동력을 발굴할 수 있다.**

기업들은 현재 위치에 만족하거나 안주하지 않고 지속적인 성장을 위해 끊임없이 변화를 시도한다. 즉 새로운 시장을 발굴하고 그 시장에서 성공할 수 있는 새로운 성장동력 사업을 찾는 노력을 한다. 그러나 자사만의 능력으로 원하는 목표를 달성하는데 한계가 있는 경우에 전략적 제휴를 모색하게 된다.

예를 들면 전기차, 무인자율주행차를 생산하고자 하는 기존자동차회사가 첨단 정보기술을 가지고 있는 외부와 제휴하여 가치사슬상의 새로운 경쟁우위를 확보하는 시도들이다. 특히 부품 수가 많고 구조가 복잡하거나 기술발전 속도가 빠른 자동차, 항공, 반도체 그리고 첨단 정보기술산업 등은 새로운 기술개발과 설비구축에 막대한 비용과 기술력을 요구하고 있기 때문에 더욱 활발하게 전략적 제휴가 이루어지고 있다.

② 자원의 효율적 활용과 재무적인 위험을 분산시킬 수 있다.

전략적 제휴를 통해 연구개발 및 시설투자에 소요되는 막대한 비용과 위험을 분산시킬 수 있으며, 자본의 효율적인 운영으로 자본의 운영성과를 높일 수 있다. 나아가 협력기업이 부담하는 투자재원은 자사의 투자 리스크를 줄여주고, 안정적인 재원의 확보는 기업의 대외신용도를 높이는데도 긍정적인 영향을 미치게 된다. 특히 많은 자본이 소요되고 위험성이 높은 고위험 산업에서는 위험분산을 위한 전략적 제휴를 광범위하게 실시하고 있다.

기업이 새로운 사업에 진출하고자 할 때는 많은 자본이 요구되는데, 필요한 자본을 극소화시킬 수 있는 방법 중 한 가지가 전략적 제휴이다.

③ 정치 및 문화적 장벽을 극복할 수 있다.

전략적 제휴는 정부의 규제나 법률적 제한에 대해 효율적으로 대처할 수 있도록 도와준다. 또한 다국적기업이 해외시장으로 진출하는 경우, 해당국가의 규제나 위협으로부터도 보호받을 수 있고 문화적 충격 및 장벽을 극복하는데 도움이 된다. 또한 직접투자가 불가능하거나, 정책적으로 통제가 엄격한 방위산업이나 금융산업 등에 진출할 때 전략적 제휴는 필수적이다.

LG전자가 일본의 폐쇄적인 유통시장을 공략하기 위해 1999년 북해도 지역 유통회사 호마크사와 제휴를 통해 시장을 공략했고, 글로벌 IT 기업들은 시장의 잠재적 가치가 큰 아프리카와 신흥공업국에 적극적으로 진출해 현지기업과 전략적 제휴를 추진하였다. IBM은 인도의 모바일회사 바티 에어텔(Bharti Airtel)과 전략적 제휴를 체결하고 아프리카 16개국에 IT 서비스를 제공하기 위해 나이로비에 리서치랩을 설립했으며, MS도 2013년 케냐 정보통신부 및 현지 인터넷 서비스사와 제휴해 고속의 브로드밴드 시스템을 개발하였다.

④ 산업표준을 선도할 수 있다.

기업들이 신제품을 개발할 때 항상 염두에 두는 것이 시장선점을 통해 표준을 선도하는 것이다. 특히 기술의 변화가 빠른 사물인터넷(IoT), 인공지능(AI), 5G 및 각종 정보통신기술(ICT) 관련 분야에서 표준을 선점하고자 하는 경쟁은 치열하다. 만약 경쟁시장 내에 산업표준이 확립되지 않은 상태라면, 표준을 선도하는 기업이 관련 산업에서 기술 및 특허선점 등을 통한 로열티의 수입확보와 차별화를 통한 경쟁우위를 차지할 수 있게 된다.

＊ 산업표준선도 사례

예를 들어 삼성전자는 1999년부터 표준화 활동을 적극적으로 수행한 결과 와이브로(WiBro)의 국제 표준화를 주도했다. 이는 2007년 국내 정보통신 표준화의 최고성과로 불릴 만큼 돋보이는 것이다. 삼성은 와이브로의 국제표준화를 통해 향후 로열티 수입을 창출하고 3~4세대 이동통신 분야에서 기술 선도국의 입지를 다질 수 있었다. 뿐만 아니라 미국디지털방송위원회(ATSC)는 삼성전자와 LG전자가 공동 개발한 모바일DTV 수신단말기에 사용되는 기술을 모바일DTV 표준으로 채택했고, 이어 세계 최초로 상용화시킨 지상파 멀티미디어방송(T-DMB)이 국제표준으로 채택되기도 했다.

⑤ 새로운 비즈니스 모델의 구축 및 경쟁우위의 획득

기업은 지속적으로 안정적인 수익을 창출하기 위해 새로운 사업 모델을 구상한다. 왜냐하면 현재 자신의 분야에서 선두 자리를 지키고 있다 하더라도 차별화된 제품과 전략으로 계속 대응하지 않는다면 경쟁력을 상실할 수 있기 때문이다.

새로운 비즈니스 모델을 독자적으로 구축하는 것은 쉬운 일이 아니므로 이미 기술이나 노하우를 구축한 기업과 전략적 제휴를 통하여 시장진입을 모색하는 것이 유리할 수 있다.

＊ 새로운 비즈니스 모델 구축(이케아 & 메리어트 호텔)

비즈니스위크지(Businessweek 2013.3.6)에 따르면 글로벌 1위 가구업체 이케아(IKEA)의 모회사인 '인터이케아그룹'은 향후 10년간 유럽 전역에 150여개 중저가 호텔을 건립하기로 하였다. 호텔 운영역량을 메리어트 호텔(Marriott Hotel)과 합작하여 실용성에 스타일을 얹은 저가 호텔 브랜드 막시(Moxy)를 확보하겠다는 사업계획을 발표했다.

이케아는 자신들의 공사비를 절감할 수 있는 새로운 공사기술인 모듈 공법을 호텔 건설에 도입하였다. 최고급 호텔 브랜드인 메리어트호텔로서는 첫 시도이지만 저가 호텔로 눈을 돌리는 소비자의 욕구를 충족시키려는 메리어트호텔과 새로운 비즈니스 모델을 구축하려는 이케아의 요구가 만난 전략적 제휴 사례이다.

⑥ 가치사슬상의 역량강화와 시너지 효과 창출

가치사슬의 역량을 강화하는 것은 곧 기업의 경쟁력을 강화하는 것이다. 그러므로 기업들은 경쟁력 향상을 위해 보완이 필요한 분야를 전략적 제휴의 방법으로 해결하고자 한다.

전략적 제휴는 기업의 상황에 따라 연구 및 기술개발, 제조 및 생산 합리화, 마케팅, 구매 및 조달 등의 영역에서 매우 광범위하게 이루어질 수 있으며, 역량강화는 상호 경쟁력 있는 기술이나 특허 및 노하우를 공유함으로써 경쟁사와의 차별적 우위를 추구하는 시너지 효과를 가져다준다.

- **기술개발과 생산능력 강화** : 전략적 제휴를 통하여 기술개발기간의 단축과 개발 비용을 절감할 수 있다. 연구・개발에 있어서 상호협력은 양자 간의 기술력을 단시간 내에 증대시킬 수 있으며, 이를 통해 시장지위 강화의 효과를 구현할 수 있다. 2004년 삼성전자와 소니가 대규모 특허공유 계약을 맺고 연대를 강화한바 있고, 에어컨시장에서 세계 1위와 2위를 다투던 마쓰시타와 LG전자는 2001년 1월 포괄적 제휴를 맺고, 양사에게 위협적인 중국 후발업체의 추격을 따돌리기 위해 에어컨의 판매, 생산기술, 부품구매, 연구개발(R&D) 등 핵심분야 전반에 걸쳐 글로벌 협력체제를 구축했다.

  공유경제(sharing economy)와 구독경제(subscription economy)시대가 일반화되면서 자동차회사들은 미래 자동차시장을 선점하기 위하여 많은 기업들이 전략적 제휴로 협력관계를 맺고 있다. 예를 들면 토요타와 우버(Uber), 벤츠(Benz)와 바이두(Baidu), 포드와 아마존, GM과 애플, 폭스바겐과 LG전자, BMW와 삼성전자, 아우디와 퀄컴, 볼보와 마이크로소프트 등이 제휴를 통한 협력관계를 맺었다. 이러한 추세는 연결, 통합, 협업이 없이는 생존할 수 없다는 것을 보여준다.
- **구매 및 조달의 이점을 활용** : 핵심사업의 후방업체와 제휴를 통해 제품의 생산을 위한 안정적인 원료의 확보와 조달로 원가절감을 가능하게 한다.
- **생산관리의 이점** : 생산기지의 공유, 선진 경영기법 도입 등의 제휴를 통해 생산공정의 효율성을 높여 생산성 향상은 물론 규모의 경제를 구현해 비용절감의 효과를 기대할 수 있다.
- **판매 및 마케팅의 이점** : 이(異)종산업 간의 융합된 신기술은 광범위한 신시장을 창출할 수 있으며, 특히 공동 마케팅을 통해 시장의 선점 및 판매를 극대화할 수 있다.

  2003년 삼성전자의 네트워크기술과 일본 산요전자의 고성능 가전기술 그리고 하이얼(Haier : 海爾)의 중국 내 판매망 등의 경쟁력을 중심으로 전략적 제휴를 체결한바 있고, 휴대전화의 패션아이콘화와 차별적인 디자인의 필요성을 인식한 LG는 명품브랜드 프라다(PRADA)와 전략적 제휴를 체결한 바 있다. 삼성전자(배트맨폰)와 LG전자(엑스맨폰)가 영화와 만화 속 영웅(hero) 캐릭터를 입힌 스마트폰을 출시하기도 했으며, 2018년 삼성전자와 기아자동차도 제휴마케팅(기아고객에게 최적화된 스마트폰을 공급)을 맺었다. 성숙단계에 진입한 스마트폰 시장에서 이러한 움직임은 고객을 더욱 세분화해 시장을 선점하려는 마케팅전략의 하나이다.

❷ 전략적 제휴의 유형

전략적 제휴의 방식은 [그림 9-3]과 같이 지분참여 방법이나 지분참여 정도의 몰입도(commitment)를 기준으로 구분한다. 예를 들면 연구개발 컨소시엄에서 라이선싱 협정 등과 같이 단순히 업무적인 제휴에 한정된 비지분 제휴(nonequity alliance), 순수하게 일정한 지분만을 확보하는 지분 제휴(equity alliance), 업무운영과 지분참여를 병행하기 때문에 몰입도가 가장 높은 합작투자형태의 조인트 벤처(joint venture)로 구분할 수 있다.

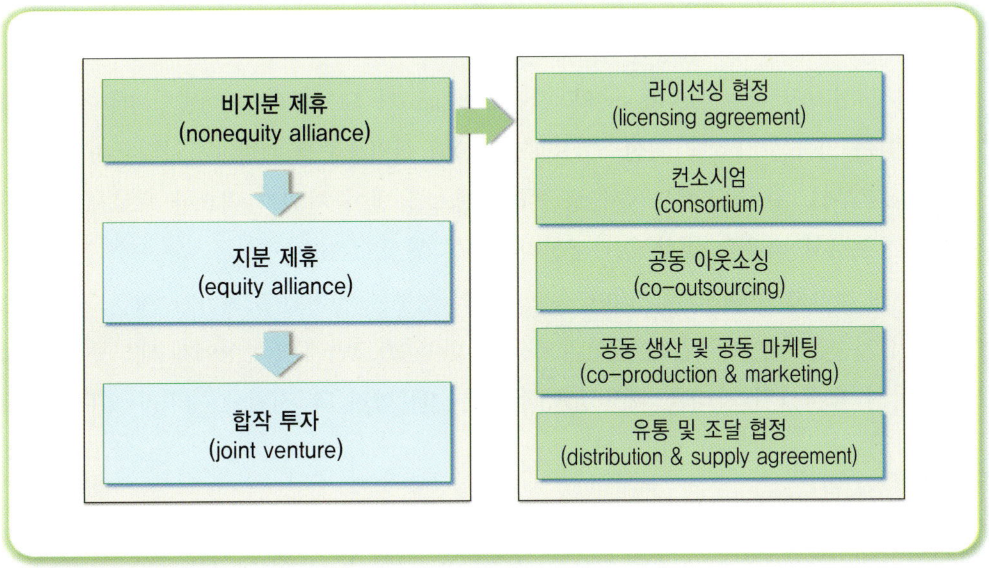

그림 9-3 전략적 제휴의 형태

1) 비지분 제휴

비지분 제휴는 '기능별 제휴 또는 업무별 제휴'라고도 하는데, 이는 제휴 당사자 간 지분을 보유하거나 투자하는 형태가 아니라 한정된 영역에서 기능별 또는 업무별 상호 관계를 맺고 협력해 나가는 방식이다. 즉 가장 단순하고 단기적인 성격이 강한 제휴형태로 제휴 기업 간 활동의 일부 제한된 기능에서 제휴가 이루어지는 것이다.

이러한 제휴관계는 [그림 9-1]에서 보는 것과 같이 지분투자를 통해 보다 넓은 형태의 제휴관계를 형성하기도 한다. 비지분 제휴에는 라이선싱 협정이나 상호 필요한 부문을 협력하는 컨소시엄, 조달 및 유통 협정, 생산 및 마케팅 협정 그리고 공동 아웃소싱 등과 같은 제휴방식이 있다.

(1) 라이선싱 협정

라이선싱 협정(licensing agreement)은 한 기업이 다른 기업에게 일정액의 로열티를 받고 생산기술을 공여하거나 자신의 기술을 기반으로 하여 신제품을 개발할 수 있는 권리를 공유하는 것을 말한다.

이러한 협정은 신제품을 개발하거나 생산할 때 위험과 비용을 절감할 수 있는 제휴관계이며, 당사자 간 필요한 기술을 서로 주고받는 교차 라이선싱 협정(cross licensing agreement)을 맺는 경우도 있다. 라이선싱 협정은 제휴관계 이외의 기업들에 대하여 더 높은 경쟁우위를 확보할 수 있는 좋은 방법이지만, 기술을 이전받고 사용하는 상대기업의 기술수준이 높아져서 경쟁자로 등장할 위험도 있다.

라이선싱 협정의 예는 소니(Sony)와 필립스(Phillips)가 CD를 처음 개발할 때 자신들이 가지고 있는 기술을 상호 라이선스함으로써 CD의 산업표준을 꾀할 수 있었으며, IBM이 인텔(Intel)로부터 마이크로프로세서 생산 라이선스를 받아 자신이 필요한 프로세서를 직접 생산함으로서 비용을 절감했던 생산라이선싱 협정도 있다.

1990년대 초 낸드플래시 메모리반도체 시장의 선두를 지키던 도시바가 세컨드 소스로 도시바의 기술공여를 제공받던 삼성의 추격을 받아 2002년에는 삼성에게 낸드플래시 메모리분야의 세계 1위 자리를 빼앗겼고, 삼성은 지금까지 그 지위를 지키고 있다.

(2) 컨소시엄

컨소시엄(consortium)은 유사한 활동을 수행하는 기업 간 상호 이익을 위해 각 기업이 가지고 있는 자원을 공유하는 전략적 제휴 방식으로서 연구개발을 위한 첨단산업에서 흔히 볼 수 있으며, 독자적으로 개발하기에는 비용부담이 큰 경우, 공동으로 기술을 개발하여 이익을 얻고자 하는 경우에 흔히 사용된다.

예를 들어 GM과 토요타, 포드와 다임러 크라이슬러는 자율주행차 및 전기차 개발을 위한 제휴를 맺었고, IBM과 애플(Apple)은 소프트웨어와 운영체제를 공동개발하는데 협정을 맺었다.

(3) 공동 아웃소싱

아웃소싱(outsourcing)은 기업에서 핵심업무를 제외한 나머지 활동을 외부로부터 조달받는 것으로 그 목적은 비용절감이나 서비스 수준 향상 등 경영효율을 극대화시켜 경쟁력을 높이고자 하는데 있다. 그 외에도 시간단축, 조직의 축소 등 유연성의 확보가 가능하기 때문에 가치사슬 전반에 걸쳐 보편화되고 있다. 이러한 아웃소싱을 기업들이 협력을 맺고 공동으로 활용하는 것이 '공동 아웃소싱'이다.

＊ 공동 아웃소싱

일본의 미쓰비시상사, 미쓰이물산, 스미토모상사 등 3대 종합상사는 종합상사의 수익구조에 비해 지나치게 많이 소요되는 관리비용을 최대한 축소시켜 수익성과 업무 생산성을 향상시키기로 하고, 통신, 총무, 인사, 경리, 정보 시스템 부문을 공동 아웃소싱하기로 했다. 이를 위해 각 기업이 개별적으로 아웃소싱하던 관리업무를 하나로 통합하여 공동으로 위탁하고, 이를 전담하는 통합 관리회사를 설립했다. 공동 아웃소싱을 통하여 3사는 전화, 팩스, 데이터통신 등에 소요되는 연간 100억엔(9800만달러) 규모의 각종 통신비용의 절감을 꾀하고, 기타 관리업무로 확대해 비용절감 및 생산성 향상을 추구하고 있다.

(4) 가치사슬상의 협정

기업은 신시장 진출을 위한 경쟁우위 확보를 위하여 다양한 부문에서 제휴를 맺는다.

- **구매협정**(purchase agreement) : 부품의 원활한 상호 공급을 위한 전략적 제휴이다. 구매협정은 주로 동일한 업종에서 원가절감을 기대하고 구매협상력을 높이고자 할 때 사용한다.
- **마케팅 협정**(marketing agreements) : 상대기업의 마케팅 능력을 활용하여 진출을 원하는 해당 시장(국가)의 접근이나 상호 공동판매, 위탁판매, 판매지역 등을 강화하는 제휴를 말한다.
- **생산협정**(production agreements) : 협력회사 당사자가 공동 설비나 라인을 활용해 생산하는 전략적 제휴이다. 생산협정을 흔히 볼 수 있는 분야는 자동차산업으로서 같은 조립 라인을 이용하여 자동차를 설계하고 제작하여 생산은 물론 물류비용의 절감도 기대할 수 있다.
- **조달협정**(supply agreements) : 공동으로 원재료, 부품, 서비스 등을 조달하거나 동일한 물류 네트워크를 활용하는 방법이다. 예를 들면 보잉은 2000여개의 전문 부품업체들과 전략적 조달 제휴를 통해 자체적으로 부품을 조달하는 비율을 70%에서 30%로 낮추어 불량률 감소와 개발기간을 단축하는 효과를 보았다.
- **유통협정**(distribution agreements) : 한 기업이 다른 기업의 제품을 유통하도록 동의하는 제휴로서, 폭스바겐과 닛산은 유통협정을 통해 유럽과 일본에서 각각 서로의 차량을 유통시켜 준다.

- **제품스왑**(product swap) : 자사가 경쟁우위를 갖는 분야에 집중투자하기 위해 타사의 제품에 자사상표를 붙여 판매하는 방법의 제휴이다. 혼다(Honda)와 이스주(Isuzu)가 상호 협력을 맺고 혼다는 이스주의 트럭에, 이스주는 혼다의 유틸리티 밴에 자사 로고를 붙여 교차 판매하였다.

2) 지분제휴

지분제휴(equity alliance)는 특정 파트너를 찾아 지분투자를 통해 제휴관계를 보완 또는 강화하는 형태로서, 다양한 산업에서 이루어지는 일반적인 제휴관계이다.

＊ 지분제휴

항공사의 경우 지분 제휴는 항공사 간 가장 강력한 전략적 제휴 형태이다. 예를 들어 대한항공은 항공사 3대 전략적 제휴 그룹의 하나인 스카이팀 회원사[1]로 활동하면서 같은 회원사 체코항공과 지속적인 협력관계를 유지해오던 2003년 국내에선 처음으로 체코항공 지분 44%를 인수하는 계약을 체결하면서 체코항공의 2대 주주가 되었다. 이러한 지분제휴는 자동차산업에서도 흔히 볼 수 있는데, GM은 이스주의 소형자동차 수입 당시 이스주 지분 34.2% 인수하였고, 피아트와의 제휴에서는 24억 달러 상당의 피아트 지분 20%를 인수하고 피아트가 같은 금액에 해당하는 GM의 지분 5.1%를 인수함으로써 협력관계를 맺었다.

3) 조인트 벤처

조인트 벤처(joint venture)는 지분참여나 업무제휴 방식의 몰입도가 가장 높은 형태의 전략적 제휴로서, 제휴기업들이 독립된 하나의 새로운 사업체를 설립하는 방식이다. 이는 전략적인 목적을 위해 별개의 사업주체(business entity)를 형성하고 소유권, 운영상의 책임, 재무적인 위험과 수익 등을 제휴기업에게 분배하며, 주체성과 자율성을 유지한다.

특히 조인트 벤처는 두 기업(혹은 그 이상)이 법적으로 합병하는 것이 금지되어 있거나 서로가 완전한 합병을 원하지 않을 때 주로 사용되므로 파트너 간의 서로 다른 강점을 한시적으로 통합하고자 할 때 유용하다.

그러나 조인트 벤처는 자본과 기술 등을 서로 공유하면서 독립적으로 운영되기 때문에 많은 문제점이 발생할 수도 있다. 즉 통제권의 상실, 낮은 수익, 기업 간의 불화 가능

1) 항공사들은 글로벌 시장 공략을 통한 성장전략의 하나로 전략적 제휴 또는 제휴 그룹을 적극 활용하고 있다. 세계시장 63%를 점유하고 있는 세계 주요 3대 항공사 제휴 그룹인 스카이팀, 원월드, 스타얼라이언스(star alliance)는 항공운송산업을 주도하고 있다. 이들 제휴 그룹 소속 회원사들은 제휴 그룹을 통하여 규모의 경제와 범위의 경제 구현을 위한 네트워크를 통해 각사의 고객들에게 보다 나은 서비스와 혜택을 제공할 수 있으며, 동시에 회원 항공사들은 다른 회원사들과의 협력을 통해 시너지 효과를 창출하고 효율성을 극대화함으로써 경영측면의 효율성도 높인다.

성, 관련 기업들이 가지고 있는 기술적 우위의 유출가능성 등을 들 수 있다. 뿐만 아니라 복수의 기업이 서로 가지고 있는 전략적 약점을 보완하는 일시적 방법으로 사용되기 때문에 실패율이 높은 편이다.

＊ 전략적 제휴 1

전략적 제휴를 다양한 분야에서 매우 폭 넓게 활용하는 대표적인 산업은 항공사이다. 항공사는 단순히 노선을 제휴하기도 하고, 자원을 공유하거나 포괄적 마케팅 제휴를 맺기도 하고, 코드 쉐어링(code sharing)과 같은 제휴를 비롯해 지분소유 및 M&A 등까지 전략적 제휴를 광범위하게 활용하고 있다. 예를 들면 가장 단순하고 전통적인 방식의 제휴형태로 특정 구간노선에 대해 공동운항(joint operation), 공동운임(joint fare), 운항편명 공동사용(code sharing) 등의 형태로 협력관계를 체결하는 것이다. 2017년 대한항공(KAL)과 미국의 델타항공(Delta Air Lines)은 태평양노선의 조인트벤처를 맺고 운영하고 있다.

＊ 전략적 제휴 2 (자동차회사들의 조인트벤처 및 협력)

고급자동차 산업을 대표하는 독일의 벤츠(1890년에 설립된 다임러와 1883년에 설립한 벤츠가 1926년에 합병하여 설립)와 BMW(1916년 설립)는 100년의 라이벌 관계에서 협력의 관계를 맺기로 하였다. 두 회사는 2019년 2월에 10억유로(한화로 약 1조2700억원)를 공동 투자하여 '차량공유사업'을 위한 조인트 벤처를 설립하여 승차공유, 주차, 충전, 복합운송 등의 5가지 분야에서 협업하기로 하였다. 이는 자동차 산업의 비즈니스 모델이 운송 서비스를 제공하는 IT 플랫폼으로 빠르게 전환되고 있기 때문이며, 특히 우버와 구글의 자율주행 부문 웨이모(Waymo) 등 첨단기술 기업들이 기존의 자동차 구매소유 양상을 바꾸는 플랫폼 혁신에 적극적으로 대응하기 위한 것이다.
일본의 토요타는 2018년 우버와 그랩에 각각 6천억원, 2조원을 투자하였으며, 소프트뱅크와 손잡고 모빌리티 서비스 합작사를 설립했다.
미국의 GM은 2016년 자체 차량공유업체 메이븐(Maven)을 설립하고, 우버 경쟁사인 리프트(Lyft)에 5억달러를 투자했다. 포드는 2015년에 차량공유 서비스 고드라이브(Go Drive)를 출시하고 리프트와 제휴했다.
자동차기업들이 이같이 전략적 제휴에 적극적인 또 다른 이유는 차량공유서비스 등을 통하여 소비자가 원하는 차량이나 서비스 등의 이동 패턴과 이용 행태 등과 관련된 정보와 아이디어를 얻을 수 있기 때문이다. 이 같은 정보는 새로운 서비스를 개발하는데도 매우 유용한 정보들이다.

③ 전략적 제휴의 장 · 단점과 합리적인 추진절차

1) 전략적 제휴의 기대효과와 한계점

(1) 전략적 제휴의 기대효과

전략적 제휴를 추진하는 동기가 충족된다는 것은 제휴 당사자 간에 보유한 핵심역량을 토대로 이루어지는 협력의 결과로 새로운 경쟁력을 발휘하고 있다는 의미이다. 즉 전략적 제휴 추진동기가 경쟁우위요소로서의 역할을 충분히 수행한다는 뜻이다.

전략적 제휴를 통해 누릴 수 있는 기업의 기대효과는 다음과 같다.

첫째, 전략적 제휴를 맺은 기업이 보유하고 있는 핵심역량을 바탕으로 빠르게 변하는 환경에 유연하게 대응하여 새로운 성장동력을 마련해 준다. 예를 들면 제휴를 통해 이미지 향상, 원가인하, 공동기술개발 및 활용을 기대할 수 있다.

둘째, 전략적 제휴를 통해 연구개발 및 시설투자에 소요되는 막대한 비용과 시간 그리고 위험을 분산시켜 준다. 예를 들면 새로운 사업의 진입비용과 철수비용의 부담을 줄일 수 있다.

셋째, 경쟁이 치열한 산업 내에서 상호 보유한 기술과 노하우를 토대로 보다 높은 차별적 지위를 발휘하여 시장선점과 경쟁을 주도하는 기회를 갖게 된다.

넷째, 기업이 지속적으로 안정적인 수익을 창출할 수 있는 새로운 사업의 비즈니스 모델을 구축할 수 있다.

다섯째, 자사의 부족한 부분을 상대기업이 보완해줌으로써 경쟁력을 향상시킬 수 있는 기회를 얻게 된다. 따라서 기업은 새로운 사업기회를 포착할 수 있으며 가치를 창출하는 데 매우 효과적이다. 이러한 이점 때문에 경쟁관계의 두 기업이 제휴를 맺고 상호 부족한 부분을 보완해 나가기도 한다.

＊전략적 제휴 3

우편 및 소포 배달 서비스 분야에서 페덱스(FedEx), UPS(United Parcel Service), DHL, 익스프레스(Express) 등 사기업들과 치열한 경쟁을 벌이고 있는 USPS(U.S. Postal Service : 1792년 설립된 미국 우체국)는 UPS와 '코피티션'(Co-opetition, 경쟁과 협력이 혼재된 관계)을 통한 전략적 제휴를 맺고, 소매업자를 위해 장기적으로 지속가능한 배달프로세스를 구축하여 사업을 펼쳐 나가고 있다. 2010년 기준 미국 전역에 3만 6,400개의 우체국과 출장소를 운영하고 있는 USPS는 가정집 문 앞까지 배달(반송 포함)해주는 강점을 가지고 있다. 대형화물 운송 시스템 구축과 자동화된 배달 허브를 갖추고 소포운송 네트워크 활용을 통한 스피드를 강점으로 UPS와 물류와 배달 네트워크 제휴를 맺고 업무의 효율성을 증대시켜 나가고 있다.

(2) 전략적 제휴의 단점

서로 다른 목적을 가진 기업들이 필요에 의해서 전략적으로 만나는 전략적 제휴는 장점만큼이나 단점도 많다. 따라서 성공의 막연한 기대감이나 지나치게 높은 결과를 기대하는 것은 좋지 않으며, 실패 가능성도 항상 고려해야 한다.

전략적 제휴의 단점으로 볼 수 있는 내용을 간단히 살펴보면 다음과 같다.

첫째, 전략적 제휴의 성공은 상호이해를 기반으로 완벽한 협력이 전제가 되어야 하는데, 현실적으로 협력 당사자가 자신들의 이익을 항상 먼저 고려하기 때문에 언제든지 경쟁자관계로 바뀔 수 있다.

둘째, 전략적 제휴에 대한 기대감이 지나치게 크면, 자신들의 핵심역량에 대한 개발에 집중하기보다는 협력기업에 의존하게 됨으로써, 자사의 핵심역량을 지속적으로 개발해야 하는 능력을 위축시킬 수 있다. 반대로 협력기업에게 자사의 핵심기술이나 노하우를 쉽게 노출시킬 수 있는 위험부담도 있다.

셋째, 제휴 당사자 간에 어느 기업이 먼저 상대기업의 기술과 노하우를 빨리 학습하는가에 따라 제휴관계가 경쟁자 관계로 바뀔 위험이 있다.

＊ 전략적 제휴 관계에서 경쟁관계로 전환

일본의 야마타케사(Yamatake, 1906년 설립, 냉난방 · 조명 · 방범 · 방재 · 빌딩자동화 시스템 등의 첨단기술)와 미국의 하니웰(Honeywell, 1885년 설립 : 글로벌 자동제어기기 · 전자통신시스템 장비, 우주항공, 운송, 특수소재 사업 등) 양사의 전략적 제휴는 1930년 하니웰이 야마타케에 산업제어(industrial control) 기술 라이선싱 협정체결로 시작했다. 하니웰은 1953년 라이선싱 로얄티 대신 야마타케의 지분을 50%를 인수하면서 제휴관계는 더욱 긴밀해졌고, 하니웰은 야마타케-하니웰사에게 경영 자율권을 보장해 주면서 협력관계가 순조롭게 진행되었다.
그러나 1989년 지분매각을 통한 새로운 전략적 제휴 협정이 체결되면서 양사의 신뢰관계에 금이 가기 시작했다. 하니웰의 지분이 24%대로 축소되면서 마침내 두 회사의 관계에 변화가 생겼고, 1998년 자본제휴관계를 종결하면서 경쟁관계가 되었다.

2) 전략적 제휴의 실패원인과 합리적인 추진절차

(1) 전략적 제휴의 실패이유

전략적 제휴 관계를 맺는 기업들이 계획했던 만큼의 효과를 기대하려면 실패의 원인이 되는 내용을 항상 염두에 두면서 전략적 제휴를 진행하여야 한다. 전략적 제휴가 실패하는 이유는 다음과 같다.

첫째, 상대기업이 원하는 핵심역량을 구축하고 있지 못하는 경우이다. 핵심역량은 전략적 제휴를 통하여 구상하는 새로운 사업의 경쟁력의 원천이 되어야하기 때문에 항상 상대기업은 희소성 있는 핵심역량을 구축할 수 있어야 한다.

둘째, 상대기업이 제공하는 자원과 역량을 효과적으로 사내의 모든 구성원이 공유할 수 있는 조직능력이 미흡한 경우이다. 전략적 제휴 자체만으로 기업이 성장하고 신 시장을 개척할 수 있는 것은 아니다. 조직의 역량이나 팀웍이 성공에 매우 중요하다.

셋째, 상대기업에 대한 지나친 의존은 자신들의 역량개발을 소홀하게 하고 때로는 상대기업 의존도가 높아지면 기술이나 특허가 유출되기도 한다.

넷째, 제휴기업이 상대기업의 기술이나 노하우 등의 학습을 의도적으로 방해하는 경우이다. 물론 지식을 습득하는 능력이 제휴기업에 비해 낮을 경우에도 제휴관계는 실패로 돌아갈 수 있다.

다섯째, 전략적 제휴에 대한 인식이 낮은 경우이다. 전략적 제휴는 상호 보완관계를 바탕으로 하기 때문에 제휴기업으로부터 무엇을 얻을 수 있는가에만 집중해서는 안 되고, 상생을 생각해야 한다.

여섯째, 자신의 의지와 관계없이 상대가 제휴를 파기하는 경우이다. 예를 들면 독일의 알리안츠(Allianz) 보험회사는 도이치은행(Deutche Bank)과 전략적 제휴를 맺었다. 보험회사에 비해 상대적으로 은행이 고객으로부터 높은 신뢰를 받고 있기 때문이다. 도이치은행이 1991년 생명보험 자회사로 디비 레벤(DB Leben)을 설립하자, 알리안츠는 드레스너 뱅크(Dresdner Bank)와 다시 전략적 제휴를 맺게 되었다.

(2) 전략적 제휴의 추진절차

전략적 제휴가 성공하기 위해서는 장기적인 안목으로 관련된 과정을 순차적으로 진행하여야 한다. 예를 들면 제휴대상기업에 대한 사전 평가와 협상, 계약체결, 전략적 제휴 이후의 운영방법 등을 꼼꼼히 분석하여야 하며, 다음과 같은 체계적인 전략적 제휴 절차를 거치도록 해야 한다.

① 전략적 제휴 목적을 명확히 하는 단계

전략적 제휴를 추진하려는 목적을 분명히 규정하여야 한다. 우선 전략적 제휴를 통해 기업이 얻고자 하는 바가 무엇인지 명확히 밝힐 수 있어야 하고, 어떤 사업분야에 진출하여 어떤 시장에서 가치를 창출할 것인지 구체화해야 한다. 또한 제휴를 통해 상호 얻을 수 있는 이익은 무엇이며, 기업이 보유한 핵심역량을 발휘할 수 있는지 등을 다양하게 살펴보고 목표를 가능한 계량화하거나 구체화한다.

② 전략적 제휴 파트너 탐색단계

전략적 제휴 파트너의 탐색은 전략적 제휴의 목표를 수립하는 것만큼 중요하다. 특히 상대기업의 외형이나 과거 실적 등 단순히 보여지는 것만으로 파트너를 성급하게 선정하지 않도록 해야 한다.

전략적 제휴가 성공적으로 추진되기 위해서는 상호 공통의 목적을 가지고 있고, 경쟁우위요소의 원천, 재무의 건전성, 합리적인 조직구조와 기업문화를 구축하고 있어야 한다.

일반적으로 전략적 제휴의 파트너를 선정할 때 고려해야 할 내용으로는 몰입성(Commitment), 신뢰(Trust), 양립성(Compatibility), 통제(Control) 그리고 능력(Capability)이다.[2)]

- **몰입성**(Commitment) : 전략적 제휴 당사자 간의 전략적 목적은 자원과 에너지를 집중하였을 때 달성할 수 있다. 물론 성공적인 협력을 위해서는 핵심역량을 확보하는 것도 중요하지만 몰입을 통해 도출된 전략적 제휴의 결과는 조직원들의 만족 증대, 조직의 결속력 강화 등으로 이어지도록 해야 한다.
- **신뢰**(Trust) : 신뢰는 제휴 당사자 간의 상호 이해를 전제로 한다. 신뢰는 자신만의 이익을 우선시하거나, 기회주의적인 행동을 하거나, 협정내용을 위반하고 제휴관계를 일방적으로 파기하는 등의 행위를 막을 수 있는 중요한 요소이다.
- **양립성**(Compatibility) : 상대 기업이 아무리 뛰어난 역량을 보유하고 있더라도 상호 공유하고 협력할 의지가 없으면 협력 자체가 무의미하다. 따라서 전략적 제휴를 본격적으로 체결하기 전에 작은 프로젝트에 대해 협력관계를 고려해 봄으로써 양립성에 대한 사전평가를 해볼 수 있다.
- **통제**(Control) : 통제는 제휴의 결속력 유지를 위해 필요하다. 그러나 지나친 간섭이나 억압 및 통제는 보다 긴밀한 신뢰를 구축하는데 장애가 되므로 자제해야 한다.
- **능력**(Capability) : 전략적 제휴의 핵심은 해당기업이 보유한 핵심역량의 공유를 통한 경쟁력 창출이기 때문에 제휴 파트너가 보유하고 있는 능력은 매우 중요하다. 따라서 자신들의 강점을 활용한 시너지 효과와 함께 약점을 지속적으로 보완해 나가는 상호노력이 중요하다. 특히 상호 제휴관계를 관리하는 능력은 후속협력에 중요한 역할을 하며, 나아가 경쟁우위를 구축하는 데에도 중요하다.

---

2) G. Hamel., Y. L. Doz., & C.K. Prahalad, "Collaborate with Your Competitors And Win", 『*Harvard Business Review*』, Vol. 67, No.1., 1989, pp.133~139.;R. Gulati, "Alliances and Networks", 『*Strategic Management Journal*』, Vol. 19, No.4., 1998, pp.293-317. 장세진, 『경영전략(제3판)』, 박영사, 2002, pp.543~547. 참고

③ 협력내용 검토 및 제안 단계

전략적 제휴의 협력을 어떠한 방식으로 진행할 것인지를 결정하기 위해 제휴 당사자 기업이 각각 보유한 핵심역량의 내용을 수집 · 정리 · 분석하는 단계이다. 예를 들면 기초자료로서 자산규모, 자본의 흐름, 기술 및 특허, 생산규모와 생산능력, 연구개발 및 현황, 보유한 자원과 능력을 판단할 수 있는 자료를 분석하는 것이다.

④ 협상 및 계약 체결단계

③의 단계에서 파악한 상호 정보공유에 대한 비밀유지 계약서(NDA : Non-Disclosure Agreement)를 작성한 후 기본 제휴합의 양해각서(MOU : Memorandum Of Understanding ; 정식계약 체결에 앞서 당사자 간에 양해사항을 확인하기 위해 작성하는 문서로, 보통 법적 구속력은 갖지 않는다)를 작성하게 된다. 이후 보완할 내용을 검토한 후 제휴 당사자 간에 보유한 핵심역량을 바탕으로 최종 본 계약(F contract)을 작성하고 계약을 체결한다. 제휴 계약서에서 다루게 될 기본 사항은 다음과 같다.

- 전략적 제휴의 목적과 범위
- 제휴기업이 지켜야 할 의무사항
- 보유하고 있는 기술과 능력
- 제휴 방법과 기간
- 상호 비밀유지 조항과 분쟁시 해결방법
- 제휴관계의 청산 등

⑤ 운영과 조정 단계

전략적 제휴는 성공할 확률보다 실패할 확률이 더 높을 수 있다. 그 실패의 대부분은 계약 이후 운영 및 제휴 관계 관리를 소홀히 하였기 때문이다. 그러므로 전략적 제휴를 성공적으로 유지하기 위해서는 제휴계약서에 담긴 내용을 충실히 이행해야 하며, 이를 위해서는 제휴의 전략적 중요성에 대한 인식전환은 물론 상대기업을 단순한 협력관계로 보지 말고 전략적 동반자의 개념으로 이해하여야 한다. 뿐만 아니라 전략적 제휴의 중요성을 조직 내에 전파하고 이를 책임지고 관리할 조직을 구축해야 한다. 일정기간이 지난 후 제휴관계가 결렬되거나 제휴기간이 만료되면 청산절차에 임해야 한다.

✻ 전략적 제휴 4

시스코 시스템스(Cisco Systems, 1984년 창업)는 네트워크 장비분야의 세계 선두기업으로서 하드웨어와 소프트웨어를 동시에 제공하는 통합 네트워크 솔루션 기업이다.
시스코의 성장은 시장 자체의 성장과 고객지향적 경영이 주요 배경이었지만 광범위한 전략적 제휴를 통한 협력경영도 중요한 요인으로 작용했다. 그 동안 시스코가 구사해 온 혁신전략의 핵심은 직접 IT기술과 제품을 개발하고(build), 인수하며(buy), 파트너와 협업(partner)하는 것이었다. 특히 시스코는 전략적 제휴시 일반적으로 신규사업 발굴을 위해 파트너 회사와 전략적 제휴를 맺은 후 1년 이상의 유예기간을 두고, 성과나 미래가치를 평가해 나가면서 제휴에 대한 지속성을 판단하는 방식을 선호한다. 즉 계약연장, 인수의 독자추진 또는 계약종료 등을 결정하는 Gate Review 방식(신사업 및 신제품 개발에 Gate Review System과 같은 단계별 평가제도)을 도입해 전략적 제휴 포트폴리오를 관리한다.
시스코는 지속적인 경쟁우위(SCA, sustainable competitive advantage)를 확보하며 범세계적인 서비스를 제공하기 위해 IBM, 휴렛 패커드, 마이크로소프트, 모토롤라, 인텔, 피플소프트, EDS 등과 전략적 제휴를 맺었고, 부품 공급업자들과의 제휴를 통해 70% 이상의 부품을 외부조달(outsourcing)을 통해 생산성 향상은 물론 신제품 개발주기 단축, 투자비용 절감 등의 효과를 거두고 있으며, 경쟁사에 비해 시장변화에 더욱 신속하게 대응하고 있다.
시스코의 대표적 전략적 제휴로 손꼽히는 것은 2012년 영국 정부, 런던 올림픽 및 장애인 올림픽 조직위원회, 브리티시 텔레콤, NBC 등 방송사들과의 전략적 제휴이다. 시스코는 1,800개의 Wi-Fi 핫스팟, 80,000건의 데이터 연결을 활성화하고 역대 올림픽의 네트워크 인프라에 비해 4배나 큰 용량을 확보한 2012 런던 올림픽의 네트워크 인프라를 제공했다. 이를 통해 시청자 약 1천만 명, 자원봉사자 76,000명, 운동선수와 코치 22,000명을 연결시켜 주었다.
2014년에도 시스코는 하이브리드 클라우드 1위를 목표로 새로운 인터클라우드 파트너로 NTT·다이멘션데이타, VCE, 넷앱, 액센츄어, 존슨콘트롤스 등과 전략적 제휴를 맺었다. 이렇게 전략적 제휴를 맺은 기업들은 시스코 기술과 파트너 프로그램을 통해 클라우드 서비스를 제공하게 된다.

제 2 절 인수 · 합병

1 인수 · 합병의 이해

1) 인수 · 합병의 의의와 목적

(1) 인수 · 합병의 의의

인수 · 합병(M&A : Merger and Acquisition)이란 합병(Merger)과 인수(Acquisition)의 합성어로서, 일반적으로 두 개 이상의 조직이 결합해서 보다 큰 조직이 만들어진 것을 가리킨다. 그것은 조직의 효율성을 높이고 자신의 사업분야에서 경쟁력을 강화하는 한편 새로운 사업분야로의 진입을 통해 위험을 분산하고 수익성을 향상시킴으로써 미래의 발전 및 성장가능성을 높이는 것이 목적이다.

M&A는 전략적 제휴와 더불어 기업의 수직적 통합과 다각화의 목적을 실현하기 위해 가장 널리 이용되는 방법이다. 기업은 성장을 위해 선택한 기업을 완전한 통제 하에 두기 위해 전략적 제휴보다는 M&A를 선호하게 된다. 물론 새로운 산업으로 진입하기 위해 기업내부에서부터 새로운 회사를 만드는 사내창업(internal venturing 혹은 internal start-up)을 시도하기도 하지만 사내창업은 새로운 기업을 창업하고 발전시키는 전 과정을 거쳐야 하므로 시간과 비용 등 위험부담이 커 인수・합병을 선호하게 된다.

기존기업을 인수하는 M&A는 기술의 부족, 공급자 확보의 어려움, 브랜드 홍보 등과 진입비용을 줄여줄 수 있을 뿐 아니라 초기 투자를 해야 하는 각종 진입장벽을 극복할 수 있게 함으로써 목표하는 시장으로 빠르게 진입할 수 있기 때문에 선호하게 된다.

그러나 M&A 대상을 탐색하고 선정하는 것이 쉬운 일이 아니다. 인수를 생각하는 대상기업을 찾았다 하더라도 인수비용, 진입비용에 대한 평가도 해야 한다. 또한 서로 다른 문화와 인적구성 및 시스템을 통합하는데 어려움을 겪게 되면 결국 M&A도 실패로 끝나기 때문에 M&A 후 두 조직의 통합(integration)문제도 신중하게 고민해야 한다.

(2) M&A의 목적

최근 갈수록 경영환경의 불확실성은 높아지고 기술의 급속한 발전 및 제품의 라이프 사이클이 짧아지고 있는 기업환경에서 신사업으로의 신속한 진출은 경쟁력을 선점하는데 매우 중요한 요소이다. 이러한 경영환경에서 M&A기법은 시장에 신속하게 진출할 수 있는 방법으로 각광을 받고 있다. 기업이 M&A를 행하는 주요 목적을 살펴보면 다음과 같다.

첫째, 기업이 새로운 분야에 진출하고자 할 때 이미 그 분야에서 활동하고 있는 기업을 M&A로 획득함으로써 다양한 제품을 기동력있게 생산할 수 있으며, 위험을 분산시킬 수 있다. 또한 신기술과 노하우,[3] 신상품의 개척, 새로운 시장의 확보 등과 같은 경영능력과 기반을 확립하는데 소요되는 시간을 절약할 수 있다.

둘째, 동일한 업종을 M&A하는 경우, 규모의 경제 효과를 기대할 수 있을 뿐만 아니라

---

3) M&A를 통하여 미래에 필요한 기술을 확보하는 경우를 특히 인수개발(M&D : Merger & Development)이라고 한다. 인수개발이란 핵심기술을 가지고 있는 회사를 M&A하여 관련기술과 인력을 한꺼번에 확보하는 방법으로서 기동력과 미래의 사업기회를 선점할 수 있다는 장점이 있다. 이 방법은 연구개발(R&D)이 위험성이 크고 시간이 많이 걸리기 때문에 기동력이 떨어진다는 약점을 보완할 수 있는 방법이다.

피인수기업이 이미 보유하고 있는 시장과 기술을 짧은 시간에 획득할 수 있다. 즉 M&A기법으로 신시장 점유율을 높이고 유통망을 확보하는데 걸리는 시간과 비용을 줄일 수 있다.

(3) M&A의 변천과정

M&A를 추진하는 목적과 방법은 시대에 따라 다양한 방법으로 변해 왔다. 역사적으로 M&A기법은 미국을 중심으로 활발하게 발전되어 왔으며, M&A의 변천과정은 〈표 9-2〉와 같다.

자본주의 시장경제 하에서는 시장의 힘을 집중화하는 경향이 있기 때문에 기업은 시장을 획득하고 지배하기 위해 끊임없이 기업의 규모를 확대하려 한다. 생산과잉이나 공급과다로 인한 가격하락과 이윤감소 현상이 나타나면 기업들은 카르텔(Cartel)[4]과 같은 방식으로 수평적 상호 협정을 통해 시장을 지배했다.

그러나 이러한 기업 간 담합형태는 대자본의 힘으로 타 기업을 인수하는 다각화 경영을 촉진하는 트러스트(Trust)[5] 형태로 진화하면서, M&A를 통해 시장을 통제하는 힘이 더욱 강력해 졌다.

표 9-2. M&A 변천과정

시기	19세기 말	20세기 초	1960년대	1980년대	1990년대 이후	2000년대 이후
특징	수평결합	수직결합	복합화	적대적 M&A	전략적 M&A	융·복합적 M&A
	동일한 업종을 중심으로 결합	일관생산체제확보를 위한 결합	사업다각화 목적	매매차익을 위한 목적이 많았음	시장지배력을 중시했음	협업을 통한 융·복합 기술과 연결성 강조

4) 다수의 동종 또는 유사기업이 경쟁을 제한하고 시장의 독점적 지배를 목적으로 경제적 이익을 얻기 위해서 협정을 맺는 기업의 결합형태이다. 이에 참가하는 기업들, 즉 가맹기업은 법률적·경제적으로 독립성을 유지하면서 협정에 의한 결합관계를 갖기 때문에 수평적 결합이다.

5) 기업 상호간의 시장독점과 경영합리화를 목적으로 동종 또는 유사제품의 생산업체간에 출자액을 결합하여 대자본을 기초로 하는 기업의 복합형태로서, 법률적으로 독립성을 완전히 상실하고 상호 결합하는 기업집중의 형태이다.

또한 기업들은 트러스트 방식의 하나인 '지주회사방식'(회사주식이 지주회사에 의하여 소유됨으로써 법률적으로는 독립이 되나 경제적으로는 독립성이 상실되는 것이다)을 통해 가입기업의 주식을 과반수 이상 매수하여 지배권을 장악하는 수평적 결합을 확대해 나갔고, 이후 제1차 세계대전을 전후로 1920년대 말까지 수직적 결합을 통한 M&A를 거쳐 현재의 전략적 M&A로 변화를 거듭해 왔다.

최근 M&A는 시장의 개방과 경쟁격화, 기술혁신속도의 가속화, 제품수명주기의 단축 등 급속한 환경변화에 대응하는 수단으로 많이 사용되고 있다. 더구나 '국제(cross-border)M&A'의 비중이 점점 커지고 있으며, M&A 추진 분야도 특정 업종에 한정된 것이 아니라 정보기술(IT), 사물인터넷(IoT), 인공지능(AI), 헬스케어, 금융, 엔터테인먼트, 미디어분야 등 다양한 업종에서 융·복합적으로 진행되고 있다.

M&A 시장은 기업경영뿐만 아니라 국민경제적 측면에서도 M&A의 전략적인 중요성이 커짐에 따라서 전 세계적으로 증가하는 추세이다.

2) M&A의 형태 및 방법

M&A는 [그림 9-4]와 같이 인수와 합병으로 나누어진다. 인수와 합병의 종류별 특징은 아래와 같다.

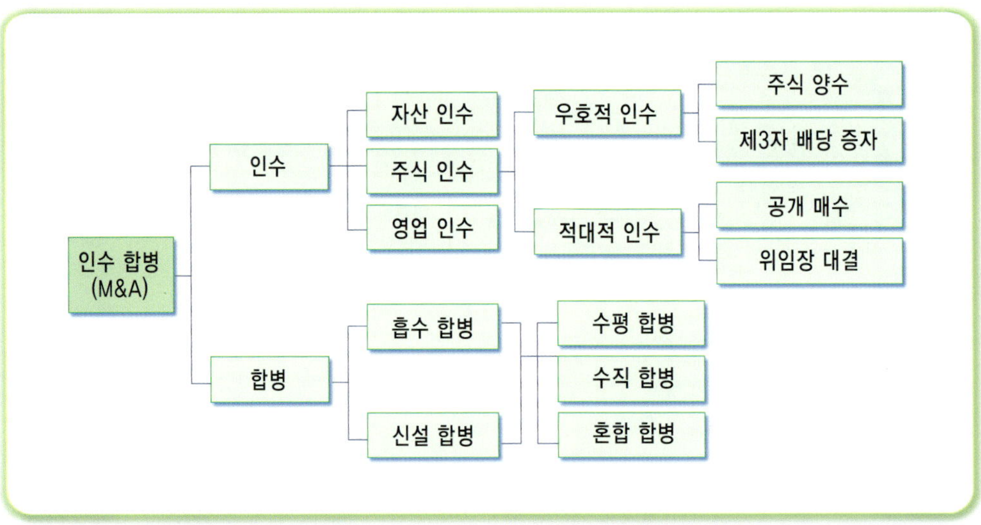

그림 9-4 M&A의 형태

(1) 인수

인수(acquisition)는 인수기업이 피인수기업의 주식을 전부 또는 일부를 취득한 후 피인수기업을 법률적으로 계속 존속시키면서 경영권만을 확보하는 것이다. 인수는 자산인수, 주식인수 그리고 영업인수(영업양도) 등으로 분류할 수 있으며, 주식인수가 가장 일반적인 형태이다. 자산인수, 주식인수, 영업인수의 내용은 다음과 같다.

① 자산인수는 인수회사가 피인수회사의 자산을 일부 또는 전부를 매수하는 방법이다.
② 주식인수는 피인수회사의 주식을 일부 또는 전부를 매입하는 것으로서, 주식을 취득하는 방법은 인수측과 피인수측의 상황에 따라 주식양수, 제3자 배당증자, 위임장대결, 공개매입을 적절히 채택할 필요가 있다.
③ 영업인수 즉 영업양도는 피인수기업이 지니고 있는 영업의 전부 또는 일부를 양수하는 것으로 인수측에게 흥미가 없는 부분을 제외할 수 있다.

(2) 합병

합병(merger)은 합병하고자 하는 회사 중 한 회사만 존속하고 다른 회사는 계속 존속하는 회사에 흡수되는 흡수합병(a+b=a 혹은 b)과 합병하고자 하는 두 회사를 모두 해산하고 새로운 신설회사를 설립하는 신설합병(a+b=c)이 있다. 또한 이들 흡수합병과 신설합병을 어떤 업종과 어떠한 방법으로 합병하는가에 따라 수평적 합병, 수직적 합병, 혼합적 합병의 유형으로 분류할 수 있다.

① 수평적 합병

인수 · 합병이 반드시 새로운 다른 산업이나 사업영역으로 진출하는 다각화의 수단만은 아니다. 예를 들어 수평적 합병(horizontal merger)은 동일한 시장 내에서 기술적으로 연관성이 있는 제품을 생산하는 동일업종의 기업을 합병하는 것으로 시장에서 영향력을 증가시키는데 그 목적이 있다. 이러한 합병은 대부분 경쟁관계에 있던 기업을 인수함으로써 성장을 추구한다. 특히 수평적 합병은 산업이 성숙기에 달하여 성장이 둔화될 때 기존기업들 사이에 이루어지는 합병에서 흔히 볼 수 있다. 물론 성장하는 동일한 산업 안에서도 합병을 통해 시장점유율을 높여 가격선도자(price leader) 역할을 수행하는 경우도 있다.

② 수직적 합병

수직적 합병(vertical merger)은 동종의 산업에 속하면서 생산활동의 단계가 다른 기업 간에 합병하는 것으로, 생산과정의 가치사슬(Value Chain) 효율성을 높여 시장을 지배하려는데 그 목적이 있다. 즉 공급자 관계였던 기업을 후방통합(backward integration)하거나 구매자 관계였던 기업이나 유통단계의 기업을 인수하는 전방통합(forward integration)이 대표적인 예이다. 수직적 합병에 대한 자세한 내용과 사례는 앞서 소개한 '수직적 통합 전략'을 참고하기 바란다.

③ 혼합적 합병

혼합적 합병(conglomerate merger, 복합적 합병)은 수직적 합병이나 수평적 합병과 다른 방법으로서 제품과 시장 등의 연관성이 없는 경우에 이루어지는 합병형태이다. 즉 이종기업들 간에 이루어지는 합병으로 현재 생산하고 있는 제품이 진출하지 못한 시장을 확장하거나 분산투자의 효익을 얻고자 하는 데 그 목적이 있다.

(3) 적대적 M&A

적대적 M&A는 M&A 관련 주체가 상호 합의와 협상에 의해 정해진 절차에 따라 기업의 인수·합병을 추진하는 것이 아니라 매수자가 대상기업의 경영권을 완전히 장악한 뒤에 전면에 등장해 강제적으로 경영권을 탈취하는 방법이다.

적대적 M&A방법은 인수·합병이 상대기업의 동의 없이 이루어지는 것인데, 그린 메일(green mail), 기업사냥꾼(raiders), 토요일밤의 기습작전(saturday night special), 공개매수(tender offer) 그리고 위임장 대결(proxy fight)의 형태 등이 있다. 이러한 적대적 M&A가 활발하게 추진된 시기는 특히 1980년대 미국이었다.

적대적 M&A는 우호적 M&A에 비해 대상기업의 범위가 넓고 특히 인수가격에 경영 및 영업권 프리미엄이 포함되지 않아 인수가격이 낮아진다는 장점이 있다. 뿐만 아니라 잠재능력을 충분히 발휘하고 있지 못하는 기업을 적대적 M&A의 방법으로 인수한 후, 구조조정을 통해 기업가치를 높이는 것이 가장 매력적인 부분이다. 그러나 상대방과의 협상이나 합의과정이 없기 때문에 사회적으로 비난을 받는 경우가 많다.

예를 들면 삼성이 자동차사업 진출을 선언한 후 1993년 기아자동차의 지분을 대량 매집해 지분율을 9.72%까지 늘리자 기아자동차측은 '재벌그룹이 자금력을 이용해 기업을 탈취하려 한다'는 부정적인 여론 조성에 나서 결국 삼성은 기아지분을 일부 매각하면서 인수시도는 무산되었다.

3) M&A의 공격과 방어기법

(1) 공격기법

① 공개매수

공개매수(tender offer, take over bid)란 특정 기업을 M&A의 방식으로 인수하기 위해 공개적으로 주식을 매입하겠다는 의사를 밝히고 장외에서 시중가격보다 높은 가격으로 주식을 사들이는 방법이다. 시중가격보다 높은 가격을 지불하기 때문에 자금이 많이 소요되는 단점은 있으나 짧은 시간에 확실하게 경영권을 탈취할 수 있다는 장점이 있다.

② 그린 메일

그린 메일(green mail)이란 경영권을 위협할 수 있는 수준까지 특정 회사의 주식을 대량으로 매집한 후 기존의 대주주에게 M&A를 포기하는 조건으로 매집한 주식을 높은 가격으로 매입하도록 요구하는 행위이다. 이 방법은 경영권을 탈취하고자 하는 목적보다는 M&A를 하겠다는 위협을 통해 시세차익을 노리는 것이 목적이다. 기존 기업이 M&A를 방어하기 위해서는 주식을 높은 가격으로 매입하여야 하기 때문에 자금부담을 느낄 수밖에 없다.

③ 파킹

기업을 매수하고자 하는 사실을 감추기 위해 우호적인 제3자를 통해 지분을 확보하게 하는 방법이 파킹(parking)이다. 제3자를 이용하는 이유는 매집사실이 알려지면 주식가격이 올라가기 때문이다. 또한 주식의 5% 이상을 매입하면 이 사실을 증권위원회에 통보해야 한다는 규정을 피하기 위하여 제3자를 이용하는 것이다. 이와 같은 방법으로 주식을 매입한 후 주주총회에서 제3자로 하여금 투표권을 행사하게 하여 기습적으로 경영권을 탈취하는 방법이다.

④ 흑기사

흑기사(black knight)란 경영권 방어를 돕는 백기사와 달리 경영권 탈취를 돕는 제3세력을 말한다. 적대적 M&A를 시도하는 기업이나 개인이 혼자서 필요한 주식을 확보하는데 한계가 있을 때 우호적인 제3자의 도움을 받아 M&A를 하게 되는데, 이 같이 경영권을 탈취하는데 도움을 주는 제3세력의 개인이나 기업을 말한다. 흑기사와는 반대로 경영권의 방어를 돕는 제3자를 백기사라고 한다.

⑤ 곰의 포옹

곰의 포옹(bear's hug)이란 적대적 M&A를 시도하는 기업이 인수하고자 하는 기업의 경영진에게 사전에 예고없이 주식의 매입가격과 매수조건을 제시한 편지 등을 보내서 경영권을 빠른 시간 안에 넘기도록 하는 일종의 협박방법이다. 회신기간을 짧게 주는 경우가 대부분인데, 이는 대응하는 시간적 여유를 주지 않기 위해서이다.

(2) 방어기법

① 백기사

기업이 M&A 공격을 받았을 때 스스로 방어할 자본이 부족한 경우 우호적인 제3세력이 나서서 경영권을 보호해 주는 방법인데, 이때 우호적인 제3세력을 백기사(white knight)라고 한다. 예를 들면 2003년 외국계 자본인 소버린이 SK 지분 15%를 매입하고 경영권을 위협하였을 때 신한은행, 하나은행 그리고 산업은행 등이 백기사 역할을 해 적대적 M&A를 방어한 적이 있다. 또한 삼성은 지배구조를 개선할 때 우호적인 현대계열의 KCC에게 지분을 팔아 방어한 적이 있다.

② 황금 낙하산

황금 낙하산(golden parachute)이란 기업의 최고경영자가 적대적 M&A의 공격에 대비하기 위한 수단으로 자신의 퇴직금, 스톡옵션 등을 받을 권리를 고용계약에 기재하여 안정성을 확보하고자 하는 방법이다. 즉 이러한 방법을 활용하여 만약의 적대적 M&A 공격을 받을 경우 인수비용을 높임으로서 M&A공격에 대한 방어책이 될 수 있다. 황금 낙하산과 비슷한 방법으로 주석 낙하산(tin parachute)이라는 방법이 있는데, 주석 낙하산이란 경영자가 아닌 기업의 종업원이 많은 퇴직금을 받을 수 있도록 규정하여 M&A를 하고자 하는 기업의 매수 의욕을 떨어뜨리는 경우이다.

③ 팩맨

팩맨(pac man)이란 어떤 기업이 적대적 M&A를 시도하는 것이 밝혀지면 매수를 당하는 기업도 이에 대항하여 자신이 거꾸로 매수기업을 인수하겠다는 역매수 계획을 수립한 후 이를 발표하고 매수기업의 주식을 공개적으로 매수하는 방법이다. 이 방법은 극단적인 반격작전을 취하게 되는 것으로 감정적인 부분이 작동하면 서로에게 많은 피해를 줄 수 있는 방법이다. 일명 역공개매수(counter tender offer)라고도 한다.

④ 독약처방

독약처방(poison pill)이란 기업이 이사회의 결정만으로 기존 주주에게 새로 발행하는 주식을 시가보다 싼 값에 살 수 있는 권리를 부여하여 M&A를 방어하고자 하는 수단이다. 이 방법은 기존 주주는 보다 유리한 조건으로 주식을 늘릴 수 있는 기회가 되며, 기업을 인수 · 합병하고자 하는 측에서는 더 많은 지분을 확보하기 위해 엄청난 비용을 들여야 하기 때문에 결국 M&A를 포기하게 하는 효과가 있다.

이 밖에도 M&A를 방어하는 방법으로 차등의결권(Dual Class Stock), 황금주(Golden stock), 왕관의 보석, 초다수 의결제 등의 방법이 있다.

② M&A의 장 · 단점

1) M&A의 장점

기업이 M&A를 추구하는 근본적인 이유는 규모의 경제와 가치사슬상의 효과를 통해 생산 및 유통 원가를 절감하고, 재무위험을 분산시키는 목적달성을 기대하기 때문이다.

기업이 M&A를 추구하는 이유를 젠슨과 루백(Jensen & Ruback)은 다음 〈표 9-3〉과 같이 소개하고 있다.[6)]

표 9-3. 기업이 M&A를 추진하는 이유

추진 이유	세부 요인
생산원가 또는 유통원가절감	• 규모의 경제를 위해 • 수직적 통합을 위해 • 더 효율적인 생산 또는 조직기술의 채택을 위해 • 인수기업 경영팀의 적극적인 활용을 통해 • 조직특유의 자산을 통합된 기업내부에 둠으로써 이룰 수 있는 원가절감을 위해
재무적 동기	• 세금감면을 위해 • 파산원가를 피하기 위해 • 레버리지의 기회를 높이기 위해 • 기타 세금우위를 획득하기 위해 • 시장지배력을 획득하기 위해 • 인수대상기업 경영의 비효율성을 제거하기 위해

출처 : M. C. Jensen & R. S. Ruback, "The Market for Corporate Control : The Scientific Evidence", 『*Journal of Financial Economics*』, 11, 1983, pp.5~50.

6) 신형덕 역, 『전략경영과 경쟁우위(제4판)』, PEASON, 2013, p.360.

이러한 기대효과를 토대로 기업이 M&A를 통해서 누릴 수 있는 장점은 다음과 같다.

① M&A는 피인수측이 확보해 놓은 성과(시장, 기술, 인지도 등)를 단기간 내에 확보할 수 있다. 기업이 신규시장에 독자적으로 진입하는 데는 많은 어려움이 따르고 진입하고자 하는 시장의 경쟁이 치열해 진입장벽이 높은 경우는 M&A를 통해 신속하게 시장에 진입할 수 있다.

② 전문적인 노하우와 지식을 사업초기 단계에서부터 획득하여 활용할 수 있다. 기존 기업이 보유하고 있는 시장 및 경영 네트워크도 확보할 수 있기 때문에 모기업의 사업활동(공급 및 유통망, 시스템 활용 등)에도 유용하게 적용시킬 수 있다.

③ 짧은 시간에 많은 인재를 확보할 수 있다. M&A를 한 후 우수한 인력이 이탈하는 경우도 있지만 관련 분야에 검증된 인력을 단시간에 확보하게 된다.

④ 피인수기업의 산업매력도를 파악하는 과정을 거쳤기 때문에 환경변화에 유연히 대응할 수 있다.

⑤ 관련 기업의 M&A는 규모의 경제와 범위의 경제를 창출할 수 있게 되며 이로 인한 원가절감의 원천이 될 수 있다. 더구나 산업 내의 경쟁기업이 많지 않거나 시장 내의 힘이 소수기업에 집중되어 있을 경우 M&A를 통해 독점적 지위 또는 점유율을 높여 나갈 수 있다.

2) M&A의 단점

기업은 성장을 위해 시장 내에서 독점적 지위를 구축하기 위한 노력을 지속적으로 수행하지만, M&A기법은 긍정적인 측면과 함께 다음과 같은 부정적인 면도 있다.

① M&A 후에 표면화되지 않았던 여러 문제가 일어날 수 있다. 예를 들면 자사의 경영방침, 관리방식, 기업문화와 풍토를 피인수기업에 적용하기가 어려울 수 있다.

② M&A를 통해 독과점적 지위는 확보할 수 있으나 품질하락 및 가격상승과 같은 소비자피해도 발생할 수도 있다.

제10장 세계화 전략

기업은 국내시장이 포화상태이거나, 자국시장에서 제품의 수명주기가 쇠퇴기에 접어들어 새로운 시장을 확보하고자 하는 경우 그리고 미래 새로운 시장의 개척이 필요할 때, 해외에서의 생산조건이 유리하기 때문에 생산거점을 해외에 설립하여 경쟁력을 발휘할 수 있다고 판단되는 경우 등의 이유로 해외진출을 고려하게 된다. 즉 기업은 판매 및 생산 활동을 해외로 넓혀나가거나 새로운 성장의 기회를 해외에서 찾게 되는데 이러한 방법은 세계화 전략의 한 과정이라고 볼 수 있다.

세계화 전략은 국내시장을 대상으로 기업이 추진했던 기업활동을 해외로 확장하여 추구하는 것이다. 세계화 전략을 추진하는 이유나 방법 그리고 기대효과는 대부분 앞서 소개한 제8장 수직적 통합과 다각화 전략 그리고 제9장 전략적 제휴와 인수·합병의 내용과 일치하는 경우가 많다.

제10장 세계화 전략에서는 이러한 내용을 토대로 글로벌 시장에서 전략을 어떻게 펼쳐나갈 것인가에 대한 내용을 다루고자 한다. 세계화 전략의 의의와 동기, 세계화에 진입하는 방법과 단계 그리고 세계화 전략 모델 등을 중심으로 세계화 전략이 기업의 목적달성을 위해 가치사슬의 경쟁력을 높이기 위한 방법 등을 살펴보고자 한다.

제1절 세계화 전략의 이해

1 세계화란

1) 세계화의 배경

세계화는 인류 역사와 함께 발전되었다고 볼 수 있다. 영토를 넓히기 위한 전쟁을 통해서 국가 간 교류가 이루어졌고, 신대륙의 발견이나 강대국의 식민지 정책 등도 초기 단계의 세계화(일방적인 힘의 논리에 의한 세계화)라고 볼 수 있다. 이후 유럽을 중심으로 경제와 금융 자본주의의 팽창을 통한 세계화로 발전하다가 경제뿐만 아니라 정치, 문화, 사회 등 다방면에 걸쳐 전개되는 진정한 의미의 세계화는 1970년대 이후 서서히 출현되기 시작하였으며, 1995년 세계무역기구(WTO)가 출범하면서 본격적으로 시작되었다고 볼 수 있다.

세계화가 가속화된 배경에는 여러 가지가 있지만, 그 중 가장 대표적인 요인은 다음의 네 가지로 요약할 수 있다. 즉 신자유주의 사상의 대두, 동·서냉전의 종식과 사회주의 국가의 시장 개방, 세계무역기구(WTO) 체제의 출범 그리고 통신기술과 정보기술(IT)의 발달이라는 관점에서 세계화의 배경을 설명할 수 있다.

첫째, 진정한 세계화의 시작은 신자유주의 사상의 대두에서 비롯되었다. 1980년대 초 미국과 영국이 신자유주의적인 경제정책을 펼치면서 시장은 더욱 커지고 자유로워졌다. 예컨대 시장경제의 활성화를 위한 수단으로 미국 레이건 대통령이 주창한 레이거노믹스(Reaganomics)와 영국의 마가렛 대처 수상의 대처리즘(Thatcherism)은 탈규제화 정책을 통한 민간경제의 활성화를 부추겼다. 특히 복지국가 건설을 위해 정부가 지나치게 경제에 개입하는 것이 공기업의 부실화나 경제의 효율성과 형평성을 오히려 약화시켰기 때문에 이를 극복하기 위하여 자유시장 경제를 활성화시키려는 신자유주의 사상이 등장하게 되었다.

둘째, 소련과 미국을 중심으로 조성되었던 동·서 냉전의 종식은 이데올로기의 퇴조를 가져왔다. 즉 1985년 고르바초프의 개혁·개방정책으로 공산국가였던 소비에트 연방이 붕괴되었고, 1991년 독립국가연합(CIS)으로 분리되었다. 이러한 변화는 더 이상 이데올로기에 따라 세계를 구분하는 것이 무의미해졌으며 특히 러시아,

중국 등 사회주의 국가의 경제개혁과 개방에 기폭제 역할을 하게 되었다.

셋째, 1995년 관세 및 무역에 관한 일반 협정(GATT)체제의 흡수와 더불어 탄생한 세계무역기구(WTO) 체제로 세계화는 더 진전되었다. WTO체제는 종전의 GATT체제보다 훨씬 광범위하고 강력한 무역질서로서, 무역장벽의 철폐 내지 완화를 가져왔다. GATT체제는 공산품 무역에 대한 강제력이 없는 신사협정의 수준이었으나, WTO는 농산품까지 그 범위를 확대하였고, 서비스 무역에 대한 국제질서를 새로 정립하면서 상품 및 서비스 교역의 장애를 과감히 제거하였다.

넷째, 정보통신기술(ICT)의 발달이 세계화를 가속화시키는데 결정적인 역할을 하였다. 오늘날 과학기술의 발달은 인간의 삶을 편리하고 풍요롭게 만들었을 뿐만 아니라 교통, 수송, 정보·통신 기술 등의 발전도 급속도로 향상시켜나갔다. 특히 최첨단 정보통신기술의 발달과 정보기술의 융·복합화는 시간과 공간이라는 제약요인을 극복하고 국가 간 경계를 초월한 상품, 서비스, 자본 등의 이동을 촉진시키면서 세계를 하나의 공간 속에서 소통하고 교류하도록 만들었다.

2) 세계화의 개념

세계화는 국제화에서 발전된 개념으로 볼 수 있다. 국제화(internationalization)는 국민이나 국가 간의 교류가 정치, 경제, 사회, 문화 등 사회의 여러 분야에 걸쳐 양적으로 증대되는 현상을 말한다. 그러나 세계화(globalization)는 양적 교류의 확대를 넘어서 활동의 범위가 인류의 공존과 평화, 경제적 복지, 문화의 혜택, 환경과의 조화 등 국가 간 교류를 증대하여 전 지구적으로 확대되어 나가는 것이다. 즉 세계화는 국가 및 사회를 인간사회의 시스템으로 파악하고, 상호작용과 상호연관성이 하나의 세계 안에서(세계 통합주의) 삶을 영위해 가는 과정이라고 정의할 수 있다. 세계화에 대한 몇 가지 정의를 살펴보면 다음과 같다.

- '재화와 서비스 및 금융자본 그리고 기술이 무제한으로 국경을 넘어 거래되는 것'이라고 정의했다(국제통화기금).
- '제품, 서비스, 자본뿐만 아니라 정보, 아이디어, 인적 자원의 세계적인 교류'로 정의했다(세계은행).
- '국제화란 국가 간의 무역 등을 통해서 국민적 경계를 넘어선 경제활동의 지리적 확대이며, 세계화는 국제화보다 발전된 형태로서 20세기 후반 이후 해외직접투자와 전략적 제휴 등을 통해 국제적으로 확산된 경제활동들의 기능적 통합'으로 정의한다(일반적인 정의).

세계화를 명확하게 정의하기는 그 범위가 매우 넓고 영향력도 크기 때문에 어렵다. 왜냐하면 오늘날 세계화는 경제뿐만 아니라 정치, 문화, 사회 등 다방면에 걸쳐 전개되고 있기 때문이다.

세계화에 대한 시각은 긍정적인 측면과 부정적인 측면의 두 가지가 있다.

긍정적인 시각은 경제적 측면에서 생활수준의 향상, 일자리 창출, 다양한 기술의 혜택, 자원배분의 합리화, 자유무역 실현 등의 효과를 들 수 있다. 뿐만 아니라 문화를 비롯한 폭 넓은 교류를 통한 다양한 정체성을 재구성하고 확립할 수 있다는 점이다. 반면 부정적인 측면에서 보면 세계화가 진행되면 될수록 강대국의 힘의 논리에 의해 양극화가 더욱 심화되고, 몇몇 선진국의 경제력에 의해 약소국이 당하는 피해가 너무 크다는 점이다. 또한 국가 간의 고유한 문화나 정체성을 무시하고 일률적인 규범이나 가치관이 통용됨으로써 경제력이 미약한 소수의 국가들은 위기를 맞게 될 수도 있다는 것이다.

그럼에도 불구하고 세계화는 경제활동을 중심으로 정치, 사회, 문화, 스포츠 등 다양한 분야로 폭넓게 확산되고 있으며 그 중에서도 기업의 경제활동이 가장 중심이 되고 있다.

이러한 측면에서 보편적으로 세계화를 광의의 세계화와 협의의 세계화로 구분해서 정의할 수 있다. 광의의 세계화는 경제주체를 이루고 있는 국가수준, 기업수준, 개인수준으로 구분해 설명할 수 있고, 협의의 세계화란 주로 기업수준의 기업경영과 관련된 제품과 서비스의 교류, 무역, 직접투자, 자본이동을 의미한다.

2 기업의 세계화 추진 동기와 환경요인

1) 기업의 세계화의 추진 동기

포터(M. E. Porter)는 세계화를 전 세계시장을 하나의 시장으로 보고 통합된 전략을 수립하는 것으로서, 기업의 세계화(globalization of the firm)란 특정 국가에서 생산된 제품이나 서비스, 자본, 노동, 정보 등이 국가 간 경계를 초월해 전 세계시장을 대상으로 이동하는 것이라고 보았다.

기업은 세계화를 통해 효율의 극대화를 추구하고 유형·무형 자원의 최적 배분활동을 전개해 나감으로써, 세계시장의 통합과 시장 확대를 이루고 규모의 경제이익을 발생시켜 경쟁우위를 추구하게 된다.

이러한 목적달성을 위해 점진적으로 기업활동을 해외시장으로 확대하여 세계화를 추진하게 되는데, 기업이 세계화를 추진하는 것은 기업 또는 산업 특성에 따라서 정도의 차이는 있지만 일반적으로 다음과 같은 이점이 있기 때문이다.

(1) 규모의 경제와 범위의 경제효과를 기대할 수 있다.

일반적으로 생산량의 증가는 시장점유율의 증가와 비례하지만 생산량은 단위당 원가와는 반비례한다([그림 10-1] 참조). 이러한 개념을 통하여 세계화는 시장점유율을 높이는 방법이 되고 시장점유율이 확대되면 생산량이 늘어나기 때문에 규모의 경제를 실현할 수 있게 된다. 또한 학습효과[1]도 커지기 때문에 기업에게 이익을 가져다준다.

또한 기업은 동일한 생산라인에서 더 많은 양과 종류의 제품을 생산하는 범위의 경제효과로 지속적으로 생산비를 줄일 수 있게 되고 기술 및 노하우 축적도 가능해 진다.

물론 세계화를 통하여 비용절감 효과가 큰 국가로 진출하는 것은 원가경쟁에서 유리한 위치를 차지하게 만든다.

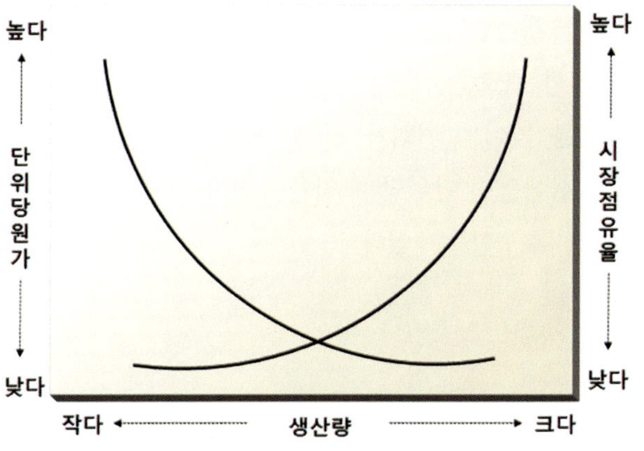

그림 10-1 규모의 경제 효과

(2) 글로벌가치사슬(GVC : Global Value Chain)과 연계한 시너지효과를 극대화할 수 있다.

기업이 보유한 가치사슬상의 탁월한 능력(인적 자원의 역량, 생산능력, 원가절감 능력, 기술능력, 브랜드 파워, 마케팅 능력) 등이 경쟁우위를 갖고 있을 때, 이를 내수시장뿐만 아니라 해

1) 학습효과란 누적생산량이 2배로 증가할 때 그 제품을 만들 때 걸리는 시간은 일정률로 감소한다는 개념이며, 이러한 효과가 인간의 반복적인 모든 행동에서 나타나게 된다는 개념이 경험곡선(experience curve)이다. 즉 경험의 누적과 생산성 효율화가 생산 단위당 원가를 절감시켜준다는 개념이다. 이러한 경험곡선의 효과는 작업능률을 향상시키고 설비능력과 생산공정의 효율을 높이게 되므로 원가우위를 통한 시장경쟁력을 강화시키는 역할을 한다.

외시장으로 확장해 더 많은 기회와 수익을 보장받을 수 있다.

세계화를 통하여 기업이 보유한 핵심역량을 해외로 확대하거나 부족한 부분은 외국으로부터 공급받아 경쟁력을 더욱 강화시킬 수 있는데, 이것은 국내·외의 가치사슬 활동이 상호 교류와 학습을 통해 창출되는 시너지 효과의 결과이다.

(3) 현지의 위협에 유연하게 대응할 수 있다.

수출을 통한 세계화는 관세장벽, 수입규제, 보호무역주의 등과 같은 각종 규제조치로부터 압박을 받을 수 있으며, 직접투자는 위험의 강도도 커질 수 있다.

더욱이 진출 대상국가가 자국 보호주의 성향이 강한 경우는 여러 가지 방법으로 현지투자를 강요하는 경우가 있다. 현지 투자는 위험성이 높지만 한편으로는 진출 국가와의 감정적인 부분을 완화시킬 수 있는 매력을 동시에 가지고 있다.

(4) 기업의 성장가능성을 높여준다.

기업이 새로운 시장을 개척한다는 것은 성장에 매우 중요한 요소 중 하나이다. 특히 국내시장을 넘어 해외에서 새로운 시장을 확보하는 것은 매출을 높일 수 있을 뿐만 아니라 기업의 브랜드 가치를 높이는 기회가 될 수 있다. 특히 제품이 제품수명주기(product life cycle)상의 성숙기에 접어들면 단위당 수익률이 떨어지기 때문에 해외시장을 개척하여 매출증대를 통한 성장을 추구할 수 있다.

2) 세계화에 영향을 미치는 환경요인

기업의 활동영역을 해외로 확장하는 것은 국내시장만을 대상으로 하는 경우보다 더욱 치열하고 불확실성이 높으며 어려움도 많다. 또한 해외시장은 나라마다 경제상황이 다르기 때문에 더욱 복잡하고 까다롭다. 그러므로 세계화에 진입하기 위해서는 세계화에 영향을 미치는 내부 환경요인과 외부 환경요인을 충분히 고려해야 한다.

내부 환경요인은 기업이 세계화 진입을 위해 내부에 보유한 인적자원, 물적자원 그리고 국제경영활동 경험, 최고경영자의 의지나 방침 및 보유한 기술과 제품 등이 해당되는데, 이러한 요소를 종합적으로 검토해야 한다. 즉 내부의 자원과 능력을 해외에 집중했을 때 업무수행을 효율적으로 수행할 수 있는지 여부와 위험요소를 완충할 수 있는 능력 그리고 차별화된 경영활동이 가능한지를 검토하는 것이다.

외부 환경요인은 기업이 통제하기 어려운 거시적인 환경요인으로 현지 국가의 정치적인 요인, 경제적인 요인, 사회·문화적인 요인 그리고 법적인 요인 등이 해당된다. 이러한

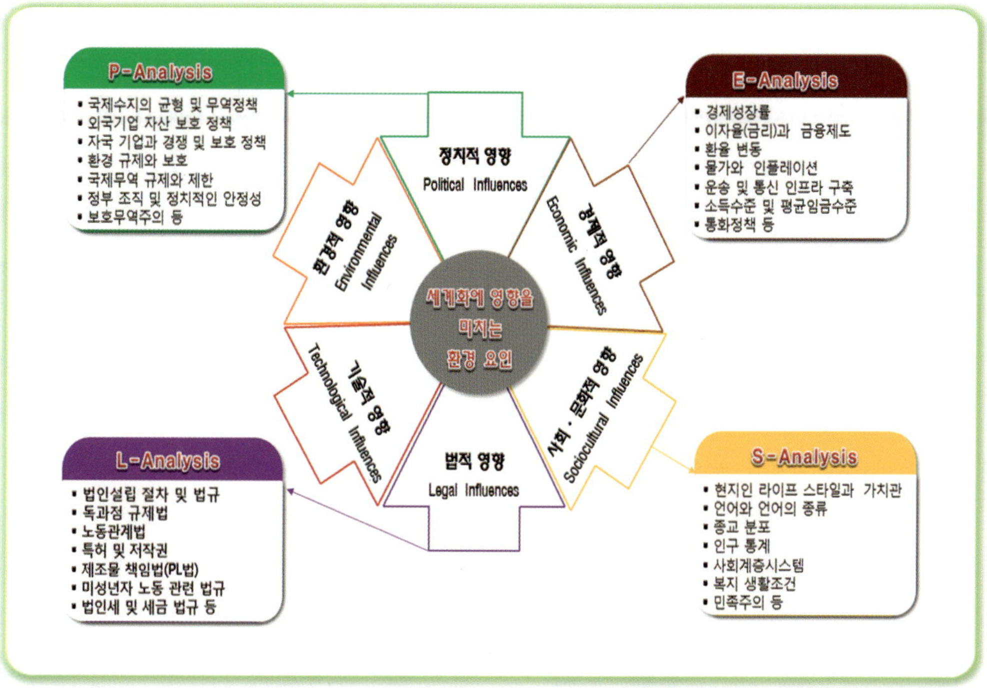

그림 10-2 세계화에 영향을 미치는 환경요인

외부 환경요인들을 분석하기 위해서는 다양한 영향변수들을 복합적으로 고려해야 하며 돌발변수가 많기 때문에 변동폭과 위험성이 높다는 점을 고려해야 한다. 다음의 [그림 10-2]는 외부환경 분석 시 고려해야 하는 대표적인 요인들이다.

(1) 정치적 요인

정치적인 요인은 진출하고자 하는 국가의 무역정책, 외국기업에 대한 자산보호 정책, 자국기업과의 경쟁 및 보호정책, 환경규제 및 보호정책, 국제무역 규제와 제한, 정부조직 및 정치적인 안정성, 보호무역주의 등이 대표적이다.

- **해외 자본투자에 관한 규제** : 자국기업을 보호하기 위해 해외기업에 대해 강력한 규제를 하는 경우로서 어느 나라에서나 흔히 볼 수 있다. 예를 들어 다국적기업의 시장점유율, 지분참여 정도, 고용정책, 세금 등 기업경영 전반에 걸친 규제를 엄격히 적용하여 기업활동을 제약하거나 해외기업에 대한 차별적 정책으로 기업활동을 방해하기도 한다. 또한 획득한 수익을 본사로 송금하는 방법을 까다롭게 하거나, 기업의 내부거래(transfer restriction)를 엄격하게 제한하기도 한다.

- **외국기업에 대한 정책** : 세계화 추진 기업의 자산은 단순히 재무적인 측면에서만 고려대상이 되는 것은 아니다. 입지 · 설비 등 실물자산과 인적자원을 모두 자산으로 인정하기 때문에 현지의 정치적 요인에 영향을 받는다. 현지정부가 정치적으로 불안정(정치적 이념 성향이 강한 경우, 사회 불안과 무질서가 존재하는 경우, 민족주의가 강하고 현지기업의 기득권을 요구하는 경우, 기타 전쟁 · 테러 등의 불안요인이 존재하는 경우)할 때 외국기업의 자산을 동의 없이 몰수하거나 소유권을 강제로 징수(공용수용, expropriation)처분하는 경우가 생길 수도 있다.
- **후진적 관행과 행정절차** : 해외기업 유치를 위해 법인세 감면, 금융지원, 행정적 지원 등 다양한 인센티브를 제공하는 경우도 많지만, 정치상황이 불안정한 경우엔 제도적 지원 관련 법규가 유지되더라도 후진적 업무관행으로 사업진행에 차질을 빚게 된다.
- **환경보호를 위한 규제** : 진출대상국가의 환경보호정책도 매우 중요한 요인이다. 세계의 모든 국가는 자국의 환경보호를 위한 규제를 갈수록 강화하고 있기 때문에 환경보호를 위해 지불해야 하는 추가적인 비용을 철저히 분석할 필요가 있다. 그러나 진출국가의 환경기준을 극복하기 위한 친환경 관련 기술과 노하우가 축적되면 환경보호는 물론 생산성 향상으로 경쟁력이 오히려 강화되기도 한다.

  예를 들어 알코아(Alcoa, 1988, 미국 : 세계적인 알루미늄 생산업체)는 알루미늄 재활용공장을 신축하여 저렴한 중고 알루미늄 자재를 이용하여 연 30만톤의 알루미늄을 확보하면서 약 335만톤의 온실가스 배출량 절감에 성공하였고, 월마트(Walmart)는 친환경 포장용기의 혁신을 통하여 쓰레기 운반차량의 유지 및 운행비용을 절감하고, 쓰레기 소각을 위한 석탄 32만톤, 6000만 갤런의 디젤연료를 절감하였다.
- **자국보호주의** : 진출대상국이 지나치게 보호무역주의(trade protection)를 추구한다면 진출에 더욱 신중을 기해야 한다. 자국산업을 보호한다는 명분으로 수입규제를 강화하거나 지나치게 높은 관세, 수입쿼터(import quota), 금수조치(embargo) 등 일방적으로 정책을 변경할 가능성을 의미한다.

(2) 경제적 요인

경제적 요인은 진출 대상국의 시장규모나 잠재력을 측정할 수 있는 중요한 환경요인이다. 경제적 요인으로는 인구증가율, 경제성장률, 이자율(금리)과 금융제도, 환율변동, 물가와 인플레이션, 운송 및 통신 인프라 구축, 소득수준 및 평균임금수준, 통화정책 등이 대표적이다.

- **평균 임금수준 파악** : 노동집약적 산업의 경우는 임금이 상대적으로 낮은 국가로 생산시설을 이전하는 경향이 있지만 저임금에 의한 이점이 지속적이지 못하는 경우가 많다. 해당국가의 임금수준과 변동폭은 항상 유동적이기 때문에 그 추세를 염두에 두어야 한다.
- **사회기반 시설 및 인프라 구축** : 기업활동에 크게 영향을 미치는 요인 중 한 가지가 물류 및 수송비이다. 진출국가의 사회간접자본(SOC : Social Overhead Capital)과 유틸리티(utility)가 취약하여 기업활동을 제약하는지를 파악해야 한다.
- **환율변동** : 어느 나라에서나 보편적으로 통용되는 화폐는 달러(dollar)이지만 시장에서 그 가치가 항상 유지되지 않는 경우도 많다. 특히 진출국가가 의도적으로 자국의 화폐가치를 떨어뜨리는 경우도 있기 때문에 환율변동이 기업운영에 미치는 영향을 고려해야 한다.

이 밖에도 인플레이션률이 높은 나라에서는 미래상황에 대한 수익성예측이 어렵기 때문에 장기적인 목표와 계획을 수립하기가 매우 어려운 경우가 많다. 더구나 인플레이션은 정치적 불안을 야기시켜 경제악화를 더욱 심화시킬 수 있다.

(3) 사회 · 문화적 요인

문화란 오랜 시간 동안 사회나 조직 속에서 학습된 행동양식으로서 기업활동에 많은 영향을 미친다. 해외에서 효과적으로 기업을 운영하기 위해서는 다문화(multiple cultures)의 이해와 적응을 위한 노력이 필요하다.[2] 세계화는 단순히 자원과 인력이 이동하는 문제를 넘어 현지 문화와 결합시켜 나갈 수 있을 때 효과를 극대화시킬 수 있기 때문이다. 사회 · 문화적 요인은 진출국의 라이프 스타일과 가치관, 언어, 종교분포, 인구통계, 사회계층 시스템, 복지생활 조건, 민족주의 등이다.

- **후진적 직업관** : 기업의 역사가 짧고, 직업관 · 의식수준이 낮은 국가일수록 숙련된 근로자를 확보하기도 어렵고, 업무능률 저하 · 낮은 생산성으로 어려움을 겪을 수 있다. 더구나 업무에 대한 책임감도 떨어지며 이직률 · 결근률도 매우 높기 때문에 전체 생산계획과 일정에 영향을 미친다.

---

2) 최근에는 가치관 · 문화 · 종교 등이 서로 다른 사람들과 문화적 갈등 없이 일하는 능력을 의미하는 문화지능(Cultural Intelligence : CQ)이 강조되고 있다.

- **상이한 비즈니스 문화** : 나라별로 업무나 협상 관행이 다르고 상이한 비즈니스 문화를 가지고 있다. 예를 들면 업무적으로 접촉할 때 지켜야 할 접대예절이나 선물의 범위, 복장이나 태도, 식사예절, 종교 등이 나라마다 다르기 때문에 면밀히 조사하고 실수하지 않도록 해야 한다.
- **다양한 언어** : 언어는 문화의 전부라고 할 만큼 주재국을 이해하는데 매우 중요한 요소이다. 현지인과의 의사소통을 현지어로 한다는 것은 인간적인 결합을 통한 업무의 효율성을 기대할 수 있다. 또한 현지 언어의 표기법이나 표현에서 상반된 의미나 불쾌감을 주는 경우가 있기 때문에 상표, 서류, 광고문구 등을 신중히 검토한 후 사용하도록 해야 한다.

  예를 들면 쌍용자동차는 메르세데스 벤츠의 지원과 기술을 공여받을 때, 협상과정에서 벤츠 측의 요청에 따라 로고를 변경했다. 왜냐하면 쌍용의 'SS' 로고는 유태인 학살과 제2차 세계대전 전범 히틀러의 비밀경찰인 'SS친위대'를 연상시킴으로써 강한 거부감을 줄 수도 있었기 때문이다.

  토요타 자동차의 'MR2' 모델도 프랑스어로 욕설처럼 들려 모델명을 변경했고, KIA 자동차도 초기 해외진출 때 로고 때문에 홍역을 치룬 적이 있다. K.I.A.란 군대용어로써 "Killed In Action"의 약자이며, 전사(戰死) 또는 전사자(戰死者)란 뜻이기 때문에 미국 진출 시 로고 변경을 고민했었다.
- **종교적인 문제** : 종교적인 갈등은 어느 갈등보다 극복하기가 쉽지 않다. 많은 나라들이 종교적 갈등으로 분쟁을 벌이거나 심한 경우 전쟁으로도 이어지기 때문에 현지국가의 종교를 여러 측면에서 고려해야 한다.

  특히 기업활동을 할 때 지켜야 할 태도・광고・제품설명 등에서 종교적으로 지켜야 할 많은 제약이 있다. 예를 들면 특정 종교를 의미하거나 국가의 국색(國色)을 포장지에 사용하는 것은 강한 거부감을 줄 수 있다.

(4) 법률적 요인

해외에서 기업활동을 하기 위해서는 주재국의 법률에 따라 기업활동을 전개해 나가야 한다. 물론 기업경영에서 발생되는 갈등이나 분쟁을 통상 및 경제관련 조약[3]이나 협정

---

3) 분쟁해결 중재기관 : 국제투자분쟁해결센터(ICSID : International Center for Settlement of Investment Disputes), 유엔국제무역거래위원회(UNCITRAL : United Nations Commission on International Trade Law), 국제상업회의소(ICC : International Chamber of Commerce) 등이 있으며, 국내에도 대한상사중재원이 있다.

으로 해결하게 되지만 그것은 국가 간 협정일 뿐 기업의 권익이나 활동을 법적으로 모두 보호해 주지는 않는다.

그러므로 대상국의 외국투자에 관한 규제, 지사설립에 관한 요건들, 외국자본의 지분, 독과점 규제법, 법인설립 절차 및 법규, 현지기업과의 합작의 타당성, 외국인 소유기업에 대한 과세, 노동관계법, 특허 및 저작권, 제조물 책임법(PL법), 미성년자 노동 관련 법규, 법인세 및 세금 법규 등을 철저히 분석하고 기업활동을 수행하여야 한다.

- **국가별 상이한 법의 체계** : 법률제도는 한 나라의 일반적인 법질서를 표현하는 것으로, 과거의 전통 · 관행(습) · 판례에 더 의존하는 보통법(common law)과 문서로서 작성되어 일정한 절차와 형식에 따라 성립 · 공포되는 성문법(code law, 제정법)이 있다. 대상국에 따라서는 보통법을 더 중시하는 경우도 많기 때문에 해당국의 가치관과 관습을 이해하여야 한다.
- **국외로의 과실송금(果實送金)** : 과실송금이란 외국에 투자하여 획득한 이익을 본국으로 송금하는 것으로, 과실송금의 보장은 외국자본 투자를 유인하는데 매우 중요하다. 대부분의 국가는 투자자들이 국내에 투자해 얻은 이익(배당)금을 본국에 송금하는 과실송금을 보장하고 있으나 일부 국가에서는 과실송금의 절차를 까다롭게 하여 기업에게 어려움을 주는 경우가 있다.
- **지적재산권(intellectual property right)** : 지적재산권이란 특허권, 등록상표권, 실용신안권, 저작권, 디자인권 등이 대표적이다. 특히 각종 지적재산권이 세계화에 걸림돌이 되는 경우가 많기 때문에 이에 대한 대비를 철저히 할 필요가 있다. 불법복제, 해적행위, 모조품의 제조 · 판매 등의 특허침해관련법은 국가별로 갈수록 엄격해지고 있다.

□ '친디아(Chindia : 중국과 인도를 합쳐 부르는 단어)' 중의 하나인 인도는 인구대국이자 최근 개혁 · 개방에 적극적이라는 경제환경으로 많은 기업들이 시장개척에 적극적이다. 그러나 역사, 인종, 종교 등이 매우 다양하기 때문에 많은 준비를 하여야 한다.

① 경제구조 : 1991년 개혁 · 개방 노선으로 전환을 표명한 이래 인도의 허가경제는 서서히 완화돼 점차 자유시장경제체제의 모습을 되찾아 가고 있지만 여전히 국가가 경제에 적극적으로 개입하는 소위 '허가경제(License Raj)' 체제를 유지해 오고 있다. [인도는 2011년 수입 타이어마다 인도표준국(BIS) 마크를 붙이고 수수료를 부과하는 규제를 시행했다. 글로벌 수출업체들은 제품의 안정성을 알리기 위해 제품 라벨에 국가표준(KS) 마크와 유럽인증(CE), BIS 등 다수의 국가 표준을 표시하지만 이 같은 규제로 기업들은 인도 외 지역으로 수출하는 제품의 BIS 표시에도 인도 정부에 수수료를 내고 있다]-서울경제, 2015.4.21.

② 세제(稅制)적용 : 종교, 인종, 카스트(계급)제도 등에 기반한 다당제 지역 기반 세력으로 재편되면서 지방정부의 권한이 크게 신장되었다. 따라서 지방정부의 조례를 통해 적용세율에 차등

을 보여 외자기업들이 큰 불편을 겪고 있다.

③ 강한 지역성 : 인도는 지방 언어도 수십 개에 이르고, 인종별 거주 분포도 뚜렷하게 구별될 만큼 지역성이 매우 강하다. 전통 힌두교 사회(80%)와 이슬람 사회(13%)의 갈등은 심각해 인도를 단일 시장으로 접근하는 것은 불가능하므로 지역별로 세분화(Segmentation)하여 최적화 시장전략을 펼쳐야 한다.

④ 노동이동의 제한 : 1950년 인도 헌법은 카스트제도에 의한 차별금지를 명문화했지만 아직도 신분은 개인의 사회경제적 활동 범위를 제약하고 있다. 인도 카스트제도는 사람들의 의식 세계를 규율함으로써 사회적 위계질서를 유지하게 하는 것으로 수천 년 동안 '삶의 나침반'으로서 작용해오면서 노동이동성을 크게 제한하고 있다.

⑤ 다양한 언어 : 인도는 2개의 전국 공용어(힌두어, 영어)에 인종 및 민족에 따라 별도 공인된 22개 지방 공용어가 따로 있어 언어 사용의 불편함이 많다. 특히 인도 북부의 노동력이 남부 지역의 다른 경제권으로 옮겨 일자리를 찾는 게 쉽지 않다(LG전자는 힌두어, 벵갈어, 타밀어 등 15개 지방 언어를 사용할 수 있도록 TV에 다양한 언어를 장착하는 전략으로 큰 성과를 거두었다).

3) 세계화의 기대효과

기업은 과거와 다르게 국내시장을 넘어 해외시장까지 그 영역을 넓히는 세계화를 추구하고자 한다. 그 이유는 세계화가 더 빠른 성장의 기회를 주기 때문이다. 기업의 세계화 효과는 시장 다변화를 통한 성장 가능성과 함께 국제적인 이미지 확보, 수출증대 효과, 기술개발 효과, 경제성장 효과와 함께 다음과 같은 효과를 기대할 수 있다.

① 기업의 세계화는 거시적으로 외화획득과 시장다변화를 통하여 국가발전에 이바지하며, 미시적으로는 경영활동의 영역을 넓혀 기업의 지속적인 성장을 가능하게 한다.

② 해외시장에서의 기업활동은 해외의 문화와 관습의 이해 폭을 높이고 특히 외국의 선진정보나 첨단기술의 융·복합화를 통하여 국제경쟁력을 높일 수 있다.

③ 국내에 부족한 경영자원의 한계성을 극복할 수 있다. 해외에서 경제적이고 유익한 경영자원을 확보한다는 것은 원활한 생산 및 판매활동을 수행하는 시작점이 된다.

제 2 절 세계화 진입방법과 단계 결정

1 세계화에 진입하는 방법

기업이 세계화를 추진하는 이유는 다양하지만 근본적인 이유는 새로운 수익창출을 위한 신시장 개척을 통하여 성장목표를 달성하고자 하는 것이다. 즉 기업의 입장에서 성장은 기업의 유지 · 발전을 위해 반드시 필요한데 해외시장으로 관심을 갖는 이유는 이미 국내시장이 공급과잉으로 포화상태이거나, 기업 내의 과잉설비를 활용하고자 하는 경우, 비용(제조원가, 인건비 등)을 절감하고자 하는 경우 그리고 기존제품이나 신제품의 새로운 시장을 확보하고자 하는 경우 등 때문이다.

기업이 세계화로 발전하는 과정은 기업의 특성과 업종 그리고 목적에 따라 다르지만 [그림 10-3]과 같이 직 · 간접 수입과 수출 형태의 '수출 · 입에 의한 진입방법', 라이선싱이나 프랜차이즈 형태의 '계약에 의한 진입방법', 합작투자나 직접투자와 같이 '투자에 의한 진입방법' 등이 있다.

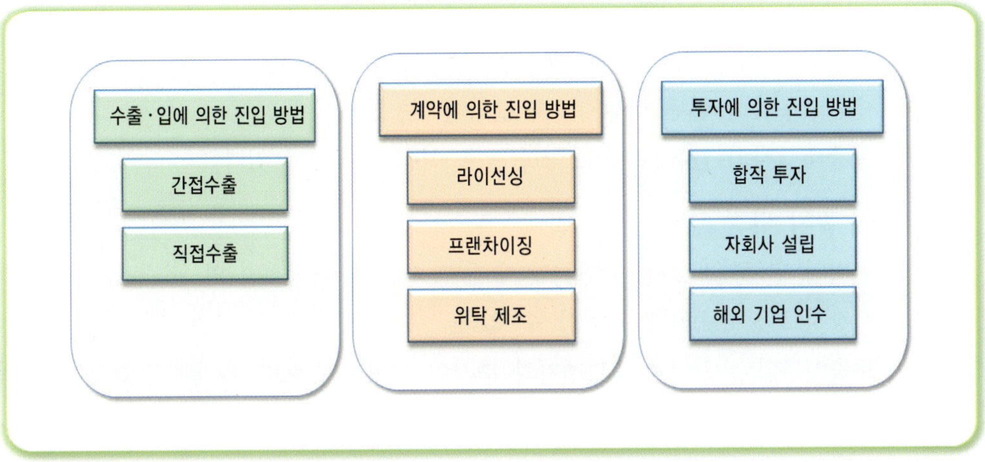

그림 10-3 세계화에 진입하는 방법

기업이 세계화하는 일반적인 방법은 다음과 같다.

1) 수출 · 입에 의한 진입방법

수입(importing)과 수출(exporting)은 각종 제품과 서비스의 국가 간 이동을 통해 세계화에 진입하는 가장 오래되고 단순한 방법이다. 자국에서 생산한 제품을 수출을 통해 해외시장에 판매하고, 외국에서 만들어진 제품을 수입하여 국내시장에 판매하기도 한다.

수출 · 입하는 방식은 종합무역상사, 수출업자, 수출조합 등 대행업체를 이용하는 간접수출과 기업이 자체의 수출 · 입 전담 부서나 판매법인을 만들어 직접 관리하는 직접수출 방식으로 나눈다.

(1) 간접수출

간접수출 방식은 수출대행업체가 현지 시장개척과 판매 및 마케팅 활동 등을 대행해 주기 때문에 시장개척에 필요한 비용과 노력이 적게 든다. 이 방법은 위험부담이 적지만 수출활동을 직접 통제할 수 없기 때문에 시장정보 획득과 능동적이고 공격적인 수출활동을 전개하는데 많은 제약이 따르는 어려움이 있다.

간접수출은 다음과 같은 장・단점을 가지고 있다.

① 간접수출의 장점

첫째, 전문적인 수출업자를 이용하기 때문에 수출거래의 안정성을 얻고 상대방에게 신뢰감을 줄 수 있다.

둘째, 클레임 등의 직접적인 위험부담을 경감시킬 수 있다.

셋째, 수출업무와 관련된 직접경비를 절약할 수 있다.

넷째, 수출대행사의 높은 지명도, 첨단정보 이용 가능성이 있다.

② 간접수출의 단점

첫째, 현지의 수출선과 직접거래를 할 수 없기 때문에 직접적인 의사소통이 곤란하고 시장정보를 신속하게 획득할 수 없다.

둘째, 수출업무와 관련된 이해관계자와 분쟁의 여지가 있으며, 경쟁력 있는 판매가격을 결정하는데 어려움이 있다.

셋째, 클레임이 발생했을 때, 수출대행사는 자기에게 유리하게 해결하려고 하기 때문에 제조 및 수출업자에게 부당한 손해를 줄 가능성도 있다. 또한 제품의 판매나 마케팅 활동에 소홀할 수 있고, 높은 수수료를 요구할 수 있다.

넷째, 수출대행사가 그들의 수출실적 때문에 과당경쟁에 뛰어 들어 결과적으로 손해를 끼칠 수도 있다.

다섯째, 애프터 서비스(after sales service) 및 프리 서비스(preservice) 등이 중요한 제품은 서비스활동의 제약이 있을 수 있다.

(2) 직접수출

직접수출은 해외시장 개척이나 현지 유통망 관리 및 마케팅활동, 자사의 브랜드나 상표 및 이미지를 직접 관리하고 통제하는 방법이다. 이 방법은 현지시장 개척과정과 활동에서 획득한 정보나 노하우를 향후 직접투자를 통한 세계화의 진입 시 활용할 수 있는 방법이다.

직접수출을 간접수출과 비교할 때 갖는 장・단점은 다음과 같다.

① 직접수출의 장점

첫째, 소비자 및 현지의 수출선과 직접 거래함으로써 정확한 제품이나 시장정보를 쉽게 얻을 수 있다.

둘째, 중간수수료를 줄일 수 있고, 판매에 대한 직접 통제가 가능해진다.

셋째, 서비스 활동을 직접 수행할 수 있기 때문에 기업의 신용도를 높일 수 있다.

넷째, 수출대상국의 경영환경변화에 신속하게 대응할 수 있다.

② 직접수출의 단점

첫째, 예측하지 못한 돌발적인 상황이 발생했을 때, 전문인력이 없으면 신속한 대처능력이 떨어질 수 있다.

둘째, 거래과정에서 발생하는 모든 위험을 직접 부담해야 한다.

셋째, 경영조직상 인적・재무적 부담이 가중되며, 해외시장 개척에 많은 비용이 투입된다.

넷째, 정보가 부족한 초기단계는 많은 시행착오가 필요하다.

2) 계약에 의한 진입방법

(1) 라이선싱

라이선싱(licensing)이란 라이센서(licensor : 라이선싱을 제공하는 기업)가 라이센시(licensee : 라이선싱을 제공 받는 기업)로부터 라이선싱 대가로 로열티를 받고 자사의 제품을 제조하거나 자신의 상호, 등록상표, 기술, 특허, 저작권 또는 기타 자산의 사용권을 주는 것을 말한다. 이 방법을 활용하면 글로벌 시장에서 시장확보의 기회를 높일 수 있을 뿐만 아니라 제품의 경쟁력도 높일 수 있기 때문에 많이 활용되고 있다.

(2) 프랜차이징

프랜차이징(franchising)은 라이선싱의 한 형태로 해외진입시 널리 활용하는 방법이다. 라이선싱은 제조기업에서 사용되지만 프랜차이징은 서비스 사업에서 많이 선호한다. 프랜차이즈 계약은 모기업(franchisor)이 가맹점(franchisee)에게 자사의 상호, 등록상표, 로고, 제품, 영업방식 등을 사용할 수 있는 권리의 대가로 사용료 또는 수익의 일정한 비율을 제공받는 계약이다.

많은 기업들이 성장전략의 하나로 프랜차이징을 선호하고 있는데, 프랜차이즈 사업이 빠르게 확산되는 이유는 공급자와 수요자의 이해관계가 잘 맞아 떨어지기 때문이다. 또한 본사는 이미 시장에서 검증된 제품이나 서비스를 가맹주에게 판매하고, 가맹주 역시 특별한 노하우나 준비가 없어도 안정적으로 사업을 개시할 수 있기 때문이다.

프랜차이즈의 계약내용에는 크게 본사가 요구하는 사항과 가맹점이 제공받는 사항이 명시된다. 본사는 가맹점에게 자사의 장비구입, 판촉 및 광고활동, 본사의 교육·훈련 등에 참여하도록 하고, 가맹점에게 입지, 시설, 사업계획, 경영지원, 종업원 교육 등의 서비스를 제공해야 한다.

기업이 프랜차이즈 사업을 확대하는 것은 다음과 같은 장점 때문이다. 본사의 사업확대를 위한 사업운영비용이 가맹주로부터 나오기 때문에 사업을 확장하는 비용의 조달이 매우 용이하며, 브랜드 가치가 높으면 가맹주 확보는 더욱 쉬워지고 가맹주가 늘어날수록 브랜드 홍보를 위한 추가 광고비용을 절감할 수 있다.

프랜차이즈 사업은 모든 분야로 확산될 만큼 다양한 분야에서 활발하지만 본사와 가맹주 간의 마찰로 인한 분쟁도 끊이지 않고 있다. 그 이유는 본사입장에서는 가맹점에 대한 운영전반에 대한 통제가 불완전하기 때문이며, 가맹주는 업종에 따라 비싼 시설과 장비를 갖추어야 하고 매출의 일부를 수수료, 로열티, 광고료, 경영지도료 등 추가적인 비용을 지출해야 하기 때문이다. 그리고 점포운영수칙, 인테리어, 본사가 제공하는 재료나 서비스를 사용해야 하는 등 지나치게 자율성을 제약하는 요건들이 많기 때문이기도 하다.

이러한 분쟁문제 때문에 프랜차이즈가 해외진출을 시도할 때는 더욱 신중하여야 한다. 예를 들면 시장동향, 언어, 문화, 정치적 상황, 기업에 대한 규제 등도 현지에 맞게 재조정되어야 하며, 또한 본사의 운영방침이 현지 가맹점 목표와 조율해 나가면서 일치시키는 것도 매우 중요하다.

글로벌 프랜차이즈의 대표적인 사업 모델은 세븐 일레븐(7-Eleven, 편의점), 서브웨이(Subway, 샌드위치), 던킨 도넛(Dunkin, 도넛), 피자 헛(Pizza Hut, 피자), 맥도널드(McDonald, 햄버거), 호텔 등 최근에는 매우 다양해지고 있으며, 우리나라의 경우도 프랜차이즈 방법으로 세계화를 하는 경우가 늘어나고 있는 추세이다.

물론 최근에는 컴퓨터 기술의 발전과 더불어 IT산업의 프랜차이즈도 증가하고 있다. 예를 들어 이베이 드롭오프 스토어(eBay drop-off store)[4]가 급속히 늘어나고 있고, 컴퓨터

---

4) eBay의 성공과 함께 그 장래성이 커지는 비즈니스가 등장한 형태로 온라인으로 물건을 불편함이 없이 팔고자 하는 사람들과 eBay사이트와의 중개를 담당한다. 드롭오프 스토어는 eBay에 올리는 상품의 사

유지 · 보수 서비스업체인 긱스 온 콜(Geeks on Call) 그리고 세계에서 가장 큰 IT교육업체인 뉴 호리존스(New Horizons Computer Learning Centers, 1982년 미국 필라델피아에 설립)는 1992년에 프랜차이즈 사업을 시작한 후 전 세계 60여 개국에 300개 이상의 프랜차이즈 교육센터를 두고 있다.

세계적인 프랜차이즈 산업

2018년 11월 기준에 의하면, 전 세계에서 매장이 가장 많은 프랜차이즈는 다음과 같은 순서이다. 1위 서브웨이(Subway : 44,300여개), 2위 맥도널드(McDonald's : 37,000여개), 3위 스타벅스(Starbuck Coffee : 25,100여개), 4위 KFC(KFC : 20,400여개), 5위 버거킹(Burger King : 15,000여개), 6위 도미노피자(Domino's Pizza : 14,200여개), 7위 피자헛(Pizza Hut : 13,800여개) 으로서 대부분 패스트푸드와 커피이다.

한국의 프랜차이즈 본부는 약 4,000여개가 등록되어 있는데, 이는 일본의 1,250개, 중국의 1,300개에 비하면 매우 많은 숫자 이며, 국내를 넘어 세계로 확장되는 속도도 매우 빠르다. 특히 프랜차이즈의 본 고장인 미국에 진출하여 성공하거나 거대한 중국시장에서 빠르게 성장하면서 한류(韓流)의 세계화에도 큰 공헌을 하고 있다.

우리나라에서 해외로 진출하는 분야는 한식(김치, 떡볶이, 만두, 김밥 등), 제과, 식음료, 한과 등 갈수록 다양해지고 있으나 장기적으로 더 큰 발전을 위해서는 선진화된 마케팅기법과 홍보활동을 통한 브랜드 이미지를 높이는 노력이 필요하다.

(3) 위탁생산

위탁생산(contract manufacturing)이란 해외기업에게 일정한 계약 하에 자사 브랜드의 제품생산을 허락하는 것이다. 생산된 제품에 대한 판매 및 마케팅은 국내기업이 직접 담당하거나 해외 제조업체들과 함께 다뤄지기도 한다.

위탁생산의 대표적인 브랜드는 나이키(NIKE)이다. 나이키는 자체 공장을 단 한 곳도 보유하지 않고, 여러 나라에 분포되어 있는 제조사와 협력관계를 맺고 자사 브랜드의 신발과 옷을 생산해서 전 세계에 판매한다. 판매 및 마케팅은 나이키가 담당한다. 또한 르노삼성 부산공장은 2014년 8월부터 2019년 9월까지 닛산이 미국으로 수출하는 스포츠유틸리티차량(SUV)인 '닛산 로그'의 물량을 위탁받아 생산하였다. 르노삼성이 위탁생산을 할 수 있었던 배경은 2013년 당시 부산공장의 생산성이 일본의 공장보다 높았기 때문이었다.

기업들이 위탁생산을 하는 것은 공장 설립과 운영비용과 목표시장 진입시 따르는 위험

진, 상품 광고문, 대금수령 등에 이르기까지 서비스를 제공하고 소정의 서비스비를 받는다.

부담을 감소시키고 해외시장에 대한 정보를 자연스럽게 확보할 수 있다는 장점 때문이다.

위탁생산은 기업의 목적에 따라 단기적으로 운영되기도 하는데, 위탁생산을 하는 현지의 인건비 상승으로 경쟁력에 영향을 받게 되면 생산원가를 절감할 수 있는 국가로 옮기거나 혹은 수요의 증가에 유연하게 대처하기 위해 시도하기도 한다. 이러한 위탁생산은 넓은 의미로 아웃소싱(outsourcing)의 한 종류로 소개되기도 한다.

＊ 국제도급거래에 의한 수출

국제도급(international subcontracting)이란 각기 다른 나라의 원사업자기업(principal)과 수급기업(subcontract) 간의 합의에 의한 국제분업 관계로서, 수급기업(일반적으로 중소기업이 이 역할을 담당한다)은 원사업자의 주문에 따라 사용 · 판매할 부품 · 부속품 · 조립품을 생산 · 공급하는 거래 관계를 뜻한다.

국제도급거래가 수출과 근본적으로 다른 점은, 수급기업은 특정의 원사업자기업의 주문에 따라 생산기능만을 담당하고 생산된 제품의 마케팅 기능은 원사업자기업이 전담한다는 점이다. 따라서 수급기업은 생산된 제품의 판매를 원사업자기업에게 전적으로 의존하게 되므로 원사업자가 주문한 규격과 품질에 맞추어 제품을 납기 내에 생산 · 공급해야 한다.

3) 투자에 의한 진입방법

(1) 국제적 합작투자

국제적 합작투자(global joint venture)는 두 개 이상의 기업이 파트너관계를 유지하면서 자원과 지식을 공유함으로써 상호이익을 추구하기 위한 전략적 제휴의 형태이다. 합작투자는 국내기업이 해외진출을 위해 해외기업의 지분을 일부 매입하거나 협력하여 새로운 사업체를 설립하는 방식으로, 해외시장으로의 진입을 신속하게 하며 비용을 절감시킬 수 있는 장점이 있지만 위험부담도 크다.

기업들이 합작투자를 시도하려는 이유는 해외시장 진입 시 소요되는 비용을 줄일 수 있고, 사업에 대한 기술 및 노하우가 풍부하지 않는 경우에 해외시장 개척의 위험을 최소화하기 위함이다. 예를 들면 합작투자 당사자가 보유한 기술과 위험을 공유하고, 판매 및 유통망 그리고 마케팅 능력을 공유함으로서 발생하는 이점을 기대할 수 있다.

그러나 합작투자는 상대기업에게 제공한 정보나 기술 그리고 노하우에 대해 통제력을 잃어버리거나 공유된 기술이 진부해지고 사업의 규모가 커져 유연성이 떨어지면, 그 의미가 상실되면서 합작투자도 결렬되거나 합작투자사가 오히려 경쟁자가 되기도 한다. 중국이나 사회주의 국가 등 일부국가는 최근까지도 현지에 기업체를 설립할 때 현지의 기업과 합작투자를 요구하고 있기 때문에 해외진입 기회가 다소 제한되기도 한다. 예를 들면 GM이나 폭스바겐의 경우도 중국시장 진출을 위해 중국의 가장 큰 자동차기업인 상하이 자동차(上海汽车)와 합작투자를 통해 중국에서 기업활동을 하고 있다.

(2) 해외직접투자

해외직접투자(FDI : Foreign Direct Investment)란 모기업이 경영에 직접 참가함을 목적으로 해외에 직접투자를 통해 기업을 경영하는 세계화의 방법이다. 이 방법은 경영자원인 자본과 기술, 인력, 무형의 자산인 경험이나 노하우 등 가치사슬 상의 다양한 요소를 해외에 이전시키는 기업활동이다.

해외직접투자는 직접 해외자회사(foreign subsidiary)를 설립하는 방식과 현지기업을 인수하는 방식으로 나누는데, 해외 자회사는 해외에서 독립적으로 운영하는 형태와 본국으로부터 직접 통제와 관리를 받는 두 가지형태이다.

해외직접투자는 세계화 진입방법 중 가장 비용이 많이 들고, 준비를 위한 시간도 많이 소요되며, 그에 따른 위험부담도 매우 크다. 그럼에도 불구하고 해외직접투자가 활성화되는 것은 모기업과 주재국이 누릴 수 있는 효과가 크기 때문이다. 예를 들면 모기업의 경우 자사가 보유한 기술이나 노하우가 차별화되고 경쟁력을 보유하고 있을 때 다른 진입방법보다 더 안전하게 해외시장을 개척해 나갈 수 있으며, 해외기업을 직접 통제함으로써 모기업과 해외기업의 가치사슬을 연계해 시너지 효과를 추구할 수도 있다.

2 세계화의 단계와 진입방법의 결정

1) 세계화의 단계

기업이 세계화를 추진해 나가는 과정은 국내시장의 충분한 경험을 통해 위험을 줄이고 노하우를 축적한 후 단계적으로 해외시장을 개척하는 방식이 가장 바람직하다.

예를 들어 삼성전자가 미국에 진출할 때 종합무역상사인 삼성물산을 통해 간접수출을 진행하다가 점차 직접수출로 전환을 했고, 점차 수요가 증대됨에 따라 현지지사를 설립하여 미국시장을 공략하였다. 이후 시장규모가 더 커지면서 현지법인을 설립하여 수출·입 업무뿐만 아니라 판매·유통업무까지 현지법인이 수행하는 단계로 발전시켰다.

물론 모든 기업이 반드시 이러한 단계를 거치면서 세계화 과정을 추진하는 것은 아니다. 기업의 목적과 특성에 맞게 어느 특정 과정을 선별적으로 생략해 가면서 진행하거나 여러 가지 방법을 동시에 추진하는 경우도 있다.

기업의 세계화가 어떤 단계를 거쳐 발전되었는가에 대해서는 다양한 견해가 있지만,

기업성장에 따라서 국내기업, 수출기업, 현지지향기업(다국적기업) 그리고 세계기업의 네 단계로 보는 것이 일반적인 견해이다.

(1) 국내기업

국내기업이란 국내시장을 목표로 재무 · 인사 · 생산 · 마케팅활동이 주로 국내에서 이루어지는 것을 말한다. 모든 기업이 국내시장만을 대상으로 하는 단계를 반드시 거치면서 세계화되는 것은 아니고, 최근에는 처음부터 해외시장에서의 영업활동을 목표로 시작하는 경우도 많다. 또한 국내시장이 협소한 경우에는 국내에서 성장하는데 한계가 있기 때문에 생산설비의 가동률과 마케팅전략을 활용하여 해외시장을 공략함으로서 수익률을 높이려는 노력을 하게 된다.

(2) 수출기업

수출기업이란 국내시장을 탈피하여 수출로 해외시장까지 기업의 영역을 넓히는 것이다. 기업은 성장이라는 기본목표를 달성하기 위한 수익성 창출을 위해 해외시장으로 기업의 영역을 확대한다.

특히 생산된 제품의 수명주기가 성숙기에서 쇠퇴기로 접어들었거나 국내시장이 포화상태인 경우 혹은 기존제품으로 새로운 시장을 개척하고자 하는 경우, 기존산업이 사양화되어 수요가 급감하는 경우에 해외시장개척을 통하여 극복하고자 한다.

(3) 현지지향기업

현지지향기업(다국적기업 : 둘 이상의 국가에 현지법인을 갖고 있는 기업)이란 수출에 의한 세계화의 한계성을 극복하기 위하여 현지에 자본을 투자하여 설립된 기업으로서, 생산이나 채용 및 기업운영의 모든 의사결정이 현지에서 이루어지는 경우이다. 앞에서 설명한 수출기업의 형태는 관세 및 비관세장벽, 보호무역주의 등과 같은 수입국의 규제를 받을 경우가 많지만, 현지에 직접 생산시설을 갖추는 해외 현지기업의 형태는 이러한 문제점을 극복할 수 있기 때문에 생산이나 영업활동이 유리할 수도 있다.

(4) 세계기업

세계화가 가속화되는 기업환경에서 세계기업의 출현은 당연한 현상이다. 갈수록 관세장벽의 의미는 상실해 가고 있으며, 경제적으로는 국경선이 사라지고 수송수단의 발달로 운송비의 비중이 낮아짐에 따라 기업경영활동에 많은 변화가 이루어졌다. 즉 기업이 자국의 한정된 시장이나 자원만으로는 경제활동에 한계가 있기 때문에 장기적으로 시장의 범위를 확대해 나가는 것은 지극히 당연한 일이다. 예를 들면 세계에서 가장 저렴하게 생산할 수 있는 지역에서 제품을 생산하여 전 세계의 모든 시장에 판매하는 시대가 되었다.[5)]

이러한 형태의 기업은 전 세계의 어떤 지역에서도 생산이 가능하고 또한 전 세계의 모든 시장에서 동일한 조건으로 경영활동을 수행하는 다국적기업의 형태를 갖추게 된다.

세계기업의 목표는 생산능력의 다변화와 전 세계의 판매망 네트워크를 효율적으로 구축하고 운영하는 전 세계적 관점에서의 최적화를 추구하는 것이다.

다국적기업(multinational enterprise)의 유형을 다음과 같이 구분할 수 있다.[6)]

첫째, 본국중심주의(ethnocentrism)는 모회사가 주요 의사결정권을 장악하고, 본국의 가치관과 경영시스템으로 해외 자회사를 지배하는 자민족중심의 체제이다.

둘째, 현지중심주의(polycentrism)는 현지인이 현지에 맞는 방법으로 회사를 운영하도록 자주성을 부여하는 방법으로서, 대부분의 의사결정을 현지의 경영자에게 위임하고, 극히 일부 업무만 통제하는 형태의 기업이다.

셋째, 세계중심주의(geocentrism)는 모회사와 자회사가 하나로 통합되어 쌍방향의 정보교환과 협력적인 의사결정을 하면서 상호의존적인 구조를 구축하는 진정한 의미의 다국적기업을 말한다. 이러한 형태의 세계중심주의적 사고를 갖는 다국적기업을 초국적기업(transnational enterprise)이라고 부른다.

2) 진입방법의 결정

세계화를 추진하고자 하는 기업은 다음과 같은 3가지 측면을 철저히 고려하여 진입방법을 결정하여야 한다.

첫째, 진출하고자 하는 국가의 정치, 경제, 사회・문화, 법률적 환경요인의 철저한 분석과 세계화의 효과를 종합적으로 고려하여야 한다.

둘째, 세계화 진입방법에 따라 진입비용, 경영관여도, 통제 그리고 위험요인의 크기나 정도를 고려해야 한다.

셋째, 세계화의 추진방법의 장점과 단점을 비교하여 최선의 진입방법을 선택 한다.

5) 물론 최근에는 스마트팩토리(smart factory)의 출현으로 생산활동에서 인건비가 차지하는 비중이 낮아지기는 하였지만, 아직도 제조기업의 경우는 인건비가 낮은 지역을 선호하고 있다.

6) 장세진, 글로벌 시대의 경영전략(제3판), 박영사, 2003, pp.505~509.

그러나 이 세 가지 요소를 동시에 고려해서 평가한다는 것은 현실적으로 쉬운 일이 아니다. 왜냐하면 세계화에 영향을 미치는 요소는 갈수록 다양해지고 복잡하며 진입방법 역시 다양하기 때문이다.

진입방법은 위험 및 비용평가를 기준으로 한 '러그만(Alan Rugman)의 모델', 진입방법에 따라 수반되는 비용을 비교 분석한 '허쉬(S. Hirsh)의 모델', 프랭클린 루트(Franklin Root)의 '점진적 과정모델' 등이 있다.

(1) 러그만의 모델

러그만(A. Rugman)은 진입방법의 결정을 무역장벽과 기술유출 위험요인을 평가기준으로 삼고 세계화 진입을 고려하여야 한다고 주장하였다. 이 모델은 자원투입이 적고 위험부담이 적은 수출품을 중심으로 해외시장을 공략한 후 점차 무역장벽과 기술유출을 고려해 해외시장의 진입을 결정하는 것이다([그림 10-4] 참조). 이 모델의 특징은 다른 모델에 비하여 매우 단순하고 의사결정이 빠르다는 장점이 있으나, 관리나 통제 등 다양한 요소를 충분히 반영할 수 없다는 제약이 있다.

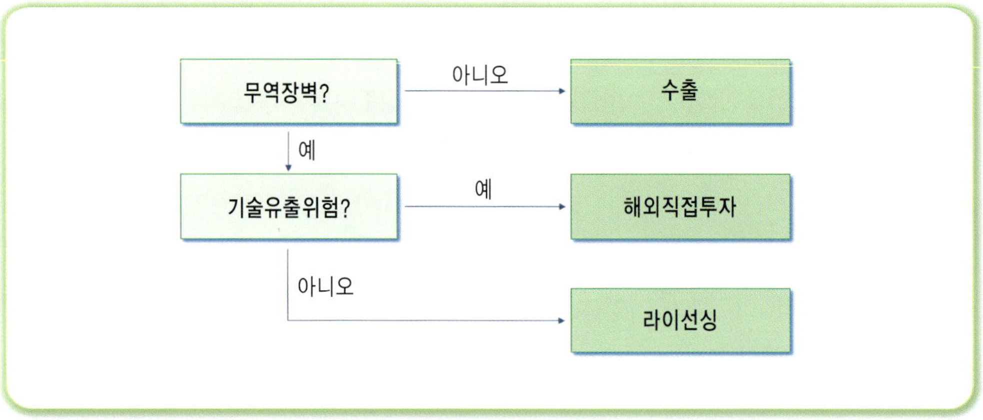

출처 : Alan Rugman, D.H. Lecraw & L. D. Booth, 『*International Business : Firm and Environment*』, McGraw Hill, 1986, p.130.

그림 10-4 러그만의 진입방법 결정 모델

(2) 허쉬의 모델

허쉬(Harsch)가 제시한 모델은 해외시장에 진입하는데 소요되는 비용을 기준으로 삼았다. 즉 수출, 라이선싱, 해외직접투자의 세 가지 방법에 대한 비용을 비교・분석하여, 비용이 가장 낮은 진출방법을 최적대안으로 선택하는 것이다. 비용분석에 사용되는 변수로는 본국과 해외에서의 생산비를 비교한 자료, 수출마케팅비용, 기술공개 및 유출 관련 비용 그리고 현지생산에 따른 관리 및 통제 비용 등이다.

(3) 루트의 점진적 과정모델

[그림 10-5]의 점진적 과정 모델은 루트(F. Root)에 의해 제시된 모델로서, 시간의 흐름에 따른 통제와 위험부담에 대한 기업의 태도변화에 초점을 맞추어 점진적으로 변해가는 과정으로 진입방법을 결정한다. 진입방법을 선택하는 의사결정 모델로 볼 수는 없으나, 시간의 경과에 따라 어떻게 진입방법이 진화되는지를 볼 수 있는 모델로서 각 단계별 특성에 맞게 유연한 대처를 할 수 있다.

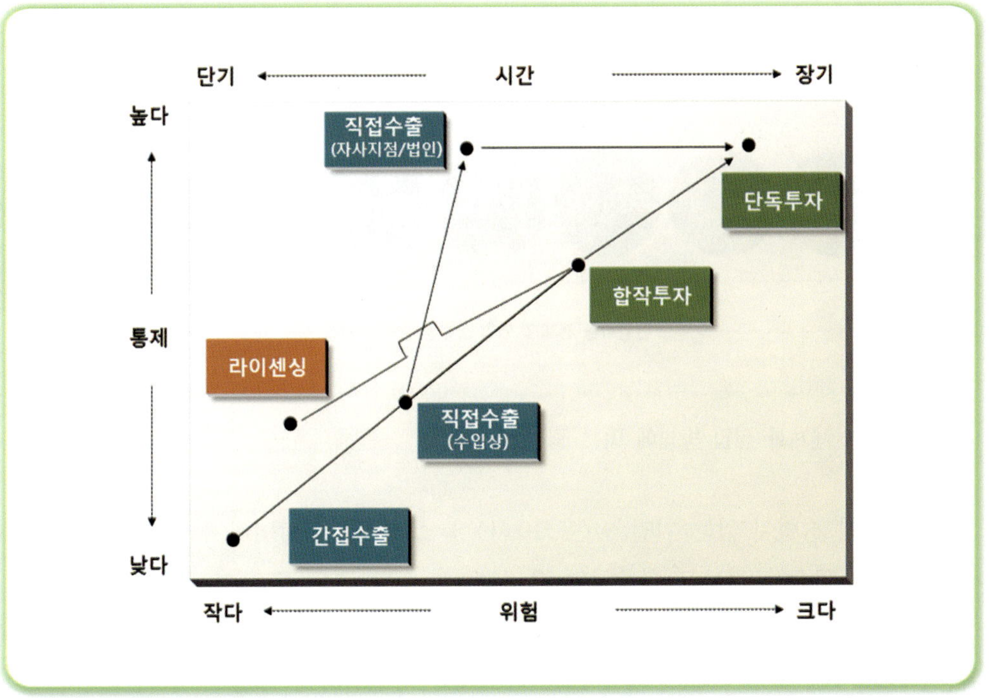

출처 : Franklin Root, 『*Entry Strategies for International Markets*』, Lexington Books, 1994, p.39.

그림 10-5 점진적 과정 모델

3) 세계화 진입방법에 따른 평가

앞서 소개한 세 가지 모델을 참고로 세계화에 진입하는 방법을 선택하기 위한 기준을 하나의 모델로 만들어 설명하면 [그림 10-6]과 같다. 세계화에 진입하는 방법을 기준으로 단계별 세계화 진입비용, 경영관여도, 경영통제 그리고 기술유출이나 기타 위험 등 4가지 요인의 크기와 정도를 보여 주고 있다.

먼저 수출 · 입에 의한 진출방식은 다른 방식에 비해 상대적으로 통제의 필요성이 낮고 자원투입과 위험의 크기도 작으며, 수출 · 입에 의한 기업의 운영이 일회성 거래로 이루어져 진입비용도 상대적으로 낮다. 라이선싱과 프랜차이즈 같은 계약에 의한 진입방식은 장기적 운영형태로 이루어지며, 수출 · 입 방식에 비해 통제의 필요성이 높고 자원투입과 위험의 크기도 크다.

그러나 투자에 의한 진입방식은 앞의 두 방식 보다 더 장기적인 운영방식으로 진행되고 통제의 필요성도 높고, 자금과 인력도 많이 투입되며 위험부담도 높아지기 때문에 더욱 신중해야 한다.

그림 10-6 세계화 진입 방법에 따른 평가

해외진출의 경험이 없는 기업은 〈표 10-1〉에 소개한 진입방법의 장점과 단점을 참고하여 선택에 필요한 정보로 활용하면 유리하다.

예를 들어 상대적으로 규모가 작은 기업은 통제나 관여도는 낮지만 비용부담이 적고 위험부담도 낮은 수출 · 입 방법을 이용해 세계화에 진입하는 방법을 택하는 것이 유리하지만, 기업이 해외시장에서도 성공할 수 있는 경쟁력과 차별화된 기술 · 자원을 보유하고 있다면 라이선싱이나 합작투자보다는 기술유출 위험이 적은 자회사를 설립하여 경영활동을 수행하는 것이 바람직할 수 있고, 서비스 관련 사업은 프랜차이징과 합작투자를 활용하는 것도 좋은 방법이다.

표 10-1. 세계화의 진입 방법 장점과 단점

진입 방법	장점	단점
수출	• 규모의 경제 실현 가능	• 높은 수송비, 관세장벽 • 현지 판매 대리인과의 문제
라이선싱	• 개발비와 위험성 낮음	• 독자적인 전략수립 곤란 • 기술에 대한 통제력 부족
프랜차이징	• 개발비와 위험성 낮음	• 독자적인 전략수립 곤란 • 품질관리의 문제점
합작투자	• 현지동업자 지식을 이용 • 개발비와 위험 분담	• 독자적인 전략수립 곤란 • 기술에 대한 통제력 부족
자회사 설립	• 기술의 보호 • 독자적 전략을 위해 필요한 엄격한 통제 가능	• 개발비와 위험성 높음

출처 : C. W. L. Hill & G.R. Jones, 『*Strategic Management Theory*(2nd ed)』, Houghton Mifflin Co., 1992, p.260.

제3절 세계화 전략 모델

기업이 추구하는 세계화 전략은 자신들이 보유한 경쟁우위 능력을 해외시장에 맞게 어떻게 배치하고, 조정하고, 통제하고, 관리하느냐 하는 총체적 시스템을 구축하는 것이다. 즉 기업이 보유하고 있는 경쟁우위가 해외에서도 지속적으로 유지될 수 있도록 관리하는 것이다.

그러므로 기업이 세계화에 성공하기 위해서는 상황에 적합한 전략적 모델을 선택해야 하는데, 대표적인 모델로는 ① 기업이 경영활동을 범세계적으로 할 것인가? 아니면 지역별로 대응할 것인가?에 따라서 3가지 대응전략으로 구분한 '통합-적응 모델', ② '가치활동의 배치와 조정 모델', ③ '종합적 세계화 전략 모델'이 있다.

7 통합-적응 모델

통합-적응 모델(IR Model : Integration-Responsiveness Model)은 미시간대학교 프라할라드(C. K. Prahalad) 교수와 도즈(Y. C. Doz)에 의해 소개되었다. 이 모델은 [그림 10-7]과 같이 국제적으로 경쟁하는 기업이 범세계적 통합압력과 현지적응압력이라는 두 가지 차원의 압력에 동시에 직면하고 있다는 것을 가정하였다.

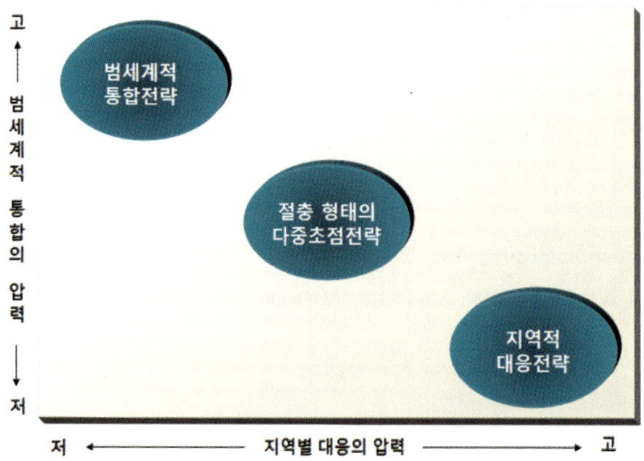

출처 : C.K. Prahalad & Y.C. Doz, 『*The Multinational Mission : Balancing Local Demands and Global Vision*』, New York : The Free Press, 1987, p.24.

그림 10-7 통합-적응 모델

국제적으로 경쟁하는 기업이 당면하게 될 압력으로는 범세계적 통합압력(pressures for global integration)과 현지적응압력(pressures for local responsiveness)이 있다.

범세계적 통합압력으로 작용하는 요인들로는 ① 국가 간 벽을 허물고 전 세계를 단일 시장으로 파악하는 소비자욕구의 동질화, ② 첨단산업을 중심으로 한 정보기술의 발달, ③ 자국이나 특정지역 내에서 경쟁을 추구하던 기업들의 범세계적 경쟁을 촉발하는 경쟁자의 출현, ④ 국가 간의 교류확대로 관세 및 비관세장벽의 완화, ⑤ 규모의 경제를 통한 비용절감 및 글로벌 효율성 제고의 필요성 등을 들 수 있다.

현지적응압력으로 작용하는 요인들은 ① 다양한 소비자의 기호와 요구의 이질성에 대한 대응, ② 유통경로 등 시장구조의 차이, ③ 기업규제나 보호무역주의 강화 등의 현지

정부의 기업관련 정책과 법률제도, ④ 기타 환율변동 및 경제적 위험 등이다.

통합-적응 모델은 자신이 속한 산업의 특성을 고려하여 이러한 압력으로부터 어떻게 대응할 것인가에 대한 방법을 강구할 수 있으며, 현재 기업이 가지고 있는 핵심역량의 정도를 파악하여 가장 적합한 전략을 수행할 수 있다.

2 가치 활동의 배치와 조정 모델

배치-조정 모델(configuration-coordination framework)은 포터(M. E. Porter)가 내부 핵심역량 개발을 위해 제시한 가치사슬에 글로벌 전략의 개념을 추가하여 개발한 모델이다. 즉 경쟁력의 원천인 기술개발, 인력, 제조 · 생산, 판매 · 마케팅 등 경영기능의 가치와 효율성을 높이고, 원가우위와 차별화 전략의 경쟁우위를 추구하기 위해 기업활동을 범세계적으로 조정하고 확장하는 전략적 모델이다.

포터는 [그림 10-8]에서 보여주는 바와 같이 기업이 추구하는 가치창출 활동을 전 세계 어디에 배치하여 수행할 것인가와 전 세계에 배치된 활동을 어떻게 통합 · 조정(coordination) 할 것인가 하는 두 가지 차원의 쟁점에 주안점을 둔 글로벌 전략 개념을 제시하였다. 즉 세계화의 압력이 높으면 가치사슬 활동들이 한 곳에 집중되도록 조정의 정도를 높이고, 현지화의 압력이 높으면 활동을 가능한 한 분산 · 배치하여 조정의 정도를 낮추게 된다.

[그림 10-8]에서 가치창출을 위한 활동의 배치는 전 세계를 대상으로 기업이 수행하는 가치사슬 상의 각 활동들이 얼마만큼 특정 국가에 집중 또는 분산되어 있는가를 파악하

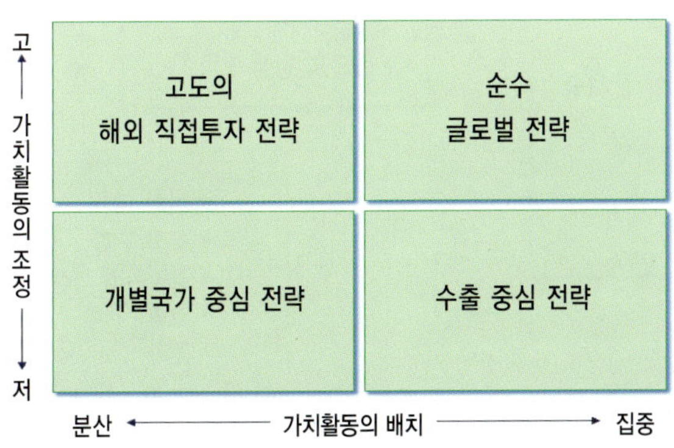

출처 : M. E. Porter, "Competition in Global Industries : Framework", 『Harvard Business Press』, 1986, p.28.

그림 10-8 배치 - 조정 모형

는 것이며, 가치활동의 통합과 조정은 전 세계 국가에서 수행되는 가치사슬 간의 활동을 상호 조정하는 정도를 의미한다.

③ 종합적 세계화 전략 모델

종합적 세계화 전략 모델(total global strategy model)은 입스(George. S. Yip)에 의해 제안된 방법으로서, 그는 다국적기업들이 세계화 전략을 수행하기 위해서는 특히 두 가지 요인이 중요하다고 강조하였다.

첫째, 기업내부의 글로벌 능력으로서 최고경영자의 의지와 세계화를 추진하는데 필요한 잠재력(경험이나 전문지식 및 능력 등)

둘째, 기업전략과 글로벌화 전략을 조화시키는 능력

이러한 평가를 중심으로 [그림 10-9]와 같은 종합적 세계화 전략 모델을 제시하였는데, 과거와 달리 급속도로 빨라지고 있는 경영환경에서 기업이 세계화하는데 필요한 요소와 수단을 종합적으로 고려하는 특징이 있다.

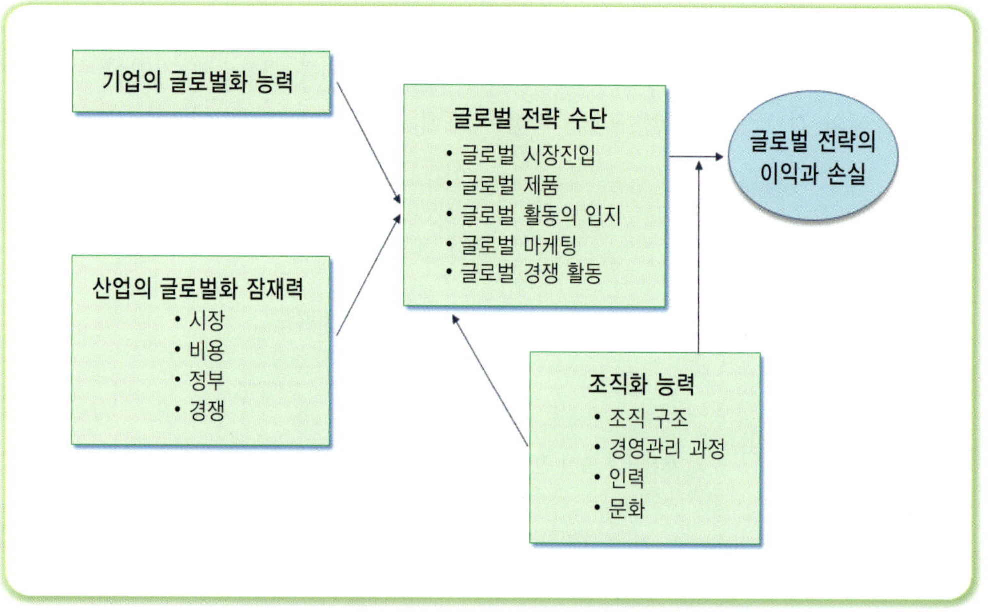

출처 : George. S. Yip, 『*Total Global Strategy*』, Prentice Hall, 1992, p.8.

그림 10-9 종합적 세계화 전략 모델

참고문헌

국내문헌

갈렙 ABC(역), 경영의 처음 경영전략, 웅진윙스, 2007.
강경태, "경영이념은 기업의 최고 성장동력이다", 강경태의 CEO되기, 한국경제, 2014.1.16.
강태구, 국제경영 (4판), 박영사, 2012.
권구혁 외 5인(역), 경영학의 이해, 생능출판사, 2010.
권오열(역), 어떻게 미래를 선점하는가?, 비즈니스맵, 2013.
김광수 외 2인, 국제경영, 박영사, 2005.
김동환, "경영전략의 수립 및 추진방법", 신용보증기금 경영참고자료 전략 04, 2004.
김명학, 경영학의 이해, 세학사, 2001.
김문중, 신경영학원론, 청목출판사, 2006.
김상수 · 김영천, 창의적 문제해결과 의사결정, 도서출판 청람, 2011,
김석진, 글로벌시대 에센스경영, 청람, 2007.
김성수, 글로벌 전략경영, 탑북스, 2012.
김성은 외 1인, "사외이사제도 개선에 관한 연구", 규제연구, 제13권 제1호, 2004, 6.
김세중 외 3인, 최신 경영학이해, 무역경영사, 2002.
김세중, 경영학원론, 무역경영사, 2007.
김수광(역), 마이클 포터 교수의 경쟁전략 입문, 나무한그루, 2008.
김승일, 전략경영 : 사상과 기법, 무역경영사, 2013.
김언수, TOP을 위한 전략경영 4.0, 피엔씨미디어, 2014.
김원수, 신경영학원론, 경문사, 1995, p.540.
김위찬 외 1인, 블루오션전략, 교보문고, 2005.
김응규 외 2인(역), 국제경영 (7판), 한티미디어, 2013.
김정환(역), 경영전략 논쟁사, 엔트리, 2013.
김종성 외 3인, 현대경영학, 청람, 2007.
김태훈(역), 전략의 적은 전략이다, 생각연구소, 2011.
김희철, 글로벌 시대의 국제경영, 두남, 2012.
노승종 외 3인(역), 경영학의 이해 (제4판), 한경사, 2012.
박남규, 전략적 사고, acoba, 2013.
박상범 외 1인, 경영학원론, 탑북스, 2014.
박상범 외 1인, 전략경영, 탑북스, 2014.

박상범 외 1인, 중소기업경영론, 탑북스, 2014.
박상범 외 3인, 경영학원론, 탑북스, 2012.
박지니(역), 전략에 대해 당신이 알아야 할 모든 것, 다온북스, 2012.
박철순(역), 글로벌 시대의 국제경영, McGraw HILL, 2009
방영호(역), 필립 코틀러 전략 3.0, 청림출판, 2011.
백방선, 경영학원론, 무역경영사, 1998.
서기만(역), 실전에 강한 MBA 경영전략, 원앤원북스, 2008.
송경진(역), 클라우스슈밥의 제4차 산업혁명, 새로운현재, 2016.
송인식, MBB/BB를 위한 Six Sigma Bible, 이담, 2011.
신동엽 외 6인, 4차 산업혁명, 일과 경영을 바꾸다, 삼성경제연구소, 2018.
신유근, 경영학원론, 다산출판사, 2009.
신철우, 경영학원론, 삼영사, 2006.
신형덕(역), 전략경영과 경쟁우위 (제4판), PERASON, 2013.
안성철(역), 전략사전(세계 최고 이론가들의 220가지 생각도구), 옥당, 2010.
양동훈 외 2인(역), 경영학원론, 시그마프레스, 2011.
유봉식 외 1인, 신경영학원론, 비앤엠북스, 2005,
유필화 외 4인, 디지털 시대의 경영학, 박영사, 2008.
윤종훈 외 3인, 경영학원론, 학현사, 2008.
이건식(역), 전략의 탄생, 샘앤파커스, 2009.
이건희 외 3인(역), 최신 전략경영,맥그로힐에듀케이션코리아 유한회사, 2014.
이경식(역), 플랫폼제국의 미래, 비즈니스북스, 2018.
이광로 외 2인, 경영학개론, 신영사, 2008,
이기화(역), 성공기업의 전략케이스 46, 한스미디어, 2012.
이장우, 디지털 경제에서의 전략경영, 법문사, 2001.
이재승, “현대기아차그룹-수직적 통합의 완성”, NH 투자 증권, 2010.
이종영, 기업윤리, 삼영사, 1995.
이한검, 경영정책 · 전략론, 형설출판사, 1986.
이혁진(역), 최고의 전략은 무엇인가, 청림출판, 2012.
이현주(역), 당신은 전략가입니까, 리더스북, 2012.
임태순, 글로벌 경영전략, 한국학술정보, 2013.
장세진, 경영전략 (제3판), 박영사, 2002.
장세진, 경영전략 (제7판), 박영사, 2012.
장세진, 경영전략 (제8판), 박영사, 2014.
조동성, 21세기를 위한 전략경영, 서울경제경영, 2006.
조용호, 플랫폼 전쟁, 21세기북스, 2012.
조희영 · 박상범, 현대경영학원론, 민영사, 2002.
차백만(역), 전략의 제왕(The Lords Of Strategy), 21세기북스, 2010.

최승규 · 신형덕(역), 국제경영 : 글로벌 시장에서의 경쟁전략 (8판), HS MEDIA, 2011.
최승호, 차별화된 전략수립을 위한 전략기획 에센스, 새로운 제안, 2011.
포스코경영연구소(역), 사람이 경쟁력이다, 21세기북스, 2009.
한국생산성본부(역), 전략경영의 본질, 한국생산성본부, 1991.
홍석진, "전략적제휴는 항공사의 최대 경쟁력", 항공산업연구 제53집, 2000.3.
홍순영 · 송치승 · 정윤모, "중소기업 M&A 활성화 방안 : 정책자금 지원기업을 중심으로", 중소기업연구원, 2011.12.
황미리, "이사회 스스로 자신의 역할과 힘 깨닫는게 중요하다", 매일경제, 2010.12.3.

국외문헌

Abell, D. F., *Defining the Business : The Starting Point of Strategic Planning,* Englewood Cliffs, N.J, Prentice-Hall, 1980.
Ansoff, H. I., *Corporate Strategy : An Analytic Approach to Business Policy for Growth and Expansion*, McGraw-Hill Book Co., 1965.
Argyris, C., *Integrating the Individual and Organization*, N.Y., 1964.
Argyris, C., *Personality and Organization*, Harper, 1957.
Atkinson, J. N., *Introduction to Motivation*, Princeton, N.J. : D. Van Nostrand, 1964.
Barnard, C. I., *The Function of Executive*, Harvard University Press, 1938.
Barney, J. B. & William S. Hesterly, *Gaining and Sustaining Competitive Advantage* (4ed), Pearson, 2012.
Barney, J. B. & · Hesterly, W.S., *Strategic Management And Competitive Advantage*, Prentice Hall, 2005.
Barney, J. B., "Organization Culture : Can It Be a Source of Sustained Comparative Advantage?", *Academy of Management Review*, 2, 1986.
Barney, J. B., *Gaining and Sustaining Competitive Advantage*, Addison Wesley, 1996.
BCG., "The role of Alliances in Corporate Strategy", BCG Report, 2005.11.
Bird, F. & Waters, J. A., *The Moral Muteness of Managers*, California Management Review, 32, 1, 1989.
Boseman, G., et, all., *Strategic Management : Text & Cases*, John Wiley & Sons, Inc., 1986.
Bowen, H. R., *Social Responsibilities of the Businessman*, New York, Harper, 1953.
Caves R. E. & Williamson, P., "What is product differentiation, really?", *Journal of Industrial Economics,* 34, 1985.
Chandler, A. D., *Strategy and Structure : Chapters in the History of the Industrial Enterprise,* Cambridge : The MIT Press, 1962.
Christensen, C. M., *The Innovator's Dilemma : When New Technologies Cause Great Firms*

to Fail, Harvard Business Review Press, 1997.

David, F., *Strategic Management* (11ed), Upper Saddle River, NJ : Prentice Hall, 2007.

Davis, K. & R. Blomstrom, "Implementing the Social Audit in an Organization", *Business & Society Review*, Vol. 1, 1975.

Drucker, P. F., *Management : Tasks, Responsibilities*, Practices, Harper Business; Reprint edition, 1993.

Duggan, W., *Creative Strategy : A Guide for Innovation*, Columbia Universty Press, 2013.

Glueck, William F., 『Business Policy, Strategy Formation, and Management Action(4ed)』, McGraw Hill, NY, 1980.

Grant, M., *Contemporary Strategy Analysis*, John Wiley & Sons, 2005.

Griffin, R. W. & Pustay, M.W., *International Business* (7ed), Prentice-Hall, 2012.

Gulati, R., "Alliances and Networks", 『*Strategic Management Journal*』, Vol. 19, No.4., 1998, pp.293-317.

Hamel, G., "*Strategy as Revolution", Harvard Business Review, July - August Edition,* 1996.

Hamel, G., et, all., "Collaborate with Your Competitors And Win", 『*Harvard Business Review*』, Vol. 67, No.1., 1989, pp.133~139.

Hammer, M. & Champy, J., *Reengineering the Corporation* (3ed), Nicholas Brealey Publishing, 1993.

Henderson, B. D., "The experience curve-reviewed. IV. The growth share matrix of the product portfolio", Boston Consulting Group (BCG), (135). 1973.

Henderson, Bruce., "The Origin of Strategy", Harvard Business Review, November-December, 1989.

Herzberg, F., *Work and the Nature of the Man*, The World Pub. Co., 1996.

Hill C. W. L. & Jones, G. R., *Strategic Management Theory* (2ed), Houghton Mifflin Co., 1992.

Hofer, C.W. and D. Schendel, *Strategy Formulation : Analytitcal Concepts,* West Publishing Co., 1978.

Holden, P. E., S. Smith & L. Fish, *Top Management : Organization & Control*, 1951.

Hunger, J. D. & Wheelen, T. L., Strategic Management, Addision Wesley, 1993.

Johnson, G. & Scholes, K., Exploring Corporate Strategy (2ed), Prentice Hall, 1988.

Johnson, J. L, et, all., *Board of directors : A review and research agenda*, Journal of Management, Vol. 22, 1996.

Jones E. E. and H. B. Gerard, *Foundation of Social Pyschology*, Wiley, 1967.

Jones, G. R., et, all., "A Transaction Cost Analysis of Strategy and Structure Choice", *Strategic Management Journal*, 9, 1989.

Jones, G. R., J. M. George & C. W. L. Hill, *Compemporary Management*, 2nd ed., McGraw-Hill, 2000.

Kaplan, R.S. & Norton, D. P., *The Balanced Scorecard : Translating Strategy Into Action : BSC,* Harvard Business School Press, 1996.

Katz, R. L., "Skills of an Effective Administrator", *Harvard Business Review*, Sept~Oct. 1974.

Kelly, Phil., *International Business and Management*, International Thomson Business Press, 2009.

Koontz, H., "The Management Theory Jungle", *AMJ.*, Vol. 4, No. 3, 1961.

Koontz, H., C., O'Donnell & H. Weihrich, *Essentials of Management*, McGraw-Hill Series in Management, McGraw-Hill Book Co., 1982.

Koontz, H., C., O'Donnell & H. Weihrich, *Management* (8ed), McGraw-Hill, 1984.

Krogerus, M. & Tschappeler, R., *The Decision Book : 50 Models for Strategic Thinking*, W.W. Norton & Company, 2012.

Levitt, T., "Marketing Myopia", *H.B.R.* July~August, 1960.

Liddell, B. H., *Strategy*, New York : Praeger, 1954.

Likert, R., *New Patterns of Management*, McGraw-Hill, 1961.

Magretta, J., *Understanding Michael Porter : The Essential Guide to Competition and Strategy*, Harvard Business Review Press, 2011.

Malone, J. W. & J.F. Rockart, "Information Technology and the New Organization", *HICSS'92*, 4, 1992.

March, J. G. and H.A. Simon, *Organization*, N.Y. : John Wiley and Sons, 1958.

Mason, R. M., "Effective Intelligent Organizations : Knowledge is not Enough Implications for Information Systems Planning", *HICSS'92*, 4, 1992.

Massie, J. L., *Essentials of Management*, Prentice Hall, Inc., 1979.

Mayo, E., *Human Problems of an Industrial Civilization*, Harvard Univ. Press, 1933.

McGrath, R. G., *The End Competitive Advantage*, Harvard Business Review Press, 2013.

McGregor, D., *The Human Side of Enterprise*, McGraw-Hill, 1960.

Mintzberg, H., "The Managers Job : Folklore and Fact", *Harvard Business Review*, July~August, 1975.

Mintzberg, H., et al., *Strategy Safari : A Guided Tour Through The Wilds Of Strategic Management*, Simon & Schuster, 2005.

Montgomery, C. A., *The Strategist : Be the Leader Your Business Needs*, Harper Collins Canada, 2012.

Morgan, L. L., "Business Ethics Starts with the Individual", *Management Accounting*, 14, 1977.

Moriatory, R. T. & Moran, U., "Managing Hybrid Marketing Systems", *Harvard Business Review*, November-December, 1990.

Nadler, David A & Michael L. Tushman., 『Competing by Design: The Power of Organizational Architecture(2ed)』, Oxford University Press, 1997.

Nonaka, I. and Konno, N., "The Concept of 'Ba' : Building a Foundation for Knowledge Creation", *California Management Review*, Vol.40, No.3, 1998.

O'Riordan, C., Using the VRIO framework in practising firms taking the ressource-based view,

Accountancy Ireland, Vol 38 No. 3., June. 2006.

Ohmae Kenichi., *The Mind of the Strategist*, McGraw Hill, 1982.

Perlmutter, H., "The Tortuous Evolution of the Multinational Corporation", *Columbia Journal of World Business,* January-February 1969.

Peters, T. J, *In Search of Excellence*, Listen USA, 1985.

Pfeffer J., *Competitive Advantage Through People : Unleashing the Power of the Work Force (Reed Business Information)*, Harvard Business Review Press 1996.

Porter, L. W. and E.E. Lawler, *Managerial Attitudes and Performance*, Homewood : Irwin Richard D., 1968.

Porter, M. E., "From Competitive Advantage to Corporate Strategy", *Harvard Business Review*, May-June, 1987.

Porter, M. E., *Competition in Global Industries*, Havard Business School, 1985.

Porter, M. E., *Competitive Advantage*, New York : Free Press, 1985.

Porter, M. E., *Competitive Strategy : Techniques for Analyzing Industries and Competitors*, Free Press, 1998.

Porter, M. E., *Competitive Strategy*, New York : Free Press, 1980.

Porter, M. E., *HBR's 10 Must Reads on Strategy (including featured article "What Is Strategy?"*, Harvard Business Review Press, 2011.

Post, J. E., et. al., *Business and Society*: *Corporate Strategy, Public Policy & Ethics*, 8th ed., McGraw-Hill, 1996.

Prahalad, C. K. & Doz, Y.C., *The Multinational Mission : Balancing Local Demands and Global Vision*, New York : The Free Press, 1987.

Prahalad, C. K. & Hamel, G., "The Core Competences of the Corporation", *Harvard Business Review*, May-June, 1990.

Prahalad, C. K. & Hamel, G., *Competing for the Future*, Harvard Business Review Press; Reprint edition, 1996.

Prusak, L., *Introduction to Knowledge in Organizations*, Butterworth -Heinemann, 1997.

Rowland T. Moriatory and Ursula Moran, "Managing Hybrid Marketing Systems", *Harvard Business Review*, November-December, 1990.

Rugman, A. M, et, all., *International Business : Firm and Environment*, McGraw Hill, 1986.

Rumelt, R. P., "Diversification Strategy and Profitability", *Strategic Management Journal*, Vol 3, Issue 4, Oct-Dec., 1982.

Rumelt, R. P., "Towers a Strategic Theory of the Firm", *in Competitive Strategic Management*, R. Lamb, ed., Englewood Cliffs, NJ : Prentice-Hall, 1984

Rumelt, R. P., *Good Strategy Bad Strategy : The Difference and Why It Matters*, Crown Business, 2011.

Rumelt, R. P., *Strategy, Structure and Economic Performance*, Havard University Press, 1974.

Sathe, V., *Culture and Related Corporate Realities*, Richard D. Irwin, Inc., 1985.

Schein, E. H., *Organization Culture and Leadership*, Jossey Bass Pub., 1985.

Schumpeter J. A., *Business Cycle*, New York : McGraw-Hill, 1939.

Schwartz, D., *Introduction to Management*, Harcourt Brace, 1980.

Shavinia, L. V., *The international Handbook of Innovation*, Oxford, UK : Elservier Science, 2000.

Simon, H. A., *The New Science of Management Decision*, Harper & Row, 1960.

Steers, R. M. and L.W. Porter, *Motivation and Work Behavior* (2ed), New York, McGraw-Hill Book Co., 1979.

Stephen P. Robbins, S. O., et, all., *Fundamentals of Management Essential Concepts and Applications* (7ed), Pearson, 2011.

Stogdill, R. M., *Handbook of Leadership*, New York, The Free Press, 1974.

Taylor, F. W., *The Principles of Scientific Management*, New York : Harper and Row, 1911.

Terry, G. R. and S. G. Franklin, *Principles of Management* (8ed), Richard D. Irwin, Inc., 1982.

Terry, G. R., *Programmed Learning Aid For Principles of Management*, Grkken Co., Ltd., 1974.

Thamson, A. A & Stricland, A. J., *Strategic Management : Concept and Cases* (6ed), Irwin, Homewood Ill, 1992.

Verbeke, Alain., *International Business Strategy*, Cambridge, 2013.

Vroom, V. H., “Organization Choice : A Study of Pre Imposed Decision Process”, *Organization Behavior and Human Performance*, Vol. 1, 1966.

Waterman Jr., R, Peters, T. J, and Phillips, J.R. “Structure Is Not Organization” *Business Horizons* , Vol 23 No 3., June. 1980. 14~26.

Wernerfelt, B., “A resource-based view of firm”, *Strategic Management Journal, 1984,* 5.

Wiig, K., M. Hoong and Spek, R., “Supporting Knowledge Management : A Selection of Methods and Techniques”, *Expert System with Applications*, Vol.13, No.1, 1997.

Yip, G. S., *Total Global Strategy*, Prentice Hall, 1992.

Yoffie, D. B., Strategic *Management in Information Technology*, Englewood Cliffs, NJ : Prentice Hall : 3, 1994.

三谷宏治(Koji Mitani), 經營戰略全史, Discover, 2013.

占部都美, 經營學辭典, 中央經濟史, 1983.

坪井 順一, 經營戰略 理論史, 學文社, 2008.

河瀨 誠(Kawase Makoto), 經營戰略, 日本實業出版社, 2010.

찾아보기

ㅇ

ㅈ

ㅎ

저자약력

박상범(朴相範)

동국대학교 경영학과를 졸업하고 동대학원 경영학과 석사과정을 거쳐 독일 Mannheim대학교 경영학부를 수학하였다. 인하대학교에서 박사과정을 수료하였고, 위덕대학교에서 경영학박사학위를 취득하였으며, 미국 Illinois주립대학교(Urbana-Champaign) 객원교수를 거쳤다.
동국대학교 학생경력개발원장, 대외협력단장, 상경대학장과 경영대학원장을 역임하였고, 현재 동국대학교 상경대학 경영학부 교수로 재직 중이다.
저서로는 기업경영과 사회(탑북스, 공저, 2012), 경영학원론 제3판(탑북스, 공저, 2018), 중소기업경영론 제2판(탑북스, 2018), 생산 · 운영관리 제2판(탑북스, 2018) 등이 있다.
주요 강의과목은 생산관리, 중소기업경영론, 전략경영 등이다.

전략경영 [제3판]

2014년 9월 5일 1판 1쇄 발행
2017년 2월 10일 2판 1쇄 발행
2019년 8월 10일 3판 1쇄 발행

저 자 박 상 범
발행인 김 광 식
조 판 아 람 기 획

07285
발행처 서울특별시 영등포구 선유로3길 10, 617호
도서출판 **탑 북 스**
등 록 2009.12.21 제 2016-000101 호
전 화 02)365-2223 팩스 02)365-2224

정가 30,000 원

ISBN 979-11-90247-00-9-93320